Geshe Michael Roach

Der Diamantschneider

Buddhistische Prinzipien für beruflichen Erfolg und privates Glück

Aus dem Englischen von Michael Wallossek

BLUMENAU

Ungekürzte Ausgabe
Mai 2011
EditionBlumenau
Hamburg
www.editionblumenau.com

Titel der amerikanischen Originalausgabe:
The Diamond Cutter. The Buddha on Strategies for Managing your Business and your Life
Erschienen 2000 bei Doubleday, USA
Copyright © 2000 Geshe Michael Roach

Übersetzung

Copyright der deutschen Ausgabe: © 2011 EditionBlumenau, Hamburg
Das Werk ist urheberrechtlich geschützt.
Sämtliche, auch auszugsweise Verwertungen bleiben vorbehalten.

Titelkonzept: Silvia Engelhardt
Titelgestaltung: Kati Krüger, Hamburg
Printed in Germany
ISBN: 978-3-9813888-2-4

Wir freuen uns auf Ihren Besuch:
www.editionblumenau.com

INHALT

Vorwort
Der Buddha und die Berufswelt   7

Das erste Ziel:
Geld verdienen

1	Woher die Weisheit kommt	16
2	Was der Titel des »Sutra vom Diamantschneider« bedeutet	20
3	Wie das Sutra entstand	30
4	Das verborgene Potenzial in allen Dingen	46
5	Prinzipien zur Nutzung des Potenzials	61
6	Wie Sie das Potenzial nutzen können	84
7	Die wechselseitigen Entsprechungen – Probleme aus dem Berufsalltag und ihre wirklichen Lösungen	110
8	Der Akt der Wahrheit	180

Das zweite Ziel:
Sich des Geldes erfreuen – oder der Umgang mit Körper und Geist

9	Die Zeit der Stille – eine allmorgendliche Einstimmung auf den Tag	200
10	Klarheit und Gesundheit Jahr für Jahr	215
11	Die Klausur – auf lange Sicht hin arbeiten	230
12	Die Leerheit der Probleme	251

Das dritte Ziel:
Im Rückblick sagen können, dass es der Mühe wert gewesen ist

13	Shirley	257
14	Das ultimative Management-Werkzeug	275
15	Die wahre Quelle des Reichtums oder die Ökonomie der Grenzenlosigkeit	293

Zusatzinformation   303

Vorwort

Der Buddha und die Berufswelt

In den 17 Jahren von 1981 bis 1998 hatte ich die Ehre, gemeinsam mit Ofer und Aya Azrielant, den Inhabern der Andin International Diamond Corporation, und mit der Kernbelegschaft des Unternehmens eine der weltweit größten Diamanten- und Juwelenhandelsfirmen aufzubauen. Für unsere geschäftlichen Aktivitäten standen uns anfangs lediglich 50 000 Dollar Startkapital aus einem Kredit zur Verfügung, und es gab, mich selbst eingerechnet, drei bis vier Mitarbeiter. Als ich 1998 aus dem Unternehmen ausschied, um mich ganztägig dem Ausbildungsinstitut zu widmen, das ich in New York gegründet hatte, betrugen die Jahresumsätze mehr als 100 Millionen US-Dollar, und weltweit waren in den Niederlassungen der Andin International Diamond Corporation mehr als 500 Mitarbeiter und Mitarbeiterinnen beschäftigt.

Während meiner Zeit im Diamantengeschäft habe ich eine Art Doppelleben geführt. Sieben Jahre vor meinem Einstieg in diese Branche hatte ich mein Studium an der Universität von Princeton mit Auszeichnung abgeschlossen. Zuvor waren mir im Weißen Haus die Forschungs- und Wissenschaftsmedaille des Präsidenten der Vereinigten Staaten von Amerika überreicht und in Princeton der McConnell-Forschungspreis der Woodrow Wilson School für Internationale Angelegenheiten verliehen worden.

Ein Stipendium der Woodrow Wilson School ermöglichte es mir, nach Asien zu reisen und am Exilwohnsitz Seiner Heiligkeit des Dalai Lama im indischen Dharamsala bei tibetischen Lamas zu studieren. So begann meine Ausbildung in dem von alters her überlieferten Weisheitswissen Tibets. Diese gipfelte 1995 darin, dass mir als erstem Amerikaner der Titel eines Geshe, eines Meisters der buddhistischen Lehre, zugesprochen wurde. Voraussetzung dafür waren 20 Jahre rigoroser Studien und Prüfungen. In den Jahren nach Abschluss meines Studiums in Princeton hatte ich in buddhistischen Klöstern gelebt – in den USA, aber auch in Asien – und 1983 die buddhistischen Mönchsgelübde abgelegt.

Vorwort

Nachdem durch den Schulungsweg eines buddhistischen Mönchs eine solide Grundlage geschaffen war, ermutigte mich mein wichtigster Lehrer Khen Rinpoche – sein Name bedeutet »Kostbarer Abt« –, in die Geschäftswelt einzusteigen. Ein Kloster sei zwar der ideale Ort, um mit dem bemerkenswerten Gedankengut buddhistischer Weisheit vertraut zu werden, so sagte er mir, doch die Betriebsamkeit eines amerikanischen Büros biete das perfekte »Versuchslabor«, um diese Ideale einer Realitätsprüfung unter Alltagsbedingungen zu unterziehen.

Eine Weile sträubte ich mich gegen diesen Vorschlag. Denn die Aussicht, die Beschaulichkeit unseres kleinen Klosters hinter mir zu lassen, erfüllte mich nicht gerade mit Begeisterung. Außerdem war ich durch meine eigenen Vorstellungen von einem amerikanischen Geschäftsmann – als einem habgierigen, rücksichtslosen und gleichgültigen Wesen – verunsichert. Nachdem ich jedoch eines Tages einem besonders inspirierenden Vortrag beigewohnt hatte, den mein Lehrer vor einigen Studenten hielt, erklärte ich ihm, dass ich seine Anweisungen in die Tat umsetzen und mir eine Arbeit in der Wirtschaft suchen werde.

Einige Jahre zuvor hatte ich während meiner täglichen Meditationssitzungen im Kloster eine Art Vision, und von da an wusste ich, in welchem Berufszweig ich arbeiten wollte: Zweifellos würde meine Tätigkeit mit Diamanten zu tun haben, obgleich ich eigentlich über diese Edelsteine wirklich nicht viel wusste und Juwelen mich im Grunde nie sonderlich fasziniert hatten. Ebenso wenig war je ein Mitglied meiner Familie in dieser Branche tätig gewesen. Ich ging also, arglos wie Voltaires Candide, von einem Diamantengeschäft zum nächsten und fragte, ob sich jemand bereit fände, mich als Praktikanten einzustellen.

Auf diesem Weg in das Diamantengeschäft einzusteigen ist ungefähr so, als würde man mittels eines Bewerbungsschreibens versuchen, einen Job bei der Mafia zu bekommen. Denn der Rohdiamantenhandel ist eine in sich geschlossene und überaus geheimnisvolle Gesellschaft, zu der normalerweise kein Mensch außerhalb des eigenen Familienkreises Zugang erhält. Den Handel mit größeren Diamanten – ein Carat oder mehr – hatten damals die Belgier unter Kontrolle. Die Israelis hingegen schliffen die meisten kleineren Steine, und die hassidischen Juden aus New

Yorks Diamantenviertel auf der Siebenundvierzigsten Straße wickelten zum überwiegenden Teil den inneramerikanischen Großhandel ab.

Führen Sie sich zum besseren Verständnis bitte Folgendes vor Augen: Der gesamte Warenbestand selbst der größten Diamantenhäuser findet in ein paar kleinen Behältern Platz, die ganz ähnlich aussehen wie ein gewöhnlicher Schuhkarton. Und ein Diamantendiebstahl im Gegenwert von mehreren Millionen Dollar zum Beispiel lässt sich bis heute mit keinerlei technischen Vorkehrungen aufspüren: Man müsste sich lediglich ein oder zwei Hand voll Diamanten in die Tasche stecken und zur Tür hinausspazieren – etwas Ähnliches wie einen Metalldetektor, der die Steine erkennen beziehungsweise orten könnte, gibt es nicht. Vor diesem Hintergrund stellen die meisten Firmen lediglich Söhne, Neffen oder Cousins ein; niemals aber einen sonderbaren jungen Mann irischer Abstammung, der sich unbedingt mit Diamanten befassen möchte.

Soweit ich mich erinnere, war ich in zirka fünfzehn verschiedenen Läden, um zu fragen, ob man mich vielleicht für einen unqualifizierten Niedriglohn-Job anheuern wolle – und wurde überall prompt hinausgeworfen. Ein alter Uhrmacher aus einer nahe gelegenen Stadt gab mir schließlich den Rat, beim Gemmologischen Institut* der USA (GIA) in New York ein paar Kurse über Diamantengraduierung** zu besuchen. Denn mit einem Diplom in der Tasche würde ich die gewünschte Arbeitsstelle wohl eher bekommen, oder vielleicht würde ich unter den Kursteilnehmern auch jemanden kennen lernen, der mir weiterhelfen könnte.

Am Institut lernte ich Herrn Ofer Azrielant kennen. Genau wie ich nahm er an einem Kurs über die Graduierung – oder Klassifizierung – von qualitativ sehr hochwertigen Diamanten teil, so genannten »Investitions«- oder »Zertifikats«-Steinen. Um einen außerordentlich wertvollen Zertifikatsdiamanten von einer Fälschung oder einem entsprechend präparierten Diamanten zu unterscheiden, muss man beispielsweise winzig kleine Löcher oder andere Mängel von der Größe einer Nadelspitze erkennen können – während sich gleichzeitig Dutzende Staubpartikelchen

---

* Gemmologie: Edelsteinkunde
** Graduierung: Einstufung von Diamanten in unterschiedliche Qualitätsgrade anhand von Merkmalen wie Reinheit, Farbe und Schliff; (Anm. d. Übers.)

auf der Oberfläche des Diamanten beziehungsweise auf dem Objektiv des Mikroskops ablagern und durch ihr verwirrendes Treiben leicht zu Fehleinschätzungen führen können. Beide wollten wir uns dort also die Kenntnisse aneignen, die man unbedingt haben muss, um in dieser Branche nicht sein letztes Hemd zu verlieren.

Ofers Rückfragen an den Kursleiter, seine Art, jedes Konzept dieses Mannes zu überprüfen und zu hinterfragen, haben mich sofort beeindruckt. Ich nahm mir vor, ihn zu bitten, mir bei meiner Stellensuche behilflich zu sein, und ihn auch zu fragen, ob vielleicht er einen Job für mich habe. Und so schlossen wir Bekanntschaft. Ein paar Wochen später – am Tag, an dem ich die Abschlussprüfungen über Diamantengraduierung in den New Yorker GIA-Laboratorien abgelegt hatte – machte ich mir Gedanken, unter welchem Vorwand ich ihn wohl in seinem Büro aufsuchen und nach einem Job fragen könnte.

In seiner Heimat Israel hatte er bereits eine kleine Firma gegründet. Und zu meinem großen Glück stand er gerade jetzt im Begriff, eine Niederlassung in den USA zu eröffnen.

Mit den passenden Worten verschaffe ich mir also Zugang zu seinem Büro und bitte ihn, mir die Grundlagen des Diamantengeschäfts beizubringen: »Ich bin bereit, alle anstehenden Arbeiten für Sie zu übernehmen. Machen Sie doch bitte einen Versuch mit mir. Ich werde das Büro aufräumen und saubermachen oder Fenster putzen. Was Sie mir auftragen, erledige ich für Sie.«

Seine Antwort: »Leider habe ich kein Geld, um Sie einzustellen. Aber wissen Sie was, ich werde mit dem Inhaber dieses Büros sprechen – sein Name ist Alex Rosenthal. Und wir werden mal sehen, ob er und ich Sie vielleicht gemeinsam bezahlen können. Dann könnten Sie Botengänge und sonstige Besorgungen für uns beide übernehmen.«

Ich fange also als Botenjunge an: sieben Dollar die Stunde, ein Princeton-Absolvent, der sich im feuchtheißen New Yorker Sommer genauso wie bei Winterschneestürmen und bei Eiseskälte zu Fuß seinen Weg ins Diamantenviertel bahnt und nicht näher gekennzeichnete Leinensäcke bei sich trägt – gefüllt mit Gold, das zu Ringen gegossen werden soll, und mit Diamanten, die darin eingefasst werden sollen.

Mit mir zusammen sitzen Ofer, seine Frau Aya und ein stiller, aber wirklich vorzüglicher jemenitischer Goldschmied namens Alex Gal rings um unseren einzigen – gemieteten – Schreibtisch, graduieren Diamanten, sortieren sie, skizzieren neue Entwürfe für Diamantringe und telefonieren herum, um Kunden zu akquirieren.

Gehaltsschecks gab es damals wenige, und wenn es sie gab, dann oft verspätet, während Ofer seine Londoner Freunde telefonisch zu überreden versuchte, ihm noch ein bisschen mehr Geld zu leihen. Ich hatte trotzdem bald genügend Geld zusammen, um mir meinen ersten dunklen Straßenanzug zu kaufen. Den habe ich dann monatelang getragen, Tag für Tag.

Häufig haben wir bis nach Mitternacht gearbeitet, und anschließend hatte ich noch eine lange Heimfahrt vor mir, bis ich schließlich wieder in dem Zimmerchen angelangt war, das ich in einem kleinen Kloster der Gemeinschaft asiatischer Buddhisten in Howell, New Jersey, bewohnte. Ein paar Stunden später würde ich schon wieder auf den Beinen sein und kurz darauf im Bus nach Manhattan sitzen.

Als unser Geschäft ein wenig besser lief, beschlossen wir umzuziehen, um dem eigentlichen Juwelenviertel näher zu sein, und gingen das Wagnis ein, uns einen Goldschmied eigens für die Schmuckherstellung zu leisten. Er saß allein in dem großen Raum, der uns als »Werkstatt« diente, und widmete sich der Fertigung unserer ersten Diamantringe.

Und ich genoss schon bald genügend Vertrauen, damit mein Wunsch in Erfüllung gehen konnte: Ich durfte mich an ein Päckchen loser Diamanten setzen, um sie der Graduierung entsprechend zu sortieren. Dann fragten mich Ofer und Aya, ob ich die Verantwortung für die neu gegründete Abteilung »Diamanteneinkauf« übernehmen wolle (die damals aus mir und einer weiteren Person bestand). Voller Begeisterung über eine derartige Gelegenheit stürzte ich mich geradezu auf dieses Projekt.

Für die Arbeit in einem normalen Firmenbüro hatte mein tibetischer Lama mir ein paar Leitsätze mit auf den Weg gegeben: Mein Bekenntnis zum Buddhismus für mich zu behalten, mir einen Haarschnitt in der üblichen Länge zuzulegen (anstelle des für einen Mönch typischen kahl geschorenen Kopfes) und mich ganz normal zu kleiden. Wann immer ich mich in meiner Arbeit nach buddhistischen Grundsätzen richte, habe dies stillschweigend zu geschehen. Ich solle keine Worte darüber verlieren – und es schon gar nicht an die große Glocke hängen. Innerlich müsse ich ein buddhistischer Weiser sein, von außen betrachtet jedoch ein gewöhnlicher amerikanischer Geschäftsmann.

Und so begann mein Versuch, die Abteilung nach buddhistischen Grundsätzen zu führen, ohne dies jemand anderen wissen zu lassen. Mit den Azrielants habe ich frühzeitig folgende Vereinbarung getroffen: Ich war in allen Belangen für die Diamantenabteilung verantwortlich und hatte dafür zu sorgen, dass die Steine einen guten Gewinn einbrachten. Auf der anderen Seite hatte ich uneingeschränkte Handlungsvollmachten, wenn es darum ging, Mitarbeiter einzustellen oder zu entlassen. Nur ich ganz allein hatte über ihre Bezahlung oder über Lohnerhöhungen zu entscheiden, über die Anzahl ihrer täglichen Arbeitsstunden und darüber, wer für welchen Bereich die Verantwortung übernahm. Ich musste lediglich zum vereinbarten Zeitpunkt das Produkt abliefern, und zwar mit ansehnlichem Profit.

Dieses Buch beschreibt, wie ich – gestützt auf überlieferte Prinzipien buddhistischer Weisheit – die Diamantenabteilung bei Andin International so aufgebaut habe, dass sie aus dem Nichts zu einem weltweit operierenden Unternehmen wurde, das jährlich viele Millionen Dollar Gewinn erzielte.

All dies habe ich natürlich nicht im Alleingang auf die Beine stellen können. Ebenso wenig hat sich bei uns alles nur nach meinen Auffassungen gerichtet. Ich darf aber sagen, dass während meiner Zeit als Vizepräsident bei Andin International die in diesem Buch dargelegten Prinzipien für die meisten Entscheidungen und Geschäftsstrategien maßgebend waren.

Worin bestehen, in aller Kürze zusammengefasst, diese Prinzipien? Im Wesentlichen geht es um drei Punkte:

Das Unternehmen soll erfolgreich sein, also Gewinn erwirtschaften. In den USA und in anderen westlichen Ländern herrscht die Meinung vor, wenn Menschen, die ein spirituelles Leben zu führen versuchen, Erfolg haben und Geld verdienen, dann sei irgendetwas nicht in Ordnung. Doch am Geld als solchem gibt es aus buddhistischer Sicht nichts auszusetzen. Denn wer über größere finanzielle Mittel verfügt, kann der Welt ja tatsächlich mehr Nutzen bringen als ein mittelloser Mensch. Vielmehr stellt sich die Frage, *wie* wir Geld verdienen; ob wir begreifen, woher es kommt; wie wir *dafür sorgen können, dass es uns auch weiterhin zufließt; und ob wir eine gesunde Einstellung zum Geld wahren können.*

Entscheidend ist also, dass wir unser Geld auf ehrliche und anständige Art und Weise verdienen; uns genau darüber im Klaren sind, woher es kommt, damit es nicht versiegt, und eine gesunde Einstellung zum Geld wahren, solange wir es haben. Halten wir uns daran, so lässt sich beides sehr wohl miteinander vereinbaren – gutes Geld zu verdienen *und* ein spirituelles Leben zu führen. Ja auf diese Weise wird der Gelderwerb zum Bestandteil einer spirituellen Lebensführung.

Geld sollte uns Freude bereiten. Mit anderen Worten, wir sollten geistig und körperlich gesund bleiben, während wir Geld verdienen. Die Aktivität, die uns materiellen Wohlstand bringt, sollte uns weder körperlich noch geistig derart auslaugen und erschöpfen, dass wir uns des Wohlstands nicht erfreuen können. Ein Geschäftsmann, der durch seine Tätigkeit die eigene Gesundheit ruiniert, macht den eigentlichen Sinn und Zweck seiner Arbeit zunichte.

Wenn Sie schließlich auf Ihr Berufsleben zurückblicken, sollten Sie aufrichtig sagen können, dass all die Jahre Ihrer beruflichen Aktivität einen Sinn hatten. Das Ende jeder geschäftlichen Unternehmung, die wir in Angriff nehmen, wie auch das Ende unseres Lebens rücken unausweichlich näher – für jeden von uns. Und am wichtigsten Punkt unserer Tätigkeit – wenn wir schließlich auf alles zurückblicken, was wir erreicht haben – sollten wir erkennen können, dass unser Verhalten und die Art und Weise, wie wir unsere Aufgaben erledigt haben, einen bleibenden Wert haben und eine positive Prägung in unserer Welt hinterlassen.

Vorwort

Fassen wir diese Gedanken noch einmal kurz zusammen: Unsere berufliche Tätigkeit dient ebenso wie die überlieferte Weisheit Tibets, wie einfach jegliches menschliche Streben, dem Ziel, äußeren Wohlstand und inneres Wohlergehen herbeizuführen. Daran können wir uns allerdings nur erfreuen, solange wir körperlich und geistig weitgehend gesund bleiben. Und im Laufe unseres Lebens müssen wir herausfinden, auf welche Weise wir diesem Wohlergehen eine tiefere und umfassendere Bedeutung geben können.

All das führt uns die Erfolgsgeschichte der Diamantenabteilung von Andin International vor Augen. Jeder kann diese Dinge lernen und sie in die Tat umsetzen, unabhängig davon, welchen persönlichen Hintergrund und welche Überzeugungen er oder sie hat.

Das erste Ziel:
Geld verdienen

Kapitel 1

Woher die Weisheit kommt

In der altindischen Sprache bezeichnet man diese Lehre als das *Arya Vajra Chedaka Nama Prajnya Paramita Mahayana Sutra.*

Auf Tibetisch heißt sie *Pakpa Sherab Kyi Paröltu Djinpa Dordje Tschöpa Shedjawa Tekpa Tschenpoi Do.*

Und auf Deutsch *Das Sutra vom Diamantschneider, ein von alters her überliefertes Buch vom Weg des Mitgefühls, ein Buch, das die Vollendung der Weisheit lehrt.*

Was unterscheidet dieses Buch von allen anderen Büchern, die Sie vielleicht irgendwann einmal zu Fragen des Berufs- beziehungsweise Geschäftslebens gelesen haben? Der Unterschied liegt in der Quelle jenes Wissens, das ich Ihnen hier zugänglich machen möchte: einem überlieferten buddhistischen Weisheitsbuch mit dem Titel das »Sutra vom Diamantschneider«. Und dieses Buch beginnt mit den oben angeführten Zeilen.

In diesem Quellentext liegt die uralte Weisheit verborgen, die uns geholfen hat, Andin International zu einem Unternehmen mit mehr als 100 Millionen Dollar Jahresumsatz zu machen. Vorweg möchte ich Ihnen noch ein paar Informationen geben, die Ihnen zeigen, welch bedeutende Rolle dieses Buch in der Geschichte Asiens gespielt hat.

Das »Sutra vom Diamantschneider« ist das älteste datierbare Buch der Welt, das nicht mit der Hand geschrieben, sondern gedruckt wurde. Eine Ausgabe aus dem Fundus des Britischen Museums lässt sich auf das Jahr 868 unserer Zeit datieren. Sie entstand demzufolge rund 600 Jahr früher als die Gutenberg-Bibel.

Bei dem Text handelt es sich um die Niederschrift einer Lehrrede, die der Buddha vor mehr als 2500 Jahren gehalten hat. Zunächst wurde sie mündlich überliefert, und später, in einem frühen Stadium der Schriftkultur, auf länglichen Palmblättern festgehalten: auf außerordentlich gut haltbaren Palmwedeln, auf die man die Worte dieses Textes anfangs mit einer Nadel eingeritzt hat. Nach diesem Verfahren hergestellte Bücher, die lange Zeit recht gut lesbar bleiben, kann man in Südostasien bis heute finden.

Auf zweierlei Art wurde dafür gesorgt, dass die Palmblätter eines Textes beieinander blieben. In manchen Fällen hat man mit einer Ahle ein Loch durch den Blätterstapel gebohrt, um anschließend ein Band durch das Loch zu ziehen. Andere Bücher wurden zur Aufbewahrung in Stoff eingeschlagen.

Das »Sutra vom Diamantschneider« wurde ursprünglich in Sanskrit aufgeschrieben, jener altindischen Sprache, von der wir heute annehmen, dass sie vor ungefähr 4000 Jahren entstanden ist. Als der Text vor etwa 1000 Jahren nach Tibet gelangte, wurde er ins Tibetische übersetzt. Im Laufe der Jahrhunderte haben die Tibeter ihn in Holzblöcke geschnitzt und dann auf lange Streifen handgeschöpften Papiers gedruckt, indem sie Tinte auf den Holzblock strichen und das Papier anschließend mit einer Walze gegen den Block pressten. Diese langen Papierstreifen schlägt man zur Aufbewahrung in helle safran- oder kastanienfarbene Stoffe ein, eine Reminiszenz an die Tage der Palmblätter.

Das »Sutra vom Diamantschneider« fand auch in anderen großen Ländern Asiens Verbreitung, etwa in China, Japan, Korea und der Mongolei. Während der letzten zwei Jahrtausende wurde der Text unzählige Male in der jeweiligen Landessprache nachgedruckt, und von den Lippen der Lehrer einer Generation vernahmen ihn in einer ununterbrochenen Überlieferungslinie die Schüler der jeweils nächsten Generation.

In der Mongolei beispielsweise genoss der Text so hohe Wertschätzung, dass jede Familie sorgsam eine Kopie auf ihrem Hausaltar aufbewahrte. Ein oder zweimal pro Jahr baten die Familien die im näheren Umkreis lebenden buddhistischen Mönche zu sich nach Hause, damit diese den Text laut vorlasen und den Familienmitgliedern so die Segnungen seiner Weisheit zuteil wurden.

Die Weisheit dieses Textes ist nicht leicht zugänglich. In der ursprünglichen Lehrrede bedient sich der Buddha, wie in vielen seiner Darlegungen, einer von mystischer Erfahrung geprägten Sprache. Nur ein lebender Lehrer kann uns ihren verborgenen Sinn enthüllen, indem er oder sie auf die vorzüglichen Erläuterungen zurückgreift, die im Laufe der Jahrhunderte niedergeschrieben wurden. In tibetischer Sprache sind uns drei dieser älteren Kommentare erhalten geblieben. Der älteste von ihnen entstand vor zirka 1600 Jahren, der jüngste immerhin vor rund 1100 Jahren.

Bemerkenswerterweise haben wir unlängst einen weiteren Kommentar zu diesem Werk ausfindig gemacht. Er ist weit jüngeren Datums und viel leichter verständlich. Während der vergangenen zwölf Jahre haben wir – eine Gruppe von Kollegen und ich – am Asian Classics Input Project gearbeitet, dessen Anliegen die Erhaltung der über die Jahrhunderte überlieferten tibetischen Weisheitsbücher ist. Mehr als 1000 Jahre wurden diese Bücher, durch den großen Schutzwall des Himalaya vor Krieg und Eindringlingen geschützt, in Tibets großen Klöstern und Bibliotheken aufbewahrt. Die Situation hat sich mit der Erfindung des Flugzeugs gewandelt, und im Jahr 1950 sind die Truppen des kommunistischen China in Tibet einmarschiert.

Während des Einmarsches und der anschließenden, bis heute andauernden Besatzung wurden mehr als 5000 Bibliotheken und Klosteruniversitäten, in deren Obhut sich diese bemerkenswerten Bücher befanden, zerstört. Flüchtlinge konnten auf ihrem gefährlichen Weg, der sie unweit des Mount Everest zu Fuß über den Himalaya führte, nur eine Handvoll Bücher mitnehmen. Um sich in etwa ein Bild vom Ausmaß der Zerstörung zu machen, können Sie sich vorstellen, eine mächtige Armee habe die Vereinigten Staaten angegriffen und nahezu jede einzelne Hochschule und Universität einschließlich des gesamten Buchbestands der dazugehörigen Bibliotheken niedergebrannt. Stellen Sie sich vor, allein jene Bücher seien erhalten geblieben, die von Flüchtlingen auf ihrer mehrere Wochen oder Monate währenden Flucht zu Fuß nach Mexiko eigenhändig aus dem Land geschafft werden konnten.

Das Input Project hat tibetische Flüchtlinge, die in indischen Lagern leben, darin geschult, diese gefährdeten Bücher auf Computerdisketten abzutippen. Anschließend werden sie auf CD-ROM kopiert oder ins Internet gestellt und dadurch für Studenten und Gelehrte in aller Welt unentgeltlich verfügbar gemacht. Oftmals in entlegenen Winkeln der Welt haben wir Schriften aufgestöbert, die ansonsten nie aus Tibet hinausgelangt sind, und so konnten wir bislang rund 150 000 Seiten Holzblock-Manuskripte für die Nachwelt erhalten.

Inmitten einer verstaubten Handschriftensammlung haben wir auf diese Weise im russischen St. Petersburg die Ausgabe einer wundervollen Erläuterung zu dem »Sutra vom Diamantschneider« gefunden, die frühe Forschungsreisende von ihrem Aufenthalt in Tibet mitgebracht hatten. Dieser Kommentar trägt den Titel »Das Licht der Sonne auf dem Weg zur Freiheit« und wurde von einem bedeutenden Lama namens Tschönyi Drakpa Shedrup verfasst, der von 1675 bis 1748 gelebt hat. Wie es sich so trifft, stammt dieser Lama aus dem gleichen tibetischen Kloster, in dem ich meinen Studienabschluss erhalten habe: Sera Mey. Über die Jahrhunderte war sein Spitzname »Tschönyi Lama«, der Lama aus »Tschönyi« – einer Region in Osttibet.

In meinem Buch greife ich auf den im »Sutra vom Diamantschneider« wiedergegebenen Originalwortlaut zurück, ferner auf den Text von »Das Licht der Sonne auf dem Weg zur Freiheit«. Dieser wichtige Kommentar ist hier zum allerersten Mal ins Englische beziehungsweise ins Deutsche übersetzt worden. Neben den Auszügen aus diesen beiden großen Werken finden auch Erläuterungen Berücksichtigung, die im Laufe der letzten 2500 Jahre mündlich weitergegeben wurden – in der gleichen Weise, wie sie von meinen Lamas an mich weitergegeben wurden. Und zu guter Letzt komme ich auf tatsächliche Begebenheiten aus meinem Leben in der geheimnisumwitterten Welt des internationalen Diamantenhandels zu sprechen, damit anschaulich wird, wie dieses uralte Weisheitswissen Ihnen zuverlässig zu mehr Glück im Leben und zu mehr Erfolg im Beruf verhelfen kann.

Kapitel 2

Was der Titel des »Sutra vom Diamantschneider« bedeutet

Bereits der Titel des »Sutra vom Diamantschneider« enthält viel geheime Weisheit. Und bevor wir auf die Frage eingehen, wie Ihnen diese Weisheit zu mehr Glück und Erfolg verhelfen kann, tun wir sicher gut daran, über die Bedeutung des Titels zu sprechen. Lassen Sie uns zunächst einmal einen Blick auf Tschönyi Lamas Erläuterungen werfen:

> Der Wurzeltext beginnt hier mit den Worten: »**In der altindischen Sprache bezeichnet man diese Lehre als das Arya Vajra Chedaka Nama Prajnya Paramita Mahayana Sutra.**« Die Sanskrit-Worte des Titels kann man folgendermaßen übersetzen: **Arya** heißt »erhaben«, und Vajra bedeutet »Diamant«. **Chedaka** entspricht »Schneider«, und **Prajnya** steht für »Weisheit«.
> Param heißt »zur anderen Seite«, während **ita** »gegangen« bedeutet – und beides zusammen heißt »Vollendung«. **Nama** bedeutet »genannt«. **Maha** bedeutet »groß«, und **yana** steht für »Weg«.*
> **Sutra** wird mit »von alters her überliefertes Buch« übersetzt.

»Diamant« ist hier das entscheidende Wort für Sie, um zu begreifen, wie Sie im Leben und im Beruf erfolgreich sein können. In der tibetischen Überlieferung symbolisiert der Diamant ein verborgenes Potenzial, das allen Dingen innewohnt. Gewöhnlich spricht man in diesem Zusammenhang von »Leerheit«. Ist sich ein Geschäftsmann oder eine Geschäftsfrau über dieses Potenzial voll und ganz im Klaren, so weiß er oder sie, worin – finanziell wie in persönlichen Belangen – der Schlüssel zum Erfolg liegt. Im nächsten Kapitel werden wir uns eingehender mit diesem Potenzial befassen. Für den Moment genügt es zu wissen, dass das allen Dingen innewohnende Potenzial einem Diamanten gleicht, und dies in dreifacher Hinsicht.

---

* Die wörtliche Übersetzung von yana wäre »Fahrzeug«. (A. d. Ü.)

Zunächst einmal kommt nichts einer absolut klaren materiellen Substanz so nahe wie ein reiner Diamant. Denken Sie an eine große Glasscheibe, zum Beispiel eine Scheibe von der Art, wie man sie für eine gläserne Schiebetür verwendet, die nach draußen auf eine Terrasse führt. Von vorne betrachtet, sieht das Glas ganz klar aus: so klar, dass man immer wieder von Fällen hört, in denen eine Scheibe zu Bruch geht, weil Nachbarn oder andere Besucher gegen die Scheibe laufen. Schaut man allerdings – anders als wir das normalerweise tun – entlang der Längsachse auf die Scheibe, dann weist solches Glas, genau wie die meisten anderen Glassorten, eine Grünfärbung auf. Diese Färbung rührt vom gehäuften Auftreten winziger, das gesamte Glas durchziehender Eisenverunreinigungen her, und je dicker die Glasschicht ist, durch beziehungsweise auf die man schaut, umso deutlicher zeigt sich die Grünfärbung.

Ganz anders ein reiner Diamant. Im Handel stufen wir den Wert der Diamanten vor allem anhand der *fehlenden* Färbung ein: Vollkommen farblose Diamanten sind besonders selten und wertvoll. Einen völlig farblosen Diamanten klassifizieren wir als »D« – was an sich schon auf eine Art historischen Fehler zurückgeht, denn als das moderne System zur Diamantengraduierung entwickelt wurde, gab es bereits zahlreiche miteinander konkurrierende Systeme. Der Buchstabe »A« wurde weithin zur Kennzeichnung eines sehr hochwertigen, weitestgehend farblosen Diamanten verwendet. Den Buchstaben des Alphabets folgend, wurde die zweitbeste Kategorie als »B« bezeichnet und so weiter.

Bezüglich der Einstufung in »A«, »B« und so fort hatte unglücklicherweise jedoch jedes Unternehmen andere Vorstellungen, was den Kunden verständlicherweise viele Probleme bereitete. So konnte beispielsweise das nahezu farblose »B« des einen Unternehmens dem mittelgelben »B« des nächsten Unternehmens entsprechen. Daher entschloss man sich, bei der Entwicklung des neuen Systems einfach weiter hinten im Alphabet zu beginnen, und bezeichnete den besten beziehungsweise farblosesten Stein als »D«.

Eine Fensterscheibe aus D-farbenem Diamant (einmal angenommen, es könnte tatsächlich einen Diamanten dieser Größenordnung geben) wäre vollkommen klar. Und würde man *entlang der Längsachse* durch solch eine Fensterscheibe aus D-farbenem Diamant schauen, dann wäre sie *genauso klar*. Dies ist die natürliche Beschaffenheit von etwas vollkommen Reinem oder Klarem. Stünde zwischen Ihnen und einer anderen Person eine ein oder zwei Meter dicke Mauer aus Diamant, an deren Oberfläche keinerlei Lichtreflexe aufträten, so *könnten Sie den Diamanten gar nicht sehen.*

Das verborgene Erfolgspotenzial, das Sie im »Sutra vom Diamantschneider« finden, entspricht genau dieser Scheibe aus Diamantglas. Es ist jederzeit vorhanden, allgegenwärtig. Jedem Objekt und jeder Person rings um uns wohnt dieses Potenzial inne. Und wenn wir uns dieses Potenzial zunutze machen, bringt es uns unweigerlich Erfolg, im persönlichen wie im beruflichen Bereich. In der Tatsache, dass uns dieses Potenzial verborgen bleibt, obwohl jeder Mensch und jedes Ding um uns herum von ihm durchdrungen ist, besteht die Ironie unseres Daseins: Wir erkennen es einfach nicht. Das »Sutra vom Diamantschneider« kann uns helfen, dieses Potenzial wahrzunehmen.

Noch etwas anderes zeichnet einen Diamanten aus: Er ist schlicht und einfach der härteste Gegenstand, den es gibt. Nichts, es sei denn, ein anderer Diamant, könnte einem Diamanten einen Kratzer zufügen. Gemäß der Knoop-Härteskala, einer der Bezugsgrößen zur Bestimmung von Materialhärten, ist ein Diamant mehr als dreimal so hart wie das nächsthärteste natürlich vorkommende Mineral, ein Rubin. Und selbst mit einem Diamanten kann man andere Diamanten nur unter der Voraussetzung anritzen, dass der anzuritzende Diamant eine »weiche Richtung«* aufweist.

In der Tat werden Diamanten auf diese Art und Weise »zerschnitten«. Zwar kann nichts, außer einem anderen Diamanten, einen Diamant anritzen. Er kann jedoch entlang einer ebenen Schnittfläche »gespalten« werden, ähnlich wie man ein Stück Holz mit einer Axt spaltet. Um einen Diamanten zu schleifen, verwenden wir kleine Diamantstücke, die bei der Bearbeitung eines anderen Diamanten übrig geblieben sind – oder

---

* Härte ist bei Diamanten eine vektorielle Eigenschaft, das heißt, sie variiert mit der Richtung im Kristall. Diamant kann Diamant schleifen, weil es Richtungen größerer und Richtungen geringerer Härte gibt. (A. d. Ü.)

aber ein Stück von einem Rohdiamanten, das nicht die nötige Reinheit aufweist, um einen Edelstein daraus zu gewinnen. Dann spalten und zermahlen wir die Stücke, bis ein Pulver entsteht.

Dieses Diamantpulver wird mit Hilfe unterschiedlich feiner Siebe sorgfältig so lange durchgesiebt, bis ein ganz feines Pulver übrig bleibt, das in einem kleinen Glasfläschchen aufbewahrt wird. Anschließend versieht man eine große flache Scheibe aus gehärtetem Stahl mit Einkerbungen: Man kerbt so lange schmale Linien in die Oberfläche des Stahls, bis ein Netz aus feinen Rinnen entstanden ist. Dann wird die Scheibe hauchdünn mit Öl bestrichen. Meist handelt es sich dabei um Olivenöl. Für die richtige Mixtur hat allerdings jeder Diamantschleifer sein persönliches Geheimrezept.

Die stählerne Scheibe ist über eine Welle mit einem Motor verbunden, der an einem schweren, mit Stahlstreben verstärkten Tisch befestigt ist. So soll jegliche Vibration vermieden werden, wenn die Scheibe mit Hunderten Umdrehungen pro Minute zu rotieren beginnt. Dann wird Diamantpulver auf das Öl gestreut, bis sich eine graue Paste bildet.

Ein Rohdiamant wirkt oft nicht ansehnlicher als ein schmutziger Kieselstein, sieht so ähnlich aus wie ein kristallklares, von einer spülwasserbraun oder olivgrün gesprenkelten Außenschicht umschlossenes Stück Eis. Und an einem schlechten Tag kann es einem durchaus passieren, dass diese Schicht sich durch den gesamten Stein hindurchzieht. Das heißt, nachdem Sie ihn halb abgeschliffen haben, stellen Sie fest, dass der Rohdiamant, für den Sie so viel Geld bezahlt haben, völlig wertlos ist.

Dieser »Kiesel« wird dann in einer kleinen schalenförmigen Vertiefung fixiert, dem so genannten »Diamanthalter«; und der Diamanthalter wiederum sitzt an einer Haltevorrichtung, die dem Tonarm eines alten Plattenspielers ähnelt. Der Diamant wird mit einem speziellen Klebematerial, das auch unter der beim Schleifen des Diamanten entstehenden starken Hitzeeinwirkung nicht weich wird, im Diamanthalter befestigt.

Während meiner ersten Lehrzeit bei einem Meisterschleifer, Sam Shmuelof, wurde der Stein mittels einer aus Asbest und Wasser bestehenden Paste fixiert. Sobald der Stein heiß wurde, trocknete das Asbest und zog sich zusammen. So saß der Stein schön fest im Diamanthalter. Zur

Herstellung der Paste haben wir auf dem Asbest herumgekaut. Damals wusste man noch nicht, dass schon ein winziges Stückchen Asbestfaser krebsauslösend wirken kann. Ich erinnere mich an einen Diamantschleifer, bei dem sich ein großer Tumor gleich neben dem Kehlkopf entwickelt hat.

Beim Einschalten des Motors muss die Scheibe ohne den leisesten Hauch einer Vibration in Schwung kommen und sich drehen: Die Justierung der Scheibe unter Zuhilfenahme einer älteren Schleifmaschine kostete uns Stunden. Der Diamantschleifer sitzt bei der Arbeit auf einer Sitzvorrichtung, die einem hohen Kinderstuhl ähnelt. Er beugt sich über die Scheibe, greift nach der Halterung, an der der Rohdiamant befestigt ist, und lässt den Diamanten ganz sanft die rotierende Scheibe touchieren.

Diamant ist unermesslich viel härter als Stahl. Würde der Schleifer die spitz zulaufende Kante eines Rohdiamanten zu stark auf die Scheibe drücken, könnte der Diamant diese daher leicht durchdringen. Deshalb schwenkt man den Stein behutsam zur Scheibe hin, um anschließend den Diamanthalter kurz auf Augenhöhe zu bringen. In der anderen Hand hält man ein Vergrößerungsglas.

Mit einer einzigen weichen Bewegung hebt ein erfahrener Schleifer viele Male pro Minute den Diamanten in Augenhöhe, um den Fortgang des Schleifprozesses zu begutachten, und bewegt den Stein gleich im nächsten Moment kurz wieder zur Scheibe hinunter. Dieser Bewegungsablauf ähnelt den wirbelnden Bewegungen, die ein Cheerleader mit dem Stab ausführt.

Bevor man den Stein kurz in Augenschein nimmt, wischt man ihn an einem über die Schulter geworfenen Handtuch ab, um Öl- und Diamantpulverspuren von seiner Oberfläche zu entfernen. Innerhalb von ein oder zwei Minuten lässt die Schleifscheibe auf der Oberfläche des Diamanten eine winzig kleine transparente Stelle entstehen – ein kleines Fenster, das einen Einblick ins Innere des Steines ermöglicht. Mit der Lupe späht man in das Fenster hinein, um festzustellen, ob der Diamant im Inneren etwa Flecke oder Risse aufweist. Diese wird man nämlich so zu positionieren versuchen, dass sie entweder durch den Schliff verschwinden oder wenigstens, während der Stein Gestalt annimmt, in eine

Randposition rücken, in der sie den Gesamteindruck möglichst wenig stören. Denn ein schwarzer Fleck an der Spitze eines Diamanten beispielsweise würde sich in den Unterteilfacetten des Steines widerspiegeln und so den Eindruck vermitteln, eine ganze Familie von Flecken sei vorhanden, obwohl es sich tatsächlich nur um einen einzigen Flecken handelt. Dadurch würde der fertige Edelstein nahezu jeden Wert verlieren.

Dieser Prozess, bei dem man durch das Fenster schaut und sich die räumliche Anordnung des fertigen Edelsteins vorzustellen versucht, ähnelt der Planungsarbeit eines Bildhauers, der sich die von Natur aus vorhandene Materialstruktur und -färbung eines Marmorblocks auf bestmögliche Art und Weise für seine Skulptur zunutze machen möchte. Die Planungen für den Schliff eines großen Steins können sich über Wochen oder gar über Monate erstrecken. Zu dieser Arbeit gehört, dass man eine Reihe von Fenstern in die äußere Schicht schleift und geometrische Modellentwürfe anfertigt, um aus dem Rohdiamanten einen Edelstein von größtmöglichen Abmessungen zu gewinnen.

Eigentlich handelt es sich bei den kleinen schwarzen Flecken, die Sie mitunter im Inneren eines Diamanten finden, in vielen Fällen um weitere kleine Diamantkristalle, die ein größerer Kristall, während er heranwuchs, umschlossen hat. Diamanten sind gewöhnlicher Kohlenstoff, der durch die außerordentlich große Hitze in einem vulkanischen Schlot geschmolzen und dann tief im Erdinnern unter extremem Druck gehalten wurde. Dadurch verwandelt sich die atomare Struktur des reinen Kohlenstoffs in jene des Diamanten. Winzige Diamanten können unter ganz unterschiedlichen Bedingungen entstehen. Wenn zum Beispiel ein kohlenstoffhaltiger Meteorit auf die Erde stürzt, können sie sich genau an der Aufprallstelle bilden. Inmitten eines Kraters von beträchtlichen Ausmaßen befinden sich dann an dieser Stelle ein paar winzige Juwelen.

Die niedlich kleinen »Diamanten innerhalb eines Diamanten« können entweder in Form von schwarzen Flecken auftreten oder, entlang der entsprechenden Achse angeordnet, im Innern des Rohdiamanten einen unsichtbaren Einschluss bilden. Für den Schleifer stellen sie in beiden Fällen ein großes Problem dar. Durch sie entstehen im Stein winzige Spannungszonen. Wenn diese dann mit der Schleifscheibe in Berührung

Kapitel 2

kommen und der Schleifer den anvisierten Facettenschliff durchführen will, scheint der Diamant sich geradezu gegen die Bearbeitung zu sperren. Trotz des Öls beginnt der Stein bei jedem Kontakt mit dem Stahl wie eine entfesselte Furie zu zetern und zu kreischen.

Bei den Diamantschleifereien im Diamantenviertel von New Yorks Siebenundvierzigster Straße handelt es sich meist um triste, spärlich beleuchtete offene Räumlichkeiten in den oberen Stockwerken der Gebäude. Hier landen auf ihrem Weg in die Vereinigten Staaten Diamanten im Wert von vielen Milliarden Dollar, ehe sie zu den Schmuckherstellern weiterwandern. Stellen Sie sich eine Reihe von Diamantschleifern neben der anderen vor: Über ihre Schleifscheibe gebeugt, drücken sie die flache Seite des Diamanten gegen den Stahl. Dabei geht von jedem Stein ein Quietschen aus wie von mangelhaft gewarteten Bremsen. Und inmitten dieses infernalischen Lärms sitzen, an solch ein Chaos gewöhnt, die Schleifer mit ruhigem Blick und voller Konzentration.

Die Reibung zwischen Stein und Scheibe lässt eine derartige Hitze entstehen, dass der Rohdiamant bald in einem tief purpurrot fluoreszierenden Farbton erglüht. In diesem Zustand kann er ebenso schlimme Verbrennungen verursachen wie glühende Kohlen. Sobald die Hitze auf die Spannungszone rings um einen inneren Einschluss übergegriffen hat, kann der ganze Stein regelrecht explodieren und mit enormer Geschwindigkeit derart von der Scheibe katapultiert werden, dass kleine Stückchen durch den gesamten Raum schießen. Falls es sich um einen großen Stein handelt, können Sie dabei zuschauen, wie einige Hunderttausend Dollar buchstäblich pulverisiert werden und sich in feinkörnigen Diamantstaub auflösen.

Welche Bedeutung kommt dem Umstand zu, dass Diamanten das härteste Material der Welt sind?

Gehen Sie doch einmal dem Gedanken nach, dass etwas in irgendeiner Weise ein *Äußerstes*, ein Höchstmaß verkörpert: das Größte, das Kürzeste, das Längste, das Breiteste. Unser Geist tut sich schwer mit dieser Vorstellung: Denn schließlich ist kein Phänomen so groß, dass sich seine Größe nicht noch um ein paar Zentimeter übertreffen ließe, beziehungsweise so klein, dass man nicht noch ein Stückchen abzwacken könnte.

Das verborgene Potenzial, von dem wir hier sprechen, ist etwas wahrhaft Absolutes – in einer Art und Weise, wie dies für nichts, was über ein physisches Dasein verfügt, jemals gelten könnte. Es ist die höchste Natur, die etwas Existierendem zu Eigen sein kann, die absolute Wahrheit jeder Person und jedes Gegenstandes. Die Härte des Diamanten kommt ihrer Natur nach dem Absoluten näher als jeder andere Gegenstand beziehungsweise jede andere Eigenschaft auf der ganzen Welt. Ein Diamant verfügt über die größte überhaupt existierende Härte. Daher kommt ihm noch eine zweite wichtige Bedeutung zu: Er dient als Metapher für das wahrhaft Absolute.

Kommen wir nun wieder zu jenen Diamantstückchen zurück, die sich über den Boden der Schleiferei verteilt haben, nachdem ein Stein beim Schleifen zerborsten ist, als sei er explodiert. Sie führen uns die dritte wichtige Eigenschaft von Diamanten vor Augen. Jeder Diamant ist auf der atomaren Ebene ganz einfach beschaffen: reiner, völlig unverfälschter Kohlenstoff. Tatsächlich handelt es sich bei dem Kohlenstoff in einer Bleistiftmine und dem Kohlenstoff in einem Diamanten um exakt die gleiche Substanz.

Die Kohlenstoffatome einer Bleistiftmine sind in Form von lose zusammengefügten Plättchen miteinander verbunden, ähnlich wie Schiefergesteinsschichten oder die Schichten von Blätterteig. Wenn Sie die Bleistiftspitze über ein Blatt Papier gleiten lassen, lösen sich diese Schichten ab, Plättchen für Plättchen, und verteilen sich über die Oberfläche des Papiers. Diesen Vorgang bezeichnet man im Allgemeinen als das Schreiben mit einem Bleistift.

In einem Diamanten sind die reinen Kohlenstoffatome eine völlig andere Verbindung miteinander eingegangen. Perfekte Symmetrie in jeder Richtung verhindert, dass auch nur ein einziges loses Plättchen des Ausgangsmaterials übrig bleibt. Dadurch übertrifft die Härte eines Diamanten alles, was wir kennen. Interessanterweise besteht jeder Diamant an jedem Punkt aus dem gleichen schlichten, durch dieselbe Atomstruktur verbundenen Kohlenstoff. Das bedeutet, dass auch der winzigste Diamantsplitter, bis hin zur molekularen Ebene, innerlich mit jedem anderen Stückchen Diamant exakt übereinstimmt.

Kapitel 2

Was hat das mit dem verborgenen Potenzial der Dinge zu tun? Wir sprachen bereits darüber, dass jedem einzelnen Objekt auf der Welt – unbelebten Dingen wie zum Beispiel Kieselsteinen und Planeten, aber auch Lebewesen wie Ameisen und Menschen – ein verborgenes Potenzial innewohnt, eine letztendliche Natur zukommt. Der springende Punkt dabei ist, dass hier in jedem einzelnen Fall genau das gleiche Potenzial vorliegt, es sich jedes Mal um dieselbe letztendliche Natur handelt. Auch in dieser Hinsicht entspricht das verborgene Potenzial der Dinge – jene den Dingen innewohnende Eigenschaft, die Ihnen inneren und äußeren Erfolg bringen kann – wieder einem Diamanten.

Daher also taucht das Wort »Diamant« im Titel dieses Buches auf. Diamanten sind vollkommen klar, so gut wie unsichtbar. Und das verborgene Potenzial von allem, was uns umgibt, ist genauso schwer zu erkennen. Diamanten sind nahezu etwas Absolutes – das Härteste, was überhaupt existiert. Und das verborgene Potenzial, das den Dingen innewohnt, ist ihre reine und absolute Wahrheit. Bei jedem Diamantsplitter, der irgendwo auf der Welt existiert, handelt es sich um exakt die gleiche Substanz wie bei jedem anderen – um hundertprozentig reinen Diamant. Und das Gleiche gilt für das verborgene Potenzial der Dinge. Denn stets beinhaltet dieses Potenzial eine ebenso reine, ebenso absolute Wirklichkeit wie in jedem anderen Fall.

Warum aber trägt das Buch den Titel »Sutra vom Diamant*schneider*«? Manch früherer Übersetzer dieses Werkes hat in der Tat den zweiten Teil des Begriffs fortgelassen, ohne sich darüber im Klaren zu sein, welche unverzichtbare Rolle dieser für die Bedeutung des Buches spielt.

Wenigstens kurz sollte an dieser Stelle erwähnt werden, dass es zwei Möglichkeiten gibt, Einsicht in das verborgene Potenzial der Dinge, ihre letztendliche Natur, zu gewinnen. Einerseits kann man Einsicht in diese Natur gewinnen, indem man entsprechende Erklärungen dazu liest – beispielsweise die in diesem Buch gebotenen Erklärungen – und sich anschließend hinsetzt, um über sie nachzusinnen, bis man das Potenzial begreift und es nutzen kann. Oder man begibt sich in einen tiefen Meditationszustand, in dem man – mit dem geistigen Auge – eine unmittelbare Einsicht in das Potenzial gewinnt. Das ist die andere Möglichkeit.

Zwar ist eine auf die zweite Art und Weise gewonnene Einsicht in dieses Potenzial weitaus wirkungsvoller; aber das Potenzial kann von allen genutzt werden, die zumindest sein Prinzip verstehen.

Hat man unmittelbare Einsicht in dieses Potenzial gewonnen, begreift man auch sogleich, dass es sich hier um die Einsicht in eine letztgültige Wirklichkeit handelt, und sucht im Geist nach etwas Vergleichbarem. Und nichts sonst in unserer gewöhnlichen Welt kommt diesem letztendlichen Potenzial so nahe, kein anderes gewöhnliches Ding entspricht der letztendlichen Wirklichkeit so sehr wie der Diamant – der härteste Gegenstand, den es gibt.

Aber obgleich der Diamant unter all den Dingen unserer Alltagswelt noch am ehesten dem Letztendlichen entspricht, lässt er sich doch nur in einem äußerst eingeschränkten Sinn mit dem verborgenen Potenzial vergleichen, auf das wir in den folgenden Kapiteln ausführlicher eingehen werden, da es sich bei diesem Potenzial um etwas wahrhaft Letztgültiges handelt. In diesem Sinn ist der Diamant also eine völlig unzulängliche Metapher, da dem wahrhaft Letztendlichen eine weit größere Kraft zu Eigen ist, es dem Diamanten Form oder Schliff verleihen kann. Daher trägt dieses von alters her überlieferte Weisheitsbuch den Titel »Sutra vom Diamantschneider«: Es vermittelt uns Kenntnisse von einem allerhöchsten Potenzial, das selbst einen Diamanten noch übertrifft – den härtesten Gegenstand, jenen Gegenstand, der unter sämtlichen Dingen der uns umgebenden gewöhnlichen Welt der letztendlichen Wirklichkeit noch am ehesten nahe kommt.

Sollte all dies für Sie ein wenig kompliziert klingen, so macht das überhaupt nichts. Das »Sutra vom Diamant*schneider*« wird Ihnen über solche Schwierigkeiten hinweghelfen. Genau dazu ist es ja da. Die verborgenen Abläufe hinter den Dingen wie auch das Geheimnis eines wirklich dauerhaften Erfolgs in unserem Lebensalltag und unseren beruflichen Ambitionen sind tiefgründig und liegen nicht so klar auf der Hand, dass wir sie leicht und ohne Bemühung erkennen könnten. Ganz sicher aber lohnt sich die Mühe.

Kapitel 3

Wie das Sutra entstand

Wir stehen am Ausgangspunkt einer außerordentlich interessanten Reise, in deren Verlauf wir vollkommenes Neuland betreten werden. Denn tatsächlich sind die hier entwickelten Vorstellungen, die uns in die Lage versetzen, Beruf und Privatleben zu meistern, niemals zuvor in einem zeitgenössischen Buch dieser Art dargelegt worden. Ein paar Informationen darüber, wo und wann dieses Weisheitswissen ursprünglich gelehrt wurde, könnten daher hilfreich sein.

Kommen wir zunächst einmal zum Quellentext, durch den uns dieses Wissen überliefert wurde: Es geschah vor mehr als 2500 Jahren im alten Indien. Damals konnte ein Mann aus reichem Hause, ein Prinz namens Siddhartha, die Herzen seiner Landsleute für sich gewinnen; ähnlich wie 500 Jahre später ein Mann namens Jesus. Der Prinz war, von Reichtum und Luxus umgeben, im väterlichen Palast aufgewachsen. Nachdem er aber gesehen hatte, wie die Menschen leiden – nachdem er gesehen hatte, dass wir im Laufe unseres Lebens unweigerlich all jene Dinge und Menschen verlieren müssen, die uns besonders am Herzen liegen –, entsagte er diesem luxuriösen Lebenswandel am Königshof. Auf sich alleine gestellt, versuchte er herauszufinden, wie es dazu kommt, dass wir leiden, und wie wir es möglich machen können, nicht mehr zu leiden.

Er gelangte zu einem letztgültigen Verständnis dieser Dinge und begann seinen Weg zur Befreiung vom Leid zu lehren. Viele verließen ihr Zuhause und schlossen sich ihm an, weil sie ein schlichtes Leben führen wollten wie er: das Leben eines besitzlosen Mönchs, der klar denken kann, weil sein Geist befreit ist von der Bürde, sich darüber Gedanken zu machen, was und wer ihm gehört.

Viele Jahre später schildert ein Schüler, wie das »Sutra vom Diamantschneider« zum ersten Mal in Worte gefasst wurde. Den Buddha, seinen Lehrer, nennt er den »Siegreichen«.

---

* Seite 27: Was hier »ein Schüler auf dem Weg des Mitgefühls« heißt, wird gewöhnlich mit »Bodhisattva« übersetzt. (A. d. Ü.)

Einmal hörte ich, wie der Buddha die folgenden Worte sprach. Der Siegreiche weilte in der Nähe von Shravasti im Park des Anata Pindada in den Gärten von Prinz Djetavan. Um ihn geschart hatte sich eine Versammlung von 1250 Mönchen, Schüler ersten Ranges; ferner eine immense Anzahl von Schülern auf dem Weg des Mitgefühls,* die außergewöhnliche, heilige Wesen waren.

»Einmal hörte ich, wie der Buddha die folgenden Worte sprach«, ist für ein überliefertes buddhistisches Weisheitsbuch eine gängige Einleitung. Denn niedergeschrieben wurden diese Bücher vielfach erst lange, nachdem der Buddha bereits von dieser Welt gegangen war. Die Menschen jenes Zeitalters besaßen eine außerordentlich stark ausgeprägte Fähigkeit, sich die von einem großen Lehrer erhaltenen Lehren auf der Stelle zu merken.

Das Wort »einmal« ist hier von großer Bedeutung. Es bezieht sich einerseits auf die außerordentlich hohe Intelligenz, über die auch einfache Leute im alten Indien verfügten: auf den bereits angesprochenen Umstand, dass sie einen Wortlaut auswendig lernen und in seiner vollen Bedeutung verstehen konnten, sobald sie ihn vernahmen. Andererseits macht uns diese Formulierung darauf aufmerksam, dass das »Sutra vom Diamantschneider« lediglich ein einziges Mal dargelegt wurde, und bringt so zum Ausdruck, dass die hierin enthaltene Weisheit – das Wissen darüber, was die Dinge wirklich in Gang hält – eine seltene Kostbarkeit darstellt auf dieser Welt.

Indem Tschönyi Lama uns in seinen Erläuterungen zu dem »Sutra vom Diamantschneider« erklärt, wie und wo es zu dieser bemerkenswerten Lehrrede kam, liefert er uns weitere Hintergrundinformationen. Die Hervorhebung durch Fettdruck zeigt Ihnen, an welchen Stellen das »Sutra vom Diamantschneider« bei Tschönyi Lama wörtlich zitiert wird:

Diese Textpassage beschreibt den Ort der Belehrung. Hier spricht derjenige zu uns, der **die Worte** der Lehrrede schriftlich festgehalten hat.

Kapitel 3

Zunächst sagt er, dass er **hörte, wie der Buddha** die Lehrrede **sprach. Einmal,** was soviel bedeutet wie »zu einem bestimmten Zeitpunkt«, **weilte der Siegreiche in der Nähe von Shravasti im Park des Anata Pindada in den Gärten von Prinz Djetavan.** Um ihn geschart **hatte sich,** das heißt, bei ihm befand sich, **eine Versammlung von 1250 Mönchen, Schüler ersten Ranges; ferner eine immense Anzahl von Schülern auf dem Weg des Mitgefühls, die außergewöhnliche, heilige Wesen waren.**

Nun gab es damals in Indien sechs große Städte, darunter jene Stadt »Shravasti«. Sie lag im Reich von König Prasena Ajita, und zu ihrem Gebiet gehörte ein besonders schöner Landstrich: die zauberhaften Gärten eines Mannes namens Prinz Djetavan.

Mehrere Jahre, nachdem der Siegreiche zur Erleuchtung gelangt war, kam der Zeitpunkt, an dem ein Familienoberhaupt namens Anata Pindada den Entschluss fasste, einen großen Tempel von außergewöhnlicher Schönheit errichten zu lassen. Er wollte einen Platz schaffen, an dem der Buddha und seine Anhänger auf Dauer leben könnten. Zu diesem Zweck wandte er sich an Prinz Djetavan und kaufte von ihm Gärten zum Preis vieler Tausender von Goldmünzen. Deren Anzahl war so groß, dass man mit ihnen in der Tat die Gärten selbst vollständig hätte bedecken können.

Auch Djetavan bot dem Siegreichen ein Stück Land an, das zum Quartierbereich seiner Liegenschaftsverwalter gehört hatte. In diesen Gärten gestalteten unter Anata Pindadas Anleitung, der sich zu diesem Zweck Shariputras Fähigkeiten zunutze gemacht hatte, Kunsthandwerker aus den Ländern der Götter und der Menschen einen ganz außerordentlichen Park.

Nach dessen Fertigstellung benannte der Siegreiche den Haupttempel nach Djetavan. Denn er war gewahr worden, dass dieser es gerne so haben würde. Anata Pindada war übrigens ein besonderes Wesen. Er hatte absichtlich eine Wiedergeburt angenommen, die ihm es ermöglichte, als aktiver Förderer den großen Lehrer in finanziellen Dingen zu unterstützen: Er vermochte zu erkennen, an welchen Stellen in der Tiefe von Gewässern oder im Erdreich kostbare

Edelsteine und edle Metalle verborgen lagen, und er konnte von diesen Reichtümern Gebrauch machen, wann immer er es wünschte.

Diese ersten Zeilen aus dem »Sutra vom Diamantschneider« machen uns auf etwas Entscheidendes aufmerksam. Der Buddha steht im Begriff, seine Lehre an eine Gruppe von Mönchen weiterzugeben, die sich ähnlich wie die Jünger Jesu entschlossen haben, nicht länger ihren gewöhnlichen Berufen nachzugehen, sondern ihr Leben damit zu verbringen, den von ihm gewiesenen Weg zu erlernen. Doch dass die Belehrung überhaupt zustande kommt, hat einen bestimmten Grund: Einflussreiche und sehr wohlhabende Leute sind auf den Plan getreten, um die Durchführung dieser Belehrung zu ermöglichen.

Im alten Indien waren die Angehörigen der Königshäuser die treibende Kraft im wirtschaftlichen und politischen Leben ihrer Länder – das genaue Gegenstück zur Geschäftswelt in der westlichen Gesellschaft der Neuzeit.

Wenn wir heutzutage über den Buddha und über buddhistisches Gedankengut sprechen, haben wir nur allzu schnell einen sonderbar aussehenden orientalischen Mann vor Augen, auf dessen Schädel sich eine Art Höcker erhebt und – falls wir mal eine jener chinesischen Statuen gesehen haben – der durch ein breites Lächeln und ein stattliches Bäuchlein gekennzeichnet ist. Doch sollten wir uns eher einen hoch gewachsenen, anmutigen Prinzen vorstellen, der auf ganz zwanglose Art und Weise durchs Land reist, dabei kenntnisreich, überzeugend und voller Mitgefühl Gedanken darlegt, die sich jeder Mann und jede Frau zunutze machen können, um ein erfolgreiches Leben zu führen und dieses Leben mit Sinn zu erfüllen.

Und stellen Sie sich unter seinen Anhängern bitte nicht einfach nur kahl geschorene Mönche vor, die mit überkreuzten Beinen vor einer Wand auf dem Boden sitzend *Om* rezitieren. Die vielleicht größten Meister des Buddhismus in den alten Zeiten waren Angehörige der Königshäuser, Menschen mit dem Elan und der Fähigkeit, ganze Länder und deren Ökonomie zu lenken.

Beispielsweise gibt es ein bemerkenswertes buddhistisches Lehrsystem namens »Kalachakra«, »das Rad der Zeit«. Während der vergangenen

Jahrhunderte hat in Tibet der jeweilige Dalai Lama bei speziellen Versammlungen die Einweihung in die Kalachakra-Lehre erteilt. Ursprünglich jedoch hatte der Buddha die Könige des alten Indiens in dieser Lehre unterwiesen, Menschen von außergewöhnlicher Einsicht und Befähigung. Diese wiederum gaben die Kalachakra-Lehre über viele Generationen hinweg an ihre Nachfolger weiter.

Ich spreche diesen Punkt aus einem speziellen Grund an: um auf ein verbreitetes Missverständnis einzugehen, das den Buddhismus im Besonderen und ganz allgemein die innere spirituelle Einstellung jedes Einzelnen betrifft. Zwar hat der Buddhismus stets gelehrt, dass es eine Zeit und einen Ort gibt, das Leben eines zurückgezogenen Mönchs zu führen, um abseits des weltlichen Treibens zu lernen, wie man der Welt von Nutzen sein kann. Doch kommt es darauf an, der Welt tatsächlich von Nutzen zu sein; und damit wir ihr wirklich von Nutzen sein können, müssen wir in der Welt sein.

Beeindruckt hat mich während meiner Jahre im Diamantengeschäft die große Zahl von Führungspersönlichkeiten aus der Wirtschaft, die mir ihr außerordentlich tief gehendes spirituelles Innenleben enthüllt haben. Eine Person habe ich dabei ganz besonders vor Augen, einen Diamantenhändler aus Bombay (neuerdings zutreffender in Mumbai umbenannt) namens Dhiru Shah. Wenn Sie Herrn Shah im New Yorker Kennedy Airport aus dem Flieger steigen sähen, wäre Ihr erster Eindruck der eines eher klein gewachsenen Mannes mit sattbrauner Haut und Brille, schütter werdendem Haar und vielleicht einem scheuen Lächeln. Er würde durch die Menge gehen, um seinen kleinen, abgewetzten Koffer vom Transportband herunterzunehmen und in ein Taxi zu steigen, das ihn zu einem bescheidenen Hotel in Manhattan bringt. Dort würde er dann am Abend ein paar Scheiben von dem Brot essen, das ihm seine Frau Ketki gebacken und mit rührender Sorgfalt in seinem Koffer verstaut hat.

In Wahrheit ist Herr Shah allerdings einer der bedeutendsten Diamantenkäufer der Welt, denn er kauft für Andin tagtäglich Tausende Steine. Und er ist einer der spirituellsten Menschen, den ich jemals kennen gelernt habe. Im Laufe der Jahre hat er mir nach und nach Einblick in den Reichtum seiner spirituellen Innenwelt gewährt.

Herr Shah ist Dschaina, Anhänger des Dschainismus (Jainismus), einer vor über 2500 Jahren – etwa zur gleichen Zeit wie der Buddhismus – von Mahavir begründeten religiösen Tradition. In der Abendstille haben wir gemeinsam auf dem kühlen Fußboden des Tempels in seinem Stadtviertel gesessen, einem schlichten, aber bezaubernden Gebäude aus Stein in einem stillen Winkel des ansonsten so chaotischen Bombay. Im Inneren des Heiligtums, wo es kühl und dunkel ist, bewegen sich vor dem Altar lautlos die Priester, ihre Gesichter vom weichen Widerschein der kleinen roten Öllampen erhellt, die sie zu Ehren ihres Gottes anzünden.

Frauen in weich fallenden Seidengewändern treten schweigend ein und führen als Zeichen der Ehrerbietung eine Niederwerfung aus, um anschließend wieder still dazusitzen und zu beten. Kinder flüstern, während sie von Statue zu Statue vorangehen und zu tausend heiligen Wesen aufschauen. Am Fuße der zum Tempel hinaufführenden Treppenstufen stellen Geschäftsleute ihre Aktentasche ab, ziehen die Schuhe aus und schreiten andächtig zum Eingangsportal empor, um den Tempel zu betreten und stille Zwiesprache mit Mahavir zu halten.

Dort im Tempel sitzend kann man in sich gehen und vollkommen die Zeit vergessen. Man kann vergessen, welcher Tag heute ist; vergessen, dass man aufstehen und nach Hause gehen muss. Man kann die tausend Tagesgeschäfte vergessen, und man kann das »Opernhaus« vergessen.

Das Opernhaus ist der Inbegriff des Diamantenhandels in Indien, wo unter Mitwirkung von rund einer halben Million Menschen – teils in Lehmziegelhütten und teils in viele Millionen Dollar teuren Bürohochhäusern – die meisten Diamanten der Welt geschliffen werden, um mit ihnen Kunden in Amerika, Europa, dem Mittleren Osten und Japan zu bedienen. Beim Opernhaus handelt es sich eigentlich bloß um zwei heruntergekommene alte Gebäude, das eine 16 Stockwerke und das andere 25 Stockwerke hoch, und seinen Namen hat es einfach deshalb erhalten, weil ganz in der Nähe, mitten in Bombay, ein heruntergekommenes altes Opernhaus steht.

Um in eins der beiden Gebäude zu gelangen, fährt man mit einem klapprigen Auto zu einem unglaublich vollgepfropften Parkplatz und bahnt sich dann seinen Weg zu einem betonierten Durchgang – zwischen einer großen Menge angehender Diamantenhändler hindurch, die einander Gebote und Gegengebote zuschreien und verrottete Pappschächtelchen mit ein paar winzig kleinen Steinchen hin- und herschwenken. Geschäftspartner stehen von den Käufern abgewandt so da, dass der eine durch eine unsichtbare Zeichensprache – mit seinen Fingern in der Handfläche des Geschäftspartners – dem anderen zu verstehen geben kann, wie hoch der Preis gehen sollte, ehe der Handel perfekt gemacht wird.

Nachdem man sich endlich zwischen den jungen Leuten hindurchgezwängt hat, drängelt man sich als Nächstes durch die Gruppe all derer, die in den einzigen altersschwachen Aufzug zu gelangen versuchen, der heute gerade in Betrieb ist. (Immer steht man vor der Wahl: den Aufzug nehmen und riskieren, irgendwo zwischen den Stockwerken stecken zu bleiben, wenn die Elektrizitätsversorgung wieder ausfällt; oder ungefähr 25 Stockwerke zu Fuß hinaufgehen und in Kauf nehmen, dass in der feuchtheißen Witterung von Bombay das neue Hemd, das man kurz zuvor frisch übergestreift hat, durch und durch verschwitzt ist, wenn man oben ankommt.) Anschließend muss man eine exotische Kombination von altertümlichen indischen Schlössern, digitalen Bewegungsmeldern und ausgeklügelten akustischen Sensoren passieren, um in den Bürotrakt zu gelangen, der ein wahres Refugium ist.

Denn hier sieht auf einmal alles ganz anders aus. In den größeren Büros findet man reichlich Marmor auf dem Fußboden, Marmor an den Wänden, Marmor auf der Toilette und schließlich auf Marmorsockeln stehende Skulpturen – antike Meisterwerke, die vom Büro der belgischen Niederlassung aus hierher verschifft worden sind. Die Sanitärinstallationen sind in vielen Fällen vergoldet, und bei der Toilette selbst handelt es sich um eine wundersame Kombination:

Ein Toilettenbecken westlichen Zuschnitts wird durch seitlich nach oben ragende Porzellanstützen ergänzt, damit die Toilettenbenutzer auf Wunsch auch hinaufsteigen und sich in traditioneller indischer Manier hinhocken können.

Hinter den verschlossenen Innentüren findet man ruhige, klimatisierte Räume, in denen in langen Reihen junge indische Frauen sitzen. Bekleidet mit wallenden Saris, wie indische Frauen sie bereits während der letzten paar Jahrtausende getragen haben, sitzen sie schweigend unter schwach fluoreszierenden Lampen, deren Licht eine spezifische Wellenlänge aufweist. Jede von ihnen hat einen hübschen Haufen Diamanten vor sich liegen, vielleicht im Gegenwert von rund 100 000 Dollar.

In der einen Hand, die sie immer wieder aus den Falten ihres Sari hervorstrecken, halten sie eine besondere spitz zulaufende Pinzette. Mit dieser holen sie jeweils einen Diamanten aus dem Haufen, führen diesen vor die mit der anderen Hand dicht vors Auge gehaltene Juwelierslupe und schnipsen den Stein dann in einem eleganten Bogen so über die Unterlage aus feinem weißem Papier, dass er auf einem von vielleicht fünf kleineren Diamanthaufen landet, die jeweils einen anderen Qualitätsgrad und Preis repräsentieren.

Das einzige Geräusch, das man in diesem Raum hört, rührt von der leicht über das Papier schabenden Pinzette und dem zarten Prasseln der auf dem richtigen Haufen landenden Steine her. Diese Szenerie wiederholt sich in den Sortierräumen auf der ganzen Welt: in New York, in Belgien, Russland, Afrika, Israel, Australien, Hongkong oder Brasilien.

Einmal sind wir aufs Land hinaus gefahren, um zu sehen, wie eigentlich die Steine geschliffen werden. Bei einem Großteil der Diamanten geschieht dies bei den betreffenden Leuten daheim unter Mithilfe der gesamten Familie. Über ein weit gespanntes Netzwerk von Boten, die per Zug, Bus, Fahrrad oder zu Fuß winzige Taschen mit sich führen, treten von Bombays großen Diamanthäusern aus Tag für Tag Rohdiamanten die Reise ins Umland an. Auf dem gleichen Weg kommen die Steine auch wieder in die Diamanthäuser zurück und landen erst einmal irgendwo in einem Sortierraum, ehe sie schließlich unter dem Geleitschutz eines Kuriers mit dem täglichen Nachtflug nach New York weiterreisen.

Navsari ist eine typische Schleiferstadt im indischen Bundesstaat Gudscharat, jener Region nördlich von Bombay mit der höchsten Konzentration von Diamantschleifereien. In der Hoffnung, einen der wenigen etwas sichereren Arbeitsplätze zu ergattern, die man in Indien finden kann, strömen Arbeiter aus dem ganzen Land nach Navsari. Sie schließen einen Arbeitsvertrag für, sagen wir mal, sechs Monate ab, gewöhnlich bis zu einem der großen religiösen Feste wie zum Beispiel

Kapitel 3

Diwali.* Am Ende lassen sie sich ihre Urlaubsgratifikation auszahlen, verlassen tags darauf die Stadt und legen mitunter 1000 oder 2000 Kilometer zurück, um für ein paar Wochen bei Frau und Kindern zu sein und ihr Geld in das Getreide eines Nachbarn zu investieren. Dann packen sie eine kleine Tasche und arbeiten für weitere sechs Monate in der Schleiferei.

Das Kaufen von Diamanten in Navsari kann man mit keinem Diamanteneinkauf irgendwo sonst auf der Welt vergleichen. Stellen Sie sich vor, Sie versuchen sich durch eine Menschenmenge hindurchzuschlängeln, die sich in einer indischen Kleinstadt zwei oder drei Kilometer weit über eine unbefestigte, staubige Straße erstreckt. Jeder schreiende Mann in der Menge umklammert ein oder zwei in einem zusammengefalteten winzigen Papierfetzen eingehüllte Diamanten, ein klein wenig größer als der Punkt am Ende dieses Satzes. Die Steine haben, da sie noch mit Schleiföl bedeckt sind, einen trüben grauen Farbton; und im gleißend hellen Sonnenlicht würde nur ein Narr – oder ein außerordentlich gewiefter indischer Händler – einen Stein zu kaufen versuchen, von dem normalerweise kein Mensch sagen könnte, ob er reinweiß (teuer) oder hellgelb (wertlos) ist.

Autos bahnen sich laut hupend in beiden Richtungen ihren Weg durch die schier undurchdringliche Menschenmasse. Die Sonne knallt Ihnen auf den Schädel, und Ihr Hemd ist mit feinem Staub eingepudert, der zu einer braunen Paste wird, sobald er sich mit dem Schweiß vermischt.

Auf Händen und Füßen kriechend arbeiten sich Straßenkinder durch die Menge. In der Hoffnung, einen winzigen Diamantsplitter zu finden, der versehentlich zu Boden gefallen sein könnte, kriechen sie den Händlern buchstäblich zwischen den Beinen herum, wobei sie aussehen wie Hühner, die, nach Körnern scharrend, auf und nieder wippen.

Die am weitesten entfernt gelegenen Landstriche des indischen Diamantenimperiums findet man in der unmittelbaren Umgebung von Bhaunagar, nahe der Westküste und dem zum Arabischen Meer hin sich öffnenden Golf von Kambay, von wo aus man in die Wüsten Radschas-

---

* Ein fünftägiges religiöses Fest, das nach unserem Kalender im Oktober gefeiert wird. (A. d. Ü.)

tans gelangt und in die aus rötlichem Sandstein erbaute Stadt der Smaragdhändler, Dschaipur.

In einem klapprigen indischen Flugzeug hat mich Dhiru Shah dorthin mitgenommen. Mit einem Auto sind wir nun zum Berg Palitana unterwegs, dem heiligsten Ort der Dschainas.

Wir machen Halt an einer letzten Diamantschleiferei – nicht mehr als ein Haus am Rande der Wüste. Aus kleinen Tassen trinken wir kräftigen indischen Gewürztee, während Kinder und die exotisch anmutenden Frauen des Hauses, hinter gekachelten Wänden durch ihre Schleier spähend, verstohlene Blicke in unsere Richtung werfen, um über den ersten Weißen, den es seit langer Zeit hierher verschlagen hat, zu kichern und ihn neugierig zu beobachten. Als wir das Haus und mit ihm die letzte Schleiferei hinter uns lassen, ist es so, als ließen wir zugleich unser Alltagsleben hinter uns zurück und führen aus der Welt der Geschäfte in die Gebirgsausläufer hinauf, um unsere Innenwelt zu finden.

Die Nacht verbringen wir in einem einfachen Hotel am Fuße des Berges, das die Leute aus dem Diamantengeschäft für Ihresgleichen errichtet haben, damit sie herkommen können, wann immer sie ein starkes Bedürfnis nach Spiritualität überkommt. Bevor die Morgendämmerung anbricht, nimmt mich Dhiru schweigend mit zu einem besonderen Hofgelände, hinter dem jener Fußpfad anfängt, der auf den Berg hinaufführt. Auf den Wänden stehen, in Stein gemeißelt, die Gebete aus zweieinhalb Jahrtausenden. Unsere Schuhe lassen wir hier zurück, denn aus Respekt vor der Heiligkeit des Ortes muss der Weg über den steinigen Pfad auf die Anhöhen barfüßig bewältigt werden.

Unter Tausenden anderen Pilgern bewegen wir uns durch die Finsternis, denn das erste Licht der Morgendämmerung lässt noch auf sich warten. Die Luft ist kühl, und die in dem Felsgestein unter unseren Füßen zu spürenden Einprägungen zeigen, dass schon Millionen von Füßen auf diesem Weg den Berg hinaufgestiegen sind, allmorgendlich, seit Jahrhunderten. Für den Aufstieg benötigt man Stunden, doch die empfinden wir nicht als lang: Schließlich sind wir von den Gedanken und Gebeten der anderen umgeben, die uns ebenso viel Halt vermitteln, ein Gefühl der Ruhe und Verlässlichkeit, wie der Fels unter unseren Füßen.

Kapitel 3

Zu guter Letzt sind wir oben angekommen und betreten ein verzweigtes System von kleinen Tempeln, Kapellen und Altären, alles aus dem Fels gemeißelt. Dort drinnen herrscht eine noch tiefere Finsternis als draußen. Wir gehen einfach blind weiter voran, bis wir das Gefühl haben, uns am richtigen Fleck zu befinden, setzen uns, wo auch immer wir angelangt sein mögen, hin und verweilen in Meditation auf dem kühlen Felsgestein. Ein von fast lautlosen Rezitationen herrührender Klang liegt in der Luft, aber noch immer dämmert der Tag nicht heran. Man spürt die Atmung und den Herzschlag der Tausende anderen ringsum, und die Erwartung.

Wir alle haben uns von der Bergspitze aus nach Osten gewandt und blicken über die indische Ebene. Allmählich, während wir mit geschlossenen Augen meditieren, verändert sich die Dunkelheit kaum merklich; bald schon tauchen die rötlichen Schattierungen auf, dann die safranfarbenen, denen schließlich die goldbronzenen Strahlen der aufgehenden indischen Sonne folgen. Wir verweilen; wir verweilen alle weiterhin in Meditation, jeder in Gedanken an das eigene Leben versunken, in Gedanken daran, wie wir es verbringen werden, wenn wir zurückkehren.

Niemand nimmt Wasser oder irgendetwas sonst zu sich. Das käme einem auf diesem Berg fast schon wie ein Sakrileg vor. Irgendwann erheben wir uns, erweisen den Tempeln unsere Ehrerbietung und beginnen halb hüpfend den Abstieg vom Berg. Es kommt eine Art Festtagsstimmung auf. Lachende Kinder laufen voran. Während die Füße anschwellen und rissig werden, weiß man erstmals im Leben zu schätzen, wie wunderbar Schuhe eigentlich sind. Doch das lässt alles nur als ein umso größeres Geschenk erscheinen.

Erst da erfahre ich, dass Dhiru Shah, dieser fröhliche kleine dunkelbraune Diamantenhändler, genau auf diesem Berg Jahre seines Lebens zu Füßen eines spirituellen Meisters verbracht hat; und daraufhin wird mir erst klar, dass er bei seinen Reisen nach New York zu den Tagungen der internationalen Direktoren wahrscheinlich einer spirituellen Fastenpraxis nachgeht und in seinem kleinen Hotelzimmer über den grellen Lichtern des Times Square bis spät in die Nacht betet.

In seinen Geschäftsräumen in Bombay spürt man sehr deutlich eine familiäre Herzlichkeit. Um jeden seiner Mitarbeiter und Mitarbeiterinnen kümmert er sich wie um einen Sohn oder eine Tochter, greift hier jemandem bei den Auslagen für eine Hochzeitszeremonie finanziell unter die Arme und unterstützt dort jemanden bei der Einäscherung eines Familienangehörigen. Obwohl er von morgens bis abends Geschäftsabschlüsse im Gegenwert von vielen Millionen Dollar tätigt, ist er genauestens darauf bedacht, niemals einen einzigen Penny zu verwenden, der ihm nicht wirklich zusteht.

Bei ihm zu Hause pflegt man einen genauso wohltuenden Umgang miteinander. Während vieler Jahre, in denen ich eng mit den Shahs zusammenarbeitete, haben sie in einer winzigen Wohnung im dritten Stock eines ruhigen, kleinen Hauses gelebt, an einem Platz, der Vileparle hieß. Frau Shah war bereits vor ihrer Heirat vermögend, durch Dhiru – und seinen Sohn Vikram – wurden die Shahs allerdings noch vermögender. Daher lagen Verwandte und Bekannte ihnen ständig in den Ohren, sich endlich eine geräumigere Wohnung zu gönnen. Die Kinder würden größer, so erklärte man, und bräuchten eigene Zimmer.

Doch die Familie lebte genauso weiter, wie man es schon seit Jahren getan hatte: der Großvater neben der Küche, ein wenig für sich, von allen respektiert und umsorgt, während die übrigen Familienmitglieder zur Schlafenszeit kichernd hinaus auf den Balkon gehen, um Seite an Seite die Betten unter dem Sternenhimmel so herzurichten, dass man sich des Nachts an der kühlen Nachtluft und am Wohlgeruch der blühenden Bäume erfreuen kann. Selbst als die Shahs schließlich doch den Bau einer großzügig bemessenen Wohnung in einem exklusiven Stadtbezirk abgeschlossen hatten, schliefen sie letzten Endes wieder alle gemeinsam in einem kleinen Eckzimmer. Sie sind glücklich und zufrieden.

Ich will hier auf etwas ganz Simples hinaus. Die Menschen in den USA, ich selbst inbegriffen, hatten stets eine ausgesprochene zynische Vorstellung von jenen Geschöpfen, die wir als »Geschäftsleute« bezeichnen; und in den sechziger Jahren, als ich heranwuchs, kam es geradezu einer Beleidigung gleich, jemanden so zu nennen. Das vorherrschende Klischee ist das von einem Wolf, der einen schicken Straßenanzug trägt, zu schnell redet, nur fürs Geld lebt und alles in seinen Kräften Stehende tut, um dieses auch zu bekommen, ohne einen Blick für die Nöte der Menschen ringsum übrig zu haben.

Aber bedenken Sie: In der Wirtschaft verfügen wir heutzutage ohne Frage über ein enormes Reservoir der vielleicht talentiertesten Leute im Land. Und diese Menschen verfügen – wie niemand sonst – über den Elan und die Fähigkeit, zu tun, was getan werden muss, um etwas auf die Beine zu stellen. Wie ein Uhrwerk produzieren sie massenweise Güter und Dienstleistungen im Wert von vielen Milliarden Dollar, nehmen fortlaufend Verbesserungen an den Produkten vor und minimieren den Zeitaufwand und die Kosten für die Herstellung dieser Produkte. Wie in keinem anderen Bereich unserer Gesellschaft kennzeichnen hier Innovation und Effektivität den Lebensstil.

Geschäftsleute sind bedächtig, flexibel, gründlich und scharfsinnig. Wer es nicht ist, bleibt auf der Strecke, denn in der Wirtschaft herrscht eine eigene Form von Reinheit, sie unterliegt einem natürlichen Ausleseprozess eigener Art. Niemand wird sich mit Ihnen sonderlich lange abgeben, und zwar auf jeder Ebene eines Unternehmens, wenn Sie nicht produktiv sind. Die Inhaber, das Management und erst recht Ihre eigenen Mitarbeiter werden Sie aus Ihrer Mitte verbannen, wenn Sie nicht richtig loslegen und produktiv sind. Häufig habe ich miterlebt, wie dieser Prozess ablief. Das ist so, als stieße Ihr Körper einen fremden Antikörper ab.

Die größten Geschäftsleute haben eine ausgeprägte Fähigkeit, ein wahrhaft spirituelles Leben zu führen: Wie wir alle, hungern sie danach, doch wahrscheinlich ist ihr Hunger besonders groß. Denn sie haben von der Welt mehr gesehen als die meisten von uns; sie wissen, was diese ihnen geben kann und was nicht. In spirituellen Dingen bestehen sie auf einer Logik. Sie bestehen auf einer klaren Methode, die zu klaren Resultaten führt – so klar, wie die Abmachungen bei einem Geschäftsabschluss. In vielen Fällen sind sie bereits aus einem aktiven spirituellen Leben wieder ausgestiegen; nicht etwa aufgrund von Habsucht oder Trägheit, sondern weil einfach kein spiritueller Weg ihren Ansprüchen gerecht geworden ist. Für diese Menschen – talentierte, hartnäckige, clevere Menschen – ist das »Sutra vom Diamantschneider« wie geschaffen.

Finden Sie sich niemals mit der Vorstellung ab, Sie verfügten, weil Sie ein Geschäftsmann beziehungsweise eine Geschäftsfrau sind, nicht über die Gelegenheit, die Zeit oder die persönlichen Qualitäten, die man für ein wahrhaft spirituelles Leben braucht. Akzeptieren Sie nicht die Vorstellung, auf Dauer sei es irgendwie miteinander unvereinbar, beruflich Karriere zu machen *und* ein reiches spirituelles Innenleben zu haben. Gerade Menschen, die sich zum Geschäftlichen hingezogen fühlen, haben die notwendige innere Stärke, um die tiefgründigeren Formen der Geistespraxis begreifen und umsetzen zu können. Das können wir dem Weisheitswissen entnehmen, das uns im »Sutra vom Diamantschneider« zugänglich gemacht wird.

Diese Weisheit kommt den Menschen zugute wie auch – man darf es ruhig ungeniert aussprechen – dem Geschäft. Und das steht mit den Aussagen des Buddha vollkommen in Einklang. In den USA zum Beispiel wird von der Geschäftswelt eine Revolution ausgehen, die sich in aller Stille, doch unweigerlich vollzieht: Sie betrifft die Frage, wie wir uns in beruflichen, aber auch in unseren persönlichen Angelegenheiten so verhalten können, dass uns die überlieferte Weisheit für die Zielsetzungen der heutigen Welt zugute kommt.

Sehen Sie nun abschließend, wie der Buddha an jenem Tag, an dem er die heute als das »Sutra vom Diamantschneider« überlieferten Aussagen formulierte, aufgestanden und an die Arbeit gegangen ist.

Am Morgen legte der Siegreiche seine Mönchsroben und sein äußeres Schultertuch an, nahm die Schale der Weisen zur Hand und begab sich in die Stadt Shravasti, um von Haus zu Haus zu gehen und nach Art eines buddhistischen Mönchs andere Menschen um ein klein wenig Nahrung zu bitten. Nachdem er auf diese Weise etwas zu Essen gesammelt hatte, kehrte er aus der Stadt zurück und nahm es zu sich.

Nachdem der Buddha zu Ende gegessen hatte, legte er Schale und Schultertuch beiseite, denn er übte sich in der Praxis des Verzichts auf ein Abendessen, um die Klarheit seines Geistes zu wahren. Er wusch seine Füße und setzte sich dann auf ein Kissen, das man für ihn bereitgelegt hatte. Er überkreuzte die Beine in der vollen Lotos-Haltung, sorgte für eine gerade Position der Wirbelsäule und versetzte seine Gedanken in einen Zustand der Kontemplation.

Daraufhin ging eine große Zahl von Mönchen zu dem Siegreichen hin. An seiner Seite angekommen, beugten sie sich nieder und berührten seine Füße mit ihrem Kopf. Respektvoll umschritten sie ihn dreimal im Kreis und setzen sich dann auf einer Seite hin. Zu diesem Zeitpunkt befand sich Subhuti, einer der jüngeren Mönche, in dieser Gruppe von Schülern, und gemeinsam mit ihnen nahm auch er Platz.

Kurz darauf erhob sich der junge Mönch Subhuti von seinem Kissen, ließ in einer Geste der Respektsbezeugung den Zipfel seiner oberen Robe von der einen Schulter heruntergleiten und beugte sein rechtes Knie zu Boden nieder. Er schaute den Siegreichen an, legte die Handflächen in Höhe des Herzens aneinander, verneigte sich und richtete mit folgenden Worten eine inständige Bitte an ihn:

O Siegreicher, der Buddha – der So-Gegangene, der Vernichter unserer schädlichen Gedanken, welche unsere Feinde sind, der vollkommen Erleuchtete – hat den Schülern auf dem Weg des Mitgefühls, jenen außergewöhnlichen, heiligen Wesen, viel hilfreiche Anleitung gegeben. Jede Anleitung, die du, der Buddha, uns jemals gegeben hast, war uns eine große Stütze.
Und ebenso hat der So-Gegangene, der Vernichter unserer schädlichen Gedanken, welche unsere Feinde sind, der vollkommen Erleuchtete, dieselben Schüler auch durch klare Belehrung geleitet. Jedes Mal, wenn du klare Belehrung gegeben hast, o Siegreicher, war dies etwas Wunderbares. Es ist, o Siegreicher, etwas ganz Wunderbares.

Und dann stellte Subhuti folgende Frage:

O Siegreicher, wie steht es mit denjenigen, die sich ganz auf den Weg des Mitgefühls eingelassen haben? Wie sollten sie leben? Wie sollten sie praktizieren? Wie sollten sie auf ihre Gedanken Acht geben?

Da antwortete der Siegreiche auf Subhutis Frage mit folgenden Worten:

Subhuti, es ist gut, es ist gut. Subhuti, so verhält es sich, es verhält sich folgendermaßen: Der So-Gegangene hat in der Tat jene auf dem Weg des Mitgefühls, diese außergewöhnlichen und heiligen Wesen, dadurch unterstützt, dass er ihnen hilfreiche Anleitung gab. Der So-Gegangene hat diesen Schülern in der Tat klare Belehrung gegeben, indem er ihnen die klarste Unterweisung zuteil werden ließ.
Und da es sich so verhält, Subhuti, höre nun dem zu, was ich sage, und vergiss nicht, es stets zu beherzigen. Denn ich werde dir enthüllen, wie diejenigen, die sich ganz auf den Weg des Mitgefühls eingelassen haben, leben sollten, wie sie praktizieren und auf ihre Gedanken Acht geben sollten.

»So soll es sein«, erwiderte der junge Mönch Subhuti, und er setzte sich, um zuzuhören, wie ihn der Siegreiche geheißen hatte. Der Siegreiche begann daraufhin mit den folgenden Worten …

Kapitel 4

Das verborgene Potenzial in allen Dingen

So, nun können wir zur Sache kommen. Seien Sie ehrlich: Einerseits wollen Sie es geschäftlich zu etwas bringen, Ihr Leben soll eine Erfolgsgeschichte sein. Zugleich sagt Ihnen aber Ihre innere Stimme, dass dieses Leben keinen wirklichen Wert hätte, wenn es nicht über eine spirituelle Dimension verfügte. Sie möchten eine Million machen, und Sie möchten auch meditieren.

Tatsache ist: Um wirtschaftlich wirklich erfolgreich zu sein, benötigen Sie einige der tiefen Einsichten, die sich erst aufgrund einer spirituellen Lebensführung einstellen. Sie können also durchaus das eine *und* das andere haben.

In diesem Kapitel werden wir uns mit dem Potenzial befassen, das allen Dingen innewohnt. Die Buddhisten sprechen in diesem Zusammenhang gewöhnlich von »Leerheit«, doch zerbrechen Sie sich bitte an dieser Stelle noch nicht den Kopf über diesen eigentümlichen Ausdruck. Anders gesagt, versuchen Sie vorschnelle Schlüsse über die Bedeutung dieses Wortes zu vermeiden. Denn das, woran es uns zunächst denken lässt, ist damit keineswegs gemeint; vielmehr geht es hier ganz einfach um das Geheimnis jedweden Erfolgs.

Ein erstaunlicher Dialog zwischen dem Buddha und seinem Schüler Subhuti eignet sich gut als Ausgangspunkt für unsere weiteren Überlegungen.

Voller Respekt richtete der junge Mönch Subhuti folgende Worte an den Siegreichen:
O Siegreicher, welchen Namen trägt diese besondere Art von Lehre?
Und wie sollen wir sie auffassen?

Der Buddha erwiderte:
Ehrwürdiger Subhuti, es sei euch eine Unterweisung gewährt, welche die Lehre über die »Vollendung der Weisheit« heißt, und sie sollte, Subhuti, als solche verstanden werden.

*Warum? Weil ebenjene vollendete Weisheit, die der So-Gegangene lehrt, vollendete Weisheit ist, wie sie niemals existieren könnte. Und genau das ist tatsächlich auch der Grund, weshalb wir hier von »Vollendung der Weisheit« sprechen dürfen.
Sag mir, Subhuti, was glaubst du? Existiert überhaupt eine Lehre, die der So-Gegangene erteilt?*

*Und Subhuti gab respektvoll zur Antwort:
Eine solche, o Siegreicher, existiert nicht, keinesfalls existiert sie. Niemals könnte eine Lehre existieren, die der Siegreiche erteilen könnte. —*

Mit diesen Worten scheint das »Sutra vom Diamantschneider« in eine Welt der Ungereimtheiten abzudriften – ganz im Sinne jener Vorstellung, die zahlreiche Menschen in unserem Kulturkreis leider vom Buddhismus haben. Doch alles andere als das trifft zu.

Lassen Sie uns überlegen, was hier eigentlich gesagt wird und warum es so gesagt wird. Anschließend können wir zu erfassen versuchen, inwiefern dies überhaupt in einem Bezug zu unserem Berufsalltag stehen könnte – den es in der Tat hat. Denn diese Worte beinhalten die wahren Geheimnisse eines rundum erfolgreichen Lebens.

Die Konversation scheint auf Folgendes hinauszulaufen:

Subhuti: Wie sollen wir das Buch nennen?

Der Buddha: Nennt es *Vollendung der Weisheit*.

Subhuti: Was sollen wir uns unter diesem Buch vorstellen?

Der Buddha: Stellt es euch als Vollendung der Weisheit vor. Warum denn das, werdet ihr euch vielleicht fragen. Weil die vollendete Weisheit, über die ich schreibe, eine vollendete Weisheit ist, wie sie ohnehin niemals existieren könnte – und genau aus diesem Grund habe ich mich entschlossen, das Buch *Vollendung der Weisheit* zu nennen. Übrigens, Subhuti, warst du der Auffassung, dies Buch sei ein Buch?

Subhuti: Keineswegs. Wir wissen, dass Ihr niemals Bücher schreibt.

Der entscheidende Punkt hierbei, und zugleich der Schlüssel zum verborgenen Potenzial in allen Dingen, ist die Aussage: »Ihr dürft das Buch ruhig als Buch bezeichnen und es als Buch ansehen, da es nie ein Buch hätte gewesen sein können.« Diese Aussage hat eine ganz spezielle und konkrete Bedeutung. Wir haben es hier keineswegs mit einer Art unverständlichem Kauderwelsch zu tun. Vielmehr enthält diese Aussage alles, was Sie wissen müssen, um in Ihrem Privatleben wie auch im Geschäftsleben erfolgreich sein zu können.

Lassen Sie uns zur Veranschaulichung dieser Idee vom verborgenen Potenzial ein ganz alltägliches Beispiel aus dem Geschäftsleben heranziehen. Dabei geht es um Immobilien.

In der Anfangszeit von Andin haben wir bei einer Juwelenfirma im Zentrum, unweit des Empire State Building, in einem großen Büro ein oder zwei Räume angemietet. Ofer und Aya, die Inhaber von Andin, saßen in einem kleinen Raum, von dem ein etwas größerer Raum abgetrennt worden war. In diesem saßen an einem recht stattlich bemessenen Tisch Udi (der Diamantenmann), Alex (der Schmuck-Designer), Shirley (die Frau am Computer) und ich. Auf der einen Seite des Tisches wurden Diamanten sortiert, an einer anderen Ecke Zahlungsbeträge in einen Computer eingegeben. Währenddessen saß ich an der nächsten Ecke des Tisches am Telefon und versuchte die Namen derSekretärinnen bei den großen Schmuckeinkäufern überall in der Stadt ausfindig zu machen, damit wir die maßgeblichen Entscheidungsträger direkt ansprechen konnten.

Unsere gesamte Produktlinie bestand damals aus zirka fünfzehn Ringen, abgebildet auf einem einzigen Blatt Papier, mit dem Ofer und Aya dann zu den entsprechenden Leuten fuhren, um ihnen die Produkte zu zeigen. Für die beiden zu arbeiten machte großen Spaß. Denn in vielerlei Hinsicht waren ihnen die geschäftlichen Gepflogenheiten in den USA nicht geläufig, und das machte sie paradoxerweise nur umso kreativer. Denn sie hatten keine Vorstellung von all den Dingen, die nie im Leben funktionieren könnten, (und prompt funktionierten diese Dinge), und ebenso wenig wussten sie, was man alles auf gar keinen Fall tun darf (zum Beispiel bei einem Geschäftstreffen mit dem Management einer der weltgrößten Warenhausketten ein Football-Trikot der Dallas Cowboys tragen).

Ofer kam manchmal zu uns rein und stellte uns ziemlich törichte Fragen über Amerika, etwa folgende: »Hier im Kalender steht, dass wir morgen Lichtmess haben. Ist das ein gesetzlicher Feiertag? Steht da etwa euch allen ein freier Tag zu? Womöglich noch ein freier Tag, den wir euch bezahlen müssen?« – Nun gut, in solch einem Fall haben wir dann mitunter auch erklärt, in den USA sei dies ein *sehr wichtige*r Feiertag.

Andererseits war es für Ofer und Aya unbegreiflich, warum jemand den Wunsch haben sollte, vor 23 Uhr nach Hause zu gehen. Meistens haben wir dann tatsächlich so lange gearbeitet, manchmal auch noch länger. Meine tägliche Heimfahrt zum Kloster nahm fast zwei Stunden in Anspruch. Im Allgemeinen kehrte ich also ungefähr um ein Uhr nachts ins Kloster zurück, und am nächsten Morgen war ich um sechs Uhr wieder auf den Beinen und fuhr in die Stadt.

Die Diamanten und den Schmuck erhielten wir von einer Manufaktur in Israel, und sie gingen schnurstracks an die Kunden weiter. Ich glaube, die Leute nahmen an, wir verfügten über eigene Werkstätten. Aber letzten Endes lief häufig alles bloß darauf hinaus, in die Außenbezirke zur gepanzerten Niederlassung des Brinks-Kurierdienstes an der Ecke 5th Avenue und Siebenundvierzigste Straße zu fahren, sämtliche Aufkleber von der soeben aus Tel Aviv eingetroffenen Schachtel abzuziehen, eins unserer Schildchen mit dem Namen des Kunden draufzukleben und sie in sein ein Stockwerk höher gelegenes Büro zu bringen.

Ich erinnere mich an einen Vorfall, der uns einen gehörigen Schrecken eingejagt hat. Damals musste ich eine dieser Schachteln öffnen, um den Inhalt, der für zwei Kunden bestimmt war, entsprechend aufzuteilen. Allerdings sah ich in der Schachtel vor mir, fein säuberlich angeordnet, eine stattliche Anzahl fast kupferroter Diamantringe liegen. Ich fuhr mit der Sendung wieder runter zur Dreißigsten, woraufhin es eine Reihe hitziger Telefonate in den Mittleren Osten gab. 14-karätiges Gold kann man auf ganz unterschiedliche Art herstellen. Und darin lag das Problem. Im Karat-System für Gold (im Unterschied zum *Carat*-System für Diamanten) stehen 24 Karat für reines Gold, das allerdings für die Schmuckherstellung viel zu weich ist: Ein 24-karätiger Ring würde bei normalem Gebrauch schlicht und einfach kaputtgehen. Deshalb mischen wir andere Metalle unter das Gold, die dafür sorgen, dass es härter wird.

Wenn diese Mischung zu einem Viertel aus anderen Metallen besteht, hat der Ring 18 Karat; und so weiter. Die in den USA gesetzlich vorgegebenen Feingolgehalte sind 18, 14 und 10 Karat. Welches Metall man hinzugibt, um den Ring härter zu machen, ist auch ausschlaggebend für die Farbe, die er letztlich haben wird: Durch Zugabe von Nickel erhält das Gold einen helleren Gelbton. Fügt man Kupfer hinzu, so nimmt es einen rot schimmernden Farbton an. Durch Kombinationen erzielt man weitere Farbabstufungen. Amerikaner mögen ein eher mittleres bis helles Gelbgold. Asiaten haben im Allgemeinen eine Vorliebe für sattere Goldtöne, und viele Europäer bevorzugen einen fast kupferfarbenen Ton. Unsere Lieferung war irrtümlich in der europäischen Farbgebung angefertigt worden.

Das ist eine meiner liebsten Erinnerungen an die frühen Tage der Firma: Der ganze Haufen – die drei oder vier Leute, die wir damals waren – fuhr zu einer kleinen Klitsche, einer Metallbeschichtungs- und Galvanisationsfirma, in der übelste Arbeitsbedingungen herrschten, und versuchte den Inhaber dazu zu bewegen, das Rotgold auf die Schnelle mit einer Schicht Gelbgold zu überziehen (teuer). Ich sitze also zusammen mit diesen künftigen Multimillionären und ungefähr fünfzehn puertoricanischen Mädchen rings um einen Tisch. Ofer und Aya schreien einander Anweisungen auf Hebräisch zu, die Mädchen schreien auf Spanisch. Niemand kann begreifen, warum wir ausgerechnet Gold vergolden wollen, und schon bald sitzen wir alle Schulter an Schulter über diese Diamantringe gebeugt und pinseln sie mit speziellen Chemikalien ein, um diejenigen Teile zu schützen, die keine Gelbgoldauflage erhalten sollen.

Wenig später haben wir dann eine günstige Gelegenheit beim Schopf gepackt und eine eigene Manufaktur aufgemacht. Die Produktionsstätte war hier mehr oder weniger vom selben Zuschnitt: ein Raum in Manhattan, ein Stück weit die Straße hinunter gelegen, mit hohen, durch Eisenstangen verstärkten, über einen groben Zementfußboden aufragenden Wänden und mit unserem ersten richtigen Tresor. Lieb gewordene Erinnerungen auch hier – zum Beispiel an den Abend des Auszugs aus unseren vorherigen Arbeitsräumen, als wir den Teppich zerschnitten und anschließend auf Händen und Füßen über den Boden krochen, um nach all den winzigen Diamantsplittern zu suchen, die im Verlauf der letzten paar Monate bei der Arbeit runtergefallen waren (davon gab es ein paar Hundert Stück); oder an eine Kollegin, die sich unglückseligerweise selbst die ganze Nacht über in den Tresorraum einsperrte, so dass ihr Ehemann sich schließlich fragte, wie lange denn eigentlich bei uns gearbeitet werde; oder daran, wie ich in dem einzigen Anzug, den ich damals besaß (aus Schurwolle), während des feuchtheißen New Yorker Sommers regelmäßig ins Schwitzen geriet, weil mein Lama großen Wert darauf legte, dass ich stets korrekt gekleidet war, also jeden Tag Anzug trug, nie das Jackett auszog oder die Krawatte lockerte.

Wir waren wohl ungefähr sechs Monate in unserer Mini-Manufaktur, da stand bereits die Entscheidung über einen neuerlichen Umzug an. Sollten wir das Risiko eines Umzugs ins Diamantenviertel eingehen oder nicht? Was wäre, wenn wir großzügig bemessene Geschäftsräume anmieteten, die Auftragslage sich jedoch verschlechtern würde? Was wäre, falls wir ein eher bescheidenes Objekt mieteten, anschließend aber Großaufträge hereinkämen – wie sollten wir diese Aufträge dann bloß erfüllen können?

Schließlich entschieden wir uns für etwa eine halbe Etage in einem schäbigen, ein klein wenig außerhalb des eigentlichen Diamantenviertels gelegenen Gebäude, also für einen Kompromiss zwischen dem Risiko eines größeren Objekts und der Sicherheit einer günstigeren Miete. Da saß ich jetzt allein in einem Sessel in der »Diamantenabteilung« (einem kleinen Zimmerchen). Hin und wieder habe ich in der »Systemabteilung« gearbeitet (einem ganz kleinen Raum, der manchmal auch als Wartezimmer diente); oder aber im Tresorraum (so klein, dass man gerade aufrecht stehen und mehr schlecht als recht zwei Mitarbeiter dort Platz finden konnten – so ähnlich wie zwei Mumien in einem Sarkophag). Die Werkstatt war ein etwas größerer Raum mit einem einsam in der Ecke sitzenden Polierer.

Etwa nach einem Jahr hatten sich unsere Umsätze verdoppelt (was übrigens ungefähr zehn Jahre lang fast alljährlich geschah), und bald schon blieb uns gar nichts anderes mehr übrig, als in einem durchaus riskanten Umfang viel Raum anzumieten. Denn wir saßen buchstäblich Ellbogen an Ellbogen. Damals kursierte bei uns der Scherz, pro 2000 Dollar Gehalt würden einem etwa 5 Zentimeter Schreibtisch zugestanden. So gesehen standen mir zu dieser Zeit immerhin knapp 40 Zentimeter Schreibtisch zur Verfügung.

Aus Sicherheitsgründen konnten wir drinnen keine Lieferanten von Rohdiamanten empfangen, weshalb wir die entsprechenden Geschäfte draußen auf dem Flur zwischen dem Foyer (der so genannten »Menschenfalle«) und dem Wartezimmer im Stehen tätigten, damit andere Diamantenhändler nicht hören konnten, welche Preise wir dem Betreffenden zahlten. Versuchen Sie sich die Szene einmal vorzustellen: Sie stehen in einem kleinen, spärlich beleuchteten Flur, halten ein kleines Stück Papier mit Tausenden winzigen Diamanten in den Händen, versuchen den Lärm der Werkstatt im Hintergrund zu übertönen, ohne aber so laut zu sein, dass die übrigen Leute, die unweit von Ihnen dasitzen, ein Wort davon verstehen können; Sie berechnen komplexe Kaufsummen für unterschiedliche Reinheitsgrade, berechnen Zinssätze und gleitende Zahlungsvereinbarungen, während Ihr Gegenüber das Gleiche tut. Oft kam man sich dabei vor wie bei einem Duell zwischen Schwertkämpfern, das auf einer Toilette ausgefochten wird.

Eine »Menschenfalle« ist übrigens eine Art Schleuse, jener spezielle Sicherheitsbereich in Diamantenhäusern, in den ein von außen kommender Besucher zur Eingangstür hineingelassen wird, sobald ein Summer ertönt. Über Kameras oder durch kugelsicheres Glas wird er oder sie eingehend in Augenschein genommen, bevor die zweite Tür zu den eigentlichen Firmenräumen aufgeht. Eine elektrische Schaltung verhindert das gleichzeitige Öffnen beider Türen – was zu interessanten Situationen führen kann, wenn Sie abends als Letzter aus dem Haus gehen wollen und die erste Tür bereits passiert, allerdings den Schlüssel für die Außentür vergessen haben.

Nachdem die Arbeitsbedingungen bei Andin diesen Punkt erreicht hatten, entschieden wir uns dazu, das Unternehmen, das sich das Stockwerk mit uns geteilt hatte, aus dem Vertrag herauszukaufen. Als trotz Nutzung des gesamten Stockwerks schließlich pro Mitarbeiter beziehungsweise Mitarbeiterin wieder nur zirka ein halber Meter Schreibtisch zur Verfügung stand, nahmen wir ein weiteres Stockwerk hinzu und verbanden über eine Treppe beide Etagen miteinander. Da sich die Jahresumsätze auch weiterhin verdoppelten, erreichten wir letztlich doch wieder den Punkt, an dem uns nur noch ein halber Meter Schreibtisch pro Person blieb, und nahmen die nächste Etage, die wir bekommen konnten. Unglücklicherweise befand sie sich zwei Stockwerke höher.

Beim nächsten Mal, als wir zusätzlichen Raum benötigten, hatten wir absolut keine Chance mehr, noch einmal jemanden zum Auszug zu bewegen. Also haben wir nachgefragt, ob wir vielleicht im Nachbargebäude, einem Haus mit einer geringeren Zahl von Etagen, Bürofläche anmieten könnten. Aber auch dort war nichts zu bekommen. Daher nahmen wir ein Stockwerk im übernächsten Gebäude, höher gelegen als die oberste Etage des Nachbarhauses, und verlegten die gesamte Netzwerkverkabelung – völlig illegal – auf dem Luftweg über das niedrigere Gebäude hinweg. Das sah fast so aus wie diese zwischen den Mietshäusern in Brooklyn gespannten Wäscheleinen, in unserem Fall hingen die Kabel allerdings zwischen Hochhäusern aus Stahl und Glas im Herzen von Manhattan in der Luft.

Nun befanden wir uns in der unerfreulichen Lage, dauernd große Mengen von Diamanten – aber auch Rubinen, Saphiren, Amethysten und einem Dutzend anderen Edelsteinen – die Straße auf und ab transportieren zu müssen, um eine Kooperation zwischen den Sortierräumen in den beiden Gebäuden zu ermöglichen. Das war gefährlich. Außerdem hatte inzwischen eine Expansion des Diamantenviertels bis in unsere Gegend hinein eingesetzt, wodurch die Mietpreise immer höher stiegen.

Kapitel 4

Wir mussten eine Entscheidung fällen, in welchen Geschäftsräumen wir das Unternehmen, das zu diesem Zeitpunkt viele Millionen Dollar Jahresumsatz erzielte und rund hundert Mitarbeiter hatte, künftig unterbringen wollten. Das bringt uns wieder zurück zu der Frage nach den Immobilien und dem verborgenen Potenzial der Dinge.

In New York trifft man auf eine bestimmte Kategorie von Geschäftsleuten, die jeden Morgen *The Wall Street Journal* bekommen *müssen*. Ob jemand nun die Zeitung liest oder nicht (und ich habe den Eindruck, dass dies nur sehr wenige Leute tatsächlich tun), in vielen Firmen ist es offenbar wichtig, mit einem unter den Arm geklemmten Exemplar gesehen zu werden, wenn man morgens mit fröhlichem Gesicht die Stufen zur Eingangstür hinaufeilt. Noch besser: Man stellt sicher, dass einem die Zeitung jeden Tag bis an die Zimmertür geliefert wird – sie sollte täglich gegen 9 Uhr so unter die Tür Ihres Büros geschoben werden, dass man vom Flur aus einen Teil des Namens *The Wall Street Journal* noch deutlich erkennen kann. Der Zeitpunkt 9 Uhr ist übrigens so gewählt, dass die Zeitung dort liegen bleiben kann, bis Sie gegen 9.30 Uhr gemächlich herbeigeschlendert kommen. Jeder in der Firmenhierarchie unter Ihnen angesiedelte Mitarbeiter, der bis dahin an Ihrer Tür vorbeikommt, sieht die Zeitung daliegen, woraus er unmissverständlich entnehmen kann, dass Sie bislang noch nicht eingetrudelt sind – und wird so daran erinnert, dass Sie der Boss sind und nicht bis spätestens fünf nach neun die Stechuhr betätigt haben müssen.

Als ich *The Wall Street Journal* ein paar Mal gelesen habe, war das jedes Mal eine ganz kuriose Erfahrung für mich. Auf der ersten Seite, und zwar in den rechten Spalten (weil der Bereich vorne links stets von den nationalen und internationalen Kurznachrichten in Anspruch genommen wird), gab es da zum Beispiel einen überschwänglichen Artikel über einen bekannten Geschäftsmann, jemanden wie George Soros, der mit einer Investition große Risiken eingegangen war und letztlich einen großen Treffer landen konnte. Er wurde als »Visionär« gepriesen, als jemand, der dank seines Weitblicks der restlichen Geschäftswelt um Längen voraus sei, als jemand, der über genügend Mut und Selbstvertrauen verfüge, um in neue Bereiche mit hohem und sicherem Profit vorzustoßen, während kleingeistigere und konservativer agierende Geschäftsleute das Nachsehen hätten.

Ungefähr auf Seite vier des *Journal* gab es dann einen Artikel über ein Unternehmen, das zu kämpfen habe, weil das Management in die Jahre gekommen sei und sich in eingefahrenen Gleisen bewege, sämtliche Vizepräsidenten seien auf Druck des Vorstands aus dem Unternehmen ausgeschieden und auch der Vorstandsvorsitzende durch einen neuen ersetzt worden. Eine Woche oder einen Monat später habe ich dann das *Journal* erneut aufgeschlagen. (Um die Wahrheit zu sagen, habe ich in der Zeitung geblättert, die vor der Tür eines anderen Vizepräsidenten lag, und sie rechtzeitig, bevor er in die Firma kam, wieder an Ort und Stelle hingelegt.) Ein Artikel auf der ersten Seite war diesmal voll des Lobes über ein Unternehmen, das Jahr für Jahr an seinen erprobten und bewährten Geschäftsstrategien festgehalten und in diesem Quartal große Gewinne erzielt habe. Hier handele es sich um ein erstklassiges Wertpapier eines Unternehmens, dessen Vorstand klug genug gewesen sei, den Prinzipien der Vergangenheit die Treue zu halten. Zirka auf Seite vier folgte dann ein ausgesprochen kritischer Artikel über einen törichten Kapitalisten, der mit den Aktien seines Unternehmens unvernünftige Risiken in Kauf genommen habe.

Staunend nahm ich zur Kenntnis, dass die Namen der *Mutige-Risiken-eingehenden-Geschäftsgenies,* die in diesem Monat präsentiert wurden, später diejenigen der *Unvernünftige-Risiken-eingehenden-Dummköpfe* waren. Oder vielleicht hielt der Höhenflug der *Mutige-Risiken-eingehenden-Geschäftsgenies* weiter an; oder der konservativ agierende Dummkopf befand sich weiter auf dem absteigenden Ast. Jedenfalls schien niemandem aufzufallen, dass *die offenbar beinahe zufällig zustande kommenden unterschiedlichen Ergebnisse aus genau den gleichen, von ein und derselben Person beziehungsweise von ein und demselben Unternehmen vorgenommenen Handlungen resultieren.*

In welchem Bezug steht das zu Immobilien? Inwiefern tritt hier ein »verborgenes Potenzial« zutage? Denken Sie an die Fragen, die sich für unsere Firma gestellt haben, als wir uns darüber Gedanken machten, ein neues Gebäude zu suchen, nachdem wir uns jahrelang nicht so recht darüber im Klaren gewesen waren, ob wir lieber mieten oder kaufen, expandieren oder nicht expandieren sollten. Sollten wir diesen Riesenschritt wagen oder nicht?

Jeder Geschäftsmann stellt an diesem Punkt seine eigenen Überlegungen an, versucht die Vorzüge und die Nachteile einzuschätzen. Ein großes neues Gebäude wird unsere Kunden beeindrucken, es wird ihnen wie auch den Lieferanten einen Eindruck von Stärke und
Stabilität vermitteln. Sie könnten aber auch den Eindruck gewinnen, diese Expansion sprenge eigentlich unsere Möglichkeiten. Die Kunden glauben vielleicht, dass wir höhere Preise veranschlagen müssen, um die neu entstandenen Unkosten zu decken, und die Lieferanten meinen womöglich, dass sie uns die Edelsteine zu billig verkauft haben und der Erwerb des Gebäudes zu ihren Lasten geht.

Wenn wir das Diamantenviertel verlassen und in ein anderes Viertel ziehen, wird es möglicherweise für die Edelsteinlieferanten schwieriger und riskanter, uns Ware zu liefern, wenn wir sie brauchen. Sparen wir andererseits das Geld für die Miete ein, so können wir ihnen vielleicht höhere Preise zahlen, auf diese Weise zusätzliche Lieferanten gewinnen und mehr Gewinn machen.

Möglicherweise wird der Umzug an einen neuen Standort für die Mehrzahl der Mitarbeiter eine beschwerlichere Anfahrt zu ihrem Arbeitsplatz zu Folge haben. Tüchtige Leute werden, wenn sie täglich eine halbe Stunde länger mit der U-Bahn unterwegs sein müssen, womöglich die Firma verlassen und sich eine näher am Diamantenviertel gelegene Arbeitsstelle suchen. Oder vielleicht werden die Leute das ruhigere Umfeld zu schätzen wissen, das ihnen unser neues Domizil in West Greenwich Village bietet – die malerischen Läden und die Restaurants, in denen sie viel größere Portionen serviert bekommen als im Stadtzentrum.

Vielleicht wird der Wert der Immobilie in die Höhe schnellen, nachdem wir dorthin umgezogen sind, so dass die Investition dem Eigentümer eine höhere Rendite bringt. Oder es wird auf dem New Yorker Immobilienmarkt wieder einen rapiden Preisverfall geben, so dass wir hohe Hypothekenabzahlungen am Hals haben.

Die aufgrund der Produktionserweiterung – der Zusammenfassung sämtlicher Arbeitsschritte unter einem Dach – erzielten Einsparungen gestatten es uns vielleicht, die Preise zu senken und dadurch einen Riesenreibach zu machen. Womöglich werden aber die Fixkosten für eine große Produktionsstätte, die auch dann weiterhin fällig sind, wenn der Verkauf nur schleppend vonstatten geht, uns nach und nach in die Bredouille bringen.

Wer von Ihnen lange genug im Geschäftsleben war und wirklich ehrlich zu sich selbst ist, weiß nur zu gut, dass die Dinge sich an diesem Punkt ohne weiteres in die eine oder in die andere Richtung entwickeln können. Wenn Sie das Gebäude kaufen und alles glatt läuft, stehen Sie als genialer Geschäftsmann oder geniale Geschäftsfrau da – dann war das Ganze ein großer Coup. Kaufen Sie aber das Gebäude und die Dinge laufen schlecht, sind Sie der Dummkopf, der unvernünftige Risiken eingeht. Wenn Sie das Gebäude nicht kaufen und die Dinge gut laufen oder wenn Sie das Gebäude nicht kaufen und die Dinge nicht gut laufen – nun, Sie wissen schon, als was man Sie bezeichnen wird. Und Sie wissen auch, dass Sie stets, in jedem dieser Fälle, ein und derselbe Mensch sind.

Dies führt uns ganz allmählich, aber unaufhaltsam zum verborgenen Potenzial der Dinge.

Ein Immobiliengeschäft wie der Erwerb eines großen neunstöckigen Gebäudes durch Andin International im Westen von Manhattan ist ein gutes Beispiel für das verborgene Potenzial – für das, was die Buddhisten als »Leerheit« bezeichnen.

Es gibt einen wichtigen Punkt, den man hier begreifen sollte: Dem Gebäude wie auch dem Erwerb des Gebäudes wohnen verborgene Potenziale aller Art inne – Potenziale, etwas Gutes oder etwas Schlechtes zu sein. Und all diese Potenziale sind gleichzeitig vorhanden.

Wenn wir das Gebäude erwerben und in New York plötzlich der Wert von Immobilien in den Keller geht (ich fürchte, genau das passierte in unserem Fall nach dem Kauf des Gebäudes), dann ist der Gebäudekauf eine schlechte Sache – für Ofer und Aya, unsere Firmeninhaber.

Wenn wir das Gebäude erwerben und auf einmal sämtlichen Managern mehr Büroraum zur Verfügung steht als vorher, ist der Kauf eine gute Sache – für die Manager.

Wenn wir das Gebäude erwerben und die Mitarbeiter aus New Jersey eine halbe Stunde länger zur Arbeit unterwegs sind, ist das eine schlechte Sache – für sie. Aber es ist eine gute Sache für all diejenigen, die aus Brooklyn kommen und jetzt Zeit sparen.

Wenn wir das Gebäude kaufen und die Lieferanten den Eindruck gewinnen, dass wir finanziell stark sind, ist das eine gute Sache – für uns. Wenn wir ihnen den Eindruck vermitteln, dass wir auf ihre Kosten einen großen Reibach machen, ist das schlecht für uns.

Was aber, wenn wir »für uns« und »für sie« beiseite lassen? Was, wenn wir einzuschätzen versuchen, ob das Gebäude beziehungsweise der Erwerb des Gebäudes an sich etwas Gutes oder etwas Schlechtes ist?

Wenn Sie auch nur einen Moment darüber nachdenken, liegt die Antwort auf der Hand: Der Erwerb des Gebäudes *an sich* ist weder eine gute noch eine schlechte Sache – alles hängt davon ab, wer den Vorgang betrachtet. Einigen Menschen, die einen Nutzen davon haben, erscheint er als etwas Gutes, und anderen Menschen, für die er mit Nachteilen einhergeht, als etwas Schlechtes. Der Gebäudekauf ist jedoch keineswegs *von Natur aus* eine gute oder schlechte Sache – dem Gebäudekauf an und für sich kommt keine solche Eigenschaft zu, er ist von jeder Eigenschaft dieser Art »leer«.

Und genau darin besteht die Bedeutung von Leerheit. Die Dinge können dies oder jenes sein, das ist nicht »Sache« des Gebäudes an sich, sondern hängt ganz und gar davon ab, wie wir es wahrnehmen. Dies macht das den Dingen innewohnende verborgene Potenzial aus.

Alles auf der Welt ist darin übrigens gleich. Bedeutet ein Zahnarztbesuch, bei dem ein operativer Eingriff am Wurzelkanal vorgenommen werden soll, *an und für sich* etwas Schlimmes? Falls dies zuträfe, müsste ihn jeder als schlimm empfinden. Aber lassen Sie es sich bitte einmal durch den Kopf gehen: Der operative Eingriff am Wurzelkanal, wie unangenehm er uns auch erscheinen mag, kann aus Sicht anderer Menschen etwas Gutes beinhalten. Ein skrupelloser Zahnarzt könnte darin eine höchst willkommene Gelegenheit sehen, die Quartalskosten für das Hochschulstudium seiner Kinder aufzubringen; für die Sprechstundenhilfe könnte dies genügend neue Arbeit bedeuten, um ihre Weiterbeschäftigung zu gewährleisten; für den Verkäufer von Zahnarztbedarf könnte sich daraus die Gelegenheit ergeben, eine weitere Kiste Injektionsspritzen zu verkaufen. Nicht einmal einer derartig schmerzhaften Prozedur kommt *von Natur aus* eine Eigenschaft zu, die sie zu einer guten oder einer schlechten Sache stempelt. An und für sich, unabhängig davon, wie verschiedene Menschen sie wahrnehmen, verfügt sie nicht über eine derartige Natur – sie ist neutral, gewissermaßen »ein unbeschriebenes Blatt«, leer. Kurzum, sie ist durch »Leerheit« gekennzeichnet, und dies macht – den tiefgründigsten Schriften überlieferter tibetischer Weisheit zufolge – ihr verborgenes und letztendliches Potenzial aus.

Für die Menschen, die uns umgeben, gilt dasselbe: Denken Sie an den Kollegen oder Mitarbeiter, über den Sie sich am meisten ärgern. Er oder sie scheint von sich aus diese Eigenschaft zu haben, es scheint etwas in der Natur des oder der Betreffenden zu liegen, das die Verärgerung bei Ihnen hervorruft. »Etwas ärgerlich Machendes« scheint *von* diesem Menschen auszugehen und *auf Sie* auszustrahlen. Doch bedenken Sie bitte: *Irgendjemand* (vielleicht ein anderer Mitarbeiter oder eine andere Mitarbeiterin, vielleicht ein Familienangehöriger, zum Beispiel ein Ehepartner oder ein Kind) erlebt die Betreffende oder den Betreffenden als einen liebevollen und liebenswerten Menschen. Diese Person erlebt denselben Menschen, wenn sie ihn anschaut, wenn sie ihn im selben Moment wie Sie vor sich hat und er genau die gleichen Dinge tut oder sagt, als etwas Positives.

Für sie geht offenbar von diesem Menschen nichts »ärgerlich Machendes« aus – was ganz einfach zeigt, dass es sich dabei eben nicht um eine diesem Menschen selbst *innewohnende* Eigenschaft handelt. Ihm selbst *wohnt* keine solche Eigenschaft inne. Anderenfalls würde diese auch für alle anderen sichtbar werden. Eher gleicht er einer neutralen oder leeren Projektionsfläche, und verschiedene Personen sehen unterschiedliche Dinge in ihm. Das ist ein ganz einfacher, aber unbestreitbarer Leerheitsnachweis, ein Nachweis des verborgenen Potenzials. Und bei allem, was es sonst noch auf der Welt gibt, verhält es sich genauso.

Übrigens wird uns jetzt auch verständlich, was der Buddha über das Buch gesagt hat: »Ihr dürft das Buch ruhig als Buch bezeichnen und es auch als Buch ansehen, da es niemals ein Buch hätte gewesen sein können.« Bezogen auf den Erwerb eines Gebäudes hieße das: »Ihr dürft den Erwerb des Gebäudes ruhig als eine gute Sache bezeichnen und ihn auch als eine gute Sache ansehen, da der Erwerb des Gebäudes *ganz für sich allein genommen* – das heißt, von sich aus, unabhängig davon, wie wir ihn betrachten – niemals eine gute Sache (oder eine schlechte Sache) hätte sein können.«

Aber was hat all dies mit geschäftlichen Dingen zu tun? Wie kann dieses verborgene Potenzial der Schlüssel zum Erfolg im Privatleben wie im Beruf sein? Um diese Fragen beantworten zu können, müssen wir die Wirkungsweise der Prinzipien verstehen, mit deren Hilfe wir uns das Potenzial zunutze machen können.

Prinzipien zur Nutzung des Potenzials

Im vorigen Kapitel haben wir über das allen Dingen innewohnende verborgene Potenzial gesprochen, das die Buddhisten seit jeher als »Leerheit« bezeichnen. Dabei hat sich zweifelsfrei herausgestellt, dass nichts von alledem, was uns widerfährt, *von sich aus* etwas Gutes oder etwas Schlechtes ist. Wenn dies nämlich so wäre, würde jeder andere es auf genau die gleiche Weise erleben. Würde zum Beispiel »das ärgerlich Machende« an einem Arbeitskollegen, über den wir uns ärgern, diesem Menschen innewohnen, von ihm ausgehen und durch den Raum zu uns gelangen, so würde der Betreffende bei jedem anderen genau den gleichen Eindruck hinterlassen. In Wirklichkeit gibt es jedoch fast immer *irgendjemanden*, der den Betreffenden oder die Betreffende als angenehm und liebenswert empfindet.

Aus dieser Tatsache sind zwei wichtige Folgerungen zu ziehen:

1) Eine Eigenschaft, die darin besteht, Verärgerung hervorzurufen oder angenehm zu sein, wohnt diesem Menschen nicht inne. Er selbst ist von sich aus neutral, gleichsam ein unbeschriebenes Blatt, leer.
2) Wenn wir persönlich diesen Menschen als Ärgernis empfinden, muss dies auf etwas anderes zurückzuführen sein.

Auf was also ist dies zurückzuführen? Die Antwort darauf liegt in bestimmten Prinzipien begründet – Prinzipien, anhand derer das den Dingen innewohnende verborgene Potenzial offenbar wird und mit deren Hilfe wir uns dieses Potenzial zunutze machen können, um im Beruf wie im Privatleben erfolgreich zu sein.

Die nachfolgenden Zeilen geben wieder, was der Buddha selbst im »Sutra vom Diamantschneider« über die Möglichkeit sagt, ein perfektes Geschäft zustande zu bringen und ein vollendetes Leben zu verwirklichen – eine vollendete Welt, ein Paradies, ein »Reines Land«, entstehen zu lassen.

Kapitel 5

Und dann gewährt der Siegreiche die Unterweisung:

Angenommen, Subhuti, ein Schüler auf dem Weg des Mitgefühls würde sagen: »Ich arbeite daran, eine vollendete Welt hervorzubringen«, so würde der oder die Betreffende nicht die Wahrheit sprechen.

Der große Meister Tschönyi Lama erläutert diese Zeilen so:

Der Buddha möchte zum Ausdruck bringen, dass ein Mensch, der die höchste Daseinsstufe erreichen will, über die wir vorhin gesprochen haben, zunächst eine vollendete Welt hervorbringen muss, in der sich dann dieser höchste Zustand erreichen lässt. Daher sagt **der Siegreiche zu Subhuti:**
Angenommen, ein Schüler auf dem Weg des Mitgefühls würde sagen oder im Stillen denken: **»Ich arbeite daran, eine vollendete Welt hervorzubringen.«** Und nehmen wir weiter an, der oder die Betreffende glaubte zugleich, vollendete Welten könnten von sich aus – unabhängig – existieren und die Hervorbringung dieser Welten könne unabhängig geschehen. In solch einem Fall **würde der oder die Betreffende nicht die Wahrheit sprechen.**

Anschließend lässt der Buddha im »Sutra vom Diamantschneider« zur Erläuterung ein paar weitere Zeilen folgen:

Warum ist das so? Weil diese vollendeten Welten, diese »vollendeten Welten«, an deren Verwirklichung wir arbeiten, keinesfalls existieren könnten. Das haben die So-Gegangenen dargelegt. Und genau darum bezeichnen wir sie als »vollendete Welten«.

Im Kontext des vorliegenden Buches können Sie sich unter einer »vollendeten Welt« ein »perfektes Geschäft« vorstellen. Der entscheidende Punkt dabei ist: Zu sagen, dass ein perfektes Geschäft jemals von sich aus existieren könnte, wäre falsch. Ein Buch, der Kauf eines Gebäudes, eine am Arbeitsplatz neben Ihnen sitzende Nervensäge, nichts davon existiert von sich aus. In keinem dieser Fälle ist da von sich aus etwas Schlechtes, das uns widerfährt, oder etwas Gutes, das uns widerfährt, vorhanden – denn falls es sich so verhielte, würden ja alle anderen Menschen dies auf die gleiche Weise erleben.

Keineswegs jedoch erleben es alle Menschen genauso wie wir. Darum lassen sich diese Dinge mit einem unbeschriebenen Blatt vergleichen, sie sind neutral oder, wie die Buddhisten zu sagen pflegen, »leer«. Dennoch erleben wir manche Dinge als etwas Gutes, andere hingegen als etwas Schlechtes. Wenn dies aber nicht auf die Dinge selbst zurückzuführen ist, worauf dann? Gelingt es uns, dieses Rätsel zu lösen, so können wir vielleicht *bewirken, dass die Dinge sich in der Weise zutragen, wie es unseren Wünschen entspricht.*

Wenn wir auch nur ein paar Augenblicke darüber nachdenken, zeigt sich ganz offenkundig, dass unsere Sicht der Dinge *auf uns selbst zurückzuführen ist:* Ob wir in einem anderen Menschen an unserem Arbeitsplatz ein Ärgernis oder eine Inspirationsquelle sehen, hängt von *unserer* Wahrnehmung ab. Dies beweist die Tatsache, dass andere Mitarbeiter diese Menschen mit anderen Augen sehen, ja vielfach sogar auf eine Art und Weise wahrnehmen, die konträr ist zu unserer Sicht.

Wie kann es möglich sein, dass die Dinge auf uns selbst zurückzuühren sind? Und wie können wir dieses Phänomen zu unseren Gunsten nutzen?

Ich glaube, als Erstes sollten wir darüber sprechen, inwiefern die Dinge *nicht* auf uns selbst zurückzuführen sind. Man kann zwar leicht sagen, unsere Sicht der anderen Menschen und der Dinge sei auf den eigenen Geist, auf die eigene Wahrnehmung zurückzuführen. Wie wir aber andererseits immer wieder schmerzlich erfahren müssen, bedeutet dies *nicht,* dass wir einfach durch unsere Wünsche steuern können, wie wir die Dinge sehen. Kein einziger Geschäftsmann auf der Welt *wollte* scheitern, wollte pleite gehen und das Leid desillusionierter Angestellter, das Leid der Lieferanten angesichts unbeglichener Rechnungen, das Leid der enttäuschten Ehefrau und der enttäuschten Kinder erleben müssen.

In gewisser Weise trifft es schon zu, dass unsere Wahrnehmung einer Pleite auf den eigenen Geist zurückzuführen ist. Das bedeutet allerdings nicht, dass diese Pleite ungeschehen gemacht werden kann, allein weil wir uns das so wünschen. Was auch immer uns dazu veranlasst, die Dinge auf die eine oder andere Weise wahrzunehmen, lässt uns die Dinge mit einer gewissen *Notwendigkeit* so sehen – unabhängig von uns, unabhängig davon, was wir im betreffenden Moment wollen.

An diesem Punkt sollten wir uns mit der buddhistischen Vorstellung von den Geistesprägungen befassen. Der Ausdruck »Geistesprägung« gibt die eigentliche Bedeutung des Wortes *Karma* wieder. Da jedoch in Zusammenhang mit diesem Wort so viele Missverständnisse kursieren, wollen wir im Folgenden weiterhin von »Geistesprägungen« beziehungsweise von »Prägungen« sprechen.

Stellen Sie sich Ihren Geist als einen Camcorder vor. Ihre Augen, Ihre Ohren und alle weiteren Sinne sind gleichsam die Objektive, durch die Sie nach draußen blicken können. So gut wie alle Knöpfe und Schalter, die die Aufnahmequalität beeinflussen, sind mit Ihrer Intention verknüpft. Ausschlaggebend für die Recorder-Einstellungen ist mit anderen Worten, was Ihren Wünschen gemäß geschehen soll und warum dies so geschehen soll. Und wie entsteht nun eine Aufnahme? Wie gelangen die Prägungen für geschäftlichen Erfolg oder Misserfolg in Ihren Geist?

Lassen Sie uns allerdings, bevor wir die Antworten darauf zu finden versuchen, noch weiter auf diese ganze Vorstellung von einer Geistesprägung eingehen. Stellen Sie sich den Geist als ein ganz empfindliches Stück Wachs vor. Wann immer es mit irgendeiner Sache in Berührung kommt, hinterlässt diese einen Abdruck auf dem Wachs. Doch das Wachs hat noch einige weitere erstaunliche Eigenschaften. Zunächst einmal ist es vollkommen klar und lässt sich nicht weiter beschreiben. Es ist ganz und gar nicht mit unserem Körper zu vergleichen, ganz und gar nicht wie etwas aus Fleisch, Blut und Knochen Bestehendes beschaffen.

Die Vorstellung, der zufolge das Gehirn der Geist *ist*, wird im Buddhismus nicht akzeptiert. Zwar mag ein Teil des Geistes sehr wohl im Bereich des Gehirns anzusiedeln sein. Allerdings reicht der Geist auch bis in Ihre Fingerspitzen hinein. Sie können bewusst wahrnehmen, wie jemand Ihre Finger berührt. Und dies wird Ihnen im Geist bewusst. Mehr noch: Wenn ich Sie frage, ob Sie bei sich zu Hause ein paar gute Sachen im Kühlschrank haben, wandern Ihre Augen im Geist dorthin. Ihr Gedächtnis holt ein paar Dinge hervor, die vielleicht noch von heute Morgen da sind, und so hat Ihr Bewusstsein mit Hilfe des Verstandes und der Erinnerung die physischen Begrenzungen Ihrer unmittelbaren Welt, Ihren physischen Körper, weit hinter sich gelassen und sich an einen anderen Ort begeben. Und wenn ich sage: »Denken Sie an die Sterne oder den Bereich jenseits von ihnen«, wo weilt Ihr Geist dann?

Geist-Wachs hat eine weitere interessante Eigenschaft: Stellen Sie sich vor, das Stück Geist-Wachs sei so in die Länge gezogen wie eine einzelne Spaghetti-Nudel und reiche vom ersten bis zum letzten Moment Ihres Lebens (und vielleicht in beide Richtungen noch weit darüber hinaus; aber darauf werden wir an dieser Stelle nicht näher eingehen). Mit anderen Worten, es erstreckt sich über die Zeit. Geistesprägungen aus dem ersten Schuljahr, Geistesprägungen vom Erlernen des Alphabets setzen sich ins zweite Schuljahr hinein fort, weshalb Sie damals beginnen konnten, ganze Worte und Sätze zu lesen, und dies auch jetzt noch können.

Wir im Westen sind nicht so sehr daran gewöhnt, über das Lernen als ein »zielgerichtetes Herbeiführen von Prägungen« zu sprechen. Doch wenn Sie darüber nachdenken, wird klar, dass wir unsere Kinder genau aus diesem Grund zur Schule schicken: Wir hoffen, dass der Lehrer in der ersten Klasse über die Fähigkeit verfügt, in Hansis Geist ein paar bleibende Eindrücke – Prägungen – zu hinterlassen, und wir hoffen, dass diese Prägungen auch bei seinem Wechsel an die medizinische Fakultät der Hochschule noch vorhanden sind, damit er später nicht auf Sozialhilfe angewiesen ist.

Alles in allem akzeptieren wir zwar die Vorstellung von den Geistesprägungen, machen uns allerdings herzlich wenig Gedanken darüber, wie dieser ganze Prozess denn eigentlich abläuft – wie es zum Beispiel möglich sein kann, dass unser Gehirn, während es mit all diesen Dingen vollgestopft wird, nicht mit zunehmendem Alter immer größer wird. Lassen Sie uns über die Prägungen jener Art sprechen, die uns dazu bringen, ansonsten »leere« oder »neutrale« Dinge als etwas Gutes oder Schlechtes anzusehen. (Übrigens ist Ihnen nach allem, was Sie hier inzwischen zum Thema »Leerheit« gelesen haben, gewiss schon aufgefallen, dass »Leerheit« weder etwas mit »Sinnlosigkeit« zu tun hat, noch mit »schwarzen Löchern« oder mit dem Versuch, an rein gar nichts zu denken, und dergleichen mehr. Leerheit bedeutet einfach, dass uns die guten oder schlechten Dinge, die uns widerfahren, nicht einfach von sich aus so widerfahren.)

Diese Prägungen für »gute« oder »schlechte« Erfahrungen kommen auf dreierlei Art und Weise zustande: indem wir etwas tun, indem wir etwas sagen und sogar indem wir etwas denken. Unser eingebauter Camcorder, der Geist, bleibt die ganze Zeit über eingeschaltet. Auf einer Ebene des Geistes wird unablässig alles aufgezeichnet, was wir durch die Objektive unserer Augen, unserer Ohren und aller weiteren Sinne wahrnehmen. Selbst unsere Gedanken werden aufgezeichnet.

Wenn Sie mit ansehen, wie Sie einem Angestellten, der eine schwere Zeit durchmacht, helfend unter die Arme greifen, hinterlässt das eine positive Prägung in Ihrem Geist. Wenn Sie mit ansehen, wie Sie einem Kunden oder einem Lieferanten eine Notlüge erzählen, hinterlässt das eine negative Prägung in Ihrem Geist.

Der Intentionsknopf am Camcorder ist der wichtigste unter all den für die Stärke der Prägung maßgeblichen Faktoren. Wenn Sie dem Angestellten nicht deshalb aus der Klemme helfen, weil er Ihnen sehr wichtig ist, sondern weil sein Problem zu Produktionseinbußen führt und Ihre Erträge schmälert, fällt die positive Prägung, die dadurch in Ihrem Geist entsteht, kaum noch ins Gewicht. Unterstützen Sie ihn jedoch, weil Ihnen klar ist, dass ihn das Problem unglücklich macht, so fällt die positive Prägung viel stärker aus. Und wenn Sie ihn unterstützen, weil Ihnen der künstliche Charakter jener Trennungslinie zwischen »du« und »ich« klar ist und weil Sie wissen, dass etwas, das *einem* von uns wehtut, uns allen wehtut – wenn Sie mit anderen Worten mit ansehen, wie Sie unseren gemeinsamen Feind in Gestalt menschlichen Unglücks bekämpfen, so ist dies eine der stärksten Prägungen, die Sie in Ihrem Geist hinterlassen können.

Weitere Rahmenbedingungen spielen aber ebenfalls eine Rolle. Vor allem sind hier die Emotionen zu nennen: Erzählen Sie etwa Ihrem Lieferanten die Notlüge, weil Sie sehr wütend sind, so hinterlässt das eine entsprechend stärkere Prägung in Ihrem Geist.

Als Nächstes spielt das eine Rolle, was wir eine »korrekte Zuordnung« nennen können: Wenn Sie einem Kunden versehentlich einen zu hohen Preis berechnen, zum Beispiel weil Sie den Preis von einem Computerbildschirm falsch abgelesen haben, so hinterlässt das eine viel schwächere negative Prägung, als wenn Ihnen klar wäre, dass der berechnete Preis nicht korrekt ist.

Das Bedingungsumfeld der Person, auf die sich Ihre Handlung bezieht, spielt für die Stärke der Prägung ebenfalls eine große Rolle.

Als ich ungefähr zwei oder drei Jahre im Diamantenhandel tätig war, kam mir der Gedanke, dass meine Wertschätzung für Diamanten größer sein würde, wenn ich besser darüber Bescheid wüsste, wie sie geschliffen werden. Daher nahm ich mir vor, an den Türen der verborgenen kleinen, hoch über den Diamantenhändlern der Siebenundvierzigsten Straße gelegenen Schleiferwerkstätten vorzusprechen, um jemanden zu finden, der mir das Schleifen von Diamanten beibringen mochte.

Zunächst habe ich einen der bekannteren Diamantschleifer aufgesucht. Ich erinnere mich, dass er damals gerade mit der Bearbeitung des größten geschliffenen Diamanten der Welt beschäftigt war, eines kanariengelben »fancy diamond« von mehr als 40 Carat. Er erklärte mir, ich könne gern gelegentlich vorbeikommen und zuschauen. Aber mehr war nicht drin. (Als »fancy diamond« bezeichnet man übrigens einen Diamanten, der von Natur aus eine attraktive Färbung aufweist, zum Beispiel in hellgelben beziehungsweise hellbraunen Farbtönen oder in einem Blauton, wie zum Beispiel dem des berühmten Hope-Diamanten.*)

Ich verbrachte ein paar Tage mit einigen südafrikanischen Diamantschleifern, die ich flüchtig kennen gelernt hatte. Aber ihr Benehmen war mir einfach zu ungehobelt. Überdies stand ich vor dem Problem, jemanden finden zu müssen, der bereit war, mir das Diamantschleifen zu ziemlich weit fortgeschrittener Stunde beizubringen, da wir nach wie vor täglich irrsinnig lange arbeiteten, um Andin International aufzubauen. Und so traf ich schließlich Sam Shmuelof.

---

* Ein saphirblauer indischer Diamant, der mit 44.5 Carat als weltgrößter blauer Diamant gilt und sich heute im Besitz der Smithsonian Institution in Washington befindet. (A. d. Ü.)

»Shmuel«, wie wir ihn nannten, ist auch einer jener echten Gentlemen im Diamantengeschäft. Seine Frau Rachel war meine rechte Hand bei Andin, und ihr verdankte unsere Abteilung einen Gutteil ihres Erfolges. Shmuel war damit einverstanden, mich spät abends und an Sonntagen auszubilden. Einer der Gründe, weshalb so viele Diamantenhändler in New York orthodoxe Juden sind, ist die Tatsache, dass man im Diamantenhandel den Sabbat respektiert und in der Siebenundvierzigsten Straße auf niemanden Druck ausgeübt wird, samstags zu arbeiten, falls er oder sie religiös ist.

Als ich zum ersten Mal die Diamantschleiferei betrat, kam es mir in etwa so vor, als sei ich Dante, der von Vergil in die Höllenbereiche geführt wird. Shmuel fasste mich am Arm und dirigierte mich zu einer beinahe unsichtbaren Türöffnung zwischen zwei marmorverkleideten Wolkenkratzern auf »Der Straße« – der Siebenundvierzigsten Straße –, durch die wir zu einem winzig bemessenen Aufzug gelangten. Nachdem dieser sich zirka zehn Stockwerke empor gekämpft hatte, standen wir vor einem spärlich beleuchteten Gang mit schmalen Türen auf beiden Seiten. Diese Türen waren eine recht abenteuerlich anmutende Kombination: Die abblätternde Farbe und das heruntergekommene Erscheinungsbild insgesamt standen in wundersamem Kontrast zu der aufwendigen Ausstattung mit neu glänzenden, exotisch aussehenden schweren Schlössern und Riegeln. Auf den meisten Türen waren, schludrig von Hand geschrieben, fünf oder sechs Zeichen zu lesen. Bei diesen handelte es sich, wie ich später erfuhr, um die verschiedenen »Pseudonyme«, unter denen der Ein-Mann-Betrieb eines kleinen Diamantenhändlers – nehmen wir mal an, der Mann hieße »Bennie Ashtar« – von Fall zu Fall firmiert:

»Ashtar – internationale Diamanten-Kapitalgesellschaft«
(Darunter darf man sich einen kleinen Schuhkarton voller seltsamer Diamanten vorstellen, die Bennie in den vergangenen Monaten geschliffen hat, nebst ein paar wahrhaft hässlich aussehenden, unverkäuflichen Steinen, die ihm jemand vor ein paar Jahren zur Begleichung zweifelhafter Forderungen überlassen hat.)

»Ben-Ash – weltweite Schmuckherstellung«
(Dabei handelt es sich um ein paar sonderbare Ohrringe, die er einst unter Verwendung von ein paar eigenen Steinen angefertigt hat, nachdem ihm zu Ohren gekommen war, dass bei der Schmuckherstellung mehr Geld zu verdienen sei – und obendrein noch viel leichter – als in der Diamantenbranche; aber natürlich ist es ihm nie gelungen, von seinem Schmuck auch nur ein einziges Stück zu verkaufen.)

»Simzev – internationale Diamantschleiferei und Reparaturwerkstatt«
(Das eigentliche Unternehmen; es besteht aus einem einzigen Tisch mit einer Diamantschleifscheibe und trägt unweigerlich den Namen der Kinder, die in diesem Fall Simon und Ze'eva heißen; aber jeder nennt die Firma sowieso nur Bennies Schleifwerkstatt.)

»Benjamin GmbH – seltene Edelsteine aus fernen Ländern«
(Dabei handelt es sich um jene zwei Kilo »pink ice«, würfelförmiger rosafarbener Zirkon aus synthetischer Herstellung, den zu kaufen man ihn seinerzeit, 1993, überredet hat, als »pink ice« für sechs Monate der Modeartikel der Saison war; doch in der Hoffnung, der Preis werde noch weiter steigen, hat Bennie die Steine sieben Monate lang behalten; und jetzt beschwert sich sein Versicherungsvertreter, dass der Beutel zu viel Platz im Safe wegnimmt, und drängt ihn, die Steine einfach rauszuschmeißen.)

Während wir uns dem Gang nähern, wird ein hoher, lauter und immer lauter werdender Heulton hörbar – ungefähr so, als beträten wir eine gewaltige Höhle, in der Millionen von Mücken eingesperrt gewesen waren und jetzt wie von Sinnen umherschwirren. Die Tür ist einfach eine ziemlich monströs wirkende graumetallene Konstruktion ohne jede Beschriftung durch Zahlen oder sonstige Zeichen. Unter der Decke, hoch oberhalb der Tür, richtet eine Überwachungskamera ihre Schnüffelnase auf uns.

Kapitel 5

Shmuel drückt auf den Summer, und wir warten.
Keine Reaktion.
Er drückt noch einmal und noch einmal, und schließlich hört man jemanden durch die geschlossene Tür schreien: »Ja, wer isch da?« (Die Überwachungskamera ist, wie Sie daraus entnehmen können, stets kaputt, und niemand hat die Zeit oder verspürt den Wunsch, sich um die Reparatur zu kümmern.)
»Shmuel!«
»Schon gut, schon gut«, und man hört, wie ein Riegel nach dem anderen beiseite geschoben wird, es folgen noch ein paar Ketten, und mit einem lauten Knarren öffnet sich schließlich die Tür.
Ein Höllenlärm schlägt uns entgegen, faucht uns um den Kopf und um die Ohren: all das Quietschen und Kreischen und Sirenengeheul und Rattern von Presslufthämmern, das Ihnen auch bei einem halbstündigen Fußmarsch auf einer New Yorker Straße um die Ohren bläst – hier allerdings ist all das auf wenige Sekunden komprimiert. Shmuel geht voraus, vorbei an dem Werkstattinhaber, der mich erst einmal erstaunt anstarrt – »der ist in Ordnung, er gehört zu mir« –, und bringt mich durch die Sicherheitsschleuse, die bereits erwähnte »Menschenfalle«, (gleichfalls kaputt) in die eigentliche Werkstatt.
In diesem Wirbelsturm aus schierem Lärm taucht für einen kurzen Moment der eine oder andere Kopf auf, taxiert die Situation – kein Überfall, kein potenzieller Kunde – und sinkt dann sogleich wieder hinab, um nachzuschauen, ob die Scheibe inzwischen, während der Kopf sich kurz erhoben hatte, womöglich einen Mikrometer zuviel von dem Diamanten heruntergeholt hat.
Fünf lange Tische ziehen sich in einer Art Rippenmuster durch den Raum. In jeden sind drei oder vier rotierende Metallscheiben eingelassen, und vor jeder Scheibe hockt auf einem hohen Sitz ein über seinen Stein gebeugter Schleifer. Um an einem Ort, an dem die Immobilienpreise so hoch sind wie kaum irgendwo sonst auf der Welt, kostbaren Büroraum zu sparen, sind die Arbeitsplätze jeweils gegeneinander versetzt auf beiden Seiten so angeordnet, dass jeder Schleifer lediglich zirka anderthalb Meter Abstand zu seinem nächsten Kollegen hat und dem vor ihm sitzenden

Schleifer zugewandt ist. Während der zehn bis vierzehn Stunden, die man Tag für Tag an diesem Arbeitsplatz verbringt, bekommt man buchstäblich nichts anderes zu sehen als das Gesicht des Burschen auf der anderen Seite. Da kann man nur hoffen, dass dort jemand sitzt, mit dem man gerne hin und wieder ein paar Worte wechseln mag.

Nirgends sonst findet man ein vergleichbares Licht wie in den Diamantwerkstätten. Denn beim Abschleifen der bräunlichen Außenschicht des Diamanten, durch das man die kristallspiegelgleiche Facette offen legt, werden unzählige winzig kleine Diamantpartikel freigesetzt, und diese vermischen sich mit dem feinen Öl, das die Oberfläche der metallenen Schleifscheibe benetzt. Da die Scheibe unglaublich schnell rotiert, wird dieser feenhaft zarte Diamantstaub, mit winzigen Öltropfen vermischt, in die Luft geschleudert. Dieses klebrige Zeug schwebt dann zur nächsten Wand oder Person hinüber und setzt sich dort ab.

Infolgedessen ist jeder Zentimeter des Raumes in Grau getaucht, in ein stumpfes, trübes Grau: Die Wände sind grau, der Fußboden ist grau, die Lichtinstallationen sind grau, Hände und Gesichter sind grau; graue Hemden, graue Hosen, graue Schuhe, ja sogar graue Fenster. Man könnte sich 300 Meter tief unter der Erde befinden oder im 40. Stockwerk eines glitzernden, glasverkleideten New Yorker Wolkenkratzers (wo es in der Tat viele Diamantwerkstätten gibt) – anhand des trübgrauen Halbdunkels, das sich mühsam seinen Weg durch die Fenster in den Raum zu bahnen versucht, würden Sie keinen Unterschied erkennen.

Zu sehen, welch erlesene Juwelen aus diesen grauen Unterwelten hervorkommen, hat mich immer wieder aufs Neue beeindruckt. Ähnlich wie der Anblick jenes rosafarbenen Lotos in einem nahe bei unserem Kloster in Indien gelegenen Teich, der auf dem einzig für ihn in Frage kommenden Nährboden gedeiht und sich in die Höhe reckt, einem Mischmasch aus Schlamm und Rückständen organischer Zersetzungsprozesse. Buddhisten schätzen diese Metapher sehr: *Können wir wie der Lotos sein? Können wir den Schmerz und die Verwirrung, die das Leben mit sich bringt, so in unser Dasein integrieren, dass diese Erfahrungen uns bereichern und wir sie nutzen können, um uns zu einem der raren Juwele auf dieser Welt zu entwickeln, einem wahrhaft mitfühlenden Menschen?*

Kapitel 5

Shmuel gibt mir ein paar unentbehrliche Ratschläge, wie man am besten an die Arbeit herangeht, und setzt mich dann auf einen knarrenden hohen Stuhl. Auf der einen Seite habe ich Natan vor mir und auf der anderen Seite Jorges. Natan, ein hassidischer Jude aus Brooklyn, kommt jeden Tag in einem speziellen Bus zur Arbeit, in dem, durch einen Vorhang voneinander getrennt, die Frauen auf der einen und die Männer auf der anderen Seite sitzen. Auf beiden Seiten geht man dem Gebet nach, während der alte Schulbus sich seinen Weg über die Brooklyn-Bridge und durch Chinatown ins Diamantenviertel bahnt. Natan hat Glück: Durch einen ordentlichen Vertrag geregelt, schleift er für einen großen Schmuckhersteller Viertelcaräter (»25-Punkt-Steine« ist eine andere Bezeichnung für Steine dieser Größe, da man bei einem hundertstel Carat auch von einem »Punkt« spricht). Normalerweise würde sich die ganze Sache nicht rechnen, denn seine Arbeit würde fast so viel kosten wie der fertige Stein, oder mehr als das. Doch dieser Hersteller handelt mit hochwertiger Ware, und in Anbetracht der konstanten Menge macht Natan seinen Abnehmern einen guten Preis. Sofern er wirklich hart arbeitet, kann er daher mit dieser Arbeit seinen Lebensunterhalt verdienen.

Jorges verkörpert eine völlig andere Welt. Er gehört zu den besonders kunstfertigen puertoricanischen Handwerkern im Metier des Schleifens und Polierens von Diamanten, ist ein stolzer, impulsiver Mensch, der sich manchmal auf eine Sauftour begibt und dann einige Tage lang nicht mehr auftaucht; gelegentlich verschwindet er für ein paar Wochen nach Puerto Rico und erscheint anschließend so unvermittelt wieder an seinem Arbeitsplatz, als sei er nur eben mal einen Kaffee trinken gegangen. Aber sein Fingerspitzengefühl ... !

Niemand sonst hat solche Hände, die wie eine Libelle über die Schleifscheibe huschen und noch aus dem schwierigsten Stück Rohdiamant ein wahres Meisterwerk hervorzaubern. Man vertraut ihm die besten Rohdiamanten der Welt an. Zurzeit glüht an der Eisenscheibe, die jedes Mal aufheult, wenn seine sichere Hand den Stein gegen die Scheibe führt, ein Zwölfcaräter karmesinrot auf. Fertig geschliffen wird er mehr als 50 000 Dollar kosten.

Shmuel entnimmt seiner Sammlung exotisch anmutender, in Löchern am Rande der Werkbank steckender Werkzeuge einen treuen und altgedienten Diamanthalter, an dem vermutlich auch schon er selbst die Ausübung seines Handwerks erlernt hat – eine wahre Antiquität aus den frühen Tagen des Diamantschleifens. Am Ende des aus erstklassigem Hartholz gefertigten Diamanthalterarms ist eine recht massive Kupferhalterung mit einer Bleikugel an der Spitze angebracht. Mit einer kleinen Alkohollampe, die Shmuel am Ellbogen bei sich führt, erhitzen wir die Kugel von einer Seite her so lange, bis das Blei weich ist. Dann steckt Shmuel mit einer raschen Bewegung den Rohdiamanten in das Blei und drückt ihn fest, indem er ein paar Mal mit dem Fingernagel dagegen klopft.

Dank seiner perfekten Atomstruktur ist ein Diamant nicht nur die klarste Substanz auf der Welt, sondern auch einer der besten Wärme- und Elektrizitätsleiter. Ein winzig kleines quadratisches Diamantstück als Basis einer empfindlichen elektrischen Schaltung – einer Schaltung zum Beispiel, die in einem winzigen Satellitenschalter untergebracht ist – gewährleistet, dass diese Schaltung niemals überhitzungsbedingt ausfallen wird, weil der Diamant Wärme so gut ableitet wie kein anderes Material. Und in vielen Spitzenerzeugnissen der NASA sind tatsächlich Diamanten zu finden.

Ich erinnere mich daran, wie die NASA bei einem Unternehmen in unserer Nähe einen großen Stein bestellte. Er musste nahezu lupenrein sein und über einen stattlichen Durchmesser verfügen. Nachdem er in Scheibenform geschliffen worden war, fand er bei einer Mars-Mission als Schutzabdeckung für die Außenlinse eines Satellitenkameraobjektivs Verwendung, da ein Diamant fast jeder Art von Säure und sonstigen zersetzenden Einwirkungen standhält. Als Ersatz für den Fall, dass dem ersten Stein etwas zustieße, ließen sie sogar nach den gleichen Vorgaben noch einen zweiten Stein schleifen.

Jedenfalls muss Shmuel die entsprechenden Arbeitsschritte rasch durchführen, da ein Diamant sogar noch besser wärmeleitend wirkt als Metalle wie Gold oder Silber. Man kann sich mit anderen Worten ganz leicht eine üble kleine Verbrennung zuziehen.

Als ersten Stein vertraute er mir ein großes Stück »Bort« an. So nennt man all jene Diamanten, die man als misslungene Schöpfungen der Natur bezeichnen könnte: Das Diamantmaterial hat sich nicht ganz richtig auskristallisiert, und so gleicht das Innere des Steins, statt wie Eis auszusehen, eher einem trüben Panzerfahrzeug-grünen Gelee. Solche Steine eignen sich normalerweise nur noch für die Zerkleinerung zu jenem Diamantpulver, das auf der Schleifscheibe zum Einsatz gelangt; oder man kann sie allenfalls noch als eine Art Hobel nutzen, um die Eisenscheibe, falls sie an einer Stelle eine Riefe aufweist, weil sie dort von einem widerspenstigen Diamanten mit einer unvermutet auftretenden harten Richtung »getroffen« wurde, zu glätten und zu begradigen. Obwohl dieser Rohdiamant einige Carat wiegt, ist er nicht einmal zehn Dollar wert. Wir haben also nichts zu verlieren, falls ich jeden Winkel schief und schräg schleife.

Und beim Schleifen eines Diamanten müssen die Winkel – die Anordnung, Symmetrie und Proportionierung der Facetten – auf den Punkt genau sitzen. Denn unter allen natürlich vorkommenden Substanzen weist der Diamant den höchsten Grad von Lichtbrechung oder Refraktion auf, was abermals auf seine perfekte Atomstruktur zurückzuführen ist. Als Refraktion bezeichnet man die Fähigkeit des Materials, Licht einfallen zu lassen und es dann so abzulenken, dass es, von einer Facette oder inneren Spiegelungsfläche reflektiert, auf die gegenüber liegende Facette trifft und von dort aus wieder das Auge des Betrachters erreicht.

Wenn der Winkel im spitz zulaufenden unteren Teil des Diamanten zu eng ist, wird das Licht so gebrochen, dass es rückwärtig oder seitlich aus dem Stein austritt. Dadurch hinterlässt der Diamant selbst für das ungeübte Auge einen trüben Eindruck. Ist das Unterteil hingegen zu flach geschliffen, fällt das Licht einfach oben ein und tritt an der Unterseite wieder aus, ungefähr so wie am Boden eines Wasserglases, und der Stein funkelt dann nicht. Den Winkel der Facetten im Unterteil ganz genau zu treffen – also einen Winkel von exakt 40 ¾ Grad, und hoffentlich keinen einzigen Winkelgrad mehr oder weniger – ist eine der am schwierigsten zu erlernenden Fertigkeiten, die man sich als Anfänger aneignen muss.

Shmuel, der ein wahrhaft meisterlicher Lehrer ist, lässt mich auch keine moderne Doppe mit automatischer Winkeleinstellung benutzen: Ich muss mich mit einem am Ende einer Kupferstange in Blei steckenden Diamantkiesel an die Arbeit machen – nichts weiter. Um den gewünschten Winkel zu erzielen, biege ich das Kupfer und drücke mit Hilfe des Diamanthalterarms den Stein gegen die Scheibe. Nachdem ein paar Mikrometer abgeschliffen sind, muss ich den Stein kurz in Höhe meiner Lupe heben, um mit einem merkwürdigen Gerät, das wie ein eiserner Schmetterling aussieht, den Winkel zu kontrollieren.

Die Lupe hat eine Brennweite von zirka drei Zentimetern. Das bedeutet, dass ich mit meinem Gesicht ungefähr den halben Tag fast in meiner Handfläche stecke. Gleichzeitig muss ich zur Stabilisierung der Finger, in denen ich die Lupe halte, meinen Nasenrücken zu Hilfe nehmen. Denn ohne solch eine Stütze verfügt keine menschliche Hand über hinreichende Standfestigkeit, um nicht bei einem mikroskopisch kleinen Einschluss fürchterliche Zitter- und Wackelbewegungen hervorzurufen, während man das Innere des Steins auf Kohlenstoffflecken hin untersucht. Das ist etwa so, als würden Sie sich in einen kleinen Toilettenraum einschließen und dort mit einem Mikroskop nach Flöhen suchen, während ein Erdbeben alles erzittern lässt.

Ich benötige ungefähr eine halbe Stunde, um zu erkennen, dass ich nicht auf Einschlüsse im Stein blicke, sondern auf die Poren in der Haut meines hinter dem Stein befindlichen Fingers. Das Winkelmaß hochhalten, dazu die Lupe und die Doppe mit dem Stein; mich darum bemühen, dass die Finger nicht zittern; im richtigen Winkel zum Licht schauen; den Atem anhalten und versuchen, das Kreischen der Schleifscheiben ringsum nicht zu hören – das alles zusammen ist ein bisschen viel auf einmal für mich. Aus den Augenwinkeln spähe ich nach der Uhr, deren Zeiger auf jene Stelle zukriechen, wo es an der Zeit ist, nach Hause zu fahren. Doch je näher der Zeitpunkt rückt, umso langsamer scheinen sie sich vorwärts zu bewegen.

Eine Art Aufruhr entsteht, und ich sehe Jorges – genauer gesagt habe ich Jorges Rückseite im Blickfeld (er war ein wenig rundlich) –, wie er, die Nase dicht über dem Boden, auf Händen und Füßen umherkriecht. Das ist, wie ich anschließend erfahren habe, die übliche Körperhaltung im Diamantengeschäft, sobald jemand einen Stein runterfallen lässt. Eine einfach unvergleichliche Situation: ein ganzer Raum voller erwachsener Menschen, darunter oft so manch elegant gekleideter Millionär, die auf allen vieren durchs Zimmer krabbeln, nach jedem kleinen Faserklumpen auf dem Fußboden greifen und ihn sorgsam auseinander zupfen in dem Bestreben, einen Stein zu finden, der von der Scheibe losgesaust oder jemandem aus der Diamantenpinzette herausgerutscht ist. In der Schule für Diamantengraduierung durften wir erst nach Hause gehen, wenn wir den auf Abwege geratenen Diamanten wiedergefunden hatten. Im Anschluss an den Unterricht verbrachten wir eines Tages noch geschlagene drei Stunden mit der Suche: Ein recht gut dimensionierter Brillant war durch den Raum geschossen und in einer Ecke des Lehrerpults gelandet, ohne den Fußboden, den wir uns Zentimeter für Zentimeter vorgeknöpft hatten, jemals zu erreichen.

Jorges jedenfalls kriecht zunächst noch einigermaßen leise durch die Gegend, dann ein wenig lauter, da er mit gedämpfter Stimme auf Spanisch vor sich hin flucht. Als Nächster taucht Natan auf den Fußboden hinab, und Jorges wirft auch Shmuel einen einigermaßen verzweifelten Blick zu, als wolle er sagen: »Wir haben hier ein Problem, kannst du zu mir herunterkommen und mir aus der Klemme helfen? Innerhalb von ein paar Minuten hat sich jedermann in der Werkstatt auf Tauchstation begeben. Während die in den Halterungen über den auf Hochtouren laufenden Scheiben hängenden Diamanten im Wert von ein paar Hunderttausend Dollar darauf warten, geschliffen zu werden, wird deutlich, wie die Bruderschaft der Diamantenmänner zusammenhält. Ein Mann hat seinen Stein verloren, einen Zwölfcaräter, den größten Stein, der vermutlich für eine ganze Weile in dieser Werkstatt zu Gast sein wird.

Unsere Suche dauert bis tief in die Nacht. Zunächst erstreckt sie sich auf jedes Fleckchen Fußboden, anschließend auf die Fensterbänke. (Die Fenster selbst waren glücklicherweise schon seit Jahren nicht mehr geöffnet worden, weshalb wir nicht zu befürchten brauchten, der Stein sei womöglich einem glücklichen Edelsteinhändler, der gerade des Weges kam, in die Hände gefallen – was es im Laufe der Jahre in der Siebenundvierzigsten Straße tatsächlich schon einige Male gegeben hat.) Als Nächstes kam jedermanns Hemdtasche an die Reihe (eine Stelle, an der Diamanten sich besonders gerne verstecken), danach die Aufschläge unserer Hosenbeine. Weiter ging die Suche in den Schuhen, in den Socken, unterm Gürtel, in den Hosen, in der Unterwäsche, in Tüten und Schachteln und Spalten und Ritzen. Bei jedem, der noch Haare auf dem Kopf hatte, wo kleine Steine des Öfteren hängen bleiben, haben wir auch diesen Bereich abgesucht. Uns war jedoch kein Glück beschieden. Dann ging das ganze Spiel noch einmal von vorne los, und anschließend noch einmal. Kurz vor Anbruch des Morgengrauens gaben wir uns geschlagen, ratlos bis auf den letzten Mann, denn ausnahmslos alle waren dageblieben, um zu helfen.

Dieser Vorfall zeigt beispielhaft, wie eine besonders starke Geistesprägung entstehen kann, wenn jemand, der sich in arger Not befindet, entweder eine mitfühlende oder aber eine teilnahms- und gefühllose Reaktion erlebt. In der Diamantenbranche werden zwar Versicherungspolicen angeboten, die man für derartige Fälle in Anspruch nehmen kann, doch so gut wie niemand kann sie sich leisten. Jorges hätte ein ganzes Jahr gebraucht, um das Geld abzubezahlen, das dieser Stein kostete. Und Sie können sich darauf verlassen: Er hätte es bezahlt, denn der Ehrenkodex der Diamantschleifer verlangt es so. Jeder Mann, der die eigene Arbeit unterbrochen hat, um bei der Suche nach dem verschollenen Stein behilflich zu sein, stand auf diese Weise einem Menschen in großer Not zur Seite. Wenn wir innehalten und uns Mühe geben, solch einem Menschen zu helfen, oder wenn wir seine Notlage ignorieren, hinterlässt dies eine ganz besonders starke Prägung (zum Guten wie zum Schlechten).

Am nächsten Morgen erhielt der Inhaber der Schleifwerkstatt übrigens einen Anruf von dem Schleifer, der in den Nachbarräumen am selben Gang seine Werkstatt hatte. Er fragte nach, ob uns vielleicht ein großer Stein abhanden gekommen sei. Er hatte ihn in jener Ecke seines Büros, wo der Buchhalter saß, auf dem Fußboden gefunden. Das gab mir zum ersten Mal einen nachhaltigen Eindruck von jener absoluten Ehrlichkeit, die so gut wie jeden, der in der Diamantenbranche tätig ist, auszeichnet – und ich muss sagen, ich war schwer beeindruckt.

Kapitel 5

Soweit wir dies nachvollziehen konnten, war der Stein von der Metallkante der Schleifwerkbank abgeprallt, flach über den Boden geflogen, durch einen kleinen Spalt in der Bodenleiste geschlüpft, um schließlich durch eine Öffnung im unteren Bereich der Mauer und einen entsprechenden Spalt der Bodenleiste im Nachbarraum wieder hervorzukommen. Ich brauche wohl kaum zu erwähnen, wie dankbar und erleichtert Jorges war.

Nicht nur wenn Ihr Handeln einem Menschen in großer Not zugute kommt, wird eine Prägung verstärkt. Ähnlich verhält es sich auch mit Handlungen, die Sie einem Menschen gegenüber an den Tag legen, der Ihnen sehr geholfen hat, beziehungsweise bei einem Menschen von außergewöhnlichem Charakter. Einen Angestellten zu feuern, der erst seit kurzer Zeit zum Unternehmen gehört und zum Lauf der Firmengeschichte keinen maßgeblichen Beitrag geleistet hat, ist die eine Sache. Eine ganz andere Angelegenheit ist es hingegen, eine langjährige Mitarbeiterin, die viel zum Aufbau des Unternehmens beigesteuert hat, zu entlassen, nur weil die Betreffende lange genug für Sie tätig war, um jetzt spezielle Ruhestandsregelungen in Anspruch nehmen zu können. Ihre Telefonrechnung verspätet zu bezahlen ist eine Sache. Aber eine völlig andere Sache ist es, eine mündliche Vereinbarung mit jemandem zu brechen, der anständig genug war, Ihnen ein Päckchen wertvoller Diamanten anzuvertrauen.

Und in der Diamantenbranche gibt es diese Vereinbarungen. Der gesamte Diamantengroßhandel läuft traditionell im Sinne der Idee des *Massel*. *Massel* ist eine Kurzform des jiddischen Ausdrucks *masel un b'rachah*, was soviel heißt wie: »Erfreue dich bei guter Gesundheit daran.« Unter den Leuten in der Diamantenbranche heißt *Massel* soviel wie »abgemacht«. Noch auf den höchsten Ebenen läuft ein Großteil des Diamantengeschäfts voll und ganz im Sinne dieser Vorstellung von *Massel*, der Verbindlichkeit einer mündlich getroffenen Vereinbarung, ab. Steine im Gegenwert von vielen Millionen Dollar werden telefonisch gekauft und verkauft, manchmal von Personen, die einander noch nie von Angesicht zu Angesicht gegenüber gestanden haben, allein mit dem Wort *Massel*. In dem Moment, da dieses Wort Ihrem Mund entschlüpft, haben Sie sich verpflichtet, die Abmachung zu respektieren, um jeden Preis.

Die Einhaltung des *Massel* ist das Herz des Diamantenhandels. Ein Bruch des *Massel* wäre etwas Unerhörtes. Sobald nach zähen Verhandlungen Käufer wie Verkäufer *Massel* sagen, ist die Abmachung unverbrüchlich festgeschrieben, und sei es auch nur im Herzen der Beteiligten. Verträge gibt es nicht, Unterschriften genauso wenig, Sie zahlen den ausgehandelten Betrag am vereinbarten Tag, weil Sie *Massel* gesagt haben.

Sie können sich vorstellen, dass der Eindruck, dass die Prägung in Ihrem Geist dementsprechend stärker ist, wenn Sie die dem *Massel* zugrunde liegende Gesinnung missachten oder einen Menschen von außergewöhnlichem persönlichem Charakter übervorteilt haben. Ein Beispiel dafür ist das so genannte »Auswechseln«, eine missbräuchliche Ausnutzung des Kommissions-Systems, einer weiteren geheiligten Tradition der Diamantenbranche.

Nehmen wir einmal an, Händler A schickt auf Kommission ein Päckchen beziehungsweise einen kleinen Versandbeutel mit 300 losen 1-Carat-Diamanten an Händler B. Händler B hat mehrere Tage Zeit, sich die Steine gründlich anzusehen und zu entscheiden, ob er sie komplett, ediglich einen Teil davon oder keinen einzigen dieser Steine kaufen möchte. Falls er sich entschließt, sämtliche Steine zu kaufen, wird er zweifellos einen gewissen Nachlass auf den Preis des Gesamtpostens erwarten, und die genaue Höhe dieses reduzierten Kaufpreises wird Gegenstand hitziger Verhandlungen sein, die womöglich wochenlang hin- und hergehen werden.

Entscheidet Händler B sich lediglich für den Kauf von einigen der angebotenen Steine, hat Händler A traditionell das Recht, für jeden Stein, den Händler B zu kaufen beschließt, einen höheren Einzelpreis zu verlangen; aus dem einfachen Grund, weil der Wert der besten Steine in dem Gesamtpaket normalerweise deutlich höher liegt als der Wert des »hässlichsten Entchens« in derselben Lieferung. Wenn Sie also nur »den Rahm abschöpfen« wollen, indem Sie sich die besten Steine aussuchen, wird von Ihnen erwartet, dass Sie auch ein bisschen mehr dafür hinblättern.

Wäre nun Händler B ein skrupelloser Mensch, so könnte er nach ein paar Tagen Händler A anrufen und erklären: »Ich bin gerade dazu gekommen, die Ware zu prüfen, die Sie mir geschickt haben – und ich kann einfach nicht glauben, dass Sie mir solch einen *Drek* anbieten. Schicken Sie mir gleich jemanden von Ihren Sicherheitskräften rüber, damit er das Zeug abholt. Ich würde mich schämen, einen derartigen Schund unter meinen Edelsteinen zu haben.

Drek ist übrigens Jiddisch für »Müll«. Falls Sie einem indischen Händler zusetzen wollen, verwenden Sie stattdessen das Wort *Karab*. Haben Sie es mit einem Russen zu tun, sagen Sie *Musor*. Jedenfalls verstehen Sie, was gemeint ist. Wenn Sie *von* jemandem Steine kaufen, handelt es sich stets um »Müll«. Verkaufen Sie hingegen Steine *an* jemanden, so sind diese – selbst wenn es genau um jene »Müll«-Steine geht, die Ihnen heute Morgen jemand angeboten hat – immer eine *Mitzia*, ein »unglaubliches Schnäppchen«.

Im Laufe dieser paar Tage *hat* sich allerdings Händler B die Steine von Händler A gründlich angeschaut, ausgesprochen gründlich: Er hat sich einen oder zwei der wertvollsten Steine herausgefischt und sie durch eigene Diamanten minderer Qualität ersetzt, die jedoch exakt das gleiche Gewicht aufweisen. Nun sind Diamanten aber wie Schneeflocken: Niemals sind zwei von ihnen ganz genau gleich. Andererseits kann sich allerdings auch kein Mensch bis in alle Einzelheiten an das Aussehen jedes Steins in seinem Warenbestand erinnern; insbesondere dann nicht, wenn es sich um einen Bestand jener Größenordnung wie bei Andin handelt – sagen wir mal, eine Viertelmillion Diamanten. Da kann es dann leicht passieren, dass niemand solch einen Austausch bemerkt.

Wir haben uns übrigens einiges einfallen lassen, um festzustellen, ob wir solchen Täuschungsmanövern zum Opfer gefallen sind. Da sich ein Diamant nicht anritzen lässt, kann man auch nicht einfach einen Stift nehmen und den Stein mit seinen Initialen kennzeichnen. Allerdings sind für die Diamantenbranche außerordentlich fein einstellbare Laser entwickelt worden, die es einem gestatten, auf eine Seite eines Diamanten eine winzige Identifikationsnummer einzubrennen, falls man dies denn wirklich möchte. (Das Ganze ist allerdings derart kostspielig, dass es sich im Grunde nur bei besonders hochwertiger Ware lohnt, bei den so genannten »Zertifikatsdiamanten«.) Ferner haben wir Methoden entwickelt, um mit Hilfe von Röntgenstrahlen Diamantenimitationen natürlicher und künstlicher Herkunft ausfindig zu machen. Dank eines mobilen kleinen Röntgengeräts, das in einen Kleinbus eingebaut war und so an unterschiedliche Standorte gebracht werden konnte, waren wir in der Lage, Tausende Steine gleichzeitig zu überprüfen.

Jedenfalls unterläuft in den selten vorkommenden Fällen, in denen sich ein Händler dazu hergibt, Steine auszutauschen, dem Betreffenden bei seinen Betrügereien früher oder später einmal ein offenkundiger Fehler. (Unaufrichtigkeit und Dummheit sind vielfach in ein und demselben Geist anzutreffen, vergleichbar dem gemeinsamen Vorkommen des Diamanten und des Granats, jenes roten Edelsteins, der Schürfern einen Hinweis auf mögliche Diamantenvorkommen gibt.) Innerhalb von ein bis zwei Tagen geht die entsprechende Nachricht rund um die Welt, und wenn der Händler anruft, um ein Päckchen Steine zu bestellen, bekommt er plötzlich überall nur noch zu hören: »Nein, diese speziellen Waren sind derzeit bei uns nicht verfügbar.«

Händler B hat das Vertrauen von Händler A, das ihm hätte heilig sein müssen, verletzt. Das ist hier der entscheidende Punkt. Er hat einem Menschen, der ihm sein Vertrauen geschenkt hat, Schaden zugefügt, und er hat den Ehrenkodex, den das Wort *Massel* versinnbildlicht, mit Füßen getreten, wodurch wiederum die Prägung, die sein Handeln im eigenen Geist hinterlässt, umso stärker wird.

Wie stark die in jenem Wachs, das wir Geist nennen, hinterlassene Prägung ist, hängt auch vom *Stil* der ausgeführten – positiven oder negativen – Handlung ab. Nehmen wir einmal an, Sie seien bei einem Lieferanten nicht nur mit der Zahlung in Verzug, sondern versuchten obendrein noch, ihn mit irgendwelchen Geschichten an der Nase herumzuführen. Entsprechende Erfahrungen konnte ich während meiner Zeit bei Andin sammeln. Im Folgenden gebe ich Ihnen einige Paradebeispiele:

»Der Scheck ist vorige Woche mit der Post rausgegangen;
Sie wissen ja – die Post in New York …!«

Kapitel 5

»Der für die fällig werdenden Rechnungen zuständige Kollege ist innerhalb des Hauses in ein anderes Büro umgezogen; nein, seine neue Durchwahlnummer liegt uns leider noch nicht vor.«

»Wir haben eine neue Rechnungs-Software bekommen, und Schecks können bei uns jetzt nur noch jeden zweiten Freitag ausgestellt werden.«

»Ich weiß, vereinbart war ein Zahlungsziel von 90 Tagen; aber wir haben angenommen, damit seien 90 Tage nach dem Sortieren der Diamanten in die unterschiedlichen Qualitätsgrade gemeint gewesen.« (Was mehrere Wochen in Anspruch nehmen kann.)

»Selbst große Firmen wie Coca-Cola genehmigen sich ein paar zusätzliche Tage, was ist denn dabei so ein großes Problem?« (Lediglich der Umstand, dass man diesen Satz zu hören bekommt, nachdem das Zahlungsziel bereits um zwei Monate überschritten wurde.)

»Wir haben derzeit wirklich furchtbar viel zu tun; Ihr Scheck wird aber in ein oder zwei Tagen für Sie bereit liegen; wie wär's, wenn Sie dann nach dem Mittagessen zu uns kämen?« (Das heißt soviel wie: Unsere Zahlstelle ist angewiesen worden, Ihnen den Scheck am Freitag zehn Minuten nach Schalterschluss der Bank auszuhändigen, damit wir uns für weitere drei Tage Zinsen über den Rechnungsbetrag gutschreiben lassen können.)

Besonders berüchtigt ist natürlich jenes Verhalten, sich allem – für den Moment jedenfalls – einfach dadurch zu entziehen, dass man in der Buchhaltung sämtliche Telefonhörer neben die Gabel legt oder (wenn man eine wirklich sadistische Ader hat) auf dem Anrufbeantworter eine zuckersüße Stimme sagen lässt: »Uns liegt sehr viel an Ihrem Anruf! Bleiben Sie doch bitte noch ein paar Sekunden in der Leitung, da unsere Mitarbeiter sich im Moment gerade anderen werten Kunden unseres

Hauses widmen!« Lassen Sie diese Ansage etwa alle 30 Sekunden wiederholen und im Hintergrund eine ausgesprochen unerquickliche Musik abspielen, dann können Sie sicher sein, dass Sie die durch Ihr negatives Handeln hervorgerufene Prägung *weitaus stärker* gemacht haben, als diese es ansonsten gewesen wäre – weil Sie sich dabei *eines so unsäglichen Stils* bemüßigt haben.

Der letzte für die Stärke einer Geistesprägung ausschlaggebende Faktor betrifft die abschließende Einschätzung dessen, was Sie gedacht, gesagt oder getan haben. Soll heißen: Sind Sie glücklich und zufrieden, dass Sie sich so verhalten haben? Würden Sie sich wieder so verhalten? Wollen Sie zu diesem Verhalten stehen? Wenn ja, ist die Prägung umso stärker, zum Guten wie zum Schlechten.

Das sind also die Grundprinzipien der Geistesprägungen. Unser Geist gleicht einem hochempfindlichen Stück Filmmaterial: Womit auch immer wir ihn »belichten«, welchen Einflüssen wir ihn mit anderen Worten aussetzen, stets bleibt ein dauerhafter Eindruck zurück, eine Prägung. Dies gilt insbesondere für alles, was wir selbst zum Wohl oder zum Schaden anderer tun. Was bleibt, gleicht der Spur einer Taube oder eines Wolfs im frischen Schnee – die allerdings noch lange Zeit danach Bestand hat.

Welchen Einfluss haben diese Prägungen auf unser Leben? Können wir sie uns zunutze machen? Können wir bewirken, dass die Dinge in der Weise geschehen, wie wir uns dies wünschen? Um diese Fragen beantworten zu können, müssen wir den Zusammenhang zwischen dem Potenzial selbst und den Prinzipien, die diesem Potenzial zugrunde liegen, eingehender untersuchen.

Kapitel 6

Wie Sie das Potenzial nutzen können

Alle Teile des Puzzles stehen uns jetzt zur Verfügung; alles, was Sie wissen müssen, um sich das tiefgründige, über die Jahrhunderte überlieferte Weisheitswissen Tibets für Ihr Leben und für die Ziele, die Sie verwirklichen möchten, zunutze machen zu können. Wir brauchen bloß noch die Teile richtig zusammenfügen.

Zunächst haben wir gesehen, dass jeglichem Ding ein verborgenes Potenzial innewohnt, eine gewisse Veränderlichkeit oder Flexibilität in Bezug auf das, was es sein könnte. Niemand, dem wir begegnen, ist von sich aus ein Mensch, über den man sich zwangsläufig ärgert. Denn stets gibt es andere, die diesen Menschen als angenehm oder anziehend empfinden. Wie auch immer wir diesen Menschen finden mögen – es rührt nicht von ihm oder ihr her. Woher rührt es also? Offenbar ist es auf uns zurückzuführen, auf unseren Geist.

Können wir nun also, wenn alles auf den eigenen Geist zurückzuführen ist, ganz einfach beschließen, dass wir künftig alles Schlechte, das uns widerfährt, als etwas Gutes ansehen wollen? Jedes schlechte Geschäft zum Beispiel als ein gutes Geschäft? Sie wissen, dass das so nicht funktioniert. Wünsche allein reichen nicht aus, um sich ein Haus zu kaufen oder den Kindern eine kostspielige Ausbildung zu finanzieren. Was auch immer uns veranlasst, die Dinge auf die eine oder auf die andere Art und Weise wahrzunehmen, es tut dies mit einer gewissen Zwangsläufigkeit. Das heißt, was auch immer uns zu der Auffassung veranlasst, uns widerfahre etwas Gutes oder etwas Schlechtes, lässt uns die Dinge *unweigerlich* so auffassen.

Grund dafür sind allein jene Geistesprägungen, über die wir zuvor gesprochen haben; und diese Prägungen zum eigenen Nutzen zu wenden, darin besteht das Kunststück, das die buddhistische Weisheit zustande bringt. Damit dies auch Ihnen gelingen kann, müssen Sie wissen, wie die Prägungen sich auf uns auswirken. Lassen Sie uns wieder nachsehen, welchen Rat der Buddha uns im »Sutra vom Diamantschneider« gibt.

Und der Siegreiche setzte seine Unterweisung fort:

Subhuti, was meinst du? Nehmen wir an, ein Sohn oder eine Tochter aus edler Familie würde sämtliche bewohnten Planeten dieser großen Galaxie, einer Galaxie von tausendfach tausend mal tausend Planeten, mit den sieben Kostbarkeiten bedecken und sie als Gabe darbringen. Würde der oder die Betreffende aufgrund solch einer Handlung Verdienst hervorbringen, das so groß ist wie viele gewaltige Berge?

Der Buddha führt uns hier auf schwieriges Terrain. Wahrscheinlich ziehen wir am besten zu jeder Strophe Tschönyi Lamas Kommentar hinzu. Zunächst seine Erläuterung zu dem gerade zitierten Textabschnitt:

> Mit dieser nächsten Passage des Sutra möchte der Buddha einen bestimmten Sachverhalt deutlich machen. In den vorausgegangenen Abschnitten haben wir darüber gesprochen, wie man den höchsten Daseinszustand erreicht, wie man anderen Menschen diese Dinge beibringt und so weiter.
> Keine dieser Handlungen und ebenso wenig ein anderes Objekt auf der Welt existiert an sich und aus sich selbst heraus. Doch sie existieren in unserer Wahrnehmung. Und insofern trifft zu, dass jeder, der freigebig handelt, dadurch Verdienst ansammelt. Jeder Mensch aber, der die diesen Dingen zugrunde liegenden Prinzipien studiert, jeder, der intensiv über diese Dinge nachdenkt und anschließend darüber meditiert, sammelt unermesslich viel größeres Verdienst an.
> Um ihm diesen Punkt vor Augen zu führen, richtet **der Siegreiche** jene Frage an Subhuti, die mit den Worten beginnt: **»Was meinst du? Nehmen wir an, ein Sohn oder eine Tochter aus edler Familie würde sämtliche bewohnten Planeten dieser großen Galaxie, einer Galaxie von tausendfach tausend Mal tausend Planeten …«**

Die hier erwähnte Galaxie wird in der »Schatzkammer des Höheren Wissens« folgendermaßen beschrieben:
Wenn wir von einer Galaxie »erster Ordnung« sprechen, handelt es sich um tausend bewohnte Planeten. Jeder von ihnen besteht aus seinen eigenen vier Kontinenten, mit einem um den zentralen Weltberg angeordneten Kosmos, besonderen Wesen in *einem* Daseinsbereich und der vollendeten Welt oberhalb davon.

Eintausend dieser Galaxien bezeichnen wir als eine Galaxie »zweiter Ordnung«, und eintausend von diesen wiederum ergeben eine Galaxie »dritter Ordnung«.

»**Nehmen wir** weiter **an**«, fährt der Buddha fort, »**der Sohn oder die Tochter aus edler Familie würde diese Planeten mit den sieben Kostbarkeiten bedecken**: mit Gold, Silber, Kristall, Lapislazuli, Smaragd, Karketana-Stein und purpurnen Perlen. Und angenommen **der oder die Betreffende würde sie jemandem als Gabe darbringen. Würde er oder sie aufgrund solch einer Handlung**, indem sie lediglich solch eine Gabe darbrächte, **Verdienst hervorbringen, das so groß ist wie viele gewaltige Berge?**«

Kehren wir wieder zum »Sutra vom Diamantschneider« zurück:

Und Subhuti erwiderte:

O Siegreicher, viele große Berge von Verdienst würden es sein. Ja viele, o Siegreicher, würden es sein. Der Sohn oder die Tochter aus edler Familie würde aufgrund solch einer Handlung in der Tat viele große Berge von Verdienst hervorbringen. Und warum wäre das so?
Weil es sich, o Siegreicher, bei diesen großen Bergen von Verdienst eben um große Berge von Verdienst handelt, die niemals existieren könnten. Und genau aus diesem Grund sprechen die So-Gegangenen von »großen Bergen von Verdienst, großen Bergen von Verdienst«.

Auch zu dieser Strophe gibt Tschönyi Lama Erläuterungen.

> Darauf **erwidert Subhuti:**
>
> **Viele** große Berge von Verdienst **würden es sein**; und diese großen Berge von Verdienst sind Berge von Verdienst, bei denen wir feststellen können, dass sie lediglich in unserer Wahrnehmung existieren – lediglich in der Weise, wie ein Traum oder eine Illusion existiert: **Genau diese großen Berge von Verdienst** könnten jedoch **niemals** als Berge **existieren**, die an sich und aus sich selbst heraus vorhanden sind. Auch **die So-Gegangenen sprechen** nur in einem nominellen Sinn **von »großen Bergen von Verdienst, großen Bergen von Verdienst«** – sie geben ihnen die Bezeichnung.

Diese Passage soll verschiedene Punkte deutlich machen. Mit den negativen und den positiven Handlungen, die ihr bisher ausgeführt habt, und mit jenen, die ihr zu einem späteren Zeitpunkt ausführen werdet, verhält es sich so, dass die Handlungen der Vergangenheit vorüber sind und die zukünftigen Handlungen erst noch geschehen werden.

Daher sind sie nichtexistent. Zugleich müssen wir jedoch einräumen, dass sie in einem allgemeinen Sinn durchaus existieren. Ebenso müssen wir einräumen, dass sie mit dem Geistesstrom der ausführenden Person verbunden sind und für diese Person die entsprechenden Auswirkungen nach sich ziehen. Diese und andere schwierige Fragen werden in der zuvor zitierten Textstelle angesprochen.

Im »Sutra vom Diamantschneider« heißt es weiter:

> *Daraufhin sprach der Siegreiche:*
>
> *Subhuti, nehmen wir an, ein Sohn oder eine Tochter aus edler Familie würde sämtliche Planeten dieser großen Galaxie, einer Galaxie von tausendfach tausend mal tausend bewohnten Planeten, mit den sieben Kostbarkeiten bedecken und sie jemandem zum Geschenk machen.*

Nehmen wir andererseits an, dieser Sohn oder diese Tochter behielte auch nur einen einzigen vierzeiligen Vers aus dieser speziellen Lehrrede, würde ihn anderen erläutern und korrekt beibringen. Durch diese zweite Handlung würde der oder die Betreffende eine weit größere Zahl dieser Berge von Verdienst hervorbringen als durch die zuerst genannte. Das Verdienst wäre ungeheuer groß, jenseits von allem, was sich ermessen lässt.

Tschönyi Lama erläutert diese letzten Zeilen folgendermaßen:

Zunächst einmal sollten wir etwas zu dem Ausdruck **»Vers«** sagen. Obgleich die tibetische Übersetzung dieses von alters her überlieferten Buches keine Versform aufweist, kommt hier der Gedanke zum Ausdruck, dass man den Text in der Ursprungssprache Sanskrit sehr wohl in eine Versform fassen könnte. Mit dem Wort **»behielte«** ist gemeint »im Gedächtnis behalten«, »auswendig kennen«. Es kann sich allerdings auch darauf beziehen, dass man ein Exemplar des Textes in der Hand hält. Auf jeden Fall ist gemeint, dass man den Text laut rezitiert.
Der Ausdruck **»korrekt erläutern«** soll bedeuten, dass man den Wortlaut des Textes ausspricht und ihn umfassend erläutert. Der Ausdruck **»korrekt beibringen«** soll besagen, dass man anderen Menschen die Bedeutung des Sutra voll und ganz vermittelt – worauf es letzten Endes wirklich ankommt.
Nehmen wir also an, **jemand habe** dieses von alters her überlieferte Buch **behalten** und mache – statt die zunächst erwähnten positiven Handlungen auszuführen – in der zuletzt beschriebenen Art und Weise Gebrauch davon. Die Berge von Verdienst, die ein **Mensch** wie **dieser** hervorbringen **würde,** wären noch ungeheurer als bei der erstgenannten Handlung und vollkommen unermesslich.

Wir haben also gesehen, dass alles, was uns widerfährt, in gewissem Sinn »neutral« oder »leer« ist. Was das jeweilige Geschehen aus unserer Sicht beinhaltet – ob wir es mit anderen Worten als etwas Erfreuliches oder als etwas Unerfreuliches erleben –, rührt nicht von ihm selbst her. Vielmehr scheint es von uns herzurühren, wenn auch in einer Art und Weise, die sich im Moment offensichtlich unserem Einfluss entzieht.

Darin besteht das Geheimnis der Geistesprägungen. Wie bereits beschrieben, gelangen sie, während wir zum Nutzen oder zum Schaden anderer Wesen handeln, durch die Pforten unseres Selbstgewahrseins in den Geist. Wie stark die im Geist angelegten Prägungen sind, hängt von den verschiedenen zuvor skizzierten Faktoren ab: von unserer Intention; von der Intensität unserer Emotionen; von der Frage, wie weit gehend wir uns über unser Handeln im Klaren sind; von unserem spezifischen Handlungsstil; davon, inwieweit wir hinterher zu unserem Handeln stehen, es gutheißen; und schließlich von bestimmten, sich auf die Person, der unsere Handlung gilt, beziehenden Einzelheiten – davon, ob sich der oder die Betreffende in großer Bedrängnis befindet, uns zuvor sehr geholfen hat oder ob es sich um einen Menschen von außerordentlichem persönlichem Charakter handelt.

Bleibt noch zu klären, in welcher Weise diese Prägungen festlegen, was wir um uns herum wahrnehmen. Den überlieferten Schriften des Buddhismus zufolge zeichnet der »Camcorder« unseres Geistes, während wir einmal mit den Fingern schnippen, zirka 65 verschiedene Bilder oder Prägungen auf. Diese Bilder erhalten dann, so könnte man es ausdrücken, einen Platz im Unbewussten des oder der Betreffenden. Dort bleiben sie tagelang, jahrelang oder jahrzehntelang erhalten und reproduzieren sich während jeder Millisekunde, in der die einzelnen Geistesmomente – in schneller Abfolge, ganz ähnlich wie die Einzelbilder eines Films, wodurch sie uns fälschlich den Eindruck von Kontinuität vermitteln – ins Dasein treten und wieder verlöschen.

So wie Samen in der Pflanzenwelt wachsen auch die Samen im Geistesstrom, wenn sie erst einmal eingepflanzt sind, unablässig heran; und wie bei den Samen in der Natur verläuft ihr Wachstum exponentiell. Die Stärke einer am Monatsersten angelegten Geistesprägung hat sich am folgenden Tag verdoppelt, am dritten Tag vervierfacht, und am Fünften des Monats hat sie das Sechzehnfache ihrer ursprünglichen Stärke erreicht. Wenn man es recht bedenkt, kann die Gültigkeit dieses Prinzips kaum verwundern.

Kapitel 6

Vergegenwärtigen Sie sich doch nur die Größe beziehungsweise Masse einer einzelnen Eichel, ihr Gewicht in Gramm – und dann im Unterschied dazu das Gewicht der aus ihr hervorgehenden Eiche: Ohne zu übertreiben, kann man sagen, dass auf ein Gramm Eichel eine Tonne Baumstamm entfällt. Der überlieferten Weisheit Tibets zufolge verhält es sich mit den geistigen Samen nicht anders. Und auch das ist durchaus plausibel. Denken Sie beispielsweise an die Größe oder »Masse« der Bundesbehörden in den gesamten USA im Unterschied zu der bescheidenen Vorstellung von einer neuen Regierung, die damals im 18. Jahrhundert die Staatsgründer vor Augen hatten. Ebenso gut können Sie sich jenen ersten Moment in Erinnerung rufen, in dem Sie als Kind zu begreifen begannen, was »Geld« bedeutet – und sich anschließend vor Augen führen, wie viel Zeit und wie viele Gedanken Sie in den vergangenen 20 Jahren für den Gelderwerb aufgewandt haben.

Wir sprechen hier über eine Vorstellung, die auf Tibetisch *kenyen chenpo* lautet: großes Gewinnpotenzial und große Verlustgefahr; und beides ist Bestandteil eines Gesamtpakets. Jede noch so unscheinbare Handlung, jedes achtlose Verhalten anderen gegenüber pflanzt Samen in unseren Geist, die sich später, sobald sie herangereift sind, zu ungeheuren Erfahrungen auswachsen können. Wie aber reifen diese Samen heran? Welche Gesetzmäßigkeiten sind hier am Werk?

Unser Geist gleicht einem gewaltigen Speicher, in dem Tausende und Abertausende Geistesprägungen abgelegt werden. Sie haben sich gleichsam in eine Warteschlange eingereiht wie Flugzeuge auf der Startbahn eines Flughafens, um der Reihe nach zu starten. Zunächst starten die – gemäß den zuvor dargelegten Prinzipien – stärkeren Prägungen; die schwächeren dagegen stehen weiter hinten in der Warteschlange an, gewinnen aber mit jeder weiteren Minute, die sie auf der Startbahn des Geistes stehen bleiben, an Energie. Wann immer wir durch unser Handeln anderen gegenüber eine Prägung anlegen, die stärker ist als die bereits vorhandenen, nimmt diese einen Platz weiter vorne in der Warteschlange ein; ähnlich wie ein Flugzeug, das sich auf Geheiß der Fluglotsen im Tower vor die anderen Maschinen setzt.

Sobald das Prägungsflugzeug abhebt – das heißt, wenn die unbewusste Geistesprägung Eingang in unser Bewusstsein findet –, färbt es (ja *be-*

stimmt es sogar) unsere gesamte Wahrnehmung dessen, was uns im betreffenden Moment widerfährt. Eine Ansammlung von vier sich bewegenden fleischfarbenen Zylindern, die an einer größeren Kastenform hängen, zeigt sich in Ihrem Blickfeld; und schon taucht eine Prägung in Ihrem Bewusstsein auf, die verlangt, dass Sie diese neuen Daten als »Person« interpretieren.

Eine rosarote länglich runde Form zeigt sich inmitten einer Eiform über der Kastenform. In schneller Folge erscheint in der länglich runden Form eine rot glänzende zylindrische Form und beginnt sich hin- und herzubewegen. Im Umfeld des Zylinders treten rasche Veränderungen des Lautstärkepegels auf, begleitet von Silben und Vokalen in bestimmten Abfolgen. Zugleich kommt Ihnen eine in der Vergangenheit angelegte negative Prägung zu Bewusstsein, die danach verlangt, dass Sie diese neuen Daten als »Chef, der mich anschreit«, interpretieren. Und so weiter.

Vier Gesetzmäßigkeiten steuern das »Heranreifen« der Prägungen aus der Vergangenheit im Geist und bringen Sie dazu, die Dinge um Sie herum auf die Weise zu sehen, wie Sie dies jeweils tun:

> 1. Der Grundgehalt der Erfahrung, zu der die Prägung Sie veranlasst, muss dem Grundgehalt der ursprünglichen Prägung entsprechen.

Soll heißen: Eine Prägung, die durch eine negative Handlung – durch etwas, das Sie zum Schaden eines anderen getan haben – in Ihrem Geist angelegt wurde, kann Sie in der Folge nur dazu bringen, etwas als eine unerfreuliche Erfahrung wahrzunehmen. Kurzum, eine negative Handlung kann nur zu negativen Resultaten, eine positive Handlung nur zu positiven Resultaten führen. Wir könnten sagen, Jesus habe dies im Sinn gehabt, als er erklärte, dass Trauben niemals aus Dornsträuchern hervorgehen könnten und ebenso wenig Feigen aus Disteln.

> 2. Solange die Prägung unbewusst bleibt, gewinnt sie unablässig an Stärke. Dies tut sie so lange, bis sie herangereift ist und uns zu einer – »guten« oder »schlechten« – Erfahrung veranlasst.

Kapitel 6

Über dieses Phänomen sprachen wir bereits. Der springende Punkt dabei ist, dass schon ganz geringfügige oder weitgehend unbeabsichtigte Handlungen irgendwann in der Zukunft sehr weit reichende Erfahrungen auslösen können.

> 3. Keine Erfahrung, gleichgültig welcher Art, stellt sich jemals ein, ohne dass zuvor die sie auslösende Prägung angelegt worden ist.

Jede Erfahrung, die wir durchlaufen, hat eine Ursache und wird durch eine vorangegangene Prägung ausgelöst. Alles, was uns umgibt – die Menschen, die Dinge, die Geschehnisse, ja selbst unsere eigenen Gedanken –, all dies wird verursacht durch Prägungen in unserem Geist, die uns zu Bewusstsein kommen und uns die entsprechenden Erfahrungen machen lassen.

> 4. Sobald im Geist eine Prägung angelegt ist, muss sie zu einer Erfahrung führen. Keine Prägung bleibt jemals ohne Auswirkung.

Gesetzmäßigkeit Nummer vier ist so etwas wie die Kehrseite von Nummer drei: Ebenso wie niemals eine Erfahrung ohne eine vorherige Prägung, die diese Erfahrung bewirkt, zustande kommt, gilt, dass eine einmal angelegte Prägung zu einer Erfahrung führen *muss*. Keine einzige Prägung wird jemals vergeudet, *jede* hat eine Auswirkung. Eine Prägung bringt uns *immer* dazu, etwas wahrzunehmen.

Auf die zweite Gesetzmäßigkeit bezieht sich die am Anfang dieses Kapitels zitierte Textstelle aus dem »Sutra vom Diamantschneider«. Und unter allen wichtigen Gesichtspunkten, die im vorliegenden Buch erläutert werden, ist dieser hier für Ihren geschäftlichen und persönlichen Erfolg der weitaus wichtigste.

> Selbst eine vergleichsweise geringfügige Handlung wird enorme Auswirkungen haben, wenn wir uns bei ihrer Ausführung sehr wohl darüber im Klaren sind, dass Prägungen uns eine ansonsten »neutrale« oder »leere« Welt so sehen lassen, wie wir es tun.

Um diese Wahrheit anschaulich zu machen, erklärt der Buddha seinem Schüler Subhuti, es sei besser, einfach das »Sutra vom Diamantschneider« in den Händen und dabei eine Vorstellung vom Inhalt des Textes zu haben, als einem anderen Menschen einen vollständig mit kostbaren Juwelen bedeckten Planeten – ja selbst eine Milliarde solcher Planeten – zum Geschenk zu machen. Einfach deshalb, weil ein Mensch, der auch nur annähernd versteht, dass Prägungen uns die Welt so sehen lassen, wie wir es tun, beginnen kann, bewusst ein vollkommenes Leben und eine vollkommene Welt hervorzubringen. Je besser wir diesen Prozess verstehen, umso makelloser und umso wirkungsvoller werden selbst durch geringfügige Handlungen, Worte und Gedanken die entsprechenden Samen in unseren Geist eingepflanzt und umso mehr werden ihre Auswirkungen zur Gestaltung der uns umgebenden Welt und unserer Innenwelt beitragen.

Wir brauchen uns jetzt nur noch darüber klar zu werden, welche Ziele wir anstreben, um dann anhand von Gesetzmäßigkeit Nummer eins die spezifischen Prägungen zu bestimmen, die bewirken, dass wir das jeweilige Ziel erreichen. In diesem Zusammenhang sprechen wir von wechselseitigen Entsprechungen, von »Korrelationen«, womit Folgendes gemeint ist: *Von einem spezifischen, für Sie erstrebenswerten Resultat her können Sie jene Prägungen bestimmen, die bewirken werden, dass Sie dieses Resultat zu sehen bekommen beziehungsweise erleben werden.*

Die Geistesprägungen, die Sie jeweils benötigen, um in Ihrem Privat- oder Geschäftsleben ein bestimmtes Resultat zu erzielen, laufen in der Mehrzahl der Fälle den natürlichen Neigungen eines Menschen ziemlich genau zuwider. Nehmen wir einmal an, Ihr Unternehmen müsse darum kämpfen, seine Marktposition zu behaupten, und habe Liquiditätsprobleme. Der natürlichen Neigung fast jedes Menschen beziehungsweise fast jeden Unternehmens in dieser Lage entspräche es, finanzielle Einschnitte und Kürzungen vorzunehmen. Ausgaben und Investitionen des Unternehmens fallen dieser Neigung als Erstes zum Opfer, gefolgt von offenkundigen Vergünstigungen wie zum Beispiel Sitzplätzen in der Business-Class für kürzere Flüge des Managements.

Anschließend kommen jene Dinge an die Reihe, bei denen es sich um ein Mittelding zwischen Vergünstigung und Gehalt handelt; beispielsweise eine Fahrbereitschaft für Mitarbeiter und Mitarbeiterinnen, die bei Bedarf bis spät abends in der Firma bleiben. Als Nächstes fallen die Urlaubsvergünstigungen fort. Dann wird bei den Gehaltserhöhungen abgespeckt, die schließlich irgendwann vollständig ausgesetzt werden. Im nächsten Schritt kommt es zu Einschnitten bei den Sozialleistungen: »Wir haben ein noch besseres Krankenversicherungskonzept ausfindig machen können.« Wenn der Vorstand eines in Bedrängnis geratenen Unternehmens so etwas ankündigt, werden erfahrene Mitarbeiter unweigerlich hellhörig und geraten in Unruhe. Denn normalerweise lässt eine derartige Ankündigung einen Schachzug vermuten, der auf die Kappung bestehender Sozialleistungen abzielt. Diese nach und nach zunehmenden Einschnitte auf verschiedenen Ebenen haben aber auch eine einschneidende Wirkung auf die Arbeitsmoral der Belegschaft, vom ersten bis zum letzten Mitarbeiter, und führen allenthalben zu einem Mangel an Gemeinsinn und Nachsicht in jeder Bedeutung des Wortes:

»Wir sind knapp bei Kasse, daher werden wir Ihre nächste Gehaltserhöhung um ein paar Monate verschieben müssen.«

»Warum soll ich mich bis spät Abends um dieses Projekt kümmern? Die wollen mir ja noch nicht einmal ein bisschen mehr Gehalt geben.«

»Wir müssen die Gehaltserhöhung ein weiteres Mal verschieben. Niemand hat die entsprechenden Leistungen erbracht.«

Und so weiter ... Es kommt also darauf an, dass Sie sich vor Ihrer *natürlichen* Reaktion auf ein Problem in Acht nehmen. Sie könnte zur Folge haben, dass sich das Problem einfach nur immer weiter fortsetzt. Im Tibetischen bezeichnet man dieses Phänomen als *korwa*, als einen »sich selbst aufrechterhaltenden Problemkreislauf«. Geld ist knapp in Ihrem Unternehmen, daher unternehmen Sie Schritte, durch die anderen jene Unterstützung, die sie benötigen, versagt wird. Sie beginnen über Einschnitte zu sprechen und – ganz entscheidend – Ihre Denkweise verändert sich: An die Stelle von Kreation und Kreativität tritt ein defensives Denken, eine Art Bunkermentalität.

Jede dieser Reaktionen hinterlässt neue Prägungen in Ihrem Geist. Jedes Mal, wenn Sie anderen, die auf Sie angewiesen sind, finanzielle Mittel oder Ihre Unterstützung versagen, *legen Sie eine neue Prägung an, die bewirken wird, dass Sie erleben werden, wie man Ihnen und Ihrem Unternehmen ebenfalls solche finanziellen Mittel und die entsprechende Unterstützung versagen wird.* Dieses Phänomen verschärft sich aufgrund der zweiten Gesetzmäßigkeit, der die Prägungen unterworfen sind – aufgrund der Art und Weise, wie sie an Kraft gewinnen, je länger sie unbewusst bleiben. Wenn schließlich, durch diese Prägungen bedingt, eine weitere Welle finanzieller Probleme auf Sie zurollt, reagieren Sie mit einer noch stärker von Geiz bestimmten Geisteshaltung und lösen so eine dritte Welle aus. Das Gesamtresultat ist eine Abwärtsspirale, ein Phänomen, wie man es bei in Bedrängnis geratenen Firmen so häufig beobachten kann.

Wir sollten es daher, so die offensichtliche Folgerung aus dem bisher Gesagten, in einer Situation finanzieller Bedrängnis vermeiden, mit Einschnitten und einer von Geiz geprägten Geisteshaltung zu reagieren. Dieser Gedanke muss noch weiter ausgeführt werden. Wir sprachen bereits darüber, dass es drei verschiedene Möglichkeiten gibt, eine Prägung anzulegen: durch Handlungen, durch Worte und durch bloße Gedanken. Die bei weitem wirkungsvollste dieser drei Arten von Prägungen ist die dritte. Die tiefsten Prägungen werden mit anderen Worten lediglich aufgrund von Einstellungen hervorgerufen.

Der Punkt ist, dass man als Reaktion auf finanziellen Druck (sei es geschäftlich oder privat) vor allem einen geizigen *Geisteszustand* vermeiden muss. Es mag ja durchaus stimmen, dass keine Mittel zur Finanzierung der zuvor gewährten Vergünstigungen und Privilegien verfügbar sind; und vielleicht müssen Sie tatsächlich Ihren Mitarbeitern diese Vergünstigungen und Privilegien versagen, weil dafür im Moment einfach kein Geld vorhanden ist. Doch von vitaler Bedeutung ist, dass Sie *nicht am Denken sparen, nicht kleinmütig werden:* Sorgen Sie dafür, dass Ihre Kreativität nicht auf der Strecke bleibt, dass Ihnen auch innerhalb dieser neuerdings eingeschränkten finanziellen Situation eine wahrhaft großzügige Grundeinstellung erhalten bleibt.

Falls Sie kleinmütig werden, anderen verweigern, was Sie – selbst angesichts der derzeitigen finanziellen Situation – durchaus aufbringen könnten, so bewirken Sie starke Prägungen, die in der Tat eine Rolle spielen werden bei der Frage, ob es Ihnen gelingt oder nicht gelingt, wieder auf die Beine zu kommen.

Noch ein weiterer wesentlicher Punkt sollte an dieser Stelle nicht unerwähnt bleiben. Im Kontext dieses altüberlieferten Weisheitswissens sprechen wir *nicht* darüber, in welcher Weise eine Einstellung Ihre Wahrnehmung Ihrer finanziellen Situation *färben* könnte. Vielmehr erläutern wir hier die Einzelheiten eines Prozesses, der *die Sie umgebende Wirklichkeit tatsächlich determiniert*. Wir sprechen nicht darüber, wie Ihnen angesichts Ihrer Zahlungsunfähigkeit zumute ist. Wir sprechen darüber, *wie Ihnen zumute ist* und wie dies wirklich ausschlaggebend dafür ist, ob Sie Ihren Zahlungsverpflichtungen nachkommen können oder nicht. Eine wahrhaft tiefgründige Prämisse, und noch nie zuvor gab es eine Methode zur Unternehmensführung, die von dieser Prämisse ausgegangen ist: *Geldschöpfung bewirkt man durch die Wahrung eines großzügigen Geisteszustands.*

Schauen Sie sich doch einfach eine beliebige Marktsituation an. Diamanten haben, ganz nüchtern ausgedrückt, an sich so gut wie gar keinen Wert. Die hässlichen kleinen deformierten Steine, braune und schwarze Stücke Bort, Industriediamanten, die genauso viel modischen Schick haben wie Kieselsteine, spielen allerdings in der Weltwirtschaft eine große Rolle. Solche Dinge wie der Motorblock eines Autos und wichtige Bauteile eines Flugzeugs müssen unter Verwendung von Kohlenstoffstahl hergestellt werden, der bis zu jenem Punkt gehärtet ist, an dem er schließlich selbst Stahl mit der Präzision schneiden und formen kann, die für ein einwandfreies Funktionieren solcher Teile völlig unerlässlich ist. Damit der Kohlenstoffstahl dies vermag, muss er aber seinerseits geschärft werden, und Diamant eignet sich wie kein Material sonst auf der Welt zur Schärfung anderer Gegenstände.

Aus diesem Grund wird Diamant neben Uran, Plutonium und dergleichen zu den strategisch bedeutsamen, für moderne Industriegesellschaften vollkommen unentbehrlichen Mineralien gezählt. Die Regierung der Vereinigten Staaten hat viele Jahre lang Industriediamanten bevorratet: für den Fall, dass die USA durch einen Krieg oder eine ähnliche Katastrophe nicht in der Lage sein sollten, den benötigten Nachschub zu erhalten – zu jener Zeit auf einige wenige Vorkommen konzentriert, die lediglich in einer Hand voll afrikanischer Staaten zu finden waren.

Während des Kalten Krieges haben die USA sogar Maßnahmen ergriffen, die sicherstellen sollten, dass gegebenenfalls die Nachschubwege dieser Diamanten in Ostblockländer wie die Sowjetunion unterbrochen *würden*. Es entbehrt nicht einer gewissen Ironie, dass die Russen dadurch gezwungen waren, jeden Winkel ihres Herrschaftsbereichs abzusuchen, um ihre eigenen Diamantschlote ausfindig zu machen.

Diamantschlote sind riesige Gebilde in der Form einer überdimensionalen Möhre, deren Durchmesser an der Stelle, an der sie die Erdoberfläche erreichen, zwischen einigen wenigen Metern und einigen Hundert Metern schwanken kann. Beim Abbau des Diamanterzes aus solch einem Schlot, wird dieser, je tiefer man sich vorarbeitet, normalerweise immer enger und die Förderung des Erzes entsprechend schwieriger.

Bei den Schloten handelt es sich eigentlich um Röhren, durch die Lava aus erdgeschichtlicher Frühzeit aus dem Erdinneren an die Erdoberfläche emporgeschossen kam und dabei in Entstehung begriffene Diamanten mit sich führte. Diese Schlote sind mit einem grünlichen Erz angefüllt, das Kimberlit genannt wird, und man muss vielleicht eine ganze Tonne Kimberlit zutage fördern, um jene Menge an Diamanten zu finden, die man auf einen Radiergummi legen könnte. Diamanten sind also (im Gegensatz zu dem, was die meisten Menschen glauben) ein ziemlich kostenintensives Produkt.

Die geographische Lage der Schlote auf dem Erdball ist einer der Belege für die Hypothese, dass alle Kontinente dieser Erde früher irgendwann einmal miteinander verbunden waren und die heutigen Ozeane Spalten repräsentieren, die sich an den Bruchstellen gebildet haben, als die Kontinente immer weiter auseinander gedriftet sind. Die klassischen Diamantschlote liegen in Südafrika. Hier hat man zum Beispiel – inmitten einiger Felder, die den Brüdern de Beer gehörten, zwei verarmten burischen Bauern – den berühmten DeBeers-Schlot gefunden, aus dem ebenso wie aus der auf dem gleichen Gelände gelegenen Kimberley-Mine Diamanten in der Größenordnung von vielen Millionen Carat gefördert worden sind, seit die Brüder etwa um 1870 das Land für ein Butterbrot verkauft haben. Diese Mine gab auch dem berühmten DeBeers-Diamantenkartell seinen Namen, einer mächtigen und unerbittlichen Organisation, die mehr als hundert Jahre lang einen Großteil des internationalen Rohdiamantenhandels kontrolliert hat.

Im Verlauf der etlichen Millionen Jahre, die nötig sind, um die von einer Diamantschlot-Eruption hervorgerufene kegelförmige Erhebung so weit abzuflachen, dass sie das umgebende Land nicht mehr länger überragt, hat sich etwas Interessantes ereignet. Während die Erosion durch Regen und Wind und durch die Auswirkungen von Hitze und Kälte den Kegel nach und nach abträgt, brechen aus dem – »blaues Gestein« oder »blaue Erde« genannten – blauschwarzen Erz Rohdiamanten heraus, rollen über kleine Rinnsale in Bäche, dann in Flüsse und schließlich bis ins Meer.

Diamanten gehören zu den allerschwersten Mineralien. In dieser Hinsicht stehen sie auf einer Stufe mit Gold, und da sie weitaus härter sind als gewöhnliches Gestein, graben sie sich gerne kleine Löcher in die Felssohle auf dem Grund eines Flusses. Manche Steine brechen dann jedoch unweigerlich wieder aus der Felssohle heraus und gelangen schließlich ins Meer. Nur die allerreinsten Diamanten – diejenigen ohne die winzigsten Risse oder Bruchstellen – überstehen diese Reise, die sich über eine halbe Ewigkeit hinzieht. Das vielleicht berühmteste Diamantenvorkommen dieser Art wurde an der afrikanischen Westküste entdeckt; und zwar an der Stelle, wo der Fluss Oranje in den Atlantischen Ozean fließt.

Nachdem die Steine aus den Diamantschloten zur Mündung des Oranje und schließlich ins offene Meer hinaus gerollt waren, trieben starke Meeresströmungen sie im Laufe der Jahrhunderte wieder an den Strand zurück. Und wie verstreutes Popcorn lagen dort für jene deutschen Entdeckungsreisenden, die 1908 auf diese Diamanten stießen, Steine von allerhöchster Qualität bereit. Eins meiner Lieblingsfotos zeigt Diamantsucher, die auf Händen und Füßen über diesen Strand kriechen, das spätere *Sperrgebiet*, um riesige Kristalle von vollkommener Beschaffenheit schlicht und einfach aufzusammeln.

Allerdings gibt es auch in Brasilien Regionen, wo es in den Flussniederungen von Diamanten nur so wimmelt, Orte wie das Flussbecken des Jequitinhonha in der Nähe von Diamantina, einer malerischen kleinen Stadt im modernen Bundesstaat Minas Gerais, deren ganzes Erscheinungsbild ein wenig an die Schweiz erinnert. Es existieren jedoch keine Diamantschlote in diesem Land, aus denen diese Steine etwa stammen könnten. Genau das gilt auch für einige andere Schwemmland- beziehungsweise Flussvorkommen im Westen von Indien, jenem Land, das die ersten großen Steine der Menschheitsgeschichte hervorgebracht hat – Meisterstücke wie den Koh-i-noor und den Orloff –, lange vor der Entdeckung der afrikanischen Vorkommen.

Nehmen Sie eine Weltkarte zur Hand, schnappen Sie sich das untere Ende von Südamerika und von Asien, und rücken Sie die beiden Erdteile wieder dorthin, wo sie sich offenbar früher schon einmal befunden haben – zu beiden Seiten Südafrikas –, und schon ist klar, wo diese Flussdiamanten herrühren: aus großen Schloten am unteren Ende von Afrika, die abgetragen wurden und deren Steine ihren Weg in die Flüsse Brasiliens und der indischen Dekkan-Hochebene gefunden haben, bevor diese Kontinente sich vom afrikanischen Mutterland entfernten.

In seiner geologischen Beschaffenheit ähnelt das Umland der großen Diamantschlote Südafrikas in vielerlei Hinsicht derjenigen von Sibirien, ein Umstand, auf den der große russische Geologe Vladimir Sobolev während jener Jahre aufmerksam wurde, als es der Sowjetunion durch die unter der Hand durchgeführten Machenschaften der Vereinigten Staaten außerordentlich erschwert wurde, den industriell benötigten Nachschub an afrikanischen Diamanten zu erhalten. Unter Sobolevs Leitung wurden einige Gruppen von Geologen in die eisig kalte Endlosigkeit der sibirischen Tundra geschickt, um nach Diamantschloten zu suchen.

Unglücklicherweise gab es zur damaligen Zeit nur wenige Hilfsmittel, mit denen man Diamantschlote aus der Luft oder anderweitig hätte lokalisieren können. Man musste schon fast mit den Füßen auf einem Schlot stehen, um beurteilen zu können, ob es dort die »blaue Erde« gab. Er-

Kapitel 6

schwerend kam noch hinzu, dass unter Umständen alles von einer mehrere Meter hohen Lage schlichten alten Erdreichs zugedeckt war, das sich dort im Laufe der Jahrhunderte angesammelt hatte.

Einer Legende der Diamantenbranche zufolge ging eine Geologin, die auf der Suche nach Sobolevs Traumschlot die sibirische Eiswüste durchkämmte, eines Tages auf die Jagd, um zu sehen, ob sie den Speiseplan ihrer Kollegen mit ein wenig Frischfleisch bereichern könnte, als sie in der Ferne eine Bewegung registrierte: einen irgendwo ins Unterholz verschwindenden Rotfuchs. Sie hebt ihr Gewehr, hat den Fuchs im Fadenkreuz des Zielfernrohrs und kann ihren Finger glücklicherweise gerade noch rechtzeitig vom Abzug nehmen; denn das Fell des Fuchses weist blaue Flecken auf, genau in der Farbe des Erzes aus einem Diamantschlot. Sie folgt der Spur des Fuchses bis zu seinem Bau, der in einen Diamantschlot hinabführt. Erstmals war ein großes russisches Diamantvorkommen entdeckt worden, die Mir- oder »Friedens«-Mine.

Aufgrund einer Vielzahl von Schloten, die sich über das weite Hinterland des eisigen Nordens verteilen, sind die Russen mehr als vierzig Jahre später in der Diamantenwelt zu einer richtigen Großmacht geworden. In Sibirien findet man große, auf einem weitläufigen System von tief im eisigen Boden verankerten Pfeilern schwebende Plattformen mit kompletten Minenarbeiterstädten. In den Zwischenraum zwischen diesen Städten und der darunter befindlichen Tundra müssen Airconditioner unaufhörlich eiskalte Luft blasen, um ein Abschmelzen des Eises zu verhindern. Denn dadurch würde die Stadt unweigerlich in einem Morast aus halb gefrorenem Schlamm versinken.

Als der Diamantenweltmarkt erstmals von einer wahren Schwemme russischer Steine überflutet wurde, löste dies in der Diamantenbranche weltweit eine Welle des Entsetzens aus. Ich hatte an der Universität von Princeton Russisch studiert, und so unterstützte ich Mitarbeiter der Industriediamantenabteilung von DeBeers in London ein wenig bei ihren Recherchen, die uns darüber auf dem Laufenden halten sollten, was die Russen eigentlich im Schilde führten. Seit jener Erfahrung während meiner Meditationssitzung im Kloster damals im Jahr 1975 verspürte ich ein brennendes Interesse an allem, was mit Diamanten zu tun hatte, und wollte alles über das Geschäft mit Ihnen erfahren. Daher erklärte ich mich bereit, Artikel über Diamanten aus diversen russischen Wissenschaftsmagazinen zu übersetzen.

Wir waren sehr besorgt. Denn wir wussten, dass die Russen bereits herausgefunden hatten, wie man im Labor einen perfekten Diamanten herstellen konnte. Pionierarbeit auf diesem Gebiet hatten seinerzeit in den Vereinigten Staaten einige Wissenschaftler bei General Electric geleistet: Sie hatten bizarr aussehende, riesengroße Kolben eingesetzt, um kleine Graphitstücke (Kohlenstoff, wie er in Bleistiftminen Verwendung findet) lange Zeit unter großem Druck zu halten und gleichzeitig das ganze Präparat bis zu jenem Punkt zu erhitzen, an dem der Vorgang jenen Prozessen ähnelt, die tief im Erdinnern ablaufen, wenn sich in den ursprünglichen Schloten echte Diamanten bilden.

Glücklicherweise musste man, um diesen Prozess für die zur Herstellung eines 1-carätigen Rohdiamanten erforderliche Zeit in Gang zu halten, elektrische Energie in einer Größenordnung aufwenden, die ausgereicht hätte, um damit eine Kleinstadt stundenlang mit dem nötigen Saft zu versorgen. Die Herstellung eines Steins auf diesem Weg kam viel teurer als der Versuch, ihn wie die Nadel aus dem Heuhaufen aus einer Tonne »blauer Erde« herauszufischen. Und so sagte einem der gesunde Menschenverstand, dass es sich niemals rentieren würde, die Steine selbst herzustellen: Die Gefahr einer perfekten Fälschung – eines synthetischen, im Labor entstandenen Diamanten, der in jeder Hinsicht so rein und so schön ist wie ein echter Diamant – drohte dem Diamantenhandel also nicht, davon durfte man ausgehen.

Aber vielleicht hatten die Russen ja eine Möglichkeit gefunden, synthetische Diamanten preisgünstiger herzustellen. Dies schien die einzig plausible Erklärung dafür zu sein, dass urplötzlich Rohdiamanten in rauen Mengen aus Sibirien auftauchten – zumindest solange man von einer Grundgegebenheit des Diamantenabbaus ausging: Nach der uns bekannten Technologie waren für die Gewinnung der Rohdiamanten, für die Herauslösung aus der »blauen Erde«, enorme Wassermengen erforderlich. Herkömmlicherweise hatte man zu diesem Zweck das Erz zu Gesteinsbrocken einer bestimmten Größe zermahlen. Dazu setzte man große Gestein brechende Maschinen ein (die nebenbei bemerkt fast immer dafür sorgten, dass ein wirklich großer Diamant, der sich hin und wieder unter dem Erz befand, in kleinere Stücke zerbrochen wurde).

Das feinere Erz wurde mit Wasser vermischt, und die riesigen Mengen des so entstandenen schlammigen Breis ließ man dann über eine große Tischplatte laufen, die mit einer dicken, Wagenschmiere ähnelnden öligen Paste bedeckt war. Einmal mehr ist es der perfekten Atomstruktur der Diamanten zu verdanken, dass sie auf einer mit Fett bedeckten Oberfläche haften bleiben wie kein anderes Mineral. Die aus Wasser und Diamanterz bestehende Schlammbrühe ergoss sich also über das Fett. Die Diamanten blieben hängen, während alles Übrige an den Seiten hinunterlief. Danach wurde die Wagenschmiere von der Tischplatte gekratzt, in einem großen Behälter gesammelt und schließlich erhitzt, bis sie sich verflüssigte und die Rohdiamanten sich auf dem Boden des Behälters absetzten.

Wir wussten, dass man in Regionen am nördlichen Polarkreis ohne Zugang zum Meer keinesfalls derartige Wassermengen sammeln und speichern kann: Es würde einfach gefrieren, sobald es ins Freie gelangte. Andererseits wurden detaillierte Informationen über den Stand der Dinge in der Diamantenbranche in jenen Tagen als Staatsgeheimnis betrachtet, da Diamanten wie gesagt für die Produktion von Autos, Flugzeugen, Raketen, Panzern und dergleichen völlig unverzichtbar waren. Und demjenigen, der diese Informationen preisgab, drohte die Todesstrafe.

So waren uns keine Informationen darüber zugänglich, dass es tatsächlich echte Diamantminen in natürlichen Schloten unter dem sibirischen Eis gab und dass die Russen eine raffinierte neue Methode ausgetüftelt hatten, wie man die Diamanten von wertlosen Substanzen trennen konnte. Angeregt durch Röntgenstrahlen entwickeln die meisten Diamanten einen schwachen Lichtschimmer: Sie fluoreszieren, und manche von ihnen tun dies so stark, dass schon das bloße Sonnenlicht eine entsprechende Reaktion hervorruft (darauf geht der Mythos von einem blau-weißen Diamanten zurück). Das zerkleinerte Erz wurde also nach der neuen Methode über einen mit winzigen Löchern übersäten Tisch verteilt, unter denen sich jeweils eine starke Luftdüse befand. Anschließend setzte man das Erz der Röntgenstrahlung aus, und Sensoren lokalisierten die fluoreszierenden Steine. Daraufhin wurde die darunter befindliche Luftdüse aktiviert. Sie beförderte den Stein treffsicher in die Öffnung eines Behälters, an dessen Unterseite sich die Diamanten in einer gläsernen Auffangschale sammelten. Natürlich war an dem Behälter ein *besonders gutes* Schloss angebracht, damit kein Unbefugter die Schale herausholen konnte, und gleich daneben saß zur Sicherung des wertvollen Guts ein Wachmann.

Diejenigen Leute in der Diamantenbranche, denen bekannt war, dass da plötzlich diese Diamanten aus Sibirien auf den Markt gekommen waren, jedoch von der gerade beschriebenen technischen Neuentwicklung nichts ahnten, waren höchst besorgt, den Russen sei womöglich ein Durchbruch gelungen, durch den große Mengen künstlicher Diamanten Realität würden. Uns war klar, dass dies durchaus den totalen Wertverfall dessen in Gang setzen könnte, was wir im Diamantengeschäft als den Überschuss bezeichnen.

Der Ausdruck Überschuss bezeichnet die Gesamtzahl der polierten Diamanten, die sich in aller Welt, zumal innerhalb der letzten – plus/minus – 60 Jahre, angesammelt haben. Denn in den letzten 60 Jahren ist die Mittelklasse in den Industrieländern so vermögend geworden, wie es die Voraussetzung dafür ist, sich als Verlobungssymbol einen Diamantring leisten zu können; und gleichzeitig wurde durch die weltweite Entdeckung und Erschließung neuer Diamantschlote sichergestellt, dass der erhöhte Nachschub mit dem Wachstum der Mittelklasse Schritt halten konnte.

Bedenken Sie: Hat man einen Diamant erst einmal der »blauen Erde« entrissen und ihn in einen Brillanten mit 58 funkelnden Facetten verwandelt, nimmt er über viele Generationen hinweg einen sicheren Platz im Familienbesitz ein. Niemand trennt sich normalerweise von einem Diamanten; liebevoll und fürsorglich wird er von Generation zu Generation weitergegeben. Ändert sich die Mode, so werden die Steine unter Umständen neu eingefasst – in einen anderen Ring, Anhänger oder ein Schmuckstück anderer Art – und anschließend der Tochter oder der Enkeltochter anvertraut.

Da sie eben die härtesten Gegenstände der Welt sind, bleiben sie uns praktisch für immer erhalten. Von den weisen Männern und Frauen Tibets stammt das Bonmot, ein Diamant sei so beschaffen, dass er sich früher oder später, wenn sein bisheriger Besitzer gealtert und gestorben ist, notgedrungen auf die Suche nach einem neuen Besitzer machen muss. Diamanten sind etwas für die Ewigkeit – wir hingegen nicht, so scheint es.

Richtige alte Juwelenschmuck-Diamanten (im Unterschied zu ihren industriell gefertigten Supermann-Brüdern) haben keinen wirklichen Wert. Machen wir uns doch nichts vor: Viele Glasperlen sind genauso schön wie sie oder vielleicht sogar noch schöner, und Diamanten werden stets nur den Preis erzielen, den jemand am betreffenden Tag für sie zu zahlen bereit ist. Bei dem Wert, den jener große Diamantenbestand in den Händen der Öffentlichkeit – den wir als den Überschuss bezeichnen – zur Zeit hat, handelt es sich lediglich um eine Wert*vorstellung*, um das Vertrauen des Konsumenten darauf, dass ein Diamant auch künftig etwas Seltenes sein wird.

Hätten die Russen ein wirklich preisgünstiges synthetisches Produkt entwickelt – einen echten Diamanten, der sich im Labor herstellen lässt –, liefe das auf einen totalen Wertverfall des Überschusses hinaus. Eine regelrechte Lawine der weltweit in privater Hand befindlichen Diamanten würde über den Markt hereinbrechen. Denn ihre Besitzer würden in Panik geraten und versuchen, für Großmutters Ring wenigstens noch ein paar Dollar zu bekommen, bevor Diamanten in etwa genauso alltäglich wären wie Sahnebonbons. Der Alptraum jedes Diamantenhändlers hätte wahr werden können. Doch glücklicherweise ist es nie so weit gekommen.

Das bringt uns wieder zurück auf die Frage nach den Märkten, einem besonders heiklen Punkt in dem von zahllosen Unwägbarkeiten gekennzeichneten Diamantengeschäft. Ein Unternehmen wie Andin hat zu einem gegebenen Zeitpunkt vielleicht einige Tausend unterschiedliche Schmuckmodelle im Angebot, jedes Modell mit einer etwas anderen Diamantenkonfiguration; zum Beispiel ein Eincaräter in der Mitte eines Armbands, seitlich ein paar Viertelcaräter und ringsum genügend Diamantsplitter, damit es sich bei dem fertigen Armband gemäß den gesetzlichen Vorgaben um Schmuck von 2 Carat handelt.

Nun weiß man im Voraus nie, was für eine Bestellung zum Beispiel von einer Firma wie J. C. Penney oder Macy's, zwei unserer größeren Kunden, an einem bestimmten Tag ins Haus flattern wird. J. C Penney bestellt vielleicht kurzerhand 1000 Stück von dem gerade beschriebenen Armband und verlangt, dass alles innerhalb von fünfzehn Tagen *in den Läden* parat liegt. Für die Einkäufer der Andin-Diamantenabteilung beginnt in diesem Augenblick eine kitzlige Poker-Partie, eine Art Mutprobe – ähnlich einem Spiel, das sich während meiner Teenager-Jahre in meiner Heimatstadt großer Beliebtheit erfreute: Zwei verrückte Kerle rasen in zwei Autos mit Vollgas frontal aufeinander zu, bis einer von ihnen »klein beigibt« und mit seinem Wagen ausweicht.

Dem Markt müssen wir den Eindruck vermitteln, dass wir die Steine eigentlich gar nicht oder zumindest nicht dringend benötigen, damit der Preis nicht jeden vernünftigen Rahmen sprengt. Und der Markt muss seine Bestände so lange zurückhalten, bis klar ist, dass wir ganz fürchterlich in der Klemme sitzen und bereit sind, den äußersten Preis zu zahlen, um die Ware noch heute zu bekommen. Wartet allerdings eine der beiden Seiten auch nur einen Tag zu lange, ist das ganze Spiel vorbei: Entweder konnten wir die Bestellung inzwischen bereits anderweitig unter Dach und Fach bringen, oder die ganze Geschichte würde für uns so teuer, dass es sich einfach nicht mehr rechnet.

Aufgrund der Tatsache, dass ein Diamantenunternehmen seinen Kunden heutzutage Schmuck in unterschiedlichster Machart anbieten muss, ist es schlichtweg unmöglich, eine derart große Anzahl von Diamanten auf Lager zu haben, dass man eventuell auftretenden Bedarf stets aus diesem Bestand decken könnte. Gestern hat die Firma vielleicht noch keinen einzigen Stein in den speziell für dieses Armband erforderlichen Größen und Qualitäten gebraucht, jetzt aber brauchen wir zirka 20 000 Stück davon, und zwar innerhalb kürzester Zeit.

Derartige Stückzahlen sind niemals an einem einzigen Handelsplatz verfügbar. Rund um die Welt müssen wir unsere Leute mobilisieren, damit sie unauffällig größere Posten der entsprechenden Ware aufzukaufen beginnen, bevor es sich herumgesprochen hat, dass wir diese speziellen Diamanten brauchen. Spricht sich das erst einmal herum, so wird der »Wert« schlagartig in die Höhe schnellen. Wir haben aber mit J. C. Penney für den Schmuck bereits einen festen Preis vereinbart, so dass gar nicht daran zu denken ist, dem Kunden gegenüber nachträglich den Preis zu erhöhen.

Hier haben wir ein ganz reales Beispiel für die Kraft, die dem verborgenen Potenzial und den Geistesprägungen innewohnt. Ich habe dies tausendfach erlebt, und Sie dürfen mir ruhig glauben, das ist etwas ganz Reales. Einer der Einkäufer, Kishan, unser Mann in New York, hat »so eine Ahnung« in Bezug auf diese Bestellung. Er führt *ein* Telefongespräch, ruft einen bestimmten Händler an – unter Dutzenden, die eine Niederlassung in der Stadt haben.

Wie es sich so trifft, hatte dieser Händler von seiner Filiale in Hongkong gerade eine umfangreiche Sendung mit den entsprechenden Steinen erhalten. Überdies muss sein Onkel in Antwerpen nächste Woche an DeBeers in London eine stattliche Summe für eine Lieferung Rohdiamanten überweisen. Und dann hat da noch diese andere Schmuckfirma auf der Neunundvierzigsten Straße kurz zuvor angerufen, um mitzuteilen, bei ihnen bestehe kurzfristig ein Liquiditätsproblem, weil die und die Kaufhauskette *ihnen* eine Rechnung noch nicht beglichen habe. – Ihr könnt also die Steine, ein paar Tausend Stück, heute Nachmittag haben, und zwar zu einem sehr guten Preis.

Ein anderer Einkäufer in einer anderen Stadt auf einem anderen Kontinent, unser Freund Dhiru in Bombay, führt ebenfalls seine Telefonate. Leicht verfügbare, günstige Angebote der entsprechenden Steine sind leider nicht auf dem Markt, doch alle paar Stunden trudelt von Händlern aus dem Umland von Bombay eine kleine Lieferung bei ihm ein. Wenn er viel Arbeit investiert und hart verhandelt, wird er bald genügend Steine zusammengekauft haben, um seinen Teil zur Bestellung beisteuern zu können. Inzwischen hat die Firmenzentrale in New York allerdings den Großteil der zur Zeit verfügbaren finanziellen Mittel bereits für die günstige Ware in New York ausgegeben, und Dhiru muss daher zusätzlich zu seinem Extraarbeitsaufwand auch noch ein klein wenig Extrawartezeit in Kauf nehmen, bevor er das Geld für die Steine erhält.

Ein dritter Einkäufer, nehmen wir an, es sei Yoram in Tel Aviv, beginnt mit ein paar Anrufen bei seinen festen Lieferanten. Aufgrund der internationalen Zeitverschiebung haben allerdings die New Yorker Zweigstellen dieser israelischen Lieferanten längst schon Alarm geschlagen und ihre Leute in Tel Aviv darauf vorbereitet, dass Andin hinter diesen speziellen Steinen her ist. Plötzlich haben die Preise angezogen, und je mehr Yoram herumtelefoniert, umso sicherer sind sich die Händler, dass ihm die Sache unter den Nägeln brennt. Dadurch löst er die nächste Preiserhöhung aus, denn sie können regelrecht riechen, dass er eine Bestellung mit knapp bemessener Lieferfrist auf dem Tisch hat: Früher oder später wird er klein beigeben und den Preis zahlen, den man von ihm verlangt, um die Ware möglichst noch rechtzeitig zu bekommen.

Einkäufer Nummer drei wird seinen Anteil an der Bestellung also verspätet und zu einem überteuerten Preis liefern. Infolgedessen wird er das Geld für seine Lieferung ganz spät erhalten, und ich brauche wohl nicht zu erwähnen, was mit seinem Jahresbonus geschehen wird, wenn der Einkäufer von J. C. Penney am Wochenende zu Hause bei unserem Firmeninhaber Ofer anruft, um in Erfahrung zu bringen, warum auch zwei Tage nach Beginn der groß angelegten Anzeigenkampagne die Armbänder noch immer nicht in ihren Läden zum Verkauf bereitliegen.

Die entscheidende Frage, die sich hier stellt, lautet: Worauf sind die Unterschiede zwischen den drei Handelsplätzen an den betreffenden Tagen zurückzuführen? Warum ist das New Yorker Büro so leicht an die Ware gelangt?

Ist vielleicht der Einkäufer geschickter vorgegangen? Gab es irgendeine Besonderheit an seiner Strategie? Waren dort mehr Steine dieser Größe verfügbar? Oder hatte er einfach nur unverschämtes Glück? Das Prinzip des verborgenen Potenzials und der Geistesprägungen besagt: Nichts von alledem trifft zu.

Ein Markt für eine bestimmte Ware zu einem bestimmten Zeitpunkt in einer bestimmten Stadt liefert uns lediglich ein weiteres Beispiel für eine Sache, die von sich aus weder gut noch schlecht ist. Denn wäre sie es, so würden am betreffenden Tag für jeden Händler und jeden Einkäufer

Kapitel 6

in der Stadt der Kauf und Verkauf von Waren gleichermaßen gut oder schlecht von der Hand gehen. Aber Sie wissen, dass es so nicht läuft. Einige Händler werden sagen: »Der Tag war in Ordnung.« (In der Diamantenbranche ist das eine Umschreibung für einen *unglaublich guten* Tag – niemand mag einem anderen gegenüber zugeben, dass die Geschäfte wirklich gut laufen, weil ihm ansonsten jeder andere in der Stadt postwendend die Preise erhöht.) Andere Händler werden sagen: »Das war der schlechteste Tag des Jahres« und werden mit dieser Einschätzung richtig liegen.

Daher ist der Markt »neutral« oder – wenn wir dem buddhistischen Sprachgebrauch folgen – »leer«. Von sich aus ist er weder gut noch schlecht; gut oder schlecht ist er lediglich in der Wahrnehmung des einen oder des anderen Diamantenhändlers an diesem speziellen Tag. Ob die Märkte sich uns von ihrer erfreulichen oder von ihrer grausamen Seite zeigen – am Ende eines Tages oder am Ende eines langen Berufslebens als Geschäftsmann oder Geschäftsfrau könnte es fast den Anschein haben, als bliebe dies dem Zufall überlassen. In Wahrheit wird sich der Markt jedoch demjenigen Händler von seiner erfreulichen Seite zeigen, *und deshalb auch erfreulich für ihn sein,* in dessen Bewusstsein im gegebenen Moment jeweils die richtigen Geistesprägungen auftauchen.

Wenn zwei Händler am selben Tag, am selben Handelsplatz und bei denselben Firmen nach denselben Diamanten auf der Suche sind, können sie völlig unterschiedliche Resultate erzielen. Das bedeutet nicht, dass da draußen an diesem Tag zur gleichen Zeit zwei verschiedene Welten und zwei verschiedene Märkte ihren je eigenen Gang gehen. Es bedeutet, dass jeder der beiden Händler von den in seinem Geist vorhandenen Prägungen veranlasst wird, den Markt auf eine jeweils ganz andere Art und Weise wahrzunehmen. Und jede dieser beiden Wahrnehmungsweisen ist höchst real. Der eine Händler wird seine Bestellungen unter Dach und Fach bringen, der andere nicht.

Das führt uns zum eigentlichen Kernpunkt des Buches: Wie können wir uns diesen Umstand im Sinn eines erfolgreichen Privat- und Geschäftslebens zunutze machen? Die Antwort liegt auf der Hand: *Wir brauchen lediglich herauszufinden, welche Prägungen wir in unserem Geist anlegen müssen, damit wir zu einem späteren Zeitpunkt den Markt so erleben können, wie wir ihn erleben wollen: als einträglich.* Damit dies gelingt, kommt es in erster Linie darauf an, dass wir gewisse Geisteszustände aufrechterhalten, gewisse Verhaltensstandards wahren und wissen, wie wir um die Bekräftigung durch einen so genannten »Akt der Wahrheit« bitten können.

Kapitel 7

Die wechselseitigen Entsprechungen – Probleme aus dem Berufsalltag und ihre wirklichen Lösungen

Am Ende des vorigen Kapitels haben wir über die »Leerheit« der Märkte gesprochen. Drei Einkäufer versuchen auf den Märkten der Welt ein paar Tausend Diamanten einer bestimmten Größe und Qualität zu erhalten. Einen von ihnen überkommt »so eine Ahnung«, er führt ein oder zwei Telefongespräche und hat mühelos Erfolg. Der nächste muss einige Telefonate mehr führen und härter arbeiten, erreicht aber schließlich ebenfalls sein Ziel. Der dritte hingegen kann im Grunde die Ware nicht beschaffen, jedenfalls nicht rechtzeitig. In unserem Beispiel gingen die Einkäufer ihren Aktivitäten in verschiedenen Städten nach, aber all dies hätte auch in einer einzigen Stadt stattfinden können, das spielt keine Rolle.

Gemäß der überlieferten tibetischen Auffassung handelt es sich bei jenen »Ahnungen« oder »Eingebungen«, von denen erfolgreiche Geschäftsleute sich durch das unüberschaubare Dickicht der Geschäftsbeziehungen und Märkte leiten lassen, um eine direkte Ausdrucksform der entsprechenden Geistesprägungen. Dies vermittelt Ihnen übrigens auch eine gewisse Vorstellung, wie es sich anfühlt, wenn eine starke Geistesprägung ins Bewusstsein aufsteigt. Werden solche Menschen mit einem geschäftlichen Problem konfrontiert, so sehen sie plötzlich glasklar, was zu tun ist: In ihrem Geist gibt es keinen Zweifel und kein Zögern.

Andere Leute bezeichnen sie als »brillant« oder als »klarsichtig«, sagen den Betreffenden nach, sie hätten »ein besonderes Händchen«. Und nichts ist vergnüglicher, als einer dieser Menschen zu sein – ein Geschäftsmann, der aus jeder Marktlage Kapital zu schlagen vermag; ein Baseballspieler, dem ein Homerun nach dem anderen gelingt und der erklärt, der Ball komme ihm vor jedem Schlag so groß vor wie eine Wassermelone. Nichts ist hingegen frustrierender, als der Mensch mit den richtigen Eingebungen, der richtigen Intuition, *gewesen zu sein,* diese jedoch jetzt nicht mehr zu haben. Das ist viel übler, als hätte man diese Intuition *niemals* gehabt. Jedenfalls wäre es schön, zu wissen, wie wir es bewerkstelligen können, dass uns solche Eingebungen regelmäßig zuteil werden.

Um näheren Aufschluss über die Eingebungen zu erhalten, werfen wir an dieser Stelle wieder einen Blick in das »Sutra vom Diamantschneider«.

Angenommen, Subhuti, jemand würde auch nur für einen Moment in die Worte solch einer altüberlieferten Schrift Einsicht und Vertrauen gewinnen. Der So-Gegangene, Subhuti, würde darum wissen, denn der So-Gegangene sieht solche Wesen. All diese Wesen bringen unermessliche Berge von Verdienst hervor und sammeln dieses aufs Vortrefflichste an.

Wie kommen also die eben angesprochenen Eingebungen zustande? Im vorigen Kapitel war von den wechselseitigen Entsprechungen die Rede, von den »Korrelationen«. Damit sind jene Handlungen und Gedanken gemeint, die miteinander »korrelieren«: Das heißt, sie bewirken bestimmte Prägungen, die dann ihrerseits jene spezifischen Resultate herbeiführen, die wir im Geschäfts- und im Privatleben erreichen wollen. Nun ist es an der Zeit, zu klären, um welche Art von Handlungen es dabei geht. Denn sobald wir diesen Prozess wirklich begriffen haben und uns bei unseren Handlungen über das Zusammenwirken der Prägungen und der Potenziale, die diesen Prägungen innewohnen, im Klaren sind, können wir ein enormes Energiepotenzial »in uns ansammeln«, um zu erreichen, dass unsere Angelegenheiten sich in der gewünschten Richtung entwickeln. Jemand, dessen Handeln auf solcher Einsicht beruht, zieht normalerweise die Aufmerksamkeit anderer Menschen auf sich, die entsprechend handeln, so dass sich dann eine Art Schneeballeffekt des Erfolges einstellt.

Der folgende, vor rund 1800 Jahren niedergeschriebene Text des indischen Weisen Nagarjuna enthält die wahrscheinlich berühmteste Lobpreisung dieser Korrelationen, die jemals aus dem Mund eines buddhistischen Weisen zu vernehmen war. Diese Verszeilen aus Nagarjunas »Kostbarem Kranz« beschreiben als Erstes, welche wünschenswerten Prägungen wir in unserem Geist anlegen können.

Ich nenne euch kurz die edlen Eigenschaften
der Wesen auf dem Weg des Mitgefühls:
Freigebigkeit und ethisches Verhalten, Geduld und freudiges
Bemühen, Sammlung, Weisheit, Mitgefühl und dergleichen.

Fortgeben, was man hat, darin besteht Freigebigkeit,
und ethisches Verhalten bedeutet, anderen Gutes zu tun.
Geduld bedeutet, Gefühle der Wut aufzugeben,
und freudiges Bemühen besteht in jener Freude, die alles
steigert und mehrt.

Sammlung ist einsgerichtet, frei von negativen Gedanken,
und Weisheit erkennt zweifelsfrei, worin die Wahrheit
wirklich besteht.
Mitgefühl ist eine Art höherer Einsicht und von Grund auf mit
liebevollen Empfindungen für Lebewesen aller Art verbunden.

Die nächsten Verszeilen benennen die eigentlichen Korrelationen:

Freigebigkeit beschert Wohlstand,
eine gute Welt beruht auf ethischem Verhalten;
Geduld bewirkt Schönheit,
hohes Ansehen beruht auf freudigem Bemühen.
Sammlung bringt Frieden,
und aus Weisheit entwickelt sich Freiheit;
Mitgefühl verwirklicht all das, was wir alle uns wünschen.

Die letzte Strophe fügen wir ebenfalls noch an. Sie legt dar, zu welchem
Resultat die Entwicklung dieser Prägungen letztlich führt:

Ein Mensch, der sich alle sieben edlen Eigenschaften zu Eigen macht
und sie sämtlich zur Vollendung bringt,
wird ein unvorstellbares Wissen erlangen,
das dem Wissen des Weltenschützers um nichts nachsteht.

Diese Verszeilen beinhalten die wohl bekannteste kurz gefasste Aufzählung (es gibt andere Textstellen, an denen Hunderte von Prägungen und deren Resultate dargelegt werden) der Korrelationen zwischen bestimmten Handlungen, den durch sie hervorgerufenen Prägungen, und den Erfahrungen, die sie für uns sichtbar beziehungsweise erlebbar machen werden. Wir können diese Korrelationen wie folgt zusammenfassen:

1. Um zu erleben, dass Ihre Geschäfte gut gehen und Sie in finanziellen Belangen erfolgreich sind, sollten Sie die unbewussten Prägungen dafür anlegen, indem Sie eine innere Haltung der Freigebigkeit wahren.
2. Um eine Welt zu sehen, die ganz allgemein ausgedrückt ein sehr glücklicher Ort ist, sollten Sie die entsprechenden unbewussten Prägungen anlegen, indem Sie einen ethisch überaus verantwortungsvollen Lebenswandel führen.
3. Um zu erleben, dass Sie körperlich gesund und anziehend sind, sollten Sie die entsprechenden unbewussten Prägungen anlegen, indem Sie es nicht zulassen, jemals wütend zu werden.
4. Um zu erleben, dass Sie in Ihrem Privatleben wie auch im Geschäftsleben eine Führungspersönlichkeit sind, sollten Sie die entsprechenden unbewussten Prägungen anlegen, indem Sie voll Freude konstruktiv handeln und andere unterstützen.
5. Um zu erleben, dass Sie zu stabiler Geistesruhe fähig sind, sollten Sie die entsprechenden unbewussten Prägungen anlegen, indem Sie Meditation praktizieren, sich also darin üben, Zustände tiefer geistiger Sammlung zu erzeugen.
6. Um sich aus einer Welt befreit zu sehen, in der die Dinge nicht so laufen, wie Sie es sich wünschen, sollten Sie die entsprechenden unbewussten Prägungen anlegen, indem Sie sich mit den Prinzipien des verborgenen Potenzials und der Geistesprägungen vertraut machen.
7. Um zu erleben, dass Sie all das bekommen, was Sie sich immer gewünscht haben, und dass andere ebenfalls all das bekommen, was sie sich immer gewünscht haben, sollten Sie die entsprechen-

den unbewussten Prägungen anlegen, indem Sie sämtlichen Wesen gegenüber eine mitfühlende Haltung entwickeln.

Ich weiß, an dieser Stelle werden Sie sich fragen, inwieweit all diese so edel und gut klingenden Dinge im wirklichen Leben Bestand haben können. Deshalb möchte ich Ihnen eine reale Situation schildern, um Ihnen einen Eindruck davon zu vermitteln, welch entscheidende Rolle die Prinzipien des verborgenen Potenzials und der Geistesprägungen auch bei Ihnen im Büro spielen.

Nehmen wir an, ich sei seit ein paar Jahren bei Andin und setzte die bisher dargelegten Prinzipien in die Tat um: ich hätte ganz gezielt alles Mögliche getan, damit diejenigen Prägungen in meinem Geist angelegt werden, die mich dazu bringen, rings um mich Erfolg zu sehen.

Durch den Vordereingang betrete ich unser neues Geschäftsgebäude im Westen Manhattans, dessen Fassade mit ansprechenden Granitplatten verkleidet ist. Kristallglastüren öffnen sich zum Foyer hin. Beim Öffnen der Tür erfasst mich vom Hudson River her ein kühler Windstoß, und aus der Kabine des Wachpersonals kommt ein freundliches Nicken von John Vaccaro, einem stämmigen ehemaligen U-Bahn-Bullen, der dafür bekannt ist, ein Päckchen Diamanten sicher von einem Gebäude zum anderen bringen zu können – und sei es unter den Augen einer der kolumbianischen Banden, die auf der Siebenundvierzigsten Straße herumlungern und darauf lauern, dass ein Diamantenmann mal nicht recht bei der Sache ist und keine Vorsicht walten lässt.

Jedes Objekt und jede Person in der gerade beschriebenen Szenerie verfügt über das gleiche verborgene Potenzial – jeder und alles hat eine gewisse Flexibilität, kann etwas Positives oder etwas Negatives sein. Ich mag zum Beispiel die Granitplatten, mit denen das Gebäude verkleidet ist. Sie glänzen im Widerschein der Morgensonne, deren Strahlen sie vom Fluss her erreichen; und sie verleihen dem Gebäude ein ausgesprochen seriöses Aussehen. Für einen Fensterputzer, der oben auf der neunten Etage über einen schmalen Steg balanciert, können dieselben Granitplatten eine lebensbedrohliche Gefahr darstellen; daher wäre es ihm oder ihr viel lieber, wir hätten eine schlichte, normale Ziegelfassade.

Was mich anbelangt, so ist die Art und Weise, wie ich den Granit erlebe, das Resultat einer früher einmal in meinem Geist angelegten positiven Prägung. Nun, was für eine Prägung könnte das wohl gewesen sein? – Mit solchen Fragen rühren wir an sehr schwer zu ergründende Zusammenhänge: Die wechselseitigen Entsprechungen oder Korrelationen zwischen den Geistesprägungen und dem, was wir sehen beziehungsweise erleben, liegen außerhalb des Gesichtskreises gewöhnlicher Menschen. In den überlieferten Texten sind sie jedoch von den großen Meditationsmeistern längst vergangener Zeiten schriftlich festgehalten worden. Jenen Schriften zufolge beruht die Prägung für dieses spezielle Merkmal, die sanfte Glätte des Granits, auf einer liebenswürdigen Art, mit anderen Menschen zu sprechen.

Die Fensterputzer sehen in demselben Granit hingegen etwas Bedrohliches; und die entsprechende Prägung geht, wie sich leicht nachvollziehen lässt, darauf zurück, dass man in der Vergangenheit das Leben nicht geachtet hat. Nun erscheint allerdings einem Menschen aus dem Westen, der aufgrund *unserer* kulturspezifischen Mythen und Vorlieben mit solch einer Denkweise ganz und gar nicht vertraut ist, diese Erklärung selbst wie ein Mythos. Genau dieser Argumentation hat sich aber auch Jesus Christus – vor unserem kulturellen Hintergrund – im Sinne einer ethischen Lebensführung bedient, als er betonte, dass ebenso wenig, wie aus Distel- und Dornensamen eine süße Frucht hervorsprießen könne, unethisches Handeln zu einem guten Resultat führen kann.

Buddhistische Schriften erläutern darüber hinaus detailliert die dieser Wahrheit zugrunde liegende Dynamik – eben jene Gesetzmäßigkeiten, denen die Prägungen und alles, was sie uns in ansonsten »leeren« oder neutralen Gegenständen wie zum Beispiel einem Granitblock sehen lassen, unterworfen sind. Kurzum, dies ist eine hervorragende, effektive Methode, zu bewirken, dass die Dinge sich so zutragen, wie es unseren Wünschen entspricht – und der bemerkenswerte Erfolg unserer Diamantenabteilung bei Andin International liefert einen überzeugenden Gültigkeitsnachweis für diese Methode. Man kann es ja, wie der Buddha selbst gesagt hat, durchaus mal für eine Weile auf einen Versuch ankommen lassen, um zu sehen, wie sich das bei Ihnen bewährt: Dass Sie vielleicht für eine gewisse Zeit zu anderen Menschen liebenswürdiger und großzügiger sind als sonst, ist auch schon das Schlimmste, was Ihnen dabei passieren kann.

Wenn wir davon sprechen, der Fensterputzer oder die Fensterputzerin habe in der Vergangenheit das Leben nicht geachtet und sehe deshalb in dem Granit ein Gefährdungspotenzial, so vergegenwärtigen Sie sich bitte, dass wir nicht sagen, der oder die Betreffende müsse diese Prägung durch eine schreckliche, Leben bedrohende Einzelhandlung angelegt haben. Wie bereits erwähnt wurde, gewinnen alle Prägungen, während sie unbewusst bleiben, in einem exponentiellen Verhältnis an Kraft. Was ein Unternehmen in den Bankrott treibt – was bewirkt, dass nach und nach immer weniger Geld hereinkommt, dem Unternehmen in finanzieller Hinsicht der Hahn immer weiter zugedreht wird und die Angestellten im Laufe eines Zeitraums von ein oder zwei Jahren nach und nach zur Konkurrenz abwandern –, *ist im Allgemeinen der Sammeleffekt von vielen vergleichsweise geringfügigen negativen Handlungen und Gedanken,* von kleinen Notlügen und von kleinen Ausbrüchen negativer Emotionen wie etwa Geiz; es ist die Auswirkung von unscheinbaren Prägungen, deren Samen zu großen gewundenen und ineinander verschlungenen Eichen herangewachsen sind: eben zur Realität eines aus dem Ruder gelaufenen Unternehmens.

Es ist *äußerst wichtig,* sich darüber im Klaren zu sein, dass wir hier nicht über eine Art soziales oder psychologisches Phänomen sprechen: Sie belügen andere Menschen, und diese belügen Sie daher ebenfalls; oder Sie sind zu anderen gemein, und diese sind es deshalb auch zu Ihnen. Das würden wir als eine »offenkundige« Wechselbeziehung zwischen einer Handlung und ihrem Resultat bezeichnen. Darum geht es jedoch in diesem Buch ganz und gar nicht.

So etwas wie »jemand belügt Sie, und das haben Sie jetzt einfach davon, dass Sie Ihrerseits die betreffende Person belogen haben«, gibt es nicht. Solch ein Vorgang muss immer *durch den Prozess* einer Prägung, die in Ihrem Geist hinterlassen wird, und das anschließende Heranreifen der Prägung erklärt werden: Sie *erleben,* dass jemand Sie belügt, weil Sie zuvor eine Prägung in Ihrem Geist angelegt haben, die heranreift und *Sie zwangsläufig erleben lässt,* wie jemand Sie belügt. So etwas wie »eine irgendwo da draußen ganz für sich existierende Person, die dann zufälligerweise anfängt, Sie zu belügen«, gibt es auch nicht. *Niemand* kann Sie *jemals* belügen, sofern Sie nicht – eventuell ohne es zu wissen oder ohne es unter Kontrolle zu haben – durch eigenes Lügen eine entsprechende Prägung in Ihrem Geist angelegt haben. Es geht hier nicht darum, dass von Ihrer Handlungsweise abhängt, wie die Dinge Ihnen erscheinen, sondern dass durch Ihre Prägungen *die Dinge selbst* hervorgebracht werden: Ihre Umwelt, die Menschen um Sie herum und sogar die Art und Weise, wie Sie selbst sind; dies alles ist eine Schöpfung von positiven oder negativen Handlungen, Worten und Gedanken, die Sie selbst in der Vergangenheit anderen gegenüber ausgeführt, ausgesprochen beziehungsweise gedacht haben.

Behalten Sie das bitte im Sinn, während Sie die gleich folgende Auflistung einiger typischer Korrelationen aus dem realen Firmenalltag lesen. Im Unterschied zu den Dingen, die Ihnen einst ein Lehrer in der ersten Klasse erzählt hat – »Tritt nicht auf einen Käfer, Hansi, sonst wirst du eines Tages selbst zu einem Käfer, und dann wird jemand auf dich drauftreten« – handelt es sich hierbei nicht um Märchen, sondern um kognitive Wahrheiten, die auf einer gesicherten Grundlage beruhen: auf der tatsächlichen Erfahrung und der Weisheit von außergewöhnlichen Menschen, die sie im Laufe der letzten 2500 Jahre überprüft und erfolgreich angewendet haben. Kurz und gut: Sie wirken, unfehlbar.

Wenn diese Gesetzmäßigkeiten einmal nicht zu wirken beziehungsweise zu gelten scheinen, so wird in den Schriften erklärt, dann deshalb, weil Sie sich nicht wirklich ihnen gemäß verhalten haben. Und ich glaube, wenn Sie ehrlich zu sich selbst sind, werden Sie feststellen, dass das zutrifft. Man muss diese Gesetzmäßigkeiten über eine längere Zeitspanne beachten, dabei absolut ehrlich zu sich selbst sein und ein subtiles Verständnis der eben dargelegten Prinzipien entwickeln, um den in Aussicht gestellten geschäftlichen Erfolg zu erzielen. Wenn man sie für ein Weilchen ausprobieren und es dann gleich wieder bleiben lassen würde, wäre das so ähnlich, als würden Sie ein Fitness-Programm nach drei Tagen abbrechen, weil es Ihnen noch immer keine prallen Muskeln beschert hat.

Damit diese Prinzipien Ihnen geschäftlich und privat den Erfolg bringen, den Sie sich erhoffen, benötigen Sie zu ihrer Umsetzung in etwa das gleiche Maß an Eifer und Beharrlichkeit, das Sie aufbringen müssen, um ein guter Pianist oder ein wirklich tüchtiger Golfspieler zu werden – und das ist keine Kleinigkeit. Doch weniger wird nicht genug sein. Und falls Ihnen das zu viel Mühe bedeutet, können Sie dieses Buch gleich aus der Hand legen.

Die Korrelationen sind übrigens unmittelbar aus zwei der bedeutendsten Weisheitsbücher entnommen, die Asien je hervorgebracht hat: »Das große Buch über die Stufen des Weges« von dem tibetischen Meditationsmeister Tsongkapa (1357–1419 u. Z.) und »Das Rad der scharfen Waffen« von dem indischen Weisen Dharmarakshita (ca. 1000 u. Z.).

Typische Probleme aus dem Berufsalltag und ihre wirklichen Lösungen gemäß der Weisheit des »Sutra vom Diamantschneider«

Geschäftliches Problem Nr. 1: **Finanziell steht das Unternehmen auf wackeligen Füßen, unablässig geht es auf und ab.**
Lösung: Bringen Sie eine größere Bereitschaft auf, Ihre Gewinne mit denjenigen zu teilen, die Ihnen geholfen haben, diese zu erwirtschaften, und seien Sie wirklich strikt darauf bedacht, niemals einen Cent durch nicht ganz astreine Aktivitäten zu verdienen. Denken Sie daran, dass es für die Stärke der Prägung nicht darauf ankommt, *wie viel* Sie mit den Sie umgebenden Menschen teilen, sondern auf die *Bereitwilligkeit*, mit der Sie teilen, was auch immer Sie zuwege gebracht haben, selbst wenn es nicht viel ist.

Geschäftliches Problem Nr. 2: **Wenn Sie in solche Dinge wie Produktionsanlagen, Computer oder Firmenfahrzeuge investieren, sind die Geräte oft schon nach kurzer Zeit veraltet oder unzuverlässig.**
Lösung: Seien Sie nicht länger auf andere Geschäftsleute und auf deren Unternehmen neidisch. Konzentrieren Sie sich darauf, aus *Ihrer* Firma

ein innovatives, kreatives Unternehmen zu machen, bei dem man mit Freude arbeitet, und seien Sie nicht unzufrieden angesichts der Erfolge anderer Leute.

Geschäftliches Problem Nr. 3: **Sie haben keine gefestigte Position innerhalb des Unternehmens und scheinen an Autorität zu verlieren.**
Lösung: Achten Sie sorgfältig darauf, dass Sie andere niemals überheblich behandeln. Begegnen Sie ihnen »auf gleicher Augenhöhe«, setzen Sie sich zu Ihrer Truppe, haben Sie ein offenes Ohr für Ihre Mitarbeiter.

Geschäftliches Problem Nr. 4: **Sie stellen fest, dass Sie sich an Ihrem Geld und an den Dingen, die Sie so hart erarbeitet haben, nicht erfreuen können.**
Lösung: Blicken Sie niemals missgünstig auf die Erfolge, die andere Menschen mit ihren Bemühungen haben. Hören Sie auf, sich mit anderen zu vergleichen; erfreuen Sie sich einfach an dem, was Sie haben: Seien Sie einfach Sie selbst, und entwickeln Sie Wertschätzung für das, was Sie haben.

Geschäftliches Problem Nr. 5: **Gleichgültig wie groß Ihr Unternehmen ist oder wie interessant es sich entwickelt, stets haben Sie den Eindruck, dies sei nicht genug; Sie fühlen sich getrieben von einem Gefühl der Unzufriedenheit.**
Lösung: Genau die gleiche wie im vorigen Fall.

Geschäftliches Problem Nr. 6: **Die Angestellten und das Management scheinen ständig in Streit miteinander zu liegen.**
Lösung: Geben Sie wirklich gut Acht, niemals jene Art von Gesprächen zu führen, die – ausgesprochen oder unausgesprochen – darauf hinauslaufen, einen Keil zwischen andere Menschen zu treiben. Solange es Ihnen vor allem darauf ankommt, dass die Distanz zwischen zwei Menschen größer wird, als sie es war, bevor Sie den Mund aufgemacht haben, gilt das übrigens auch, wenn Ihre Aussagen nicht unzutreffend sind, sondern durchaus der Wahrheit entsprechen. »Haben Sie gehört, was Frau Soundso über Sie erzählt hat?« – »Wissen Sie eigentlich, was der und der über

Kapitel 7

Ihr letztes Projekt wirklich denkt?« Nun, Ihnen ist ja bekannt, wie diese Dinge ablaufen.

Und denken Sie bitte daran, dass wir hier nicht unbedingt über eine Prägung sprechen, die erst letzte Woche oder letzten Monat zustande gekommen ist. Sie könnte wesentlich älter sein und hätte dann mit Sicherheit an Gewicht gewonnen, je länger sie Ihnen unbewusst geblieben ist. Erwähnt werden sollte auch, dass Sie inzwischen möglicherweise das für jene Prägung, die Ihnen jetzt Kummer bereitet, verantwortliche Verhalten nicht mehr an den Tag legen. Im Hinblick auf die Lösung macht das jedenfalls keinen Unterschied: Sie müssen sorgsam alles vermeiden, was Sie auch nur im Geringsten wieder in solch ein Verhalten verfallen lässt. Da dieses spezielle Problem ja *Ihnen* zu schaffen macht, müssen Sie *ganz speziell*, mehr noch als andere Menschen, darauf achten, niemals der Neigung zu Gesprächen nachzugeben, die Unstimmigkeit und Zwietracht stiften.

Ist es Ihnen übrigens aufgefallen? Die Lösung hat so gut wie nichts damit zu tun, dass man zu diesen anderen Leuten hingeht und mit ihnen darüber zu sprechen versucht, wie man freundlicher zueinander sein könnte.

Der Schlüssel zum Verständnis dieses außerordentlich tiefgründigen Ansatzes liegt in folgendem Sachverhalt: Wenn sich die Betreffenden in *Ihrer* Gegenwart, in *Ihrer* Welt streiten, so ist dies ein Umstand, den Sie erfahren müssen, weil *Ihr* Geist eine entsprechende Prägung aufweist. Ihr Leben, Ihr Geschäft und Ihre Welt können Sie in Ordnung bringen, indem Sie sich selbst in Ordnung bringen.

Geschäftliches Problem Nr. 7: **Immer wieder zeigt sich bei Ihnen die Tendenz zu Problemen mit Ihren Geschäftspartnern. Sie können die Geschäftspartner wechseln, so oft Sie wollen, und geraten trotzdem immer wieder aufs Neue mit ihnen in Streit.** Lösung: Genau die gleiche wie beim vorigen Problem.

Geschäftliches Problem Nr. 8: **Sie ertappen sich dabei, wie Sie im Nachhinein Ihre eigenen Entscheidungen kritisieren; Sie entwickeln eine Unfähigkeit, geschäftliche Entscheidungen zu treffen.**

Lösung: Dieses Problem geht auf zwei verschiedene Ursachen zurück: Sie kümmern sich nicht um Ihre Angestellten, und ebenso wenig um Ihre Kolleginnen und Kollegen im Management; ferner stellen Sie sich Ihren Kunden und Lieferanten gegenüber als jemand dar, der Sie in Wahrheit gar nicht sind. Letzteres zu vermeiden fällt in der heutigen Geschäftswelt, in der so viel verdreht und geschönt wird, sehr schwer. Gelingt es Ihnen jedoch, sich genau so darzustellen, wie Sie sind – kurzum, können Sie ein hohes Maß an Integrität wahren –, dann werden Sie geistig, also auch in Ihren geschäftlichen Entscheidungen, schlagfertig, entschlossen und effektiv sein.

Vergegenwärtigen Sie sich bitte: Hier geht es *nicht* um die Frage, ob vielleicht Ihre Kunden nach und nach herausfinden, dass Sie offen und ehrlich sind, und Ihnen daraufhin künftig entsprechend größeres Vertrauen schenken. Die Prägung, die angelegt wird, indem Sie offen und ehrlich sind, lässt um Sie herum eine Wirklichkeit entstehen, in der die Menschen ehrlich sind, in der Sie schnelle und klare Entscheidungen treffen und leicht zu Geld kommen.

Manche Menschen meinen, diese Art von Wirklichkeit sei weniger real als ihre alte »reale« Wirklichkeit; tatsächlich jedoch hat es sich mit den Dingen schon immer genau so verhalten. Ein Auto, das Sie auf der Straße anfährt, ist vielleicht nur das Resultat einer alten, auf eine Verletzung, die Sie jemand anderem zugefügt haben, zurückgehenden und nun in Ihr Bewusstsein gelangenden Prägung. Gewöhnen Sie sich daran; auf diese Weise tragen sich die Dinge wirklich zu, und Sie können lernen, damit zurechtzukommen.

Geschäftliches Problem Nr. 9: Sie wollen ein anderes Unternehmen aufkaufen; Ihnen ist klar, dass Sie die Gelegenheit für ein todsicheres Geschäft vor sich haben. Zur Durchführung dieses Geschäfts benötigen Sie allerdings ein bisschen Geld, und dieses Geld aufzubringen bereitet Ihnen Probleme.
Lösung: Ganz einfach. Hören Sie endlich auf, in geschäftlichen Dingen und in Ihrem Privatleben solch ein Geizhals zu sein. Geben Sie, geben Sie, geben Sie. Gönnen Sie anderen auch etwas. Stellen Sie sicher, dass bei den Geschäften, die Sie machen, beide Seiten profitieren. Hier ist wiede-

rum nicht die Höhe des zur Rede stehenden Geldbetrags entscheidend, sondern es kommt darauf an, dass Sie, getragen von dem Wunsch, jedermann erfolgreich zu sehen, den ganzen Tag über einen wirklich großzügigen, kreativen, offenen und flexiblen Geisteszustand wahren.

Benjamin Franklin war vielleicht der größte Staatsmann, Wissenschaftler und Geschäftsmann in der Geschichte der USA – und seine Antwort auf den Wettbewerb bestand in der Einladung an alle anderen Mitbewerber, einer neuen Vereinigung namens »Industrie- und Handelskammer« beizutreten, die es sich zur Aufgabe gemacht hatte, Möglichkeiten zur Zusammenarbeit zu finden, damit die Märkte expandieren und alle Beteiligten reicher werden können.

Allein schon aufgrund dieser *Denkweise* werden übrigens bei allen Beteiligten wirkungsvolle Prägungen angelegt. Gut möglich, dass aus der Zusammenarbeit einer Gruppe von Geschäftsleuten Prägungen im Geist jedes Einzelnen entstehen, die eine gemeinsame Realität zum Vorschein bringen – einen expandierenden Markt beispielsweise.

Nebenbei bemerkt, es ist *nicht* möglich, dass andere Menschen an *Ihren* Prägungen teilhaben, beziehungsweise dass *Ihre* Prägungen auf einen anderen Menschen übertragen werden. Wenn hingegen eine Gruppe von Menschen gemeinsam auf großzügige, offenherzige Art und Weise handelt, entstehen dadurch Prägungen, die schließlich zu einer gemeinsamen Erfahrung – etwa in Form eines erfolgreichen Unternehmens oder einer besonders prosperierenden Nation – heranreifen. Aus genau diesem Grund verfügen in der Tat manche Länder über größeren Reichtum als andere. Eine detailliertere Behandlung dieses Aspekts würde uns hier allerdings zu weit vom eigentlichen Thema abbringen. Jedenfalls können Sie, wenn Sie über dieses Prinzip nachdenken, zu ganz erstaunlichen Einsichten über den Reichtum auf globaler Ebene gelangen.

Geschäftliches Problem Nr. 10: **Ihr Unternehmen leidet unter äußeren Störfaktoren, zum Beispiel unter so genannter »höherer Gewalt« – Unbilden der Natur wie zum Beispiel Schlechtwetter –, unter Problemen mit der städtischen Infrastruktur, unter mangelnder Stromversorgung und dergleichen.**

Lösung: Achten Sie genau darauf, dass Sie Ihre Versprechen einhalten, insbesondere Versprechungen und Verpflichtungen, die Sie in Bezug auf bestimmte Prinzipien der Geschäftsabwicklung und Ihrer persönlichen Lebensführung eingegangen sind.

Der Geist rebelliert zwar bei dem Gedanken, dass selbst äußere Kräfte wie das Wetter oder der Verkehrsfluss in einer Stadt das Resultat unserer Verhaltensmuster sein könnten; den Gesetzmäßigkeiten zufolge, von denen das hier überlieferte Weisheitswissen spricht, gehen diese Dinge aber genau darauf zurück. Rufen Sie sich bitte in Erinnerung, dass diese Geschehnisse »leer« sind, »neutral«, wie »ein unbeschriebenes Blatt«. Irgendjemand gelangt auf irgendeiner Strecke locker und leicht in die Stadt, selbst an Tagen, an denen auf anderen Strecken katastrophale Verkehrsverhältnisse herrschen. Und auch wenn es fürchterlich regnet oder schneit, macht irgendjemand einen mordsmäßigen Profit (beispielsweise Schirmhersteller oder Betreiber von Skipisten).

Ob ein beliebiges Ereignis sich positiv oder negativ für Sie auswirkt, ist nicht auf das Ereignis selbst zurückzuführen; vielmehr, wie Ihnen klar wird, wenn Sie auch nur einen Moment darüber nachdenken, ganz offensichtlich auf Ihre Wahrnehmungen. Und diese Wahrnehmungen kommen nicht einfach vom Himmel gefallen, sondern sie sind das unweigerliche Resultat Ihrer früheren Verhaltensmuster; und zwar in der Weise, dass zwischen wesentlichen Aspekten Ihres früheren Verhaltens (ein Bruch mit den eigenen Verhaltensstandards) und dem dadurch hervorgerufenen äußeren Resultat (launisches Wetter und eine unzuverlässige Infrastruktur) eine Ähnlichkeit oder Analogie besteht.

Geschäftliches Problem Nr. 11: **Sie stellen fest, dass es Ihnen nicht gelingt, angesichts einer schwierigen geschäftlichen Situation oder Entscheidung konzentriert beziehungsweise geistig gesammelt zu bleiben.**

Lösung: Nehmen Sie sich jeden Tag ein wenig Zeit, damit Ihr Geist sich ruhig und gesammelt mit den umfassenderen Fragen des Lebens beschäftigen kann. Würden Sie das, was Sie im Moment tun, auch dann tun, wenn Sie wüssten, dass Sie heute Nacht sterben werden? Stimmen Ihre

Prioritäten? Gibt es entscheidende Fragen in Bezug auf Ihre Lebensführung, vor denen Sie sich vielleicht zu verstecken versuchen, indem Sie immer mehr Stunden am Tag arbeiten und sich in immer größere geschäftliche Aktivitäten stürzen?

Betrachten Sie Ihr Leben mit ein wenig Abstand, um zu sehen, was wirklich zählt. Die Prägung, die angelegt wird, indem Sie jeden Tag ein wenig Zeit mit solchen Reflexionen verbringen, tritt als starke Konzentrationsfähigkeit ins Bewusstsein.

Das bringt uns zu einem sehr wichtigen Punkt: Nicht nur äußere Begebenheiten und Personen in Ihrem Umfeld werden durch das Heranreifen dieser vor langer Zeit in Ihrem Geist entstandenen Prägungen hervorgebracht: Die Art und Weise selbst, in der Sie Ihren Geist und Ihre Gedanken erfahren, ist ebenfalls das Resultat der früheren Verhaltensweisen und Prägungen, die im jeweils angemessenen Moment Eingang in Ihr Bewusstsein finden.

Geschäftliches Problem Nr. 12: **Sie bemerken, dass Sie außerstande sind, weit reichende Geschäftsideen, umfassendere Marktstrukturen oder größere dynamische Zusammenhänge wie zum Beispiel komplette Produktionsabläufe oder -systeme zu erfassen.**
Lösung: Schauen Sie der Tatsache ins Auge, dass Ihre Anschauungen in Bezug auf wesentliche Zusammenhänge dieser Welt Defizite aufweisen. Machen wir uns doch nichts vor. Im Grunde genommen gibt es nur drei Erklärungsmöglichkeiten dafür, warum all diese Dinge – Phänomene wie die globale Erwärmung, die Kriege, die diesen Monat wieder in bestimmten Ländern der Erde ausgefochten werden, oder die Tatsachen von Leben und Tod als solche – auf der Welt geschehen.

Sie können nicht die Frage, warum der Lauf der Dinge so ist, wie er ist, außen vor lassen und gleichzeitig erwarten, dass Sie begreifen, warum die Geschäfte in Ihrem Unternehmen so laufen, wie sie laufen (oder nicht laufen). Und hierbei handelt es sich nicht um eine Glaubensfrage, eine Frage der religiösen Orientierung oder dergleichen.

Erklärung Nummer eins: Die Dinge beruhen auf gar nichts, alles ist bloßer Zufall, wie und warum all diese Dinge geschehen, unterliegt keinem Muster und keinerlei Logik. Das entspricht dem wissenschaftlichen Ansatz des »Big Bang« oder großen Urknalls: »Alles geschieht, weil es durch etwas anderes verursacht wird, und die naturwissenschaftliche Methodik beruht auf einem schlüssigen Nachweis des Zusammenhangs von Ursache und Wirkung – außer bei solch wesentlichen Dingen wie dem Anfang von allem, der einfach aus dem Nichts kam.« Demnach sind Sie hier, weil *vor langer, langer Zeit* irgendwas in die Luft geflogen ist: Bestimmte Elektronen sind auf andere Elektronen gestoßen, haben bestimmte Atome formiert, die sich dann zu Molekülen aller Art verbunden und einen Zusammenhalt aufgewiesen haben, der groß genug war, um ein Gas entstehen zu lassen, das durch die Gegend wirbelte und hart wurde, weil andere kleine Wie-sollen-wir-sie-denn-bloß-Nennen darauf prallten, und Materie ist entstanden, und ein kleines Stück davon wurde zur Sonne, und ein winzig kleines Stückchen wurde zur Erde, und das Meer entstand, und irgend so ein kleines Tierchen kam daraus hervorgekrochen und verlor ein paar Beine, und irgendwo und irgendwann sind zwischendrin Ihre Großmutter und Ihr Großvater entstanden, und – was soll's – alles ist halt ohnehin bloß Zufall. Und falls Sie jetzt lachen, so lachen Sie über die Grundlagen der in Ihrer Kultur vorherrschenden Weltanschauungen, über »Grundlagen«, die wahrhaftig zum Lachen sind.

Erklärung Nummer zwei: Die Sie umgebende Welt mit allem, was sie beinhaltet, geht auf die bewusste Aktivität eines überaus mächtigen, im Grunde jenseits unserer unmittelbaren Erfahrungsmöglichkeiten befindlichen Wesens zurück. Diese Erklärung gibt allerdings keinen Aufschluss darüber, wodurch dieses Wesen denn eigentlich entstanden ist (vielleicht durch die bewusste Aktivität eines *anderen* großen Wesens?). Ebenso wenig gibt sie Aufschluss über die unerklärliche Grausamkeit, die so vieles in unserem Leben kennzeichnet – zum Beispiel über den Umstand, dass kleine Kinder in fürchterlichen, in den oberen Etagen von Mietshäusern rasend schnell sich ausbreitenden Feuersbrünsten ums Leben kommen; über den Umstand, dass manche Menschen während ihres ganzen Lebens auf diesem Planeten in Einsamkeit und Angst befangen sind; oder über den Umstand, dass uns in diesem Leben alles, wofür wir arbeiten, und jeder, den wir lieben, entrissen werden muss.

Erklärung Nummer drei: Genau die Prinzipien, über die wir hier gesprochen haben. Nichts ist zufällig, nichts passiert einfach so, und für unsere eigene Welt können wir niemanden außer uns selbst verantwortlich machen. Die Dinge widerfahren uns exakt in der Weise, wie wir unsere Mitmenschen behandeln – nicht weil eine andere, außerhalb von uns befindliche Person diese Entscheidung trifft, sondern in exakter Übereinstimmung mit einem ethischen Gesetz, das genauso sicher, unabweisbar und unnachsichtig waltet wie das Gesetz der Schwerkraft.

Wenn Sie vielleicht alle paar Tage für ein paar Stunden ernsthaft über die Frage nachsinnen, woher Ihrer Ansicht nach diese ganze Welt mitsamt all den Menschen und allem, was sich sonst so auf ihr abspielt, tatsächlich kommt, bewirkt dies jedenfalls in Bezug auf die Fähigkeit, größere Zusammenhänge in den Markt- und Geschäftsabläufen zu erfassen, wahre Wunder. Und dadurch wiederum werden Sie zu einem weitaus erfolgreicheren Geschäftsmann beziehungsweise einer *weitaus* erfolgreicheren Geschäftsfrau.

Geschäftliches Problem Nr. 13: **Die Mieten sind zu hoch! Sie finden einfach kein Gebäude, in dem Sie die neue Niederlassung unterbringen können.**
Lösung: Stellen Sie sicher, dass Sie anderen helfen, eine Bleibe zu finden, wenn diese sie benötigen. Zu sagen, die Weigerung, Tante Martha eine Übernachtungsmöglichkeit anzubieten, als sie während ihres Urlaubs in die Stadt kam, könne in irgendeinem Zusammenhang mit dem fehlgeschlagenen Versuch stehen, eine Bleibe für Ihre viele Millionen Dollar schwere Zweigstelle zu finden, mag wieder nach einer sträflichen Vereinfachung aussehen; es steht allerdings vollkommen mit der hier dargelegten Gesetzmäßigkeit in Einklang. Eine kleine Prägung erhält ihren Platz im Unbewussten, wird dort mit der Zeit größer und lässt Sie, wenn sie Eingang ins Bewusstsein findet, einen entsprechenden Mangel an benötigtem Raum erleben. Tun Sie dies nicht einfach nur als Torheit ab, probieren Sie es aus, um zu sehen, was passiert! Aber denken Sie bitte daran, wir sprechen hier davon, dass man alles in seinen Möglichkeiten Stehende tun sollte, um Raum für andere, die ihn brauchen, zu finden; und wir

sprechen von einer permanenten geistigen Auseinandersetzung mit den hier dargelegten Prinzipien: Die Prägungen sind weitaus wirkungsvoller, wenn Sie sich darüber im Klaren sind, was Sie tun.

Geschäftliches Problem Nr. 14: **Unternehmen und Einzelpersonen in der Geschäftswelt, die Sie für besonders seriös und kompetent halten, scheinen keine geschäftlichen Verbindungen mit Ihnen eingehen zu wollen.**
Lösung: Diese spezielle Prägung wird durch eine schlechte Wahl der eigenen Geschäftspartner angelegt. Alle Geschäftsleute haben charakteristischerweise die Neigung, sich mit denjenigen zusammenzuschließen, die ihnen in finanzieller Hinsicht den größten Vorteil bringen – mit Leuten, die einem finanziell den Rücken freihalten oder andere nützliche und dringend benötigte Qualitäten einbringen können, besondere Fertigkeiten oder Kontakte beispielsweise. Und unter dem Druck der spezifischen Erfordernisse einer Situation übersehen wir nur allzu leicht das eine oder andere, eigentlich ziemlich offensichtliche Problem bei unseren Partnern in Bezug auf ihre Charakterfestigkeit, ihre Ehrlichkeit oder andere Merkmale dieser Art.

Letzten Endes wird jedoch ein Partner, dem die nötige Integrität fehlt, dem Geschäft immer schaden, während Leute mit hoher Integrität schließlich dazu beitragen werden, dass das Geschäft zu einem großen finanziellen Erfolg wird. In diesem Zusammenhang unterscheiden wir übrigens knallhartes, aber ehrliches Verhandeln klar von Unehrlichkeit: Ofer zum Beispiel, der Chairman von Andin International, war ein härterer Verhandlungspartner, als es seinem jeweiligen Gegenüber lieb sein konnte. Ofer hat zwar verhandelt wie ein Tiger, doch ist mir kein einziger Fall bekannt, in dem er eine einmal getroffene Vereinbarung nicht eingehalten hätte. Und ich glaube, was Andins Erfolg anbelangt, war dies ein ganz entscheidender Punkt.

Geschäftliches Problem Nr. 15: **Die Konkurrenz ist gnadenlos, und im Kopf-an-Kopf-Rennen scheinen Sie am Ende immer das Nachsehen zu haben.**

Lösung: Einer der Hauptgründe für dieses Phänomen besteht darin, dass man im Gespräch grob mit anderen Menschen umgeht. Die überlieferten Schriften erklären auf eine interessante Weise, was die Grobheit dessen, was man sagt, ausmacht. Sie unterscheiden zwischen zwei Arten von groben Aussagen: jenen, die an sich schon grob sind, und anderen, eigentlich netten Worten, die jedoch als Grobheit gemeint sind. Und während es, wenn man beispielsweise einem Angestellten in Gegenwart anderer Kolleginnen und Kollegen die Leviten liest, auf der Hand liegt, dass man dadurch solch eine Prägung anlegt, gilt dies nicht weniger bei einem scheinbar unschuldigen: »Wissen Sie, die Sears-Präsentation hat mir wirklich gut gefallen«, wenn Sie es etwa einem Verkaufsmitarbeiter gegenüber aussprechen, von dem Ihnen bekannt ist, dass er soeben total geknickt und ohne eine einzige Bestellung aus der Sears-Einkaufsabteilung zurückgekehrt ist.

Enthalten Sie sich über einen längeren Zeitraum konsequent beider Formen von verbaler Grobheit, und vergegenwärtigen Sie sich dabei, in wie vielen Fällen Sie es so *vermeiden* können, Prägungen im eigenen Geist anzulegen. Dann können Sie sich getrost zurücklehnen und zuschauen, wie die Konkurrenzsituation sich zu Ihrem Vorteil wendet.

Geschäftliches Problem Nr. 16: **Sobald Sie mit jemandem richtig ins Geschäft kommen, passiert es Ihnen immer wieder, dass der oder die Betreffende Ihnen einfach unvermittelt in den Rücken fällt.**
Lösung: Die Prägung für diese Situation wird durch eine ganz bestimmte Haltung anderen Menschen gegenüber angelegt. Wenn wir erleben, wie jemand Schiffbruch erleidet in dem, was er oder sie tut – sei es, dass sich eine Kollegin versehentlich ihren Kaffee über die Kleidung schüttet oder ein Konkurrent durch die Pleite eines Kunden ein paar Millionen Dollar verliert –, verspüren wir angesichts des Missgeschicks der betreffenden Person klammheimlich eine gewisse Genugtuung oder ein Gefühl der eigenen Überlegenheit. Diese Eigenart des menschlichen Geistes ist derart verbreitet, dass die überlieferten Schriften Tibets sie den Top Ten der mentalen Störfaktoren zurechnen. Wir haben offenbar die Angewohnheit, uns auf eine ungesunde Art und Weise für den Kummer und das

Leid der Menschen um uns herum zu interessieren. In einer besonders üblen Form zeigt sich das in dem geradezu zwanghaften Interesse einer breiten Öffentlichkeit an den Problemen berühmter Zeitgenossen.

Um dieser Prägung entgegenzuwirken, sollten Sie versuchen, sich in jeden Menschen, der Probleme hat, hineinzuversetzen, mag es sich dabei auch um einen Konkurrenten handeln. Es macht weit mehr Spaß, einen freundlichen Wettbewerb zwischen kreativen und inspirierten Firmen mitzuerleben, die einen fairen Umgang miteinander pflegen – wo die Vorstandsvorsitzenden der betreffenden Firmen vielleicht hin und wieder auch mal miteinander zu Abend essen –, als sich über jemanden zu belustigen, dem es ohnehin schon miserabel geht. Denken Sie auch an den Leitsatz: »Sei auf dem Weg nach oben gut zu den Menschen, denn womöglich begegnest du ihnen nächstes Mal, wenn es mit dir abwärts geht.«

Ein kleiner Ratschlag für jeden, der ihn beherzigen mag, insbesondere für die jüngeren Führungskräfte: Achtet jeden Menschen – die Kollegin oder den Kollegen in der Geschäftsleitung ebenso wie den kleinsten Angestellten und den schärfsten Konkurrenten. Tatsächlich habe ich Dutzende von Managern letztlich genau unter der Leitung jener Leute arbeiten gesehen, denen sie einst, als *sie* noch am längeren Hebel saßen, kräftig zugesetzt haben; und Sie können sich leicht vorstellen, wie sie dann später behandelt wurden.

Geschäftliches Problem Nr. 17: **Sie denken sich ein großes Projekt aus, planen es bis ins letzte Detail, arbeiten hart daran, es auf die Beine zu stellen und in Gang zu bringen, und dann erweist es sich schlicht und einfach als Fehlschlag.**
Lösung: Dem liegt wiederum eine ganz spezifische Prägung zugrunde: nicht zu verstehen, wie die Dinge wirklich funktionieren. Denn Ihre Pläne werden ja keineswegs nur dann durchkreuzt, wenn Sie die hier erläuterten Prinzipien nicht verstehen: Jedes Mal, wenn Sie ein Projekt in Angriff nehmen und dabei in den praktischen Belangen unzutreffende Vorstellungen davon haben, wie die Dinge funktionieren – wenn Sie zum Beispiel denken, Sie bräuchten nur hart genug zu arbeiten und ein paar zusätzliche Stunden dranzuhängen, damit alles richtig läuft –, legen Sie

dadurch in Ihrem Geist eine Prägung an, die dazu führt, dass sie weiterhin missverstehen, wie die Dinge funktionieren und dementsprechend auch weiterhin Misserfolge erleben.

Das hängt nicht vom Kapital ab, denn viele Projekte, denen genügend Kapital zu Verfügung stehen, gehen in die Brüche. Es hängt nicht von den Beteiligten ab, denn viele Projekte, an denen tüchtige Leute mitarbeiten, scheitern. Es hängt nicht vom Markt ab, denn irgendjemand da draußen auf demselben Markt führt ein Projekt durch, das prächtig läuft. Es hängt nicht davon ab, wie hart Sie arbeiten; denn manche Leute stecken kaum Zeit in ein Projekt und scheinen trotzdem Erfolg damit zu haben, während andere Leute Überstunden schieben und am Wochenende arbeiten, aber trotzdem Bankrott gehen.

Der Schlüssel zum Erfolg ist vielmehr ein Geisteszustand, ein Zustand der Einsicht in die hier dargelegten Prinzipien. Projekte, die mit diesem Verständnis, in diesem Zustand des Verstehens, durchgeführt werden, funktionieren. Punkt. Und klares Denken legt Prägungen an, die sich, sobald sie Eingang ins Bewusstsein finden, in der Weise auswirken, dass man aufs Neue klar denkt!

Geschäftliches Problem Nr. 18: **Die Menschen in Ihrem Umfeld unternehmen keinerlei Anstalten, sie zu unterstützen, wenn Sie ganz besonders darauf angewiesen sind.**
Lösung: Ein weiteres Resultat jenes ungesunden Vergnügens, das Sie den Problemen anderer Menschen abgewinnen. Am besten versuchen Sie, anderen bei jeder sich bietenden Gelegenheit aus der Klemme zu helfen – ob Sie nun jemandem, der am Schreibtisch nebenan unter Kopfschmerzen leidet, ein Aspirin anbieten oder bei den letzten Vorbereitungen helfend einspringen, die unbedingt spätabends noch getroffen werden müssen, damit eine Präsentation für einen wichtigen Kunden rechtzeitig fertig wird. Zumindest aber sollten Sie auf Ihren Geist genau Obacht geben, damit Sie nicht länger jener morbiden Faszination erliegen, die für Sie von den Problemen anderer Menschen ausgeht.

Geschäftliches Problem Nr. 19: **Sie stellen fest, dass Sie sich nicht beherrschen können; Sie werden wütend auf Angestellte, Lieferanten, Kunden, das Wetter, das Telefon und über fast alles andere.**
Lösung: In der Welt der Potenziale und Prägungen ist diese Art von Wut ein interessantes Problem. Sie resultiert einmal mehr daraus, dass man anderen Probleme an den Hals wünscht – oder zumindest kein bisschen traurig ist, wenn man sieht, dass gewisse Leute ein Problem haben. Dies ist übrigens ein weit verbreitetes Phänomen im Umgang mit Menschen, denen gegenüber wir eine Abneigung verspüren, und – wenn Sie darüber nachdenken – ein ganz besonders unerfreulicher Zug des menschlichen Geistes.

Denn warum sollten wir einem anderen Menschen Schwierigkeiten wünschen, selbst wenn es sich um jemanden handelt, der uns Schwierigkeiten wünscht? Schwierigkeiten im Leben, Schwierigkeiten im Geschäft und in der Familie sind der gemeinsame Feind eines jeden von uns. Ähnlich wie bei Aids oder bei Krebs handelt es sich hier um ein Leid, das zunächst einmal niemandem gut tut, um eine Geißel für unsere Welt.

Wenn wir wirklich erfolgreich sein wollen, auf irgendeiner Ebene, auf jeder Ebene, müssen wir bestrebt sein, Unglück und Leid zu beseitigen, in all ihren Formen und in jedem Geist – auch im Geist jener Menschen, die unsere Konkurrenten in Bezug auf die nächste Beförderung oder in Bezug auf unsere Position am Markt sind.

Geschäftliches Problem Nr. 20: **Am Markt und im Geschäft herrscht eine Atmosphäre des Chaos; es scheint ein Auf und Ab ohne jeden Sinn und ohne jede Logik zu geben.**
Lösung: Auch diese Art von Chaos resultiert aus einer chaotischen Intention – dem Misserfolg, den man anderen wünscht. Ein Durcheinander auf der globalen Ebene, auf der Ebene des Marktes, auf Firmenebene (sei es die eigene oder die eines Konkurrenten) oder auf einer persönlichen Ebene bedeutet für jeden Betroffenen, der mittendrin steckt in diesem Durcheinander, einfach eine weitere Form von Unglück und Leid – und wir sind an einem Punkt angelangt, an dem wir niemandem mehr etwas Schlechtes wünschen. Die Prägung, die dadurch in Ihrem Geist angelegt

wird, dass Sie jedem Menschen weit und breit nur das Beste wünschen, auch Ihren Konkurrenten, bringt einen Markt hervor, der stabil ist; eine Ökonomie, die kontinuierlich wächst und für jeden Beteiligten mehr abwirft, als der oder die Betreffende sich jemals wünschen könnte.

Diese Auffassung von den ökonomischen Zusammenhängen hat weit reichende und tief greifende Konsequenzen: Es trifft nicht zu, dass nur begrenzte Ressourcen vorhanden sind und dass zu einem gegebenen Zeitpunkt nur eine bestimmte Zahl von Menschen wohlhabend sein kann. Denken Sie an den neuen, zusätzlichen Reichtum, der durch die Erfindung des Personal Computers geschaffen wurde; denken Sie an den zusätzlichen Reichtum, der durch die Erfindung des Telefons geschaffen wurde; oder denken Sie daran, welches Potenzial für zusätzlichen globalen Reichtum dem weitgespannten Netzwerk von PCs und von Firmencomputern innewohnt – sei es, dass sie über das Internet miteinander verbunden sind oder über etwas Ähnliches, das erst noch entstehen wird.

Unter dem Gesichtspunkt von Potenzialen und Prägungen betrachtet, ist dieser neue Reichtum das Resultat neuer Prägungen im Geist aller Betroffenen, die in ihr Bewusstsein Eingang finden und die Wahrnehmung von neuen Quellen des Reichtums für große Gruppen von Menschen hervorbringen.

Die Tatsache, dass andererseits einer wachsenden Zahl von Menschen nur begrenzte Ressourcen zur Verfügung stehen, hat wiederum eigene Ursachen. Hätten andere Prägungen vorgelegen, hätten es sich ebenso gut um Ressourcen handeln können, die im selben Tempo wachsen wie die Bevölkerung oder auch ein wenig schneller. Wir müssen genügend visionäre Kraft aufbringen, damit unermesslich großer neuer Reichtum entsteht, und dürfen uns und unsere Zukunft nicht von dem beschränken lassen, was bis jetzt existiert hat.

Geschäftliches Problem Nr. 21: **In Ihrem Unternehmen stellt Korruption ein Problem dar; dabei kann es um amtliche Vorgaben gehen, um die wechselseitigen Beziehungen zwischen Firmen oder um das Verhalten einzelner Angestellter.**

Lösung: Auch für dieses Problem gibt es eine ausgesprochen angenehme Lösung: Erfreuen Sie sich ganz bewusst am Erfolg jedes Einzelnen in Ihrem Umfeld – an kleinen Erfolgen und an großen Erfolgen, am Erfolg Ihres Unternehmens, aber ebenso am Erfolg der Konkurrenz. Bringen Sie Ihre Bewunderung für jede gut verrichtete Arbeit, wer auch immer sie ausgeführt haben mag, zum Ausdruck, und verweigern Sie sich solch einer selbstsüchtigen Emotion wie der Eifersucht auf das Glück eines anderen Menschen. Dieses kostbare Leben ist so kurz. Der Moment, in dem Sie und Ihre Konkurrenten tot und vergessen sind, wird schneller da sein, als Sie mit den Augen zwinkern können, und so eine richtig schöne Glückssträhne ist eine rare Kostbarkeit.

Wenn jemand in Ihrem Unternehmen gute Arbeit verrichtet oder einen anerkennenswerten Beitrag leistet, dann halten Sie doch die Kollegin oder den Kollegen auf dem Flur an, und nutzen Sie die Gelegenheit, die eigene Freude zu mehren, indem Sie sich *mit* der oder dem Betreffenden über diesen Erfolg freuen, statt auf einen jener schönen Momente im Leben, die allzu selten und ohnehin viel zu schnell vorüber sind, mit Missgunst zu reagieren.

Wenn ein Konkurrent mit einer großartigen neuen Idee auf den Markt kommt, dann machen Sie doch bei der nächsten Fachmesse kurz am Stand des oder der Betreffenden Halt, und bringen Sie Ihre aufrichtige Bewunderung und Freude über diese Leistung zum Ausdruck. Die durch solch ein Verhalten angelegte Geistesprägung wird sich in Ihrem Bewusstsein als die nächste großartige Idee, die auf den Markt kommt, manifestieren! Und daran haben Sie dann viel mehr Freude, als wenn Sie zu Hause sitzen und Trübsal blasen über die guten Dinge, die anderen widerfahren.

Geschäftliches Problem Nr. 22: **Nachdem Sie seit Jahren im Beruf stehen, müssen Sie feststellen, dass sich kleine Gesundheitsprobleme bemerkbar machen und ständig die Gefahr droht, dass etwas Ernsteres daraus werden könnte.**
Lösung: Für dieses Problem gibt es eine ganz spezielle und wirklich zufriedenstellende Lösung. Betrachten Sie die Firma mit neuen Augen:

Gehen Sie von Flur zu Flur, und schauen Sie in jede Abteilung. Versuchen Sie Punkt für Punkt alle Arbeitsbedingungen ausfindig zu machen, die sich nachteilig auf die Gesundheit eines Ihrer Angestellten auswirken könnten. Sind die Lichtverhältnisse gut genug? Haben Sie bei der Büroeinrichtung – den Schreibtischen und den Stühlen – dem Wohlbefinden und der Gesundheit Ihrer Mitarbeiter die gebührende Aufmerksamkeit geschenkt? Beachten Sie auch wirklich sämtliche Richtlinien für den Feuerschutz und die Arbeitssicherheit, oder kümmern Sie sich lediglich um jene Punkte, die von den Behörden besonders streng kontrolliert werden? Nehmen Sie sich die Zeit, die Sie eigentlich bräuchten, um sicherzustellen, dass Ihr Management und Ihre Angestellten vor Überarbeitung geschützt sind – nicht nur vor der Überlastung, die Sie Ihnen zumuten, sondern auch vor derjenigen, die sie sich allzu leicht selbst aufbürden? Die Prägung, die durch solche Fürsorglichkeit für andere angelegt wird, führt bei Ihnen, wenn sie im Bewusstsein heranreift, schließlich zu einem verbesserten persönlichen Gesundheitszustand.

Auch diese Besserung wird nicht innerhalb eines Tages eintreten. Führen Sie sich zum Vergleich vor Augen, wie lange man zum Erlernen des Klavierspielens oder eines wirklich kontrollierten Umgangs mit dem Golfschläger braucht. Ihre Fürsorglichkeit für Ihre Mitarbeiter und Mitarbeiterinnen in der Firma sollte einen Punkt erreichen, an dem diese zu einem ganz natürlichen Bestandteil Ihres Lebens geworden ist. Sie sollte sich mit der größten Selbstverständlichkeit einstellen – so wie bei einem gut eingeübten Stück die Finger gleichsam von alleine über die Tasten des Klaviers gleiten, ohne dass man ihnen noch weiter Beachtung schenken muss. Dann werden sich auch die entsprechenden Auswirkungen auf Ihren Gesundheitszustand einstellen.

Geschäftliches Problem Nr. 23: **Jene Marktstrategien, die Ihnen immer gute Dienste geleistet haben, führen nicht mehr zum Erfolg.**
Lösung: Wenn Sie schon lange im Geschäft sind, wissen Sie, wie diese Dinge laufen. Sie kommen in Ihrer Branche mit einer neuen Idee oder einem neuen Produkt auf den Markt und können damit regelrecht Geld scheffeln. Und Sie kennen nur *ein* großes Problem: All den Bestellungen

nachzukommen und zugleich, während die Firma sprunghaft wächst, die Mitarbeiter angemessen auszubilden. Sie sind auf der Erfolgsspur, können eigentlich gar nichts falsch machen und fragen sich, warum all die anderen Firmen, die vor Ihnen da waren, das nicht genauso hinbekommen.

Ein oder zwei Jahre verstreichen, und dann zeigt Ihnen Ihr wichtigster Kunde eines Tages die Liste mit der Aufschlüsselung der Bestellungen seiner Firma nach Lieferanten – und Sie stehen an zweiter Stelle. Sie kennen noch nicht einmal den Namen des Unternehmens, das an Nummer eins steht. Also schicken Sie Leute in die Läden, die Produkte dieses Unternehmens kaufen sollen, worum auch immer es sich dabei handeln mag, und Sie versuchen dahinter zu kommen, wie Ihr Konkurrent die Sache anpackt.

Schließlich meinen Sie, etwas zu sehen, wo Sie ansetzen könnten, scharen in der Firma die ganze Truppe um sich und machen in einer flammenden Rede deutlich, wie es damals Coca Cola erging, als man Pepsi Fuß fassen ließ. Und dann schicken Sie jedes Mitglied des Direktoriums los, das zu tun, was er oder sie am besten kann. Die Direktoren kennen den Stand der Dinge; sie wissen, was zu tun ist; sie marschieren los, um zu tun, was sie schon immer getan haben; und Sie wie auch alle anderen denken, alles werde genau so funktionieren wie eh und je.

Tage und Wochen verstreichen, und es ist zum ersten Mal, als marschierten Sie über eine schmutzige Landstraße, die einfach kein Ende nehmen will. Ein erstes bewährtes Erfolgsrezept bringt nicht den erhofften Durchbruch – den es doch sonst in der Vergangenheit immer bewirkt hat –, ein zweites tut dies ebenso wenig. Irgendwann sinkt die Moral im Unternehmen erstmals auf einen wirklich kritischen Punkt; und zwar in dem Augenblick, als es den Leuten dämmert, dass sich die Dinge verändert haben und die alte Magie sich aus irgendeinem Grund nicht mehr so leicht heraufbeschwören lässt wie früher.

An diesem Punkt kann man viele Dinge für die Situation verantwortlich machen: Der Wettbewerb am Markt hat sich verschärft; der Durchbruch in Ihrem speziellen Produktbereich ist nicht mehr so leicht zu schaffen wie damals, als Sie am Markt auftauchten; einige entscheidende Leute, die früher dafür gesorgt haben, dass die Dinge richtig liefen, sind

Kapitel 7

von der Bildfläche verschwunden; oder Hersteller aus den und den Ländern kommen heutzutage mit Dumpingpreisen auf den Markt. Sie kennen die Ausreden, Sie sind sie tausendmal durchgegangen.

An diesem Punkt müssen Sie unbedingt erkennen, dass Sie nicht herausgefunden haben, *warum* ihre alten Strategien nicht mehr funktionieren; Sie haben lediglich festgestellt, *inwiefern* sie nicht mehr funktionieren. Der springende Punkt ist nicht, welche Faktoren hinzugekommen sind und jetzt Ihren alten Ansatz in Frage stellen, sondern *warum* diese Faktoren genau jetzt eine Bedrohung für Ihr Geschäft darstellen *können*. Und das geht wiederum auf eine Prägung in Ihrem Geist zurück, auf etwas, das in der Vergangenheit dort angelegt wurde und erst jetzt in die vorderste Front Ihrer Wahrnehmungen gerückt ist.

Versuchen Sie bitte Folgendes zu verstehen: Es trifft keineswegs zu, dass sich die Effektivität der Geschäftsstrategien selbst ändert. Manchmal funktioniert eine Strategie jahrelang, manchmal monatelang und manchmal gar nicht. Manchmal ist es klug, Strategien zu ändern, manchmal ist es klug, die Hände von ihnen zu lassen. Nicht weil die äußeren Voraussetzungen sich verändert haben, sondern weil Ihre Wahrnehmung sich verändert hat. Ihre Strategien werden in Ihrer Welt genau so lange aktuell oder überholt sein, wie es Ihnen nicht gelingt, wirklich zu erkennen, wodurch sich Ihre Wahrnehmung verändert.

Jedenfalls geht die Prägung, unter deren Einfluss sich Ihre Wahrnehmungen verändern – mit anderen Worten die Prägung, die wirklich erklärt, *weshalb* Sie Ihre traditionellen Strategien bedroht sehen –, nicht auf etwas sonderlich Kompliziertes zurück, sondern lediglich auf eine Form von Täuschung, eine gewisse Unaufrichtigkeit in der Art, wie Sie Ihr Geld verdienen. Das soll wiederum nicht heißen, dass Sie Feuerlöscher, die nie funktionieren werden, verkaufen, obwohl Sie über diesen Sachverhalt im Bilde sind, oder dass Sie sich etwas ähnlich Heimtückisches zuschulden kommen lassen.

Was uns in Schwierigkeiten bringt, sind einmal mehr die kleinen, die unscheinbaren Prägungen, die wir unentwegt den ganzen Tag über anlegen: eine leichte Übertreibung einem potenziellen Kunden gegenüber, damit seine Erstbestellung unter Dach und Fach kommt; eine kleine

Notlüge, um jemandem aus dem vorhandenen Kundenkreis plausibel zu machen, warum sich die von ihm bestellte Lieferung verzögert hat; eine kleine Bilanzkorrektur gegenüber der Bank, die Ihr letztes Projekt über Wasser gehalten hat. Vermeiden Sie diese Art von flexibler »Kleinkram-Ethik«, gestatten Sie sich, wenn es um Ihre Integrität geht, keinerlei Großzügigkeit, und Sie werden feststellen, dass Ihre überkommene Geschäftsstrategie nach wie vor sehr gut funktioniert.

Geschäftliches Problem Nr: 24: Sie stellen des Öfteren fest, dass Sie sich niedergeschlagen fühlen, unabhängig davon, ob das Geschäft gut läuft. Leichte Anfälle von Depression oder Selbstzweifeln treten auf.
Lösung: Auch für dieses Phänomen gibt es eine ganz unmittelbare und einfache Abhilfe. Überprüfen Sie Ihre Zusammenarbeit mit den Menschen, die für Sie tätig sind. Gibt es irgendwelche Umstände, unter denen Sie Ihre Mitarbeiter oder Mitarbeiterinnen ermutigen, ein kleines bisschen zu schwindeln? Sind Ihnen Handlungsweisen zu Eigen, die einem Angestellten, ausgesprochen oder unausgesprochen, zu der Annahme Anlass geben könnten, dass Sie irgendeine Art von negativem oder unaufrichtigem Verhalten – einem Kunden, einem Lieferanten, einem Angestellten oder auch einem Konkurrenten gegenüber – billigen würden?

Es hat mich immer wieder verwundert, wenn im Diamantengeschäft ein Arbeitgeber einen Angestellten ermunterte, zu seinen Gunsten einen Kunden oder einen Konkurrenten zu betrügen. Hin und wieder bekamen wir es mit Firmen zu tun, in denen der Inhaber seinen Leuten beigebracht hatte, wie sie Kunden täuschen, falsche Geschäftsberichte für die Bilanzprüfer anfertigen oder wie sie selbst bei solchen Dingen wie dem Gewicht von Edelsteinen schwindeln können. Ein Lieferant lieferte uns wochenlang Päckchen mit Steinen, die derart in luftgepolsterter Plastikfolie verpackt waren, dass wir das Gewicht der Steine nur sehr schwer korrekt prüfen konnten, ohne sie gleich alle durcheinander zu bringen.

Er hatte angeboten, uns mit Rubinen zu beliefern, die jeweils zu einem Set von zueinander passenden Steinen so vorsortiert sind, dass sie leicht in das betreffende Schmuckstück eingesetzt werden können; zum Beispiel in einen Armreif, für den man fünf in einer Reihe angeordnete Steine im

Marquise-Schliff, einem bootförmigen Schliff, braucht. Sicherzustellen, dass alle fünf Steine genau den gleichen Farbton und genau die gleiche Form aufweisen, kostet normalerweise besonders viel Mühe und erfordert einen bestens geschulten »Sortierer« mit einem hervorragenden Farbsinn. Diese Art von visuellem Wahrnehmungsvermögen, die Fähigkeit, feinste Farbabstufungen voneinander zu unterscheiden, bleibt den meisten Menschen kaum über das 40. Lebensjahr hinaus erhalten. Eine ganz allmähliche Verschlechterung des farblichen Wahrnehmungsvermögens setzt allerdings schon deutlich früher ein. Daher ist eine wirklich erfahrene Fachkraft für diese Tätigkeit nur schwer zu finden.

Jedenfalls nahmen wir das Angebot, gleich mit kompletten Sets von vorsortierten Steinen beliefert zu werden, dankbar an und dachten uns, dies sei auch für den Lieferanten ein gutes Geschäft, da wir ihm immer dann den Vorzug vor anderen geben würden, wenn wir einer umfangreichen Bestellung nachzukommen hätten. Anfangs schenkten wir dem Umstand, dass wir die in Plastikfolie eingeschweißten Steine nicht richtig wiegen konnten, keine so große Beachtung, aber selbstverständlich haben wir stichprobenartig das Gewicht des einen oder anderen Steins nachgeprüft.

Es handelte sich um ein geschickt eingefädeltes Täuschungsmanöver: Das Gewicht jedes einzelnen Sets von Steinen war um exakt denselben Prozentsatz zu hoch angesetzt; um einen kleinen Prozentsatz zwar, doch in einer Branche, in der ein oder zwei Prozent vom Verkaufspreis unter Umständen Ihren gesamten Gewinn ausmachen, ist solch ein kleiner Prozentsatz ein sehr profitabler Prozentsatz. Sehen Sie, bei einem Geschäftsabschluss, der Tausende von Steinen beinhaltet, geht ein sehr großer Geldbetrag von einer Hand in die andere über, und er wechselt den Besitzer so schnell, dass die Ersparnis von einem Prozentpunkt für Sie am Jahresende die Verdoppelung Ihres Gewinns bedeuten kann. Statt das Risiko einzugehen, bei einigen Sets ein kräftig übertriebenes Gewicht anzugeben, hat man den Schwindel also gleichmäßig auf Tausende Sets von Steinen verteilt.

Wir hielten zunächst einmal den Mund, um zu sehen, ob der Lieferant so weitermachen würde. Und genau das tat er. Insgeheim führten wir sehr genau Buch und bewahrten jeden Bogen Plastikfolie mit den Hunderten darin eingeschweißten Rubinen sorgsam auf. Am Ende baten wir den Lieferanten, gemeinsam mit uns das Gewicht zu überprüfen und seine Rechnungen entsprechend zu korrigieren, und schließlich haben wir unser Bestellvolumen bei diesem Lieferanten Schritt für Schritt auf Null heruntergefahren.

Ich möchte hier auf Folgendes hinaus: Wie dumm ist es doch, die eigenen Angestellten zur Unwahrhaftigkeit anzuleiten; wie naiv muss ein Mensch doch sein, wenn er glaubt, dass jemand, dem er beigebracht hat, andere zu betrügen, nicht nach einer Weile ihn ebenfalls betrügen wird. Jahre später hatte genau dieser Lieferant Riesenprobleme mit Diebstählen im eigenen Haus. Seine täglichen Verluste beliefen sich auf eine Größenordnung von einigen Zehntausend Dollar. Und die Inhaber, zwei Brüder, waren von Jahr zu Jahr sichtlich weniger glücklich, hatten mit persönlichen Problemen, unglücklichen Ehen und dergleichen mehr zu kämpfen.

Diese Art von Traurigkeit oder Depression ist ein direktes Resultat einer Prägung, die Sie in Ihrem Geist angelegt haben, indem Sie Ihre Mitarbeiter ermutigten, nicht unbedingt bei allen in Ihrem Namen abgewickelten Geschäften absolute Integrität an den Tag zu legen. Wenn Sie hingegen bei jedem Ihrer Angestellten, vom ersten bis zum letzten Mitarbeiter, eine integre Haltung unterstützen, vermittelt Ihnen Ihre Arbeit eine bestimmte Art von Selbstvertrauen und Freude.

Geschäftliches Problem Nr. 25: **Die Menschen, mit denen Sie zu tun haben – Kolleginnen oder Kollegen, leitende Mitarbeiter, Kunden oder Lieferanten –, schenken dem, was Sie sagen, keinen Glauben, obgleich Sie die Wahrheit sagen.**
Lösung: Die meisten von uns haben sich den Menschen gegenüber, die wir im Berufsalltag um uns haben, kleine Lügen zuschulden kommen lassen. Wir finden es zwar peinlich, wenn wir dabei ertappt werden, wie es hin und wieder geschieht; falls es sich jedoch um keine große Sache handelt, macht sich niemand viele Gedanken darüber.

Hier geht es allerdings um etwas anderes: Sie sagen nichts anderes als die reine Wahrheit, aber kein Mensch glaubt Ihnen. Jeder weiß, wie frustrierend das sein kann. Und mitunter ist es so, dass Ihr Gegenüber, je entschiedener Sie protestieren, umso mehr den Eindruck gewinnt, Sie seien wirklich nicht glaubwürdig.

Sie sollten sich unbedingt darüber klar werden, dass dieser Eindruck auf Seiten der anderen Person keineswegs durch Ihre gegenwärtige Aufrichtigkeit hervorgerufen wird: Gemäß einer jener Gesetzmäßigkeiten, denen die Prägungen unterliegen, müssen ihr Gehalt und ihr Resultat miteinander übereinstimmen; das heißt, dass Sie aufgrund einer positiven Prägung (die durch bewusste Aufrichtigkeit hervorgerufene Prägung) niemals ein negatives Resultat (jemand glaubt, Sie würden ihn anlügen) erhalten können. Wenn die Betreffenden Ihnen keinen Glauben schenken, so geht dies vielmehr auf frühere Handlungen zurück, bei denen Sie unehrlich waren, auch auf kleinere Unaufrichtigkeiten und auf die dadurch in Ihrem Geist angelegten Prägungen.

Um das Problem zu lösen, müssen Sie es demzufolge sehr genau nehmen mit dem, was Sie sagen. Rufen Sie sich in Erinnerung, was *lügen* wirklich bedeutet: jemand anderem von einem Gegenstand oder einem Geschehen einen Eindruck vermitteln, der nicht hundertprozentig dem Eindruck entspricht, den Sie selbst davon haben. Vollständige Aufrichtigkeit in dem, was Sie sagen, bedeutet also nicht weniger, als sicherzustellen, dass der *Eindruck*, den Ihre Worte bei jemandem hinterlassen, möglichst genau dem Eindruck entspricht, den Sie im Sinn haben. Dies ist erheblich schwieriger in die Tat umzusetzen als das, was wir uns gewöhnlich unter Aufrichtigkeit vorstellen! Doch wenn Sie sich eine Weile daran halten, werden Sie sehen, dass Ihre Glaubwürdigkeit in der gesamten Firma und in dem Markt, auf den sich Ihre Tätigkeit erstreckt, geschätzt wird – ein herrliches Gefühl, das sich obendrein auch noch ausgesprochen bezahlt macht.

Geschäftliches Problem Nr. 26: **Wann immer Sie sich um irgendeine Form von Zusammenarbeit bemühen – sei es im Rahmen einer geschäftlichen Partnerschaft oder bei einer Fusion Ihres Unternehmens mit einem anderen Unternehmen –, scheint diese nicht recht gelingen zu wollen.**

Lösung: Die Abhilfe für dieses Problem sieht mal wieder ein wenig anders aus, als Sie es vermutlich erwarten. Die Problemlösung hat erstaunlich wenig damit zu tun, dass man alle Beteiligten in einen Raum zusammentrommelt und im Gespräch die Voraussetzungen für eine bessere Zusammenarbeit zu schaffen versucht. Vielmehr sollten Sie hier erneut sorgfältig darauf achten, dass Sie selbst vollkommen aufrichtig sind. Versuchen Sie stets sicherzustellen, dass Sie anderen Menschen die Dinge auf eine Art und Weise beschreiben, die ihnen einen genauen Eindruck davon vermittelt, wie Sie selbst die Dinge sehen. Ihre Worte sollten also stets bewirken, dass die andere Seite zu einem Verständnis gelangt, das Ihrem Verständnis des betreffenden Gegenstands oder Geschehens entspricht.

Einer Redensart zufolge »steht die Wahrheit auf zwei Beinen, eine Lüge hingegen nur auf einem«. Diese Art von vollständiger innerer Aufrichtigkeit, insbesondere aber die Tatsache, dass Sie um Ihre völlige Aufrichtigkeit wissen, führt zu großer innerer Ruhe und legt in den unbewussten Bereichen des Geistes starke Prägungen an, die später im Bewusstsein als die Wahrnehmung von großer Einheit und von Erfolg in allen erdenklichen Formen der Zusammenarbeit mit anderen auftauchen.

Geschäftliches Problem Nr. 27: **Sie sind in einer Branche tätig, in der die Leute einander viel betrügen.**
Lösung: Eine ziemlich verbreitete Klage, die Sie sicher auch schon von Leuten aus vielen unterschiedlichen Bereichen der Wirtschaft gehört haben. »Ich habe die ganze Juristerei satt. In meinem Job bin ich noch keinem einzigen ehrlichen Juristen begegnet, mein Arbeitgeber inbegriffen.« Oder: »In der Musikbranche versucht dich jeder über den Tisch zu ziehen.« Oder: »Die Leute aus der Schmuckbranche sind ausnahmslos Ganoven.«

Sie können es vermeiden, eine derartige Welt um sich zu haben, indem Sie selbst, einmal mehr, bei all Ihren geschäftlichen Aktivitäten vollkommen aufrichtig sind. Dann werden Sie nach und nach immer weniger Menschen begegnen, die darauf aus sind, Sie oder irgendjemanden sonst zu betrügen – denn jeder betrügerische Mensch, mit dem Sie jemals in Berührung kommen, ist das Ergebnis einer Prägung, die Sie in der Vergangenheit angelegt haben, indem Sie nicht vollkommen ehrlich waren.

Kapitel 7

Geschäftliches Problem Nr. 28: **Ihr Chef spricht mit Ihnen häufig in einer beleidigenden Art und Weise.**

Lösung: Dieses spezielle Problem können Sie vermeiden, indem Sie sehr achtsam mit Wut und Ärger umgehen, sobald diese in Ihrem Geist auftauchen – zum Beispiel, wenn Ihr Chef auf beleidigende Weise mit Ihnen spricht.

Wenn man die überlieferten Schriften Tibets gründlich studiert, gibt es da einen Punkt, der einem besonders ins Auge fällt: Die natürliche Reaktion auf eine negative Erfahrung hinterlässt genau jene Prägung, die Sie dazu veranlasst, genau dieselbe Erfahrung erneut zu durchlaufen. Kurzum, wenn Sie auf Ihren Chef wütend werden, weil er sie beleidigt, legen Sie genau die Prägung an, die Sie in Zukunft aufs Neue die Erfahrung machen lässt, von ihm oder ihr beleidigt zu werden.

Ein Rückzug aus dieser Art von Krieg muss demnach einseitig erfolgen. Wir erleben häufig auf der Welt, wie kleine Konflikte zu schwerer wiegenden Problemen eskalieren, wenn Einzelpersonen, Menschengruppen oder Nationen keine Bereitschaft aufbringen, den Kreislauf der Gewalt zu durchbrechen. *Die haben mir etwas zuleide getan, daher muss ich ihnen jetzt ebenfalls Leid zufügen.*

Der hier skizzierten Lösung hingegen liegt der Gedanke zugrunde, dass Sie klein beigeben und die Gewalt einstellen, selbst wenn die andere Seite sich noch nicht damit einverstanden erklärt hat, dies ebenfalls zu tun, sobald Sie es tun. Sie weigern sich – einmal, zweimal oder auch hundertmal (»Dem, der dich auf die eine Wange schlägt, halt auch die andere hin.«) auf eine Beleidigung mit einer Beleidigung zu reagieren, und indem Sie das tun, entfernen Sie die Prägungen aus Ihrem Geist, die ansonsten unweigerlich zur Aufrechterhaltung des Kreislaufs führen würden. Der Teufelskreis der Gewalt ist durchbrochen.

Im Scherz sage ich hin und wieder zu meinen Freunden, dies sei der wahre Weg, jene Leute aus dem Büro zu befördern, die ihnen ein wirkliches Ärgernis seien: Man brauche die betreffenden Leute wahrhaftig nicht zu erschießen oder dergleichen, sondern sich einfach nur weigern, den Kreislauf der Gewalt mit ihnen in Gang zu halten. Wenn Sie zu jemandem, der Sie beleidigt, lange genug liebenswürdig sind, wenn Sie sich konsequent weigern, auf Negativität mit Negativität zu reagieren, dann werden Sie ganz allmählich, aber auch ganz sicher, erleben können, wie Menschen dieses Schlages aus Ihrem Leben verschwinden. Sie werden plötzlich in eine andere Stadt versetzt, gehen vorzeitig in den Ruhestand, eine andere Firma wird sie übernehmen wollen; was auch immer.

Ich kann Ihnen ehrlich versichern, dass ich nach jahrelanger praktischer Anwendung dieses Prinzips bei Andin International eine Arbeitssituation hatte, in der das Zusammensein mit jedem einzelnen Menschen in der von mir geleiteten Abteilung ein wahres Vergnügen war, von morgens bis abends. So machte es wirklich Spaß, zur Arbeit zu gehen, und dadurch sind wir natürlich zu einer äußerst gewinnbringenden Abteilung geworden. In dem Augenblick, in dem talentierte Leute wirklich in Übereinstimmung und persönlicher Harmonie zusammenarbeiten, ist bereits die Hälfte der Probleme verschwunden, die ein Unternehmen daran hindern, sein wahres Potenzial zu erreichen.

Geschäftliches Problem Nr. 29: **An Ihrer persönlichen Erscheinung können Sie ablesen, dass die Jahre in der Geschäftswelt bei Ihnen einen unerfreulichen Tribut gefordert haben.**
Lösung: Es mag töricht erscheinen, diesen Punkt als ein geschäftliches Problem aufzulisten. Aber jeder, der einige Zeit in der Wirtschaft verbracht hat, kann Ihnen bestätigen, dass – dies mag fair sein oder nicht – Ihr physisches Erscheinungsbild bei Entscheidungen über die Position, die Sie bekleiden, und über die Höhe des Gehalts, das Sie beziehen, eine nicht gerade geringe Rolle spielt.

Falls Sie sehr lange in einem großen Unternehmen tätig waren, wissen Sie auch, dass dieses spezifische Arbeitsumfeld im Laufe der Zeit das persönliche Erscheinungsbild der Menschen ausgesprochen nachteilig beeinflusst. Die meisten Leute sind noch ziemlich strahlend und attraktiv, wenn sie, kurz nachdem sie die kaufmännische Ausbildung oder das Studium absolviert haben, im Unternehmen auftauchen. Aber nach ein paar Jahren im rauen Geschäftsalltag geht es los: Sie bekommen graue Haare, fette Bäuche oder dicke Hintern – all diese Dinge.

Bestimmt neigen Sie dazu, diese Phänomene dem stressigen Lebenswandel zuzuschreiben: den Bestellungen, die spätabends noch rausgehen müssen, den ständigen Geschäftsreisen, den emotionalen Höhen und Tiefen angesichts der Schwankungen, denen die Unternehmensgeschicke von Tag zu Tag unterworfen sind. Wenn nur ein bisschen Ruhe einkehren würde, so Ihre Vorstellung, würden Sie wahrscheinlich auch wieder ein besseres Aussehen zurückgewinnen – aber Sie bekommen nie eine wirkliche Chance, herauszufinden, ob Sie mit Ihrer Vermutung richtig liegen.

Die Problemlösung hierfür überrascht vielleicht ein wenig, tut aber ihre Wirkung. Sie müssen mit allergrößter Sorgfalt Obacht geben, ob in Ihrem Geist auch nur die leiseste Spur von Wut auf eine andere Person vorhanden ist. Den überlieferten tibetischen Schriften können wir zu diesem Punkt Folgendes entnehmen: Wenn es Ihnen wirklich ernst damit ist, diese Lösung in die Tat umzusetzen, müssen Sie sozusagen einen Schritt weit zur Wut auf Distanz gehen, um gewissenhaft darauf achten zu können, dass Sie der Wut bereits im Vorfeld entgegenwirken – bevor jene Ursachen zusammengekommen sind, in deren Folge sich Wut einstellen könnte. Die spezifischen Ursachen der Wut sind übrigens Empfindungen, die einem, unmittelbar bevor man wütend wird, das Gefühl geben, dass einen etwas aus der Fassung bringt.

Wenn Sie also wirklich zum Experten im Vermeiden von Wut werden wollen, müssen Sie ein Experte oder eine Expertin darin werden, sich durch nichts aus der Fassung bringen zu lassen: Vermeiden Sie Wut, indem Sie ihr Vorspiel vermeiden, welches darin besteht, dass Sie über ein bestimmtes Vorkommnis – etwa ein kleines Missgeschick bei der Abwicklung einer Bestellung für einen wichtigen Kunden oder ein unvermuteter Verkehrsstau auf dem Weg zu einer wichtigen Konferenz – aus der Fassung oder aus der Spur geraten.

Konsequente Vermeidung von Wut hat auf längere Sicht zur Folge, dass in Ihrem Geist sehr interessante Prägungen angelegt werden, aufgrund derer Sie selbst Ihre physische Erscheinung als wirklich anziehend empfinden und obendrein sehen werden, dass es anderen Menschen ebenso ergeht. Die Jahre in der Geschäftswelt können dann ruhig weiter verstreichen, aber Sie machen den Eindruck, als würden Sie nicht altern.

Das ist weitaus leichter und preiswerter, als viel Geld für ausgefallene Hautcremes, für Trainingsprogramme oder für allerlei Eingriffe auf dem OP-Tisch eines Schönheitschirurgen auszugeben.

Geschäftliches Problem Nr. 30: **Unabhängig davon, wie gut Ihre Leistungen am Arbeitsplatz sind, werden Sie von den Leuten, mit denen Sie zu tun haben, andauernd kritisiert.**
Lösung: Entwickeln Sie ein sehr feines Gespür für die Auswirkungen Ihrer Handlungen und Ihrer Worte auf Ihre Mitmenschen. Das heißt, bevor Sie etwas sagen oder tun, sollten Sie genau überlegen, welche Wirkung dies bei Ihren Kolleginnen und Kollegen am Arbeitsplatz hinterlässt. Es gibt in der buddhistischen Überlieferung ein vor über 1600 Jahren verfasstes Buch mit dem Titel »Schatzkammer des höheren Wissens«. Dort heißt es, dass für jede heilsame Handlung, die jemals ausgeführt wurde, eines von zwei Kriterien grundlegend ist: Entweder gibt man Acht, so zu handeln, dass man selbst stolz darauf sein könnte, oder man achtet darauf, so zu handeln, dass andere zu Recht stolz sein könnten, solch eine Handlungsweise zu erleben. Mit anderen Worten, Sie legen fast immer sehr vorteilhafte Prägungen in Ihrem Geist an, wenn Sie empfänglich dafür zu bleiben versuchen, ob Ihr Handeln sich in heilsamer, positiver Weise auf Sie und Ihre Mitmenschen auswirken wird.

Hier sollten wir auch kurz auf die amerikanische Vorstellung von einem kessen jungen Manager zu sprechen kommen – aufgeweckt, unermüdlich, witzig, sich ständig über all jene Mitmenschen belustigend, die nicht recht mit ihm mithalten können. Man sollte sich darüber im Klaren sein, dass solche Menschen von positiver Energie aus der Vergangenheit zehren: von alter, auf alte Prägungen zurückgehender Energie, die aber, gerade weil die Betreffenden nur von einem Tag zum anderen leben, verschlissen und aufgebraucht wird. Ihr gegenwärtig so überhebliches und respektloses Verhalten, ihre Einstellung, sich nicht im Geringsten darum zu scheren, wie ihre Handlungen und ihre Worte sich auf ihre Mitmenschen auswirken – dies alles kann nur Samen säen, die unweigerlich bewirken werden, dass die Betreffenden im weiteren Verlauf ihres beruflichen Werdeganges von immer mehr Menschen Kritik erfahren werden.

Vergegenwärtigen Sie sich bitte: Mangelnder Respekt vor den Empfindungen anderer Menschen als solcher ruft nicht unmittelbar diese Kritik hervor, obwohl es häufig so scheinen mag, als nähmen die Dinge diesen Verlauf. Vielmehr legt das respektlose Handeln im Geist des jungen Managers selbst eine Prägung an, die zunächst ins Unbewusste gelangt, dort eine Weile verbleibt und an Kraft gewinnt, um schließlich als die Erfahrung »ich werde von anderen kritisiert« wieder ins Bewusstsein zurückzukehren.

Betrachten wir das Ganze noch einmal von der anderen Seite. Wenn Sie also das Problem haben, dass Sie häufig von anderen kritisiert werden, sollten Sie sich Tag für Tag viel mehr dafür interessieren, wie sich all Ihre Handlungen und Worte auf jene Menschen auswirken könnten, die von morgens bis abends bei der Arbeit mit Ihnen zusammen sind. Das ist die wichtigste »Gegenmaßnahme«, die Sie ergreifen können.

Geschäftliches Problem Nr. 31: **Wenn Sie Projekte an Ihre Mitarbeiter delegieren, werden diese damit einfach nicht fertig.**
Lösung: Der Prägung, die dieses Problem verursacht, können Sie dadurch ein Ende bereiten, dass Sie sich besonders fürsorglich um Arbeitserleichterungen für Ihre Mitarbeiter in der Firma bemühen. Angenommen jemand benötigt finanzielle Mittel für ein computergestütztes Management-Informationssystem. Sie sollten sich in diesem Fall unbedingt zum Anwalt der betreffenden Person machen und die Voraussetzungen dafür schaffen, dass sie die benötigte Unterstützung erhält, selbst wenn dies auf Kosten *Ihrer* Abteilung gehen sollte. Benötigt eine andere Abteilung kurzfristig ein paar zusätzliche Kräfte, um noch diese Woche ein Projekt abschließen zu können, dann stellen Sie diese bereitwillig ab – aber suchen Sie dafür, ganz am Rande bemerkt, keine trüben Tassen aus, sondern schicken Sie Ihre tüchtigsten Leute rüber. Verlässt sich jemand darauf, für die Fertigstellung eines gerade in Arbeit befindlichen Gutachtens ein paar dringend benötigte Zahlen von Ihnen zu bekommen, dann vergessen Sie nicht, ihm/ihr/ihnen diese Zahlen zur Verfügung zu stellen; selbst wenn die Zeit, die Sie sich dafür zusätzlich nehmen müssen, letztlich von der eigentlich zur Erledigung Ihrer eigenen Arbeit benötigten Zeit abgeht.

Die durch solch ein Verhalten bewirkten Prägungen sind ziemlich stark, und innerhalb von kurzer Zeit werden Sie feststellen, dass Sie all die Arbeit, die Sie aus den Händen geben, mit einem unerwartet niedrigen Kostenaufwand fristgerecht zurückerhalten, und zwar in einer Qualität, die Ihre Erwartungen übertrifft.

Geschäftliches Problem Nr. 32: **Die Projekte, die Sie in Angriff nehmen, laufen zunächst sehr gut an, dann geht ihnen jedoch die Luft aus.**
Lösung: Wie so viele der beschriebenen Geschäftsprobleme geht auch dieses auf eine Prägung zurück, auf die man hier in diesem Zusammenhang eher nicht tippen würde, die aber durchaus plausibel ist, wenn man ein wenig darüber nachdenkt. In der tibetischen Überlieferung gibt es eine spezielle Meditation, die Sie durchführen können, um das Problem zu lösen – die so genannte »Dankbarkeitsmeditation«.

Nehmen Sie sich einen Stuhl, und setzen Sie sich irgendwo in eine ruhige Ecke der Firma (Sie wissen schon, wo die sind, auch wenn es nicht viele davon gibt); irgendwohin, wo Sie davon ausgehen können, dass Sie fünf oder zehn Minuten ungestört bleiben werden. Gehen Sie im Geist all die guten Dinge durch, die Ihnen im Leben widerfahren sind, und denken Sie an die Menschen, die Ihnen geholfen haben, diese Dinge möglich zu machen. Vielleicht haben Sie die spezifischen Kenntnisse und Fertigkeiten, die Sie jetzt in Ihre Arbeit einbringen, erwerben können, weil jemand anderes keine Mühen gescheut hat, sie Ihnen zu vermitteln. Womöglich liegt das schon viele Jahre zurück; aber glauben Sie nicht, dass der oder die Betreffende es sehr zu schätzen wüsste, von Ihnen einmal etwas zu hören – eine kurze Danksagung für das Geschenk, das er oder sie Ihnen gemacht hat und das Ihnen jetzt, nach derart langer Zeit, so sehr zugute kommt?

Gibt es jemanden bei Ihnen zu Hause – Ihren Ehepartner, einen Elternteil oder jemanden, der für Sie bestimmte Dinge im Haushalt, im Garten usw. erledigt –, Menschen, die durch ihre Präsenz in Ihrem Leben Sie erst *in die Lage versetzen,* Ihrer Arbeit nachzugehen? Wann haben Sie sich zum letzten Mal bei ihnen bedankt? Umgibt Sie nicht in Wahrheit ein ganzes Netzwerk von Menschen, die sie unterstützen, die es Ihnen ermöglichen, in die Firma zu gehen und sich dort auf Ihre Aufgaben zu konzentrieren? Die Frau von der chemischen Reinigung? Der Zahnarzt? Der Postbote? Die Leute vom Lebensmittelladen, die Angestellten Ihrer Bank, der Zeitungszusteller? Sicher, Sie können sagen: »Nun, diese Leute werden ja schließlich dafür bezahlt. Sie würden doch nicht morgens aufstehen und diese Dinge für mich tun, wenn es nicht auch zu ihrem Nutzen wäre.«

Ich denke, dieser Einwand geht am Wesentlichen vorbei. Sicherlich werden diese Menschen bezahlt; das ändert jedoch nichts an der Tatsache, dass sie kostbare Stunden ihres Lebens, wertvolle Momente ihrer wenigen gesunden Jahre, damit verbringen, Ihnen bei der Verwirklichung Ihrer Ziele zu helfen. Die vielfältige Unterstützung, die uns durch andere zuteil wird, nicht zu beachten und sich nicht darüber im Klaren zu sein, dass so vieles von dem, was wir tun, nur durch die Liebenswürdigkeit unserer Mitmenschen ermöglicht wird, ist eine eklatante Schwäche des modernen westlichen Denkens.

Wie groß die Dankbarkeit ist, die wir unseren Mitmenschen gegenüber empfinden, steht außerdem in einem direkten Verhältnis zum Glück und zur Zufriedenheit in unserem Leben: Sehr glückliche Menschen haben häufig ein stark ausgeprägtes Bewusstsein dafür, in welch hohem Maß ihnen die Arbeit anderer Menschen zu Glück und Wohlbefinden verholfen hat (ob diese nun dafür bezahlt wurden oder nicht; dies ist aber sicherlich auch nicht die Frage, die einen wirklich glücklichen Geist vorrangig interessiert). Mit anderen Worten sind wirklich glückliche Menschen im Allgemeinen überaus dankbar für jede kleine Freundlichkeit, die zu ihrem Glück beigetragen hat. Und umgekehrt vergrößern unglückliche Menschen ihr Unglück oft noch, indem sie jeden Gedanken daran vermeiden, wie viel Sie von anderen erhalten haben und wie viele Opfer andere Menschen gebracht haben – sei es nun mit oder ohne Bezahlung –, um dafür zu sorgen, dass sie glücklich und zufrieden sind.

Wollen Sie also wirklich sicherstellen, dass Projekte, die einen glänzenden Start hatten, auch weiterhin glänzend laufen, dann geben Sie gut darauf Acht, dass Sie jene Prägungen anlegen, deren es bedarf, damit Sie dies tatsächlich so erleben: Nehmen Sie sich die Zeit, und machen Sie sich die Mühe, tagaus, tagein all jenen gegenüber, die dieses Unterstützer-Netzwerk bilden, Ihren aufrichtigen Dank auszudrücken. Hier gilt erneut, dass die Prägungen nicht unbedingt durch konkretes Handeln angelegt werden müssen – wenngleich Handlungen gewiss ein sehr gutes Ausdrucksmittel sind. Es kommt darauf an, innerlich dankbar zu sein und ständig entsprechende Gedanken zu hegen. Wenn Sie morgens auf Ihr Schälchen Müsli oder Ihr Frühstücksbrot blicken, sollte Ihnen klar sein, dass Hunderte, wenn nicht Tausende Menschen diese so kostbaren Augenblicke eines kurzen menschlichen Daseins geopfert haben, damit die Nahrung zu Ihnen auf den Tisch gelangen konnte. Solch eine Denkweise ist ausgesprochene Mangelware in der modernen Welt, aber sehr wohltuend, sobald man erst einmal damit angefangen hat. Probieren Sie es aus!

Geschäftliches Problem Nr. 33: Durch Ihre Arbeit bedingt halten Sie sich häufig in einer unangenehmen Umgebung auf: Sie müssen in Länder reisen, in denen die Straßen verdreckt sind; der Weg zu Ihrem Arbeitsplatz führt Sie durch Gegenden mit extremer Luftverschmutzung; Sie arbeiten in einem Werk, in dem die Fertigung des von Ihnen hergestellten Produktes den Einsatz giftiger Chemikalien erfordert; und dergleichen mehr.

Lösung: Die Lösung für dieses Problem ist so beschaffen, dass Sie von selbst wohl kaum darauf kommen würden. Doch alle überlieferten Schriften stimmen in der Darlegung der hier notwendigen Schritte überein: Gehen Sie durch Ihr Unternehmen oder durch Ihre Abteilung, und achten Sie darauf, ob es dort irgendwelche Formen von sexueller Belästigung oder anstößigem Verhalten gibt, und bereinigen Sie entsprechende Missstände.

Zu den besonders erfreulichen Aspekten der Arbeit bei Andin gehörte es, dass die vielfältigen Formen der sexuellen Belästigung von Frauen, die am Arbeitsplatz so häufig zu beobachten sind, praktisch nicht existent waren. Vom Inhaber angefangen bis hin zu allen weiteren Kollegen wurden die Frauen aufgrund Ihres Könnens respektiert, das sie zum Erfolg des Unternehmens beisteuerten, und wenn es um Gehaltserhöhungen,

Beförderungen und leitende Positionen ging, standen ihnen uneingeschränkt alle Perspektiven offen. Einzig und allein die Leistung zählte. In der gesamten Firmenhierarchie gab es keinen Manager oder Vorgesetzten, der eine der Frauen mit unerwünschten Berührungen, aufdringlichen Blicken, Pfiffen, anrüchigen Scherzen oder vergleichbaren Zumutungen belästigt hätte.

Das konnte man spüren. Und dass die Arbeitsatmosphäre vollkommen frei war von solch primitiver Flegelhaftigkeit, war einfach ausgesprochen wohltuend: Es gab keine derben oder despektierlichen »Herrenwitze« zum Thema Sex und Frauen, keine anzüglichen Äußerungen, und es wurden auch keinerlei Umgangsformen gepflegt, die verheiratete Männer und Frauen dazu hätten verleiten oder ermutigen können, ihrem Ehepartner während der Arbeit in irgendeiner Weise untreu zu werden.

Der Gedanke, Schmutz in der äußeren Umgebung könne durch eine gewisse Schmutzigkeit hervorgerufen werden, die in Ihrer Art zu sprechen und zu denken angelegt ist, mag Ihnen gar zu simpel scheinen. Diese Vorstellung steht unserer westlichen Weltanschauung derart fern, dass sie uns geradezu wie ein Ammenmärchen vorkommt. Doch denken Sie ruhig mal darüber nach.

Alle Dinge haben ihre Ursache. Es hat seine Ursache, dass bestimmte Teile des Landes von starker Umweltverschmutzung betroffen sind, andere hingegen nicht. Wahrscheinlich sagen Sie sich jetzt: »Selbstverständlich hat das eine Ursache. Manchenorts gibt es einfach mehr Autos, mehr Schornsteine und weniger strenge Umweltauflagen.«

Das überlieferte tibetische Denken unterscheidet aber auch hier strikt zwischen dem »Wie« und dem »Warum«. Die Feststellung, dass in einer bestimmten Gegend stärkere Umweltverschmutzung herrscht, weil es dort mehr Emissionsquellen gibt, auf die sich diese Umweltverschmutzung zurückführen lässt, sagt nur etwas darüber aus, *wie* die Umweltverschmutzung entsteht. Sie sagt hingegen nichts darüber aus, rein gar nichts, *weshalb* diese Emissionsquellen überhaupt zum betreffenden Zeitpunkt in dem betreffenden Gebiet vorhanden sind. Wir wissen, dass Schornsteinen umweltbelastende Schadstoffe entweichen. Das ist also nicht die Frage. Die wirkliche Frage – die Frage, die Sie immer stellen wollten, die zu fragen man Ihnen jedoch untersagt hat, als Sie noch ein Kind waren – lautet: *Warum stehen eigentlich die Schornsteine überhaupt dort und nicht an irgendeinem anderen Ort?*

Erneut rebelliert der Geist und sagt: »Welch törichte Frage. Das ist nun mal einfach so.« Aber erklärt nicht die Wissenschaft, alles habe eine Ursache? Gehört nicht die Aussage, dass es für jedes Ereignis eine rationale Erklärung gibt, zu den Grundfesten unserer gesamten westlichen Gesellschaft? Es liegt auf der Hand, dass der Schornstein die Ursache für die Verschmutzung ist. Wie sieht es aber mit der Ursache dafür aus, dass der Schornstein überhaupt dort steht. Sollten wir nicht in der Lage sein, den Grund dafür ebenfalls ausfindig zu machen? Denn ist nicht der Umstand, dass der Schornstein überhaupt dort steht, seinerseits auch ein Ereignis. Und haben nicht alle Ereignisse Ursachen, die sie auslösen?

Tatsächlich sind die Schornsteine da, weil aufgrund einer aus dem Unbewussten in Ihr Bewusstsein gelangten Prägung für Sie die Notwendigkeit besteht, sie zu sehen – die Notwendigkeit, sie wahrzunehmen. Sie haben die Verschmutzung und die Quellen, aus denen diese zu Ihnen kommt, durch eine Handlung hervorgebracht, die 1) dem von ihr hervorgerufenen Resultat *vorausging* und 2) dem Resultat auch *inhaltlich ähnelt*. Und das Jahrtausende zurückreichende Weisheitswissen bemerkenswerter Denker von der anderen Seite der Welt besagt: Die ganz spezifische Ursache für eine verschmutzte oder übelriechende Umwelt ist ein anstößiges Verhalten im sexuellen Bereich.

Sie müssen das ja nicht einfach glauben. Probieren Sie es doch aus! Sorgen Sie dafür, dass solche Geschichten komplett aus Ihrem Unternehmen verbannt werden – Dinge, die wahrscheinlich ohnehin der allgemeinen Arbeitsmoral und sonstigen Moral im Unternehmen Abbruch tun –, und achten Sie dann darauf, ob nicht auch der Unternehmenssitz zu einem angenehmeren Ort für die Sinne wird. Man glaubt so etwas erst, nachdem man es selbst erlebt hat.

Geschäftliches Problem Nr. 34: **Die Leute, mit denen Sie zu tun haben, sind unzuverlässig. Wenn Sie Ihre Mitarbeiter mit etwas beauftragen, sind Sie nie ganz sicher, ob diese es tatsächlich für Sie erledigen.**

Daher müssen Sie mit jeder einzelnen Aufgabe drei verschiedene Leute betrauen und sich um jedes kleine Detail kümmern – eine Kraft raubende und ineffektive Arbeitsweise.

Lösung: Auch hier gilt, dass *Sie* in einem ganz speziellen Kontext treu und verlässlich sein müssen: in Ihrer Ehe beziehungsweise innerhalb entsprechender partnerschaftlicher oder familiärer Bindungen. Das ist eine der wichtigsten Maßnahmen, die Sie ergreifen können, um sicherzustellen, dass Sie bei Ihrem Mitarbeiterstab Verlässlichkeit wahrnehmen (und mithin tatsächlich erleben) können.

Heutzutage ist es nicht gerade in Mode, viel über diese Art von Verlässlichkeit zu sprechen. Jene Gesetzmäßigkeit, die für das den Dingen innewohnende Potenzial und auch für die auf unsere Handlungen zurückgehenden Prägungen maßgeblich ist, besagt allerdings, dass hierin einer der wichtigsten Schritte besteht, den wir unternehmen können, um Stabilität im Privat- und im Geschäftsleben zu gewährleisten.

Aufgewachsen bin ich in den Tagen des Vietnam-Krieges und des damit einhergehenden Protestes gegen all jene Dinge, die wir damals als die törichten Vorstellungen der vorigen Generation angesehen haben – so auch gegen das gesellschaftliche Phänomen des Krieges und gegen den durch die Ehe institutionalisierten Besitzanspruch auf eine andere Person. Meine Mutter war eine der ersten Frauen in unserer Stadt, die sich scheiden ließ, und ich erinnere mich, wie sie für ihre Entscheidung bezahlt hat, indem sie die Blicke und die Kommentare anderer Leute aus der Nachbarschaft in Kauf nehmen und sich darüber hinaus als alleinstehende Mutter für den Lebensunterhalt abmühen musste.

Aber welch eine unglückselige Kombination ist es doch, zunächst einmal aus einer Laune heraus zu heiraten und sich anschließend einfach wieder scheiden zu lassen, häufig auch noch nach der Geburt von Kindern, die dann unter diesem Vorgang ganz besonders zu leiden haben. Durch solch ein Verhalten werden sehr problematische Geistesprägungen angelegt, und es wirkt sich nachhaltig darauf aus, wie wir jeden Aspekt der uns umgebenden Welt wahrnehmen. Die großen tibetischen Weisheitsbücher bringen unmissverständlich zum Ausdruck, dass ein Phänomen wie das, was man als die mangelnde soziale Ordnung oder soziale

Bindung bei uns im Westen bezeichnen könnte, eine Folgeerscheinung unserer neuerdings zutage getretenen Unfähigkeit ist, die zu einem anderen Menschen eingegangene Bindung aufrechtzuerhalten. Wollen Sie zuverlässige Angestellte haben, dann seien Sie ein Mensch, auf den Ihre Freunde, Ihr Partner und Ihre Kinder zählen können.

Geschäftliches Problem Nr. 35: Ihnen fehlt die finanzielle Unabhängigkeit. In wichtigen Belangen dürfen Sie sich nicht nach Ihrem eigenen Kopf richten – insbesondere dürfen Sie über das von Ihnen selbst Erwirtschaftete keine eigenständigen Entscheidungen treffen, sondern müssen zuvor mit anderen Leuten Rücksprache halten.
Lösung: Dieses ganz spezielle Problem können Sie lösen, indem Sie den Besitz und den Raum anderer Menschen strikt respektieren. Im Unternehmensbereich würde das zum Beispiel bedeuten, nicht die finanziellen Mittel von anderen Abteilungen oder von anderen Angehörigen der Firmenleitung anzutasten, ohne zuvor sicherzustellen, dass die Betreffenden auch wirklich damit einverstanden sind. Stattdessen sollten Sie den anderen die eigenen Mittel verfügbar machen, wann immer Bedarf dafür besteht und es Ihnen möglich ist, diesem Bedarf zu entsprechen; kurz, Sie sollten mit Ihren Kolleginnen und Kollegen Mittel einvernehmlich teilen, um gemeinsame Ziele zu erreichen.

Dies entspricht dem Konzept vom »*einen* Körper«, das in einem vor ungefähr 1300 Jahren in Asien verfassten buddhistischen Buch mit dem Titel »Ein Leitfaden zur Lebensführung eines mutigen Heiligen«* überzeugend dargelegt wird. Denken Sie an unsere Vorstellung von »mein Körper« oder »mein Selbst«. Normalerweise haben wir die Neigung, diesen Körper beziehungsweise dieses Selbst ziemlich unbeirrbar mit allem, was von unserer Haut umschlossen wird, gleichzusetzen: Beim Händchenhalten zum Beispiel hört »ich« an *meinen* Fingerspitzen auf, während »du« an *deinen* Fingerspitzen anfängt.

Bekommt eine Mutter ein Kind, findet offenkundig eine Neudefinition dieses »Ich« statt: Die »Ich«-Grenze hat sich jetzt dahingehend aus-

---

* Shantidevas Bodhicharyavatara (A. d. Ü.)

Kapitel 7

gedehnt, dass sie das Kind mit einschließt. Und wer dem Kind etwas zuleide tut, tut damit auch der Mutter etwas zuleide, die dann wie eine »Löwenmutter« reagiert.

Bei Ihnen wird die Definition dessen, was »Sie« sind beziehungsweise was »Ihres« ist, ebenfalls ausgeweitet, wenn Sie sich gerade ein neues Auto gekauft haben und für dieses monatliche Raten zahlen müssen, die einen nicht unerheblichen Teil Ihres Einkommens verschlingen. Manche Situationen im realen New Yorker Lebensalltag machen diese Ausweitung der »Ich«-Grenze sehr schön anschaulich: zum Beispiel wenn ein Haufen Teenager sich die Autos im ganzen Block vorknöpft und nachprüft, ob die Türen tatsächlich verschlossen sind, beziehungsweise durch die Seitenscheiben auf die Rücksitze späht. Gestern war das für Sie noch eine Art Kavaliersdelikt – etwas, das Sie vielleicht beim Betreten des Gebäudes dem Wachmann melden. Kommen diese Teenager heute hingegen in die Nähe *Ihres* neuen Wagens, so ist das ein schändlicher Frevel, einfach empörend – und Sie rennen womöglich auf die Straße, um die Jugendlichen zu verjagen, oder rufen in heller Aufregung die Polizei.

Das »Ich« kann jedoch auch schrumpfen: Ein Chirurg setzt Sie darüber in Kenntnis, dass eine Ihrer Nieren von Krebs befallen ist und entfernt werden muss. Daraufhin haben Sie erst einmal eine Weile mit sich zu kämpfen, beginnen sich dann aber innerlich von der Niere zu *lösen* – in dem Prozess, den Sie dabei durchlaufen, fangen Sie an, die Niere von dem zu trennen, was Sie als »zu mir gehörig« bezeichnen, bis Sie sich schließlich am Tag der Operation vollkommen damit abgefunden haben, dass »Ihnen« die Niere entfernt wird.

Auch in einem großen Unternehmen kann das im Sinn von »meine Interessen« verstandene »Ich« schrumpfen oder sich ausdehnen. Einen zuverlässigen Hinweis auf ein gesundes Unternehmen gibt der Umstand, dass das »Ich«-Verständnis jedes einzelnen Abteilungsleiters weit genug gefasst ist, um sämtliche anderen Abteilungen ebenfalls mit einbeziehen zu können: Was für Ihre Abteilung gut ist, kommt auch meiner Abteilung zugute, schließlich sind wir ja alle Teil von ein und demselben Unternehmen. Dies ist keine Fiktion, das sollten Sie unbedingt begreifen. Wenn Sie Ihr »Ich« dazu bringen, sich auf drei Abteilungen zu erstrecken, ist das kein bisschen unnatürlicher, als wenn Sie lediglich zulassen, dass es sich auf Ihre eigene Abteilung erstreckt; bloß weil Ihnen eines Tages mal jemand gesagt hat, Sie seien jetzt der Leiter dieser Abteilung – woraufhin Sie Ihr »Ich« so weit ausgedehnt haben, dass die *eine* Abteilung mit einbezogen wurde.

Was »ich« bin, was »mich« ausmacht, ist eine Entscheidung – eine Entscheidung in jedem Augenblick unseres Lebens. Und es auf das zu beschränken, was »Ihre« unmittelbaren Interessen zu sein scheinen, darin besteht der überlieferten Weisheit Tibets zufolge der eigentliche Ausgangspunkt aller persönlichen und unternehmerischen Probleme. Hierbei geht es, missverstehen Sie das bitte nicht, keineswegs um eine Art von edelmütiger Gesinnung. Vielmehr handelt es sich hier um eine Angelegenheit von ganz gravierender praktischer Bedeutung.

Jeder von uns hat den Drang, unabhängig zu sein, in finanzieller wie in organisatorischer Hinsicht. Das erreichen Sie, indem Sie peinlich genau darauf achten, all Ihre Mittel mit den anderen Menschen rings um Sie in Ihrem Unternehmen zu teilen. Gewöhnen Sie sich an diese Vorstellung. Von nichts kommt nichts. Ihr jeweiliger Unabhängigkeitsgrad ist eine Wahrnehmung und deshalb eine Wirklichkeit, die durch Prägungen hervorgerufen wird. Und die entsprechenden Prägungen werden in Ihrem Geist angelegt, indem Sie bereitwillig – und wohlwissend um diese Zusammenhänge – Ihre Mittel mit anderen in der Firma teilen.

Geschäftliches Problem Nr. 36: **In Ihren tagtäglichen Geschäftsbeziehungen unternehmen die Menschen, mit denen Sie es zu tun haben – Kunden, Lieferanten und Angestellte –, häufig den Versuch, Sie an der Nase herumzuführen.**

Lösung: Hier haben wir ein weiteres Beispiel für eine Problemlösung, die Sie ansonsten wohl eher nicht in Betracht gezogen hätten. Wir alle wissen, wie frustrierend es sein kann, bei einer Geschäftsbeziehung in eine Situation zu geraten, in der wir nicht sicher sind, inwieweit wir den Aussagen der anderen Partei Glauben schenken dürfen. Ein Kunde versichert uns, wir würden zu einem bestimmten Zeitpunkt eine bestimmte Zahlung erhalten. Tatsächlich aber erfolgt, so müssen wir spä-

Kapitel 7

ter feststellen, diese Zahlung nicht einmal annähernd zum vereinbarten Zeitpunkt, und der Kunde wusste schon die ganze Zeit über, dass es so sein würde.

Ein Lieferant versichert uns, dass das Rohmaterial, das wir zur Fertigstellung eines eminent wichtigen Auftrags für einen unserer größten Kunden benötigen, fristgerecht bei uns im Haus sein wird; und dann finden wir heraus, dass seine Firma die entsprechenden Waren gar nicht hat – oder noch schlimmer, sie hatte sie zwar da, hat sie jedoch noch am selben Tag an einen Konkurrenten geliefert, weil der dafür ein bisschen mehr Geld bot.

Ein Angestellter verlässt eine Konferenz in Ihrem Büro mit dem Auftrag, etwas zu erledigen, das unverzichtbarer Bestandteil eines größeren Projekts ist, mit dem der Betreffende und einige weitere Mitarbeiter schon etwas länger befasst sind; daher verfolgen Sie den Fortgang der Dinge nur beiläufig von Zeit zu Zeit, und jedes Mal versichert man Ihnen, mit diesem Projekt gehe alles gut voran. Dann kommt der Tag, an dem das Projekt präsentiert werden soll, und Ihnen wird klar, dass Sie die ganze Geschichte verschieben müssen, weil diese Leute mit ihrem Beitrag nicht fertig geworden und in Wahrheit schon die ganze Zeit über nicht weitergekommen sind.

Diesem Muster, von den Leuten an der Nase herumgeführt zu werden, können Sie ein Ende bereiten, indem Sie an zwei Fronten aktiv werden. Versuchen Sie als Erstes ein feines Gespür zu entwickeln für jedwedes Gefühl von Stolz, dem Sie möglicherweise auf den Leim gehen. Die Wirtschaft ist schnelllebig und reagiert unbarmherzig: Stars erleben einen rasanten Aufstieg und einen harten Absturz. Daher könnte man vielleicht annehmen, kaum jemand in der Wirtschaft sei von Stolz befallen. Doch obgleich die Geschäftsleute im Westen zu den intelligentesten und talentiertesten Menschen gehören, scheinen sie an dieser Stelle einen blinden Fleck aufzuweisen. Sie scheinen unfähig zu sein, eine Emotion unter Kontrolle zu bekommen, die ziemlich unangebracht ist in einer Welt, in der ein einziger schlechter Tag zur Folge haben kann, dass Sie nicht mehr Vizepräsident der Abteilung, sondern ein »älterer Manager sucht eine einfache Arbeitsstelle in der Verwaltung« sind.

Das wahrscheinlich fatalste durch Stolz verursachte Problem ist nicht seine unerquickliche Wirkung auf all jene, die mit Ihnen zu tun haben, sondern seine verheerenden Konsequenzen für Ihre persönliche Entwicklung. Eine Redensart der tibetischen Yak-Hirten besagt: »Stets wächst das Gras im Sommer zunächst auf den tiefer gelegenen Wiesen und arbeitet sich später erst bis zu den Füßen der Schneegipfel empor.« Ein Mensch, der frei ist von Stolz – ein bescheidener Mensch –, kann anderen viel besser zuhören. Das ist der entscheidende Punkt. Dabei spielt es für ihn keine Rolle, welche Position sein Gegenüber innerhalb der Firmenhierarchie bekleidet, und was er als guter Zuhörer erfährt und dazulernt, kann seinem weiteren Erfolg zugute kommen – für weitere grüne Wiesen in höherer Lage.

Für uns ist immer ein Potenzial vorhanden, von jedem Menschen, den wir im Laufe eines Arbeitstages treffen, etwas zu lernen, sofern wir nur unsere Ohren öffnen und hören, was die anderen zu sagen haben. Das bedeutet natürlich nicht, dass Sie auf jeden unausgegorenen Vorschlag eingehen sollen, den die Leute im Büro Ihnen unterbreiten. Vermutlich sind Sie doch beruflich deshalb so weit gekommen, weil Sie durchaus in der Lage sind, die eine oder andere gute Entscheidung selbst zu treffen. Haben Sie aber das nötige Gespür, um aufzunehmen und zusammenzufügen, was Sie so hören, während Sie im Laufe des Tages durch Ihre Abteilung gehen, dann werden Sie in aller Regel von Ihren Leuten etwas lernen können, das möglicherweise in deren Geist noch keineswegs klare Form angenommen hat: bei den Betreffenden sich abzeichnende Tendenzen zum Beispiel oder partielle Lösungsansätze, die Ihnen als Anstoß dienen können, um selbst einen umfassenderen Denkansatz zu entwickeln.

Tappen Sie außerdem nicht in die Falle – das ist die zweite Front, an der Sie aktiv werden sollten –, ein Leben zu führen, in dem es Ihnen in erster Linie um die Anerkennung der anderen geht. Jeder Mensch sollte im Berufs- wie im Privatleben irgendwann so weit gereift sein, dass er tut, was gut und richtig ist – nicht weil irgendjemand ihm dafür danken und ihn dafür loben wird, sondern einfach, weil es da etwas gibt, das getan werden sollte, und weil er am besten in der Lage ist, dies zu tun. Man kann in der Tat sagen, dass Sie ein umso besserer Manager sind, je weniger Sie die Anerkennung anderer Menschen benötigen. Mütter zum Beispiel nehmen ein kleines Baby in ihre Obhut, weil sie zu eben jenem Zeitpunkt genau die richtige Person dafür sind; und sie lernen zu leben, ohne darauf zu hoffen, dass diejenigen, für die sie sorgen, Ihnen gegenüber besonderen Dank und besondere Anerkennung zum Ausdruck bringen werden.

Statt auf die Anerkennung der anderen zu spekulieren, halten wirklich kompetente Manager und Führungskräfte in einem Unternehmen mehr nach Gelegenheiten Ausschau, anderen Anerkennung zuteil werden zu lassen; und im besten Fall ist das nicht einfach nur eine weitere Unternehmensstrategie, sondern entspricht eher der tatsächlichen Wahrnehmung der Situation durch die Manager: Da sie ein gutes Gespür und ein gutes Wahrnehmungsvermögen für die Leistungen der sie umgebenden Menschen haben, zollen sie den geleisteten Beiträgen ihre Anerkennung und honorieren sie. Und zwar *nicht* weil das eine gute Möglichkeit ist, Angestellte zu motivieren und dergleichen, sondern weil sie wirklich *erkennen*, dass jeder Mitarbeiter, und nicht nur sie selbst, für den Erfolg des Unternehmens eine wichtige und unverzichtbare Rolle spielt – und sei es auch in einer, wie es scheint, eher begrenzten Funktion als Facharbeiter oder als Portier.

Machen Sie sich frei von der Gewohnheit, auf Lob oder Anerkennung für sich selbst zu hoffen. Machen Sie es sich stattdessen zur Gewohnheit, aufmerksam nach Gelegenheiten Ausschau zu halten, bei denen Sie den Menschen um Sie herum Lob und Anerkennung zuteil werden lassen können. Und plötzlich wird niemand mehr in Ihrer Welt – kein Kunde, kein Lieferant, kein Angestellter – Sie an der Nase herumführen. Noch einmal: Dies resultiert aus der Prägung, die darauf zurückgeht, dass Sie sich vollkommen darüber im Klaren sind, welche Beiträge Ihre Mitarbeiter zum Unternehmenserfolg hinzusteuern.

Schließlich sollten wir noch klarstellen, dass Sie nicht unaufrichtig sein oder nach Ausreden Ausschau halten sollten, um Lob und Anerkennung dort zu verbreiten, wo beides niemandem gebührt. Der entscheidende Punkt hierbei ist: Wenn Sie in einem Unternehmen einer gewissen Größenordnung arbeiten, könnte dieses ohne den stillen und hingebungsvollen Einsatz eines gewissen Kernbestandes von Mitarbeitern schwerlich auf irgendeiner Ebene funktionieren – den Einsatz von Mitarbeitern, die an Ihrer Seite schon so lange gute Arbeit leisten, gleichbleibend gute Arbeit, dass Sie wahrscheinlich gar nicht mehr bemerken, wie viel diese Leute für Sie tun. Es ist eine bedauerliche Realität im Geschäfts- wie in unserem Privatleben, dass wir offenbar umso weniger anerkennen und honorieren, welche Dienste uns jemand erweist, je näher uns die betreffende Person steht und je länger sie uns diese Dienste erweist. Das läuft in etwa auf das Muster hinaus: Wann haben Sie eigentlich zum letzten Mal Rosen und eine Schachtel Pralinen mit nach Hause gebracht? Und dergleichen mehr. Sie wissen schon.

Geschäftliches Problem Nr. 37: **Kein Mensch in der Firma schenkt dem, was Sie zu sagen haben, Beachtung. Über jeden Vorschlag, den Sie machen, geht man hinweg oder tut ihn als Blödsinn ab.**
Lösung: Jedem, der einige Zeit in den Sitzungssälen der Vorstandsetagen verbracht hat, werden diese Dinge sehr bekannt vorkommen. Manchmal sind sie so offensichtlich, dass man sich wirklich schon Sorgen macht, den Verstand zu verlieren. Am Montag haben Sie zum Beispiel eine sechsstündige Vorstandssitzung. Der Chef fordert die Anwesenden auf, ihm Vorschläge für mögliche Kosteneinsparungen im nächsten Quartal zu unterbreiten. (Übrigens haben die nachfolgend wiedergegebenen Wortwechsel tatsächlich stattgefunden.) Eine Person, die zu diesem Zeitpunkt beim Chef gerade einen Stein im Brett hat, sagt: »Lasst es uns doch mal damit versuchen, dass wir all das alte Computerausdruck-Papier, das in der Firma anfällt, als Schmierpapier verwenden und die Leute ermuntern, sich für ihre Notizen nicht mehr das gute Papier aus dem Kopierer zu holen. Stattdessen können wir das Gebrauchtpapier in einer Kiste neben dem Gerät bereitstellen, damit die Mitarbeiterinnen und Mitarbeiter darauf zurückgreifen.«

Der Chef schaut in die Runde; jeder scheint mit dem Vorschlag einverstanden zu sein, obwohl die meisten von uns sich denken, dass die Einsparung wohl nicht so riesengroß sein kann, wenn jeden Tag jemand durch die Firma gehen muss, um das gebrauchte Computerpapier zu verteilen – aber sei's drum, das ist jedenfalls die richtige Einstellung.

Kapitel 7

»Gute Idee«, sagt der Chef. »Hat sonst noch jemand einen Vorschlag?«
Ich hebe meine Hand. »Wie wär's, wenn wir im Aufzug eine spezielle Matte auf den Boden legen würden, in der kleine Diamanten hängen bleiben, die sich bei dem einen oder anderen von unseren Leuten auf dem Weg nach draußen von den Schuhen lösen. Jeden Abend, wenn ich aus dem Haus gehe, sehe ich einige dort liegen. Und die Leute von der Gebäudereinigung, die im Laufe der Nacht kommen, saugen einfach mit dem Staubsauger drüber und schmeißen anschließend alles in den Müll.«

Sie müssen wissen, die Diamantenpäckchen und -pakete, die gewissermaßen unser täglich Brot ausmachten, enthielten Tausende Diamanten, und manche davon waren *wirklich* klein. Wenn Sie beispielsweise mal kräftig niesen mussten oder beim Zurücklehnen auf dem Stuhl mit dem Telefonkabel das Häuflein Diamanten gestreift haben oder wenn Ihnen jemand einen Bleistift auf Ihren Schreibtisch geschmissen hat, dann passierte es leicht, dass die Steine in größerer Zahl vom Tisch fielen. Und purzelten sie dann zu Boden, so sprangen, rutschten oder schossen sie oft auf unerklärliche Weise quer durch den Raum in die allerletzte Ecke, in der man sie jemals vermutet hätte beziehungsweise finden würde.

Wenn Ihnen das mit einem Haufen kleiner Steine passiert, stehen Sie vorsichtig auf (für den Fall, dass einige davon bei Ihnen im Schoß gelandet sind) und gehen dann auf Zehenspitzen rüber in die Ecke, um den kleinen Handfeger zu holen; auf Zehenspitzen deshalb, weil sich sonst die Steine, die beim Herabfallen mit der Spitze nach oben auf dem Boden liegen geblieben sind, in Ihre Schuhsohlen bohren und durch die Sicherheitstüren hindurch in die Toilette oder in den Aufzug getragen werden könnten, wo sich dann aus dem einen oder anderen Grund viele von ihnen zu verselbstständigen scheinen (daher mein Vorschlag, die Matte in den Aufzug zu legen).

Als Nächstes begeben Sie sich auf alle viere und kriechen in dieser Haltung über den Boden, was niemand blödsinnig findet, weil jeder andere es genauso macht, wenn ihm ein paar Steine runterfallen. Sie kehren alles sorgfältig auf, oder Sie gehen mit dem Kopf noch dichter an den Boden, damit das Auge in einen günstigeren Winkel kommt, um eventuell irgendwo, und sei es auch in relativ kurzer Distanz, ein verloren gegangenes Schätzchen erspähen zu können, das sich durch ein kurzes verräterisches Aufblitzen zu erkennen gibt.

Dieser Diamantglanz – bei Diamanten handelt es sich nicht nur um das härteste dem Menschen bekannte Material, sondern sie zeichnen sich außerdem durch den höchsten Brechungsindex sämtlicher Materialien und die stärkste Oberflächenreflexion aus –, das Aufblitzen eines Diamanten, sobald er ein wenig Licht reflektiert, das von der Deckenbeleuchtung auf ihn fällt, ist etwas ganz Charakteristisches. Und jeder Diamantenmensch hat ein Auge dafür.

Es kann Ihnen durchaus passieren, dass Sie, während Sie gerade einen langen, mit Teppichboden ausgekleideten Flur zwischen den Vorstandsbüros entlanggehen, plötzlich weit hinten in einer Ecke dieses Aufblitzen sehen, sich hinbücken und innerhalb von einer Minute einen unwahrscheinlich kleinen Stein in Ihre Handfläche schnipsen – das wird einfach zu einem Reflex, einer instinktiven Reaktion. Ich erinnere mich, dass es vor dem International Paper Building an der Ecke Fünfundvierzigste Straße und Avenue of the Americas einen Bürgersteig von besonderer Machart gab: Dem Zement hatte man vor dem Aushärten eine Art Glitzerpulver beigemischt. Das hat mich auf dem Nachhauseweg regelmäßig ziemlich verrückt gemacht, denn mein »Stein-auf-dem-Boden-Glitzerinstinkt« meldete sich, und ich beugte mich unwillkürlich nach unten, um das arme versprengte Schäfchen aufzulesen.

Doch wie dem auch sei, nicht immer blitzt ein Stein Sie so an, denn der dafür erforderliche Winkel im Verhältnis zur Deckenbeleuchtung ist in vielen Fällen einfach nicht gegeben, und darum müssen Sie – ganz langsam und sorgfältig – den kompletten Raum ausfegen. Anschließend befördern Sie alles in eine Ecke und hocken sich hin, um die von allen möglichen Leuten hinterlassenen Schuppen (die oft ein wenig wie wirklich kleine Steine aussehen) und ausgefallenen Haare zu durchwühlen; oft stoßen Sie dann auch auf die Steine von vor drei Wochen, die Sie damals nicht gefunden haben. Nie aber finden Sie *sämtliche* Steine, die Ihnen runtergefallen sind. Und einige gelangen *immer* nach draußen in den Aufzug.

Der Chef schaukelt ein paar Mal auf seinem Stuhl hin und her (er hat natürlich als einziger einen Stuhl, mit dem man diese Schaukelbewegung

Kapitel 7

ausführen kann; ich habe nie so recht verstanden, warum) und knurrt: »Das ist der blödeste Vorschlag, den ich je gehört habe, Roach.« Es gibt doch diese Kunstform, sich während einer Vorstandssitzung am Rande eines Tisches unsichtbar zu machen – ich habe unverzüglich damit begonnen, genau das zu tun.

»Ich hätte da eine Idee«, schnurrt diese eine Person, die schon den ganzen Monat beim Chef einen Stein im Brett hatte: »Sie kennen doch vielleicht diese Schokoladen-Tafeln, die wir unseren Lieferanten und Kunden zu den Feiertagen schenken – die mit der Aufschrift Andin? Die Tafeln sind reichlich dick, finde ich. Was halten Sie davon, wenn wir sie hier bei uns im Haus auspacken, zirka anderthalb Millimeter Schokolade abhobeln und aus der dadurch gewonnenen Schokolade zusätzliche Tafeln herstellen?«

Der Chef lehnt sich mit triumphierender Miene in seinem Stuhl zurück und blickt sie nur unverwandt an. Der Rest von uns ist sich nicht sicher, ob das nun ein Scherz gewesen sein soll oder nicht (sollte es nicht gewesen sein), und so unternehmen wir einfach den Versuch, neutral dreinzuschauen, bis der Chef sagt »Blödsinn« (wir nicken mit dem Kopf) oder »brillant« (schnelleres Kopfnicken mit mehr Begeisterung).

Das Ende der Geschichte ist Ihnen sicherlich klar. Eine Woche später – Sie haben gerade den Nachhauseweg angetreten und suchen, den erschöpften Kopf gesenkt wie ein geprügelter Hund, instinktiv den Boden des Aufzugs nach ein paar versprengten Steinen ab – sind die Leute von der Hausmeisterei damit beschäftigt, im Aufzug die schwarze Gummimatte auszulegen, die diese feinen Fasern auf der Oberseite hat.

»He, Leute«, was macht ihr denn da?«, fragen Sie.

»Den Aufzug mit diesen neuen Matten ausstatten – eine tolle Idee. Wissen Sie, diese kleinen Steine, die bei den Leuten in den Schuhsohlen stecken bleiben und dann jeden Tag bis hier nach draußen in den Aufzug geschleppt werden? An diesen Matten bleiben die Steine hängen; und wir drehen die Matten dann jeden Abend in der Werkstatt, dort, wo die Goldreste liegen, um und schütteln sie aus; und später können die Steine in der Diamantenabteilung wieder verwertet werden, statt dass die Leute von der Gebäudereinigung jede Nacht einfach mit dem Staubsauger drüber saugen und hinterher alles in den Müll werfen.«

»Mensch«, sagen Sie, »wirklich 'ne tolle Idee. Wer ist denn darauf gekommen?«

»Tja, das war der Chef – echt clever, der Mann, finden Sie nicht?«

Diese außerordentlich frustrierende Wahrnehmung wird durch eine Prägung besonderer Art ausgelöst, und zwar durch jene Art von Prägung, die durch leere Geschwätzigkeit angelegt wird. Interessanterweise beschreiben die vor Tausenden von Jahren verfassten Weisheitsbücher aus dem alten Indien und Tibet leeres Geschwätz mit den Worten: »bereitwillig und gern unnützen Gesprächen über Sex, Verbrechen, Krieg und Politik nachgehen«. Des Öfteren werde ich von Leuten gefragt, wie ich bloß die Zeit dazu fände, mich um all die Projekte zu kümmern, die wir weltweit auf den Weg gebracht haben. Die Antwort lautet, dass ich unnützes Gerede bewusst zu vermeiden suche. Damit meine ich die stundenlangen Unterhaltungen bei Tageszeitung und Kaffee, in denen Menschen über die aktuellen Neuigkeiten aus aller Welt und über andere Menschen reden, von denen sie kaum etwas wissen, die vollkommen belanglos für sie sind und auf die sie keinerlei Einfluss haben.

So gut wie jede Nachricht aus jeder Fernsehsendung, Zeitung oder Zeitschrift können Sie diesem unnützen Gerede hinzurechnen. Zählen Sie weiterhin fast komplett die Unterhaltungsprogramme von Radio und Fernsehen dazu; und praktisch alles, was Sie jemals zu jemand anderem über jemand anderen gesagt haben, bloß um sich selbst reden zu hören. Eine gute Möglichkeit, zu überprüfen, ob eine Nachricht in der Zeitung oder einer Zeitschrift für Sie von Belang ist, bietet der Drei-Tage-Test. Wenn Sie irgendwann mal eine Tageszeitung gründlich gelesen haben (weil der Abflug Ihrer Maschine sich verzögert hat und Sie schließlich die Zeit gefunden haben, das ganze Ding zu lesen; oder in einer ähnlichen Situation), dann versuchen Sie sich drei Tage später hinzusetzen und sämtliche Informationsbröckchen aufzuschreiben, an die Sie sich noch erinnern können.

Sie werden feststellen, dass Sie sich vielleicht noch an einen oder zwei der gelesenen Artikel erinnern, mehr nicht, und nur noch wenige Einzelheiten daraus rekapitulieren können. Wenn es sich aber so verhält, warum sollte man sie dann überhaupt lesen? Die Leistungsfähigkeit des Geistes ist fabelhaft – aber nicht unbegrenzt. Ähnlich wie ein Computer haben auch Sie in Ihrem Kopf für zusätzliche Information nur in begrenztem Umfang Speicherkapazität beziehungsweise Raum.

Im Buddhismus misst man dem Schweigen großen Wert bei, und dies aus ganz praktischen Gründen. Unter Buddhisten gibt es eine Gepflogenheit, die ich an anderer Stelle eingehender beschreiben werde: sich in ausgedehnte Klausuren zu begeben – sich für längere Zeit, sagen wir mal, zwischen ein paar Tagen und ein paar Wochen, zurückzuziehen. In diesen Klausuren vermeidet man die ganze Zeit über bewusst jedes Sprechen. Die meisten Menschen in den USA und in anderen westlichen Ländern haben nie etwas Vergleichbares ausprobiert; von Ausnahmesituationen (Kehlkopfentzündungen, oder Tage, an denen wir aufgrund einer Erkrankung allein zu Hause bleiben) vielleicht einmal abgesehen, hat es vermutlich in Ihrem gesamten Erwachsenendasein noch nicht mehr als einen oder zwei Tage gegeben, an denen Sie mit niemand anderem gesprochen haben. Und wie Sie feststellen werden, wenn Sie selbst einmal an einer Schweigeklausur teilnehmen, sind die meisten Worte, die wir verlieren, einfach unnötig und haben bloß eine zerstreuende Wirkung.

Für eine Weile allein zu bleiben und zu schweigen ist eine bemerkenswerte Methode, um wichtige Einsichten in den Stand Ihrer Geschäfte zu gewinnen – doch darüber später mehr. Im Moment sei nur so viel gesagt: Die Prägung, die Sie veranlasst, zu erleben, dass Ihnen keine Beachtung geschenkt wird, selbst wenn Sie einen guten Vorschlag machen, geht auf nichts anderes zurück als auf leeres Geschwätz. Und falls es den Anschein hat, dass dieses Problem in Ihrem Leben häufig auftritt, dann seien Sie *sehr* strikt darin, weit mehr als andere Menschen, sich nicht auf belangloses Geplapper einzulassen.

Geschäftliches Problem Nr. 38: **Sie stellen fest, dass Sie unter mangelndem Selbstvertrauen leiden. Früher waren Sie sehr selbstsicher, und jetzt ist Ihnen genau umgekehrt zumute.**
Lösung: Dieses Problem kann ebenfalls dadurch restlos bereinigt werden, dass Sie nutzloses Gerede vermeiden – nicht nur in seinen gerade beschriebenen Formen, sondern auch noch in einer weiteren wichtigen

Variante: jene ganz typische Art von fruchtlosem Gerede, die unter Geschäftsleuten so sehr an der Tagesordnung ist. Jemand macht große Pläne und Ankündigungen, kommt mit deren Umsetzung jedoch niemals weit genug voran, um zu gewährleisten, dass sie tatsächlich konkrete Formen annehmen. Besonders offenkundig tritt dieses Phänomen bei Unternehmenssitzungen zur Planung des bevorstehenden Geschäftsjahres zutage: Stunde um Stunde wird mit gegenstandslosen Planungen und Beschlüssen vertan, von denen jeder im Raum weiß, dass man sie unmöglich so in die Tat umsetzen kann.

Ich spreche hier übrigens nicht von überschäumendem Engagement jener Art, wie es für einen echten Vollblutunternehmer kennzeichnend ist; nicht von jener ungezügelten Kreativität, die von einem jener seltenen Menschen ausströmt, der eine Vision hat, zugleich aber auch die Fähigkeit und die Bereitschaft, sich bei der weniger inspirierenden Alltagsknochenarbeit ins Zeug zu legen, um erstaunliche Träume zu verwirklichen. Vielmehr sind hier jene immer wiederkehrenden, unausgegorenen Pläne und Absichtserklärungen gemeint, die lediglich bewirken, dass Ressourcen vergeudet werden und sich die Aufmerksamkeit der Menschen darin verzettelt.

Um sicherzustellen, dass Sie in künftigen Jahren von Selbstvertrauen durchdrungen sein *werden*, sollten Sie möglichst niemals vergessen, nur über diejenigen Dinge zu reden, die Sie auch wirklich in die Tat umsetzen wollen, um keine kostbaren Stunden Ihres Lebens zu verschwenden, indem Sie über Dinge reden, die eigentlich belanglos für Sie sind. Hier bedarf es einer feinen Abwägung zwischen Traum und Vision, zwischen Phantasterei und Hoffnung – der Unterschied lässt sich im Allgemeinen daran festmachen, ob ein Gutteil Ihrer Träume nicht eine bloße Ausgeburt der Phantasie bleibt, sondern als Ihres Geistes wundersames Kind auch tatsächlich das Licht der Welt erblickt.

Geschäftliches Problem Nr. 39: **Sie stellen fest, dass es Ihnen nicht gelingt, Ihre wohlverdiente Ruhe zu haben. Sich zu entspannen bereitet Ihnen Schwierigkeiten, und Urlaub können Sie einfach nie wirklich genießen: Richtige Mußestunden sind für Sie ein Ding der Unmöglichkeit.**

Lösung: Die Fähigkeit, sich zu entspannen, sich von der Arbeit frei zu machen und sich an den verdienten Mußestunden wirklich zu erfreuen – auch diese Dinge können Sie für sich entdecken, wenn Sie es verstehen, die geeigneten Prägungen im Geist anzulegen. Über die entsprechende Fähigkeit verfügt man nicht automatisch, sie wird nicht jedermann in die Wiege gelegt, doch ebenso wenig ist sie eine wahllos unter die Bevölkerung gestreute Segnung.

Einmal mehr werden die spezifischen Prägungen vor allem dadurch angelegt, dass man Acht gibt, nur über diejenigen Dinge zu sprechen, die von Nutzen sind – und jedes Gerede ohne Sinn oder Zweck zu vermeiden, gleichgültig ob es sich dabei um Klatsch handelt oder um törichte Ideen beziehungsweise Pläne, die Sie ohnehin nie ausführen wollen. Den gemeinsamen Nenner oder roten Faden bei alledem könnte man als *Zielstrebigkeit* bezeichnen. Dahinter steht der Gedanke, lediglich aus gegebenem Anlass zu sprechen – wenn es ein Ziel zu erreichen oder eine Handlung auszuführen gilt. Auf dieser Grundlage stellt sich bei Ihnen ein Gefühl der Zufriedenheit oder Erfüllung ein; denn Sie haben Ihre Worte in die Tat umgesetzt und Ihre Fähigkeiten ausgelebt.

Falls Sie ein Mensch sind, der ohnehin normalerweise nur dann spricht, wenn es geboten ist, dann vergegenwärtigen Sie sich bitte auch hier wieder: Das gewährleistet keineswegs, dass weder ältere Prägungen vorhanden sind, weil Sie in der Vergangenheit nutzlosem Gerede gefrönt haben, noch Prägungen, die *früher einmal schwächer gewesen sind,* eine ganze Weile ein unbewusstes Dasein geführt und dabei unablässig an Stärke gewonnen haben – so viel an Stärke gewonnen haben, dass Sie sich, durch diese Prägungen veranlasst, jetzt als einen jener beklagenswerten Menschen erleben, der sich seiner Ruhephasen nicht erfreuen kann.

Wenn Sie außerstande sind, Ihre Ruhepausen zu genießen, dann *haben* Sie diese Prägungen. Das zu begreifen ist wichtig. Der Einfluss der Prägungen kann allerdings gehemmt werden, indem Sie sehr sorgfältig darauf achten, sich nicht mehr auf irgendwelche Handlungen dieser Art einzulassen; indem Sie darauf achten, wirklich jedes nutzlose oder sinnlose Gerede zu vermeiden, und sei es auch nur ein einziges Wort. Andere Leute mit den für *sie* charakteristischen Prägungen können sich das vielleicht leisten, Sie hingegen dürfen es sich nicht leisten. Wenn Ihnen ein Problem Kummer bereitet, das für eine bestimmte Prägung charakteristisch ist, müssen Sie – mehr als jeder andere – darauf achten, auch nicht im Geringsten noch einmal mit dieser Prägung in Berührung zu kommen.

Geschäftliches Problem Nr. 40: Das Timing bereitet Ihnen auffallende Schwierigkeiten: Unmittelbar bevor ein dramatischer Wertverfall einsetzt, steigen Sie groß in einen Markt ein. Ihr Ausstieg erfolgt inmitten eines Aufschwungs, der sich auch noch lange, nachdem Sie Ihr Geld aus dem Markt herausgezogen haben, weiter fortsetzt. Ihr neues Produkt scheint immer Kopf an Kopf mit der Einführung eines etwas besseren Produkts durch die Konkurrenz auf den Markt zu kommen. Ihre verbindliche Zusage zu einer Bestellung bei einem großen Lieferanten erreicht diesen erst mehrere Tage nach seiner jüngsten Preiserhöhung.

Lösung: Das Problem ist hier erneut jene Art von nutzlosem Gerede, durch das Sie Ressourcen, Menschen und Gedanken auf Pläne lenken, die Sie – wenn Sie einmal eine Minute nachdenken würden – niemals wirklich durchführen wollen. Stellen Sie also ganz sicher, dass Sie jene Dinge, zu denen Sie Absichtserklärungen abgeben, auch tatsächlich ausführen; und sprechen Sie nicht über Dinge, an deren Verwirklichung Ihnen nicht ernsthaft etwas liegt.

Geschäftliches Problem Nr. 41: Keiner hört zu, wenn Sie jemanden darum bitten, etwas zu tun.

Lösung: Das ist im Grunde genommen lediglich eine etwas andere Variante von Problem Nr. 37, wo dem, was Sie zu sagen haben, von niemandem Beachtung geschenkt wird. Die Prägung, die das hervorruft, geht – Sie vermuten es wahrscheinlich schon – darauf zurück, dass man ständig über Dinge redet, die keine echte Bedeutung haben. Falls Ihnen also speziell dieses Problem zu schaffen macht, sollten Sie den entsprechenden Prägungen Rechnung tragen, indem Sie immer erst genau nachdenken, bevor Sie den Mund aufmachen, um zu sprechen; indem Sie immer erst dann mit der Sprache herausrücken, wenn Sie etwas zu sagen haben, das für die Sie umgebenden Menschen von Nutzen und von wirklicher Bedeutung ist.

Geschäftliches Problem Nr. 42: **In Ihrem Unternehmen scheinen viele Leute in Streit miteinander zu liegen.**
Lösung: Sie wissen, welchen Tribut die kleinen Streitigkeiten unter einzelnen Firmenangehörigen dem gesamtgeschäftlichen Erfolg eines Unternehmens abverlangen. Eine Abteilung voller Mitarbeiter, die einander unterstützen, läuft praktisch von alleine. Eine Abteilung voller Unstimmigkeiten, in der die Leute miteinander streiten und hadern, verdient kein Geld und ist ein Kräfte zehrendes Umfeld.

Harte Arbeit scheint die Menschen stark zu machen und sie zusammenzuschmieden. Harte Worte hingegen haben den unmittelbaren Effekt, einer Abteilung und jedem Angestellten in dieser Abteilung sämtliche Energie zu entziehen. Fast jede Mittagspause während meiner Zeit bei Andin habe ich damit verbracht, mich mit verärgerten Angestellten an einen Tisch zu setzen, um sie zu einem möglichst auskömmlichen Miteinander zu bewegen. Oft schien es mir, als werde mir mein horrende hohes Einkommen nur aus einem Grund bezahlt: damit ich den Betriebsfrieden wahre. Und wenn mir dies gelang, dann lief die Produktion ganz von alleine.

Wie bereits in Zusammenhang mit Geschäftsproblem Nr. 6 angesprochen, gehen Streitigkeiten in einem Unternehmen – gleichgültig, ob Sie sich mit jemandem streiten oder zwei andere Leute miteinander streiten – auf Prägungen zurück, die angelegt werden, wenn Sie aus Böswilligkeit oder aus Geschwätzigkeit Dinge sagen, die einen Keil zwischen andere Menschen treiben. Die Betroffenen können entweder schon Freunde oder Feinde sein oder auch zwei Angestellte, die sich gar nicht besonders gut kennen, aber aufgrund dessen, was Sie einem von beiden oder beiden gesagt haben, hat sich die Distanz zwischen ihnen ein wenig vergrößert. Um eine Gegenmaßnahme gegen diese Prägung zu ergreifen, sollten Sie keine Mühe scheuen, andere Menschen einander näher zu bringen, wo immer und wann immer Sie nur können, selbst wenn es dabei nur um Kleinigkeiten geht – den ganzen Tag.

Abgesehen davon, dass Sie stündlich ein kleines Kriegsbeil begraben, sollten Sie besonderen Nachdruck darauf legen, böswillige Gedanken über wen auch immer in Ihrem Unternehmen zu vermeiden. Für jeden leitenden Angestellten in einem Unternehmen gibt es ein paar andere leitende Angestellten, die ihm oder ihr schon mancherlei Probleme bereitet haben; und wenn man dann hört, dass einer von ihnen in gewissen Schwierigkeiten steckt, neigt man leicht dazu, eine klammheimliche Freude zu empfinden, selbst wenn es sich um solche Schwierigkeiten handelt, die schließlich noch die anderen Leute in der Firma in Mitleidenschaft ziehen werden, Sie selbst inbegriffen.

Diese eine spezielle Prägung nimmt den Weg ins Unbewusste, sie gewinnt, während sie dort ihr Dasein fristet, an Kraft und findet dann als die Wahrnehmung von Menschen, die in Ihrem Umfeld miteinander streiten, wieder Eingang ins Bewusstsein: Die Betreffenden streiten untereinander; sie streiten mit Ihnen; Ihnen bereitet es ein wenig Vergnügen, wenn Sie sehen, dass sie ein Problem haben; das legt eine neue Prägung an, die dazu führt, dass Sie erleben, wie die Menschen in Ihrem Umfeld streiten; und ... – nun, Sie haben glaube ich verstanden, dass das immer so weiter gehen kann.

Nahezu jede Prägung, die Sie jemals in Ihrem Geist anlegen können, wird Sie veranlassen, genau das zu erleben, was Sie zu vermeiden versucht haben, als Sie die erste Prägung angelegt haben. Das Rad dreht sich von alleine.

Geschäftliches Problem Nr. 43: **Sie leben in einem wirtschaftlichen und gesellschaftlichen Klima, in dem Integrität einfach nicht geschätzt wird und sich nur Dummköpfe bei ihrer Arbeit Stunde für Stunde strikt um ethisches Verhalten bemühen. Es geht nach der Devise zu: Die besonders Anständigen erreichen das Ziel als Letzte.**

Lösung: Hiermit kommen wir allmählich zu den allergravierendsten Geschäftsproblemen: zu denjenigen, die mit der generellen Lauterkeit der so genannten »Weltsicht« in Ihrem speziellen Geschäftszweig oder Ihrer Branche zu tun haben. Im Wirtschaftsleben gibt es in der Tat ganze Märkte oder Branchen, in denen Integrität höhere Wertschätzung genießt als in anderen. Und jeder gestandene Geschäftsmann kann Ihnen davon berichten, dass es ein wahrlich nachhaltig erhebendes Gefühl ist, in einer Branche zu arbeiten, in der man auf Ehrlichkeit und Rechtschaffenheit großen Wert legt. Sich hingegen in einer kleinen Welt durchzuschlagen, in der Redlichkeit als Dummheit betrachtet wird, das ist als solches schon eine erniedrigende Erfahrung. Man muss ein wirklich sehr hartes Herz haben, um den Unterschied nicht zu spüren.

Wenn Sie sich in einer derartigen Situation wiederfinden, sollten Sie sich unbedingt darüber im Klaren sein, dass Sie sich in Ihrem Bestreben, der emotionalen Korruptheit jener Menschen, mit denen Sie es zu tun haben, zu entgehen, nicht in erster Linie auf äußere Mittel verlassen dürfen. Soll heißen: Durch eine Veränderung Ihrer äußeren Lebensumstände können Sie sich dem Zusammensein mit Menschen, die ethischem Verhalten keinen besonderen Wert beimessen, womöglich gar nicht entziehen. Denn nicht auf diese äußeren Umstände, sondern auf Ihre Prägungen ist das schiere Dasein dieser Menschen zurückzuführen.

Während der letzten paar Jahrzehnte habe ich in der Tat Hunderte Menschen für ein weites Tätigkeitsspektrum eingestellt, und einige wenige Leute haben mir während dieser Zeit auch plötzlich ihren Job gekündigt – sehr wenige allerdings. Solch ein Kündigungsgespräch läuft normalerweise in etwa so ab:

»Ich habe mich entschlossen, die Firma zu verlassen.«

»Warum, wo liegt das Problem? Kann ich Ihnen in irgendeiner Weise behilflich sein?«

»Das hat keinen Zweck; Soundso (gewöhnlich jemand, der in der Nähe des oder der Angestellten sitzt und etwas weiter gehende Befugnisse hat als er oder sie) macht mich wahnsinnig. Ich kann mit ihm nicht länger zusammenarbeiten; er ist wirklich inkompetent, und ich spüre einfach, dass ich es in einer anderen Firma unter einem intelligenteren Vorgesetzten viel weiter bringen könnte. Ehrlich gesagt habe ich mein Vorstellungsgespräch bereits geführt und bei der betreffenden Firma eine Stellung angenommen. Hiermit kündige ich also meinen Arbeitsvertrag im Rahmen der vereinbarten Vierzehntagesfrist.«

»Ja ich sehe schon, wenn das so ist, kann ich tatsächlich nichts für Sie tun. Aber lassen Sie uns in Kontakt bleiben, und halten Sie mich auf dem Laufenden, wie es an Ihrem neuen Arbeitsplatz aussieht.«

Solch eine Kündigung binnen Vierzehntagesfrist nimmt man nebenbei bemerkt im Diamantengeschäft normalerweise sehr wohlwollend entgegen: Sie bitten den verärgerten Angestellten, auf seinem Platz sitzen zu bleiben, und führen drei Telefonate. Eines mit der Sicherheitsabteilung, damit ein Wachmann kommt und daneben steht, wenn die betreffende Person ihren Arbeitstisch leer räumt (für den Fall, dass sich ein paar Edelsteine in eine Schublade verirrt haben sollten, während der oder die Angestellte daran arbeitete, verärgert zu werden). Ein weiteres mit der Personalabteilung, um die Magnetkarte löschen zu lassen, damit die betreffende Person den Tresorbereich nicht mehr betreten kann. Ein drittes und letztes mit der Lohnbuchhaltung, damit ein Scheck zur sofortigen Begleichung der Gehaltsansprüche für die nächsten vierzehn Tage ausgestellt wird: Das kommt erheblich billiger, als wenn die betreffende Person auch nur mit ein paar kleinen Brillanten aus dem Haus ginge.

Jedenfalls nehmen Sie dann in zirka drei Wochen mit dem früheren Angestellten wieder Kontakt auf, um nachzufragen, wie sich die Dinge auf der neuen Arbeitsstelle anlassen; schadet schließlich nicht, auch ein bisschen darüber zu erfahren, was die Konkurrenz so treibt. In aller Regel macht die betreffende Person an diesem Punkt einen gelösten Eindruck und scheint mit der neuen Situation zufrieden zu sein. Um zu sehen, wie es weitergeht, bitten Sie sie, zirka in einem halben Jahr wieder etwas von sich hören zu lassen. Und dann bekommen Sie fast immer exakt dieselben Klagen zu hören, die Ihr ehemaliger Angestellter beziehungsweise Ihre ehemalige Angestellte auch schon in Ihrer Firma zum Ausdruck gebracht hat.

Denn die *Prägungen*, die bewirken, dass man es mit den falschen Leuten zu tun hat, verändern sich nicht dadurch, dass man auf die äußeren Umstände Einfluss nimmt. Die Tibeter sagen, für die meisten von uns gelte Folgendes: Wenn wir uns in einen Raum begeben, in dem sich zehn Menschen aufhalten, finden wir dort drei Menschen, die wir ziemlich gerne mögen, drei Menschen, die wir nicht so recht mögen, und vier Menschen, für die weder das eine noch das andere gilt. Wenn wir in einen anderen Raum mit zehn Menschen gehen, ist es genau das Gleiche. Und auch wenn wir zehn Menschen, die wir in drei oder vier solchen Räumen gemocht haben, in einem weiteren Raum versammelten, würde das

Gleiche von neuem beginnen: Wir würden drei Leute mögen und drei andere nicht.

All dies geschieht nicht in Abhängigkeit von der äußeren Realität; genau besehen gibt es eine solche gar nicht. Vielmehr sind unsere eigenen Geistesprägungen dafür maßgebend. Sie brauchen nicht mit einer anderen Branche zu liebäugeln in der Hoffnung, dass es dort ehrenhafter zugeht. Verändern Sie Ihre Prägungen. Werden Sie vollkommen integer, schulen Sie sich in der wirkungsvollen Logik, die der Integrität zugrunde liegt; dann können Sie sich getrost zurücklehnen und sich, wenn es so weit ist, an der in Ihrer Branche eintretenden Veränderung erfreuen. Diese Veränderung wird aufgrund Ihrer neuen Prägungen zustande kommen und nicht, weil Sie vor einer unangenehmen Situation davongelaufen sind – was ohnehin niemals funktionieren kann.

Geschäftliches Problem Nr. 44: **Sie stellen fest, dass Sie fürs Geschäft kein Händchen mehr haben. Anscheinend gibt es jetzt härtere Nüsse zu knacken. Sie haben Mühe, mit den allenthalben um Sie herum ablaufenden Veränderungen Schritt zu halten, und scheinen im Vergleich zu früher langsamer geworden zu sein, wenn Sie sich mit komplexen geschäftlichen Herausforderungen auseinander setzen.**
Lösung: Bisher haben wir viel über solche Prägungen gesprochen, die für Ihre Umgebung und die Art von Menschen, mit denen Sie im Laufe des Tages Kontakt haben, ausschlaggebend sind. Doch wie sieht es mit Ihrem Geist aus, wie mit dem Verstand? Den alten tibetischen Weisheitsbüchern zufolge ist auch dies, Ihre Fähigkeit, klar zu denken, eine durch die früher in Ihrem Geist angelegten Prägungen hervorgebrachte Wahrnehmung. Und wenn Sie, so heißt es, weiter in diesen Schriften, die Gesetzmäßigkeit, der zufolge Rechtschaffenheit positive Resultate herbeiführt, in Ihrem Leben dauernd missachten – wenn Sie mit anderen Worten sogar die Existenz dieser tiefgründigen Wahrheit konsequent verkennen beziehungsweise verleugnen –, so wird Ihr Verstand darunter leiden.

Menschen, denen die Ehre zuteil geworden ist, in engem Kontakt mit tibetischen Lamas zu leben, können einige Geschichten darüber erzählen, welch verblüffende Einsichten diese Meister im Umgang mit ganz gewöhnlichen Alltagsproblemen an den Tag legen.

Ein Freund von mir war eines Tages in Indien mit einem gerade erst dort angekommenen Lama, einem Tibet-Flüchtling, im Auto unterwegs. Bei diesem Lama handelte es sich um einen älteren Mönch, der in einer entlegenen Region des Himalaya gelebt hatte und kürzlich zum allerersten Mal in einem Auto mitgefahren war. Das Auto, mit dem die beiden jetzt unterwegs waren, hatte eine Panne, woraufhin der Fahrer ausstieg, um die Motorhaube zu öffnen und nach dem Motor zu sehen.

Der Lama stieg ebenfalls aus, denn – so heißt es in den überlieferten Schriften – es ist gut zu beobachten, wie Leute Dinge tun, auf die man sich selbst noch nicht versteht, weil man dabei etwas lernen könnte, das sich irgendwann und irgendwo als nützlich erweisen wird, wenn es darum geht, jemand anderem zu helfen. Er lehnte sich also über dieses Ding, das er noch nie zuvor gesehen hatte, den Motor eines Autos, und erkundigte sich mit Hilfe der wenigen Worte Englisch, die er kannte, nach der Funktion einiger Teile. Anschließend deutete er auf die Lichtmaschine und sagte: »Dieses Teil hier müssen Sie reparieren.«

Und in der Tat, die Lichtmaschine hatte die Panne verursacht. Häufig habe ich als Bild für den Geist dieses Lamas eine Art superschnellen Computer vor Augen, der auf der Grundlage der wenigen Teile, deren Funktionen er begreift, alle erdenklichen Funktionen jedes Teils durchgeht – und dabei im Geist die Verbrennungsmaschine beinahe neu erfindet, indem er auf dieses neumodische Ding blickt und sich dessen innere Funktionszusammenhänge anschaulich vorzustellen versucht – und dann durch hieb- und stichfeste Logik zu einer Schlussfolgerung darüber gelangt, welches das defekte Teil sein muss.

Diese fortgeschrittene Fähigkeit zu denken, ein Problem ungleich schneller und klarer zu ergründen, als die meisten Menschen dies können, beruht weder auf einer entsprechenden genetischen Prädisposition noch auf einer bestimmten Ernährung oder auf Schulung; vielmehr handelt es sich um eine andere Wahrnehmung, ausgelöst durch eine Geistesprägung, durch eine Prägung, die zu einem früheren Zeitpunkt im Geist angelegt worden ist. Und es gibt ganz einfach keine wirkungsvollere Möglichkeit, derartige Prägungen anzulegen, als *zu verstehen, wie die Prägungen es bewirken, die uns umgebende Welt hervorzubringen, und dann diesem Verständnis entsprechend zu handeln,* indem man den Weg der persönlichen Integrität beschreitet.

Geschäftliches Problem Nr. 45: Die Grundsätze der Gerechtigkeit scheinen für Ihr Leben keine Gültigkeit zu haben: Wann immer Ihnen Unrecht widerfährt, sei es durch einen Kollegen oder durch einen Konkurrenten, scheinen Sie seitens der Autoritäten (Ihres Chefs oder der Gerichte) nie den Schutz und die Hilfe zu erhalten, die Sie sich erhofft haben.

Lösung: Bedenken Sie, wenn Sie sich des Schutzes und der Hilfe, die Ihnen von Seiten einer jeden Autorität zustehen, nicht erfreuen können, so stellt dies einen zutiefst verstörenden Bruch in der Grundordnung der Dinge dar – im ganzen Leben gibt es womöglich keine frustrierendere Situation, als wenn einem nach erlittenem Unrecht bei dem Versuch, zu seinem Recht zu gelangen, berechtigte Wiedergutmachung einzufordern, Gerechtigkeit versagt wird.

Auch diese spezielle Wahrnehmung, diese spezielle Erfahrung, hat Ihre spezifischen Ursachen: eine Prägung, die in Ihrem Geist angelegt wurde, *als Sie sich geweigert haben, die Ordnung der Dinge,* die Art und Weise, wie die Dinge tatsächlich zusammenhängen, *anzuerkennen,* indem Sie insbesondere jene Grundgesetzmäßigkeit negiert haben, der alle Prägungen unterliegen. Diese Gesetzmäßigkeit besagt, dass eine durch negatives Handeln angelegte Prägung, eine Prägung, bei der Sie bewusst und absichtlich eine andere Person verletzt, ihr Unrecht getan haben, nur ein negatives Resultat herbeiführen kann: eine negative Wahrnehmung, eine negative Erfahrung der Sie umgebenden Außenwelt oder Ihrer Innenwelt.

Und Sie treten dieses Prinzip mit Füßen, wann immer Sie in Ihrem Denken oder Handeln dagegen verstoßen – faktisch jedes Mal, wenn Sie wissentlich eine verletzende Handlung begehen, Unrecht begehen, weil Sie hoffen, dadurch etwas Gutes zu erreichen. Hier ist die Rede von kleinen Lügen (negative Prägung), um ein Geschäft abzuschließen (erwünschte Wahrnehmung); von Steuerbetrug (negative Prägung), damit

Sie mehr Geld für sich behalten können (erwünschte Wahrnehmung); oder von Möglichkeiten, die Zahlung eines angemessenen Einfuhrzolls zu umgehen (negative Prägung), um Ihr Produkt zu einem niedrigeren Preis anbieten und dadurch konkurrenzfähiger machen zu können (erwünschte Wahrnehmung). **Inhaltlich gesehen – dies zu begreifen ist ganz entscheidend – kann ein positives Resultat (geschäftlicher und persönlicher Erfolg) niemals von einer negativen Ursache herrühren (zum Beispiel davon, dass man jemand anderen verletzt oder betrügt).**

Drücken wir es anders aus: Es ist vollkommen unmöglich, dass eine wünschenswerte Wahrnehmung auf eine negative Prägung zurückgeht. Jedes Mal, wenn Sie auch nur so *denken*, negieren Sie die natürliche Ordnung aller Dinge. Mittelbar oder unmittelbar legen Sie dadurch eine weitere Prägung in Ihrem Geist an, die Sie dazu bringen wird, die äußere Ordnung Ihrer Welt, die Gesellschaftsordnung, auf den Kopf gestellt zu sehen. Das bedeutet, dass ein Gericht oder Ihr Chef zu Ihren Ungunsten entscheiden wird, selbst wenn das »Recht« auf Ihrer Seite zu sein scheint.

Das Problem hat also eine furchtbar einfache Lösung: Nehmen Sie sich die Zeit, und geben Sie sich alle Mühe, sich mit den hier dargelegten neuen Ideen vertraut zu machen (na ja, neu sind sie selbstverständlich nur im Westen), mit dem gesamten Ansatz, dem zufolge *Ihre Welt durch Ihre Integrität – oder mangelnde Integrität – hervorgebracht wird.* Überwinden Sie jene kulturspezifische Schwerfälligkeit, die sich in der Weigerung ausdrückt, überhaupt noch darüber nachzudenken, worauf denn eigentlich die Welt und all die üblen Dinge in ihr zurückgehen. Warum geht der eine Geschäftsmann Bankrott, während der andere Erfolg hat, wenn beide im Wesentlichen die gleichen Schritte unternommen haben? Negative Ereignisse rühren notwendigerweise von negativen Handlungen her. Stellen Sie sicher, dass Sie verstehen, warum und wie dies geschieht; und lehnen Sie sich anschließend zurück, und genießen Sie das Feuerwerk.

Geschäftliches Problem Nr. 46: **Allmählich gelangen Sie zu der Einsicht, dass im Laufe Ihrer Karriere Ihre persönliche Integrität unübersehbar und in bestürzender Weise unter die Räder gekommen ist.**

Lösung: Die Lösung für das Problem wird wahrscheinlich ganz und gar nicht dem entsprechen, was Sie vielleicht erwarten – *denn der Verlust Ihrer Integrität ist eine durch Ihren früheren Mangel an Achtung vor jeder Integrität herbeigeführte Wahrnehmung.* Etwas einfacher ausgedrückt: Unausgesprochen sind Sie jetzt derart lange der Auffassung gewesen, Integrität spiele in Ihrem Beruf keine Rolle, dass Sie nun dem Verlust Ihrer eigenen Integrität ins Auge sehen müssen. Und das ganze verborgene Potenzial, das Ihnen zu einem Riesenerfolg hätte verhelfen können, wird jetzt gegen Sie arbeiten. Das ist die eigentliche Katastrophe daran.

Denn jene Prägung, die bewirkt, dass Sie missverstehen, worauf die Dinge wirklich zurückzuführen sind, ist schwerer zu überwinden als alle anderen Prägungen – und zwar aus dem einfachen Grund, weil man *Prägungen überwinden kann, indem man sie begreift.* Falls es Ihnen nicht gelingt zu verstehen, auf welche Weise Sie in Ihrem Beruf und in Ihrem Leben erfolgreich sein können, zieht dies das fortgesetzte Nichtverstehen dieser Dinge nach sich.

Die Lösung kann demnach nur in einem intensiven Bemühen liegen, Ihren natürlichen Widerstand gegen die in diesem Buch dargelegte Denkweise zu überwinden. Wenn Sie darüber nachdenken, werden Sie sehen, dass Ihnen viele Ihrer Auffassungen und Überzeugungen bezüglich der Frage, worin die Gründe des Erfolgs liegen, bereits in sehr jungen Jahren beigebracht wurden. Viele Annahmen über das Leben haben Ihnen Ihre Lehrer in der ersten und zweiten Schulklasse vermittelt, deren Vorstellungen Ihnen, falls Sie ihnen jetzt noch einmal begegnen und mit ihnen sprechen könnten, vielfach albern vorkommen würden.

Denk- und Verhaltensweisen, die sich jahrzehntelang in Ihrem Leben als kontraproduktiv erwiesen haben oder – günstigstenfalls – in praktisch keinem nachvollziehbaren Zusammenhang mit dem Erreichen des von Ihnen gewünschten Resultats stehen, müssen Sie, um wirklich erfolgreich sein zu können, überwinden lernen. In jedem Zeitalter und in allen Teilen der Welt mussten die wirklich bedeutenden Menschen, die etwas bewegt und beeinflusst haben, lernen, jede der Überzeugungen, mit denen sie aufgewachsen waren, immer wieder von neuem kritisch auf den Prüfstand zu stellen.

Machen Sie den Erfolg Ihres Unternehmens nicht auf Gedeih und Verderb zum Spielball all der unüberprüften Annahmen und Vorurteile, die in Ihrem Heimatland und in Ihrer Kultur verbreitet sind. Halten Sie sich vor Augen, dass sich allein schon zu Ihren Lebzeiten Jahr für Jahr die Maßstäbe dafür geändert haben, was in Ihrer Kultur als gut oder schlecht, als richtig oder falsch, als erfolgreich oder erfolglos angesehen wird. Als ich noch ein kleiner Junge war und im Südwesten der USA heranwuchs, bestand eine der schlimmsten kriminellen Handlungen darin, »auf Nummern zu setzen«.

Ich wusste nicht, was auf Nummern »setzen« bedeutete, und habe deshalb meine Mutter danach gefragt. »Nur schlechte Menschen setzten auf Nummern«, so sagte sie, »gewöhnlich im südlichen Bezirk unserer Stadt, auf der anderen Seite der Eisenbahngleise.« Diese Leute würden sich Heroin in die Arme spritzen, in Bars betrinken und auf Nummern setzen. Dazu gingen die Leute in ein dunkles Hinterzimmer und gäben einem Mann Geld, der ihnen daraufhin eine Nummer gebe. Und sobald eine hinreichend große Anzahl von Leuten dem Mann Geld gegeben und sie alle eine Nummer erhalten hätten, würde der Mann seine Augen zumachen, um eine Nummer zu ziehen; und derjenige von den Leuten, der die betreffende Nummer habe, würde dann das Geld von all den anderen Leuten gewinnen (nachdem sich erst einmal der Mann für seine Mühen einen Anteil von dem Geld genommen habe).

Heutzutage bezeichnet man so etwas in den Vereinigten Staaten als »Lotterie«. Die Lotterie wird von staatlicher Seite betrieben. Damals wurden Leute, die »auf Nummern setzten«, ins Gefängnis gesteckt. Heute unterstützen Leute, die ihr Geld bei der Lotterie einsetzen, die Öffentlichkeit. Sie machen genau das Gleiche wie die Leute damals, nur dass es jetzt moralisch in Ordnung ist. Mit dem Besitz oder dem Konsum von Alkohol verstieß man während der zwanziger Jahre in den USA gegen Bundesgesetz. Heutzutage ist Alkohol legal und Bestandteil einer Genusskultur. Die bemerkenswerten Gründungsväter der Vereinigten Staaten haben Schwarze als Sklaven gehalten und jahrzehntelang darüber debattiert, ob diese Sklaven Tiere oder Menschen seien. In New York untersagt das Gesetz, dass Sie Ihr Haustier misshandeln, vermutlich, weil

Haustiere Empfindungen haben. Millionen ganz ähnlicher Tiere werden in den USA alljährlich zum Zweck des Verzehrs geschlachtet. Haben diese Tiere keine Empfindungen?

Das ist keine Aussage über das Glücksspiel, über Rassismus, über Fleischverzehr oder Vegetarismus. Es ist einfach eine Aussage über den Glauben an das, was in der westlichen Kultur Geltung hat. Sie dürfen nicht einfach blind auf das vertrauen, womit Sie groß geworden sind – ob es Ihnen nun Ihre Grundschullehrer, Ihre Eltern, oder die Leute in der Kirche beziehungsweise im Tempel gesagt haben. Sie dürfen nicht einfach blind übernehmen, was irgendwann in jenem kleinen Teil der Welt, den Sie als Ihre »Heimat« bezeichnen, populär, legal oder akzeptiert ist. Sie dürfen sich nicht an eine bestimmte Art und Weise des Geschäftemachens halten, bloß weil andere Leute das jetzt auch auf diese Art und Weise praktizieren.

Für mich war es immer wieder eine verblüffende Erfahrung, wenn Ofer, der Inhaber von Andin, uns alle paar Monate in den Sitzungssaal kommen ließ, aufgeregt mit einem Buch herumfuchtelte und erklärte: »Das ist es! Seht her, was ich am Flughafen auf dem Weg nach Dallas im Buchladen gefunden habe! Das ist die Antwort auf all unsere Geschäftsprobleme!« Regelmäßig hielt er dann ein Exemplar des jüngsten Bestsellers zum Thema »unternehmerischer Erfolg richtig angepackt« in der Hand.

»Ofer, sind Sie sich darüber im Klaren, wer das Buch geschrieben hat?«

»Na sicher, das ist der Bursche, der im ganzen Land Motivationsseminare zur Steigerung des wirtschaftlichen Erfolges durchführt.«

»Und wissen Sie, wie viel Geld der Mann im Jahr verdient?«

»Ich weiß nicht recht. Ah, schauen wir mal hier, sieht ganz so aus, als verdiene er 80 000 oder 90 000 im Jahr.«

»Und wie viel Geld verdienen Sie im Jahr?«

»Nun, bei mir sind es ein paar Millionen im Jahr.«

»Warum lesen Sie also dieses blöde Buch von einem Burschen, der lediglich einen Bruchteil dessen verdient, was Sie verdienen? Ist Ihnen klar, dass er sagt, wir sollten genau das Gegenteil von dem tun, wozu uns der Kerl in dem anderen Buch letztes Jahr aufgefordert hat?«

Sie verbringen so viel Zeit damit, Geschäfte zu machen. Da sollten Sie schon die Bereitschaft aufbringen, ein bisschen Zeit erübrigen, um herauszufinden, wie die Wirtschaft wirklich funktioniert. Letzten Endes würden Sie Jahre Ihres Lebens sparen, wenn Sie die entscheidenden Gründe dafür herausfinden, weshalb sich überhaupt geschäftlicher Erfolg einstellt oder nicht.

Erfolg im persönlichen oder im geschäftlichen Bereich ist ein Resultat – und alle Resultate haben Ursachen. Wenn Sie immer wieder dieselben Ursachen schaffen, gelangen Sie auch zu denselben Resultaten. Führt die Art und Weise, wie Sie Geschäfte machen, nicht stets zu denselben Resultaten, so haben Sie die Ursachen nicht herausgefunden. Wenn Sie nicht wissen, wodurch ein bestimmtes Resultat hervorgebracht wird, und Sie weiterhin etwas probieren, von dem Sie wissen, dass es nicht immer das gewünschte Resultat hervorruft, sind Sie einfach träge, sollten dann aber auch nicht überrascht sein, wenn sich kein Erfolg einstellt.

Ein Punkt, in dem die überlieferten Schriften voll und ganz miteinander übereinstimmen, betrifft das Leistungsvermögen des menschlichen Geistes. Sein Potenzial ist vollkommen grenzenlos. Lesen Sie dieses Buch – nicht ein Mal, sondern immer wieder, vor allem das Kapitel über die wechselseitigen Entsprechungen, die »Korrelationen«, über die wirklichen Lösungen für spezielle Geschäftsprobleme. Dabei kommt es nicht so sehr darauf an, dass Sie sich genau erinnern können, welches die auf das jeweilige Problem zutreffende Lösung ist – das können Sie jederzeit herausfinden, indem Sie einfach das Buch aufschlagen und die Auflistung der Probleme durchgehen. Viel entscheidender ist, dass Sie nach und nach ein tiefer gehendes Verständnis gewinnen, wie die Wirklichkeit selbst, so auch das Faktum des geschäftlichen Erfolges oder Scheiterns, von Prägungen gesteuert wird, die wir durch unsere positiven oder negativen Handlungen im Umgang mit den Menschen, mit denen wir es im Laufe unseres Arbeitstages zu tun haben, selbst in unserem Geist anlegen. Dann können Sie Ihre Zukunft weitgehend selbst gestalten. Und sie wird dem entsprechen, was Sie sich wünschen.

Kapitel 8

Der Akt der Wahrheit

*Aufgrund des Segens der nie in die Irre führenden
Siegreichen,
ihrer Söhne und ihrer Töchter,*

*kraft der wechselseitigen Bedingtheit des Raumes
der Phänomene
und dem dazu nicht in Widerspruch stehenden
verborgenen Potenzial der Erfahrungen*

*und auch kraft der Wahrheit
unseres einsgerichteten Strebens*

*mögen sich unsere Wünsche
wie erhofft spontan erfüllen. —*

Diese Zeilen bringen zum Ausdruck, was die Tibeter als einen Akt der Wahrheit bezeichnen:

Falls richtig und wahr ist, was ich getan habe,
dann mögen diese Dinge zustande kommen.

Sprechen wir es doch ruhig ganz offen aus: Dauernd müssen wir in der Wirtschaft mit ansehen, wie Menschen von gutem Charakter, integre Menschen, denen niemand etwas vormachen kann, ganz kräftig eines auf die Mütze bekommen und letztlich auf der Strecke bleiben. Und wir erleben selbstsüchtige, gierige und unmoralische Menschen, die groß absahnen. Wie passt das nun mit dem bisher Gesagten zusammen?
»Warum haben die Niederträchtigen Glück und Erfolg?«, würde die Bibel fragen. Und die Erklärung dafür, dass integre Menschen kein Glück und keinen Erfolg zu haben scheinen, ist im Rahmen des hier dargelegten Lehrsystems ganz einfach. Sie beruht auf einigen grundlegenden Prinzipien.

1. Erst kommen die Ursachen, dann ihre Resultate.

Das ist so offensichtlich, dass wir es, wie die meisten offensichtlichen Dinge, vollständig übersehen. Wenn jemand finanziell gut dasteht, muss dies – nach allem, was wir zuvor gesagt haben – von Geistesprägungen herrühren, die der oder die Betreffende durch freigebiges Verhalten in der Vergangenheit angelegt hat. Der gegenwärtige Erfolg geht also darauf zurück, dass jemand in der Vergangenheit eine durch Großzügigkeit gekennzeichnete Geisteshaltung gewahrt hat.

Das heißt nicht notwendigerweise, dass die Person, die sich dieses Erfolges erfreut, *jetzt eine großzügige Geisteshaltung hat,* genauso wenig wie das Vorhandensein eines gedeckten Apfelkuchens auf Ihrem Küchentisch bedeutet, dass unter dem Fußboden der Küche ein Apfelbaum zu wachsen beginnt. Den Apfelkuchen verdanken Sie einem längst schon zu voller Größe herangewachsenen Apfelbaum, und ein Apfelbaum, der jetzt zu wachsen beginnt, ist die Ursache für künftige Äpfel.

Demnach ist es vollkommen plausibel, dass ein Geschäftsmann oder eine Geschäftsfrau sich jetzt an den Früchten der früher angelegten, von Großzügigkeit bestimmten Prägungen erfreuen und zugleich – durch die jetzt zum Ausdruck gebrachte Gier und Knauserigkeit – neue Prägungen für künftige finanzielle Katastrophen anlegen kann.

2. Die Ursachen sind unscheinbarer als ihre Resultate.

Denken Sie bitte daran, dass unter besonders bedeutsamen Begleitumständen angelegten Prägungen – eine mit großem Mitgefühl ausgeführte kleine Wohltat oder ein kleines Geschenk an jemanden, der dieses ganz dringend benötigt – enorme Kraft innewohnt und dass die Stärke sämtlicher Prägungen im Laufe ihres Heranreifens im Unbewussten exponentiell zunimmt. Gut möglich, dass ein Mensch, der sich jetzt eines enormen Reichtums erfreut, lediglich einem anderen Menschen unter den entsprechenden Voraussetzungen eine relativ unscheinbare Liebenswürdigkeit erwiesen hat.

3. Das Heranwachsen erfordert Zeit.

Der Entwicklungsprozess von Prägungen gleicht dem von Pflanzen, das dürfen Sie mir bedenkenlos glauben. Niemand, der montags Blumensamen in seinem Garten aussät, würde dann am Dienstag in Erwartung der Blumen den ganzen Tag im Garten stehen, und, wenn sie nicht bis zum Abend zum Vorschein kämen, wütend und enttäuscht darüber sein.

In diesem Buch versuche ich alles Wissenswerte in einer möglichst zeitgemäßen Form zu präsentieren, zugleich jedoch den Bedeutungsgehalt der überlieferten Originaltexte sehr genau wiederzugeben. Eine Kleinigkeit sollte hier allerdings schon einmal vorab eingeräumt werden – eine Kleinigkeit allerdings, die in unserer Ära des Fastfood-Denkens auf keine allzu große Gegenliebe stoßen wird: Für das Anlegen, Hegen und Pflegen von Geistesprägungen braucht man *Zeit und Geduld*. Viele Menschen habe ich bereits mit diesem Lehrsystem bekannt gemacht, und stets hörte ein gewisser Prozentsatz auf halbem Weg mit der Übung auf. Sinnvollerweise sollten Sie die in diesem Buch skizzierten Prinzipien allerdings erst einmal monatelang kontinuierlich beachten, ehe Sie erwarten dürfen, dass konkrete Resultate erkennbar werden.

Bei Menschen, die mit diesen Prinzipien keinen Erfolg haben, beruht das unweigerlich auf einem von zwei Gründen: Entweder befolgen sie diese Prinzipien nicht langfristig genug, oder sie tun dies nicht mit der nötigen Gewissenhaftigkeit (glauben aber gewöhnlich, dass sie die Prinzipien gewissenhaft beachten, bis sie irgendwann innehalten und richtig darüber nachdenken). Geistesprägungen, rufen Sie sich das bitte in Erinnerung, werden mit einer Frequenz von 65 Prägungen pro Fingerschnippen, 65 Prägungen pro Sekunde, angelegt. Ein paar edle Absichten im Laufe eines Tages, an dem Sie ansonsten gereizt sind, an dem Sie über die Geschehnisse und die Menschen in Ihrer Umgebung jammern, werden so gut wie kein erkennbares Resultat zur Folge haben, und Sie sollten auch nichts anderes erwarten.

Die frühen Buddhisten Tibets, die so genannten Kadampas, waren einfache Leute: Hirten, Schreiner und Kleinbauern, die sich auf ihre schlichte, aber feine Art zu den neuen Ideen hingezogen fühlten wie ein

Fisch zum Wasser. Die Kadampas trugen einen kleinen Beutel mit Steinen bei sich, die Hälfte von ihnen weiß, die andere Hälfte schwarz. Jedes Mal, wenn sie einen wirklich liebevollen Gedanken hatten oder etwas sehr Positives zu einem anderen Menschen sagten, nahmen sie einen weißen Stein aus dem Beutel und ließen ihn – zum Beispiel – in ihre linke Tasche gleiten. Und jedes Mal, wenn sie etwas Negatives über einen anderen Menschen dachten oder unfreundlich zu jemandem waren, nahmen sie einen schwarzen Stein heraus und legten ihn in die rechte Tasche.

Wenn der Tag zur Neige ging, holten sie kurz vor dem Schlafengehen alle Steine aus den Taschen, um die schwarzen und die weißen Steine zusammenzuzählen. Als Erstes mussten sie zur Kenntnis nehmen – und Ihnen würde es darin nicht anders ergehen –, dass die Anzahl der schwarzen Steine die Zahl der weißen bei weitem überwog. Das soll nicht heißen, dass wir total schlecht sind und uns ständig schuldig oder verachtenswert fühlen sollten – es bedeutet lediglich, dass der Geist bei den meisten Wesen in dieser Ecke des Universums (und es gibt viele andere Ecken) nun einmal zunächst auf diese Weise funktioniert. Eine ganz, ganz wesentliche Eigenschaft unseres Geistes – und Sie können sich ja selbst davon überzeugen, dass dies zutrifft – ist seine überragende *Lernfähigkeit*. Mit ein wenig Übung kann Ihr Geist fast alles lernen. Sie müssen ihn lediglich darauf ausrichten.

4. Systematische Bestandsaufnahme ist hilfreich.

Die Diamantenabteilung von Andin International hatte ihren Platz im vierten Stockwerk unseres Gebäudes in Manhattan. Unten gab es eine große Werkstatt für die Herstellung von Schmuck – anfangs im Souterrain, später kam die eine oder andere Etage hinzu. Inzwischen wurde die Herstellung ins Ausland verlagert. Nun ist die Schmuckproduktion eine andere Angelegenheit als etwa die Produktion eines Autos mit seinen Tausenden von beweglichen Teilen. Bei Schmuck hat man es im Allgemeinen bloß mit zwei Teilen zu tun: der Fassung und dem Stein.

Umso erstaunlicher, wie viele Produktionsschritte zum Beispiel ein Diamantring durchlaufen muss, bevor er ins Kaufhaus oder in den Juwelierladen gelangt. Das beginnt bei der Verkaufsplanung. Jemand denkt sich ein neues Modell aus und skizziert einen Entwurf. Auf der Grundlage dieser Skizze fertigt der Designer oder die Designerin eine Zeichnung in Originalgröße an und zeigt sie den hohen Tieren in der Firma. Gegebenenfalls nimmt er oder sie ein paar Korrekturen vor und reicht die Zeichnung dann an den Konstrukteur weiter.

Der Konstrukteur schaut sich den Entwurf unter technischen Gesichtspunkten an. Hat der Ring genügend Stabilität, damit er auch einer unsachgemäßen Behandlung im normalen Rahmen standhalten kann? Ist der Stein von genügend Metall umschlossen, damit er nicht herausfallen kann? Lässt sich der Ring problemlos in großen Stückzahlen anfertigen? Fällt seitlich und von der Rückseite her genügend Licht ein, damit der Stein richtig funkelt? Und so weiter.

Die für die Kostenkalkulation zuständige kaufmännische Abteilung entscheidet anschließend, ob die Produktion dieses Stückes ökonomisch Sinn macht. Bekommen die Kunden für ihr Geld ein Schmuckstück geboten, von dem genügend Faszination ausgeht? Sieht der Diamant so groß aus, wie er ist, oder vielleicht sogar größer? Wie steht das Stück preislich im Verhältnis zu vergleichbaren Artikeln auf dem Markt da? Können wir irgendwo ein wenig Gold abzwacken, ohne das Aussehen zu verändern oder dadurch Gefahr zu laufen, dass der Ring am Finger einer Kundin entzwei geht? Welches Risiko gehen wir ein, wenn wir eine ganze Menge davon produzieren und auf Lager halten?

Dann werden von dem Ring ein oder zwei Muster angefertigt. Das Goldgussverfahren für die Herstellung eines Ringes ist seit den Zeiten der vor Jahrtausenden tätigen ägyptischen Goldschmiede nahezu unverändert geblieben. Man bezeichnet es als »Gießen in verlorenen Formen«. Der ganze Prozess beginnt damit, dass ein Modellierer anhand der Zeichnungen ein Originalmodell aus besonders feinem und stabilem Modellierwachs herstellt.

Das Wachsmodell wird dann in ein kleines quadratisches, mit flüssigem Kautschuk gefülltes Gefäß getaucht. Dieser härtet rings um das

Wachs aus. Anschließend tritt der Gussform-Zuschneider auf den Plan. Mit Hilfe eines ganz feinen Skalpells und mit großer Sorgfalt wird dann der Kautschukwürfel seitlich aufgeschnitten – ähnlich wie ein Hamburger, bevor er gefüllt wird –, bis man das Wachsoriginal vorsichtig herausheben kann. Danach wird auf der einen Hälfte des Kautschukwürfels ein kleiner Kanal angelegt. Er reicht von der Außenseite bis in den ringförmigen Hohlraum hinein, den das entnommene Wachsmodell hinterlassen hat. Dieses Kautschukgebilde dient als Gussform für Kopien des Originalwachsmodells.

Nun nimmt ein auf Wachsguss spezialisierter Facharbeiter die beiden Hälften der so entstandenen Gussform, verbindet sie durch ein starkes Gummiband miteinander und presst die Öffnung des Kanals auf den Nippel eines Wachsinjektors – einer Maschine, die unter Druck stehendes heißes Wachs ausstößt. Das Wachs fließt durch den Kanal in den ringförmigen Hohlraum und füllt ihn aus. Wenn das Wachs abkühlt, wird das Gummiband entfernt und anschließend das Wachs behutsam aus der Form entnommen. Weist das Wachs irgendwelche Kratzer oder sonstige Unvollkommenheiten auf, werden diese von einer weiteren Fachkraft mit einem winzigen Pinsel fein säuberlich geglättet. Am Wachs gehen solche Nachbesserungen naturgemäß wesentlich leichter von der Hand, als hinterher, wenn das Werkstück aus Gold besteht.

Als Nächstes nimmt die auf die Fertigung des Wachsbaums spezialisierte Arbeitskraft eine Handvoll Wachsmodelle und befestigt sie an einem Wachsstamm. Die Wachsmodelle zweigen von dem Stamm ab wie die Äste eines Weihnachtsbaumes. Der Wachszweig, der sie mit dem Stamm verbindet, ist entstanden, als das Wachs in den Kanal der Gussform gepresst wurde (der Zweig wird als »Gussstift« bezeichnet). Den gesamten Wachsbaum steckt man danach kopfüber in ein kleines Gipsfass, und zwar so, dass der Fuß des Stammes von außen zugänglich bleibt.

Nach dem Aushärten wird der Gips, um den Wachsbaum herauszuschmelzen, in einen speziellen Ofen gesteckt. Hinterher ist also nur noch der Gips mit einem Netzwerk von offenen Kanälen vorhanden. Diese führen zu Hohlräumen, die exakt der Form der in Entstehung begriffenen Ringe entsprechen. Ein Goldguss-Spezialist wird hinzugezogen und beginnt seine Legierungen zu mischen, damit der Ring genau die richtige Farbe und Härte erhält. Die unedleren Metalle werden in Stoffbeutelchen gesteckt, die mit kleinen Goldklumpen und Silberkugeln gefüllt sind.

Die richtige Mischung in Hinblick auf das Aussehen und die Festigkeit des fertigen Stückes herzustellen ist keineswegs die einzige Schwierigkeit, die der Gießer zu bewältigen hat. Noch weit mehr kommt es darauf an, exakt das richtige Mischungsverhältnis zwischen dem Gold und den unedleren Metallen zu treffen, um auch wirklich eine 14- oder 18-Karat-Legierung zu erzielen; das heißt, exakt 14/24 Anteile beziehungsweise 18/24 Anteile reinen Goldes, und nicht das kleinste Körnchen mehr oder weniger. Denn für den Gewinn eines Schmuckherstellers ist dies ein wesentlicher Punkt: Die Lohnkosten in den wichtigen Märkten auf der ganzen Welt sind im Prinzip gleich hoch; die Kosten für das Gold liegen genau fest; und man kann nur hoffen, dass alle Mitanbieter dieselben Steuern, Gewerbesteuern und dergleichen zahlen.

Bleibt also nur die Frage, inwieweit Sie Dinge wie den prozentualen Goldanteil in Ihrem Ring unter Kontrolle haben: Sie müssen mit einem Produkt auf den Markt kommen, das die gesetzlich vorgeschriebenen 14/24 Anteile reinen Goldes aufweist – eben 14 Karat, sofern Sie 14-Karat-Ringe anbieten –, oder Sie verlieren am Markt Ihren guten Ruf. Andererseits versuchen Sie, diese 14/24 Anteile nicht um den geringsten Bruchteil zu überschreiten, denn ansonsten verlieren Sie entsprechend viel Geld. Heutzutage werden in der Branche sehr hoch entwickelte Geräte für die Spektralanalyse eingesetzt, die Hunderttausende Dollars kosten können, Ihnen aber ganz präzisen Aufschluss über die prozentualen Goldanteile im fertigen Ring geben, bis auf jedes hundertstel Prozent genau.

Wir haben einmal mit Hilfe solch eines Gerätes überprüft, ob ein thailändischer Lieferant bei den für uns angefertigten Arbeiten genügend Gold verwendete. Er war einigermaßen schockiert, als wir ihn darauf aufmerksam machten, wie viel Geld er verlor, indem er uns einen *zu hohen* Goldanteil lieferte. Man will ja schließlich, dass die Lieferanten gleichfalls profitabel arbeiten; anderenfalls erhöhen sie einem irgendwann die Preise, und durch ihre Inkompetenz wird man selbst am Markt weniger konkurrenzfähig.

Die Bestandteile der Legierungen werden miteinander vermischt, eingeschmolzen, und die flüssig gewordene Goldlegierung wird dann unter Druck in die Kanäle des Gipsabdrucks gefüllt. Sobald das Gold abgekühlt ist, zertrümmert man den Gips. Zurück bleibt ein goldener Weihnachtsbaum, an dessen Astspitzen Ringe hängen anstelle von Christbaumschmuck. Danach geht der Goldschmied ans Werk. Er ist derjenige, der nach Abschluss der Gussarbeiten das Gold schneidet oder abfeilt.

Unter Verwendung einer schweren Blechschere, vielleicht auch eines entsprechenden Druckluftwerkzeugs, das genauso leicht Ihren Finger in zwei Teile schneiden kann wie einen Brocken Gold, schneidet der Goldschmied zunächst die Ringe von den Zweigen des Baumes ab.

Worauf es dabei ankommt, ist ziemlich schnell erklärt: den Schnitt dicht genug am fertigen Ring anzusetzen, um dort nach Möglichkeit kein bisschen Gold überstehen zu lassen, das auf diese Weise vergeudet würde; andererseits aber auch nicht so nahe am Ring zu schneiden, dass der Verlobungsring von Frau Schmitz anschließend an irgendeiner Stelle eine Vertiefung aufweist. Aus den Ringen ist nun das geworden, was wir als »Gussstücke« bezeichnen, und diese werden über Nacht in die Poliertrommel gesteckt.

Nach dem Abkühlen des Goldbaums – noch innerhalb jenes Stadiums, in dem er sich im Gips befindet – ist sein Äußeres ein wenig oxidiert und von einer ausgesprochen unansehnlichen, einer Baumrinde ähnelnden Haut überzogen. Bei den Gussstücken handelt es sich in diesem Moment keineswegs um die wunderschön glänzenden Ringlein, die man normalerweise mit Gold assoziiert; es sind matte, verbrannte kleine Dinger, denen es sehr gut ansteht, wenn von dieser Haut erst einmal ein paar Tausendstel Millimeter abgeschält werden. Zu diesem Zweck steckt man sie entweder in scheußliche Säure- und Arsen-Bäder oder in eine Poliertrommel.

Solch eine Poliertrommel in Form eines kleinen Zylinders ist mit speziellen, in einem breiigen Schleifpräparat schwimmenden Schleifkörpern aus Metall oder Kunststoff gefüllt. Dort werfen Sie einen ganzen Haufen der von den Bäumen abgeschnittenen Gussstücke hinein, schalten die Poliertrommel ein und lassen sie bis zum nächsten Morgen laufen. Jeder

Arbeitsschritt, der sich unbeaufsichtigt über Nacht abwickeln lässt, ist höchst willkommen. Wenn nämlich der Stichtag heranrückt, an dem der Auftrag ausgeführt sein muss, bemisst sich die bis zur Auslieferung der Ringe an den Kunden verbleibende Zeit unter Umständen nach Stunden.

Die Gussstücke verlassen die Poliertrommel in einem matt glänzenden Zustand, und als Nächstes bekommt sie der Edelsteinfasser in die Hand. Edelsteinfasser sind ein eigentümlicher Menschenschlag, eine ganz eigene Sippschaft – vielfach große, freundliche Burschen, die auf kleinen Stühlen oft kaum 30 oder 40 Zentimeter über dem Boden sitzen. (Diese Sitzhöhe zwingt sie, ihre Arbeit mit geradem Rücken zu verrichten.) Vor ihnen steht ein Arbeitstisch mit einem zu ihnen hin sich erstreckenden hölzernen Vorsprung. Oberhalb des Tisches hängt eine verwirrend anmutende Kollektion von Bohrgeräten mit einem ganzen Sortiment von Bohreinsätzen.

Der Edelsteinfasser erhält aus der Diamantenabteilung ein kleines Päckchen Diamanten, die er in ein winziges Schälchen schüttet. Dann nimmt er einen Bohrer und richtet in dem Gussstück eine hübsche kleine Unterkunft für den Stein her; dazu bedarf es unter Umständen einer ganz neuen Bohrung, eventuell genügen aber auch Einkerbungen in bereits vorhandene Haltekörner, sofern man im Entwurfsstadium an solche gedacht hat. Anschließend nimmt er einen winzigen Wachskegel zur Hand und platziert ganz vorsichtig und präzise die Oberseite des Diamanten auf die Spitze dieses Kegels, was dem Versuch ähnelt, einen Apfel auf der Spitze eines Stockes zu balancieren. Mit viel Geschick dreht er den Kegel herum und setzt den Stein in das Loch ein; dabei beobachtet er den ganzen Vorgang durch eine spezielle Sichtblende, als sei er ein Herzchirurg. Edelsteinfasser müssen wirklich die ruhigsten Hände in der gesamten Branche haben.

Als Nächstes nimmt er ein Werkzeug, das einem Dosenöffner ähnelt, und presst mit diesem das Gold über den Stein. In erster Linie erfordert das schlicht und einfach rohe Kraft, und in der Tat sehen viele Edelsteinfasser von den Hüften an aufwärts wie ausgewachsene Gorillas aus.

Dieser Kraftaufwand muss aber zugleich mit Feinfühligkeit gepaart sein, denn an diesem Punkt können Steine splittern oder zerbrechen, und wenn der Edelsteinfasser einen Stein beschädigt, muss er für einen Teil der entstehenden Kosten selbst aufkommen. Daher erhalten manche Edelsteinfasser angesichts des erhöhten Risikos, das mit dem Einsetzen bestimmter Arten von Steinen verbunden ist, einen entsprechend höheren Lohn. Zum Beispiel kann in diesem Stadium durchaus mehr als ein Viertel aller in einer Schmuckmanufaktur verwendeten Smaragde beschädigt werden, weil der Smaragd zu den allerweichsten Edelsteinen zählt.

Vom Edelsteinfasser wandert der Ring zum Polierer weiter, der das Gold auf Hochglanz bringt und jede winzige Schramme oder Vertiefung beseitigt, die der Edelsteinfasser dem Stück vielleicht versehentlich zugefügt hat. Danach wandert das Stück in eine außerordentlich wirkungsvolle Ultraschallreinigungsanlage: Hier wird nicht nur jedes Körnchen Sand entfernt, das die Scheibe des Polierers hinterlassen hat, sondern zugleich wird der Stein auch ein paar Tausend Mal hin- und hergestoßen – eine Simulation jener Belastung, die ihm in den ersten Monaten nach dem Kauf bevorstehen könnte, falls ein hyperaktiver Teenager den Ring trägt. Fällt der Stein bei diesem Härtetest nicht heraus, dann ist der Ring wahrscheinlich so weit, dass man ihn tragen kann.

Obwohl zur Herstellung eines Diamantringes mehr Schritte gehören, als Sie wahrscheinlich vermutet hätten, bleibt die Tatsache bestehen, dass hier nicht mehr als zwei Teile zusammengefügt werden müssen. Umso erstaunlicher, dass in einer normalen Werkstatt um die 30 Prozent aller hergestellten Ringe aufgrund von Qualitätsproblemen bei einem dieser Produktionsschritte zurückgehen müssen. Die Gewinnspanne bei einem Ring beträgt vielleicht lediglich ein paar Dollar, und jedes Mal wenn ein Ring zwecks Nachbesserung einen oder mehrere Schritte innerhalb der Produktionskette zurückwandert, kann das leicht *mehr* als den gesamten Gewinn kosten – eine höfliche Umschreibung dafür, dass Sie dem Kunden den Ring gratis überlassen.

Versetzen Sie sich bitte in folgende Situation: Zusammen mit zwölf Vizepräsidenten und den Firmeninhabern sitzen Sie rings um den Tisch des Sitzungssaals, und die Tischplatte ist mit Hunderten wunderschönen Ringen übersät, die in all ihrer Farbenpracht funkeln und glitzern: Topas, Rubin, Turmalin, Diamant, Perle und Amethyst. Jeder Ring hat allerdings eine kleine Schramme. Das heißt, ihn einem Kunden zu schicken, kann man vergessen. Diese ganzen Ringe müssen verschrottet werden. Das beinhaltet die herzzerreißende Prozedur, eine wundervolle Schöpfung mitsamt all dem Schweiß und all der Energie, die Sie in ihre Herstellung gesteckt haben, einer mörderischen Säure anheim zu geben, die das Gold auflöst und nur den Stein zurücklässt (das Gold wird später aus der Säure herausgefiltert und wieder verwendet).

Nach ein paar Stunden hitziger Diskussion (niemand will zugeben, dass diese Schrammen in einem seiner Abteilung zuzuordnenden Arbeitsbereich entstanden sind) gewinnen Sie eine ziemlich klare Vorstellung, woher die Schrammen stammen. Doch wie es sich so trifft, sind gerade in diesem Arbeitsbereich ein paar ganz schön dickköpfige Angestellte vertreten, die sich durchaus Mittel und Wege ausdenken könnten, die Ringe mit neuen Schrammen zu versehen, wenn man unumwunden ihre miserable Arbeitsqualität rügen würde. Also haben wir bei Andin jenes System entwickelt, das wir einfach »Zählung« nennen.

Sie lassen den *kulturellen* Köpfen in diesem Arbeitsbereich (jenen Arbeitern, die auf die meisten anderen Arbeiter Einfluss haben; im Unterschied zu den *politischen* Köpfen – den Leuten aus dem mittleren Management, die sich bei den handwerklich tätigen Arbeitern häufig keiner allzu großen Beliebtheit erfreuen) die Mitteilung zukommen, dass Sie eine *Zählung* haben wollen, aus der hervorgeht, wie viele Ringe aus ihrer Abteilung kommen, die diese spezielle Art von Schramme aufweisen. Sie wollen einfach, dass die Anzahl der Schrammen erfasst wird. Keine Vorwürfe, keine Schuldzuweisungen, keine Sanktionen: Lassen Sie uns lediglich jede Woche auf diesem Stück Papier die genaue Anzahl der Ringe wissen, die mit der Schramme aus Ihrer Abteilung kommen.

Sie können sich denken, was daraufhin geschieht. Sobald man mit der Bestandsaufnahme beginnt, gibt es nach ein paar Tagen keine Schrammen mehr, und niemand hat ein schlechtes Gewissen. Resultate ohne Schuldgefühle, denn Schuldgefühle führen meist zu neuen Problemen. Aber was hat das alles mit den Geistesprägungen zu tun?

Die Theorie der Geistesprägungen können Sie inzwischen bestens verstehen: Den Dingen wohnt dieses verborgene Potenzial inne, durch das sie alles Mögliche sein könnten; und die Prägungen, die ich aufgrund früherer Handlungen in meinem Geist angelegt habe, machen sich dieses Potenzial zunutze und sind maßgebend dafür, wie ich alles sehe beziehungsweise erlebe, bis hin zu meinen eigenen Gedanken. Diese Einsichten nachvollziehen zu können ist allerdings eine ganz andere Geschichte, als sie in unternehmerischen Erfolg umzumünzen. Letzteres können Sie am besten dadurch bewerkstelligen, dass Sie solch ein – von Werturteilen und Schuldgefühlen freies – System der Bestandsaufnahme einführen, mit dessen Hilfe Sie einfach auf einer kontinuierlichen Basis dokumentieren, wie Sie zurechtkommen.

Im Tibetischen bezeichnet man solch ein System der Bestandsaufnahme als *tündruk*, sechsmal pro Tag; wir nennen es hier ein Sechsmal-Buch. Halten Sie sich an dieses System, so werden Sie Resultate erzielen; falls Sie das nicht tun, keine Resultate. Das ist in der Tat einer der wichtigsten Punkte in diesem Buch.

Kaufen Sie sich einen handlichen Terminplaner, den Sie in die Tasche stecken können. Lesen Sie dann die im vorigen Kapitel aufgeführten 46 geschäftlichen Probleme erneut durch, und suchen Sie die drei heraus, die in besonderer Weise auf Sie zutreffen. Auf diese, Ihre drei größten Probleme, sollten Sie sich konzentrieren. Wenn ein spezielles Problem verschwindet oder wenn es ein bestimmtes Besserungsstadium erreicht, ersetzen Sie es durch das viertgrößte Problem aus dieser Liste; und so weiter.

Unterteilen Sie ein paar Seiten des Terminplaners in sechs Kästchen, die Ihnen genügend Platz lassen, dass Sie dort jeweils fünf oder sechs Sätze notieren können. Nummerieren Sie die Kästchen. Schreiben Sie danach einige Worte als Gedächtnisstütze für die Lösung des jeweiligen Problems, je eine Lösung in jedes der ersten drei Kästchen. Wiederholen Sie anschließend den Vorgang für die nächsten drei Kästchen. Die ersten drei Kästchen gelten für die Zeit vor dem Mittagessen; die drei anderen Kästchen für die Zeit danach.

Irgendwann bevor Sie sich am Morgen auf den Weg zur Arbeit machen, schauen Sie sich die Lösung im ersten Kästchen an. Nehmen wir zum Beispiel an, Sie hätten Kummer mit Geschäftsproblem Nummer 36:

Leute innerhalb und außerhalb des Unternehmens scheinen Sie an der Nase herumzuführen. Um dieses Problem zu lösen, Sie werden sich erinnern, sollten Sie unbedingt darauf achten, Stolz und ein ungesundes Verlangen nach Anerkennung zu vermeiden. Positiv formuliert: Sie sollten jedem Menschen, mit dem Sie zu tun haben, zuhören und etwas von ihm lernen; ferner nach Gelegenheiten Ausschau halten, den Menschen um Sie herum, die es verdienen, Anerkennung zuteil werden zu lassen.

Setzen Sie nun auf die linke Seite des Kästchens ein kleines Pluszeichen, und schreiben Sie daneben jene eine Sache auf, die Sie am vergangenen Tag – oder kurz zuvor – gedacht oder gesagt haben und die einem erfolgreichen Umgang mit diesem speziellen Problem am nächsten kam: Vielleicht haben Sie sich die Zeit genommen, über den guten Beitrag nachzudenken, den eine Angestellte oder ein Angestellter ständig für die Firma erbringt, und Sie haben bei der betreffenden Person Halt gemacht, um sich dafür in schlichter Form zu bedanken. Schreiben Sie keine lange Geschichte, sonst werden Sie diese Bestandsaufnahme bald satt haben und ad acta legen. Beschränken Sie sich lediglich auf ein paar Sekunden aufrichtiger Selbstbesinnung, und notieren Sie dann rasch und in aller Kürze ein paar Worte.

Aber keine Gemeinplätze – das bringt Sie hier nicht weiter. Also keine Einträge wie: »Zu den Leuten auf der Arbeit bin ich ziemlich freundlich.« Sondern: »Dienstag um 15.30 Uhr bin ich zu Susanne an den Schreibtisch gegangen und habe mich vor allen anderen bei ihr dafür bedankt, dass sie während der letzten sechs Monate die Bestandslisten so gut geführt hat, ohne viel Aufsehen darum zu machen.« Diese Art von bewusster Bestandsaufnahme Ihrer kleinen Erfolge hinterlässt eine sehr starke positive Prägung in Ihrem Geist, und Sie werden bald feststellen, dass Ihr Problem – Leute, die Sie an der Nase herumführen – längst schon auf dem Rückzug ist, so stetig und so selbstverständlich, dass Sie gar nicht bemerkt haben, was da vor sich ging.

Fügen Sie anschließend unterhalb des Pluszeichens ein Minuszeichen hinzu, und überlegen Sie, was Sie gestern oder vorgestern in Zusammenhang mit demselben Problem nicht so gut gemacht haben. Je nachdem könnten Sie so etwas schreiben wie: »War gestern nicht bereit, mir den

Vorschlag von Markus zu unserer Einkaufspolitik anzuhören, als ich um 14.30 Uhr an seinem Schreibtisch vorbeikam.« Noch einmal: *Seien Sie klar und eindeutig.* Nur so kann das Sechsmal-Buch Sie weiterbringen. Denken Sie daran, dass Prägungen, während sie ihr unbewusstes Dasein fristen, an Kraft gewinnen: Große Resultate können selbst aus unscheinbaren Prägungen erwachsen – sofern diese klar und eindeutig sind.

Setzen Sie schließlich unter das Minuszeichen ein kleines »Was heute zu tun ist«. An dieser Stelle formulieren Sie Ihre Strategie für den heutigen Tag. Etwas Einfaches, das aber für die innere Veränderung, die Sie herbeiführen wollen, durchaus repräsentativ dasteht. Es könnte etwas so Schlichtes sein wie: »Erinnere dich an zwei gute Vorschläge, die Robert dir irgendwann einmal unterbreitet hat.« Oder: »Bedanke dich heute bei mindestens einer Person in der Abteilung für farbige Edelsteine.« Sehen Sie zu, dass die »Aufgaben« in einem vernünftigen Rahmen bleiben, und sehen Sie auch zu, dass die Eintragungen, die Sie in Ihrem Sechsmal-Buch zu Papier bringen, stets kurz und schmerzlos über die Bühne gehen – schließlich sind Sie ein voll ausgelasteter Mensch, und wenn Sie einen Roman daraus machen, wird das Ganze schnell im Sand verlaufen.

Denken Sie aber vor allem daran, zu welchem Zweck Sie hier überhaupt Buch führen: nicht um angesichts der begangenen Fehler Schuldgefühle zu entwickeln; im Tibetischen gibt es kein Wort für »schuldig«; der Ausdruck, der diesem Wort noch am ehesten nahe kommt, könnte in etwa übersetzt werden mit »einsichtiges Bedauern, das zu der Entscheidung führt, die Dinge anders zu machen«. Hier geht es um einen ganz kühl kalkulierenden Versuch, die Ihnen künftig bevorstehende Wirklichkeit dergestalt zu ordnen, dass sie einträglicher wird und an Bedeutung gewinnt – und dagegen gibt es wahrlich nichts einzuwenden, insbesondere dann nicht, wenn all dies dadurch geschieht, dass Sie liebenswürdig und freundlich mit anderen Menschen umgehen.

Sie haben jetzt eine Zusatzbeschäftigung, die man als geistige Gartenpflege bezeichnen könnte: Sie besteht darin, die Samen beziehungsweise Prägungen auszusuchen, die Sie in Ihrem Geist kultivieren möchten, indem Sie sich eingehend mit der Frage befassen, durch welche Prägungen jene Dinge hervorgebracht werden, die Sie verwirklicht sehen möchten;

und anschließend diese Samen bewusst anzupflanzen, um sich dann zurückzulehnen und an dem außerordentlichen Erfolg zu erfreuen, der Ihnen durch die Früchte dieser Samen zuteil werden wird.

Nehmen Sie also über den Tag verteilt ungefähr alle zwei Stunden eine Eintragung vor. Tun Sie das diskret, wenn Sie alleine an Ihrem Schreibtisch sitzen (alle werden denken, Sie seien ein schwer beschäftigter Manager, der seinen prallen Terminkalender durchgeht). Falls jedoch zu viele Leute drumherum sind oder falls es mit dem Telefon und all den anderen Dingen allzu chaotisch zugeht, begeben Sie sich besser in eine ruhige Ecke – in der Nähe der Kaffeemaschine oder dergleichen –, um sich dort Ihre Notizen zu machen. Unter dem Vorwand, auf die Toilette zu gehen, habe ich mir auch schon des Öfteren erlaubt, für kurze Zeit aus Vorstandssitzungen zu verschwinden, um dann an diesem Ort meine nächste Eintragung vorzunehmen.

Es ist wichtig, dass die Eintragungen sich über den Tag verteilen – darum wird es das »Sechsmal-Buch« genannt. Dem liegt die Vorstellung von gleichmäßigen Wartungsintervallen zugrunde: die Vorstellung, dass man im Abstand von ein paar Stunden jeweils eine kurze Pause machen und alles überprüfen sollte, bevor überhaupt im Geist eine größere Panne auftreten kann. Wenn Sie um 8.00 Uhr morgens eine Eintragung machen, dann nehmen Sie sich während Ihrer Frühstückspause um 10.30 Uhr einen Moment Zeit für eine weitere Eintragung. Machen Sie die nächste gegen Mittag, eine am Nachmittag und eine weitere vielleicht auf dem Heimweg. Nehmen Sie schließlich im Laufe des Abends Ihre sechste Eintragung vor.

Lassen Sie noch später – unmittelbar vor dem Schlafengehen – den gesamten Tag Revue passieren, um einen separaten Eintrag mit den drei besten Dingen, die Sie während des Tages getan haben, und einen weiteren mit den drei schlechtesten Dingen zu machen. Denken Sie daran, dass Sie kein Urteil über sich abgeben oder Schuldgefühle entwickeln sollen; Sie *machen lediglich eine Bestandsaufnahme* von dem, was Sie im Laufe des Tages getan haben. Durch die Bestandsaufnahme werden Sie sich automatisch verändern. Indem *Sie* sich verändern, wird sich Ihre Wirklichkeit verändern – und zwar in die Richtung, die Sie sich immer erträumt haben. Führen Sie wie beschrieben diese Methode über einen angemessenen Zeitraum hinweg durch, und die Ergebnisse werden Sie verblüffen.

5. Wenn Sie Ihr Handeln verstehen, wird dieses unendlich viel wirkungsvoller.

Sie können nun also verstehen, warum sich für manche Menschen, die ein integres unternehmerisches Dasein führen, dies auch auf längere Sicht nicht auszuzahlen scheint! Man muss im Laufe eines Tages *stetig*, in gleich bleibender Weise, gut sein, selbst wenn es dabei bloß um Kleinigkeiten geht. Und Sie müssen das eine ganze Weile so beibehalten. Schließlich müssen Sie den Pflänzchen Zeit lassen, damit sie wachsen können – denn so entspricht es der Natur von Ursache und Wirkung und der Natur der Prägungen, die in dem Potenzial offenbar werden.

Durch ein paar Details kann man den Prozess allerdings merklich beschleunigen. Wenn Sie diesen Prozess *verstehen*, während Sie das Sechsmal-Buch führen, können Sie entsprechend mehr bewirken. Mit anderen Worten, Sie tun gut daran, hin und wieder innezuhalten, um sich darauf zu besinnen, was hier eigentlich geschieht. Sie haben ein geschäftliches Problem – exakt auf demselben Markt, in demselben Unternehmen oder derselben Abteilung, wo viele andere Leute dieses Problem *nicht haben* –, weil es in *Ihrem* Geist Prägungen gibt, die bewirken, dass Sie die Dinge anders erleben als diese anderen Leute. Und Sie sind bestrebt, diese Prägungen ausfindig zu machen und sie anschließend dadurch zu entkräften, dass Sie die gegenläufige Prägung anlegen.

Wenn Sie über all diese Wirkungszusammenhänge Bescheid wissen und sie stets im Sinn behalten, beschleunigt und erhöht das die Gesamtwirkung. Daraus erklärt sich auch, warum bei manchen Menschen, die allem Anschein nach in geschäftlichen Dingen über große Integrität zu verfügen, die Geschäfte offenbar nie wirklich gut laufen. Mag sein, dass Sie Ihre Geschäfte nach einem strengen ethischen Verhaltenskodex abwickeln: Wenn Sie dies aber lediglich instinktiv tun oder weil gesetzliche Vorschriften es von Ihnen verlangen, weil es branchenüblich ist, weil sich

Ihre Geschäftspartner entsprechend verhalten oder weil Ihnen jemand anderes dringend dazu rät, ohne Ihnen allerdings diese ganzen Wirkungszusammenhänge erklären zu können, so genügt das nicht. *Die treibende Kraft für Ihre ethische Lebens- und Unternehmensführung sollte in einem klaren und bewussten Gewahrsein bestehen: Sie sollten sich über die spezifischen Prägungen, die dieses Verhalten in Ihrem Unbewussten anlegen wird, im Klaren sein und wissen, welche ausschlaggebende Rolle diese Prägungen für das Zustandekommen der Realität spielen, mit der Sie es auf Ihrem weiteren geschäftlichen Werdegang zu tun haben werden.*

6. Besiegeln Sie Ihre positiven Handlungen stets durch einen Akt der Wahrheit.

Dies führt uns zurück zum Akt der Wahrheit. Zu wissen, dass Sie sich integer verhalten müssen, um im Leben und im Beruf erfolgreich zu sein, ist die eine Sache – Stunde für Stunde, Tag für Tag diesem Wissen gemäß zu handeln eine andere Sache. Klare Einsicht in den Prozess, durch den diese Dinge wirklich vonstatten gehen, kennzeichnet eine noch höhere Stufe. Auf jeden Fall aber können Sie einen weiteren Schritt unternehmen, damit diese Kraft unverzüglich zu Ihren Gunsten wirksam wird – in einer Weise wirksam wird, die Sie offensichtlich Ihrer neuen Art, die Welt zu betrachten und sich in ihr zu verhalten, zuschreiben können.

Bei diesem Schritt handelt es sich um den Akt der Wahrheit. Holen Sie gegen Ende des Tages, vielleicht auf Ihrem Heimweg, Ihr Sechsmal-Buch hervor. Werfen Sie einen Blick auf alles Positive, das Sie im Verlauf der letzten 24 Stunden dort festgehalten haben. Denken Sie darüber nach, wie jede dieser Handlungen solch kraftvolle Prägungen in Ihrem Geist angelegt hat, dass Sie in der Zukunft eine gänzlich neue Welt erleben, dass der Erfolg, den Sie in Ihrem Unternehmen und in Ihrem Leben haben werden, einfach alles übersteigen wird, was Sie sich jetzt in diesem Augenblick überhaupt vorstellen können. Erfreuen Sie sich selbst an den allerkleinsten Fortschritten, die Sie in Ihrem Bestreben, dem Weg zu totaler persönlicher Integrität zu folgen, erzielen.

Führen Sie sich vor Augen, was diese Art von Integrität beinhaltet. Stellen Sie sich vor, wie Sie im Rückblick auf einen Arbeitstag von ganzem Herzen sagen können, dass Sie während jeder Minute des Tages vollkommen aufrichtig waren – in Ihrem Verhalten anderen Menschen gegenüber, in jedem der wohl erwogenen Worte, die Sie anderen gegenüber geäußert haben, ja selbst in Ihren geheimsten Gedanken. Indem Sie jedem, mit dem Sie zu tun haben, wohl wollend begegnen und ehrlich zu den Menschen sind, führen Sie ein Leben in vollständiger persönlicher Aufrichtigkeit und befinden sich nun in einer Position, in der Sie, wenn Sie zurückblicken, sagen können: »Ja, es war ein Tag vollkommener Integrität.«

Wann immer Sie – vielleicht auch nur annähernd – solch einen Tag erleben (um solche Tage erleben zu können, werden Sie sich allerdings erst eine Weile in diesen Dingen üben müssen), so besiegeln Sie ihn durch den *Akt der Wahrheit*. Indem man die Kraft wachruft, die einem Akt der Wahrheit innewohnt, hebt man sämtliche Prägungen dieses Tages auf eine ganz neue Ebene der Wirksamkeit.

Was einen Akt der Wahrheit ausmacht, lässt sich ungefähr folgendermaßen in Worte fassen:

> Wenn es wahr ist, dass ich den ganzen Tag über bei allem, was ich zu anderen gesagt, wie ich mich ihnen gegenüber verhalten, und sogar bei allem, was ich von ihnen gedacht habe, achtsam gewesen bin und wenn es daher wahr ist, dass ich den ganzen Tag über jeden Menschen, mit dem ich in Berührung gekommen bin, vollkommen aufrichtig behandelt habe, dann möge eine neue Kraft geboren werden. Und möge es aufgrund dieser neuen Kraft so sein, dass wir alle zusammen – ich wie auch sämtliche Wesen, die in meiner Welt existieren – durch unsere Bemühungen wahres Glück und Wohlergehen erlangen.

Wenn die Tibeter solch einen Akt der Wahrheit ausführen, stellen sie sich zugleich vor, dass von ihrem Herzen goldene Lichtstrahlen ausgehen – von solcher Intensität, als erstrahle die Sonne aus ihrer Brust. Und sie stellen sich vor, dieses Licht erfasse alle, die sie umgeben: zum Beispiel zunächst einmal jeden, der mit ihnen im Bus sitzt; als Nächstes all diejenigen, die sich auf dem Weg nach Hause befinden; und schließlich all jene, die zu Hause auf all diese auf dem Heimweg befindlichen Menschen warten.

Wünschen Sie sich dann für jeden dieser Menschen jene Art von Erfolg im Leben und im Beruf, den Sie persönlich zu erreichen hoffen. Wenn die Prinzipien, über die Sie hier etwas gelesen haben – das Prinzip des verborgenen Potenzials und das der Geistesprägungen –, überhaupt Gültigkeit besitzen, so könnte jedem Menschen, der sie sich zunutze macht, Glück und Wohlstand zuteil werden: uns allen, und zwar gleichzeitig. Für jeden wäre mehr als genug vorhanden, und jeder könnte im Überfluss leben.

Das zweite Ziel: Sich des Geldes erfreuen – oder der Umgang mit Körper und Geist

Kapitel 9

Die Zeit der Stille – eine allmorgendliche Einstimmung auf den Tag

Wir dürfen sicherlich davon ausgehen, dass Sie jetzt das »Sutra vom Diamantschneider« in den wesentlichen Punkten erfasst haben. Sie sind sich darüber im Klaren, dass nichts von sich aus so ist, wie es ist. Anderenfalls würde jedem Menschen alles exakt genau so erscheinen wie allen übrigen Menschen. Ferner sind Sie sich – weil es eine Ursache dafür geben muss, dass die Dinge so in Erscheinung treten, wie sie es tun – darüber im Klaren, dass die Erscheinungsweise der Dinge folglich auf *Sie* zurückzuführen sein muss. Ebenso ist Ihnen klar, dass die Art und Weise, wie die Dinge Ihnen erscheinen, auf die Samen oder Prägungen zurückgeht, die Sie zu einem früheren Zeitpunkt in Ihrem Geist angelegt haben, als Sie einem anderen Menschen gegenüber eine gute oder schlechte Handlung begangen beziehungsweise etwas Gutes oder Schlechtes über die betreffende Person gesagt oder gedacht haben.

So sind Sie schließlich zu der Einsicht gelangt, dass Sie aufgrund all dessen durch eine einfache Bestandsaufnahme Ihrer Handlungs- und Denkweisen während des Tages Ihre eigene Zukunft im Wesentlichen selbst gestalten können. Sie haben – das ist der entscheidende Punkt – erreicht, was erreichen zu können immer schon die Hoffnung jedes Menschen in der Menschheitsgeschichte wie auch in der Geschichte von Handel und Wirtschaft gewesen ist: die Kontrolle über Ihr eigenes Geschick. Sie wissen, was Sie tun müssen, um erfolgreich zu sein.

An dieser Stelle möchte ich gerne ein paar Worte über einige zusätzliche Methoden einflechten, mit deren Hilfe Sie noch ein paar Schritte weiter gehen können, um an Ihrem Erfolg möglichst viel Freude zu haben. Erfolgreich sein – in materiellen Belangen zum Beispiel – ist die eine Sache, erklären uns die buddhistischen Denker; den Erfolg genießen hingegen eine ganz andere Sache. In diesem und den folgenden Kapiteln werden wir daher über verschiedene Möglichkeiten sprechen, wie Sie stetig, Tag für Tag, glücklich und zufrieden bleiben können, während Sie alles Notwendige zur Verwirklichung Ihres Erfolges unternehmen. Als Erstes gilt es zu lernen, wie man sich auf den Tag »einstimmt«.

Die tibetischen Weisen nennen diesen Vorgang *penpa tang*, was so viel bedeutet wie »den Grundton für den gesamten Tag vorgeben, indem man am Morgen ein paar Momente in Stille verweilt«; und dieser Ausdruck ist mit einem anderen Ausdruck bedeutungsverwandt, der sich mit »einen Pfeil abschießen« übersetzen lässt. Mit der allmorgendlichen Zeit der Stille, in der Sie ganz für sich schweigend dasitzen, um dafür zu sorgen, dass Ihre Gedanken bereit sind für den Tag, verhält es sich wie mit dem Sechsmal-Buch: Diese Zeit der Stille ist absolut unverzichtbar für Sie, damit Sie Ihre Aufgabe, in den kommenden Jahren einen umfassenden persönlichen und geschäftlichen Erfolg herbeizuführen, wirkungsvoll anpacken können.

Die Ursprünge dieser Praxis sind in einigen von alters her überlieferten Unterweisungen des Buddha zu finden; zum Beispiel in jener vor über 2500 Jahren gehaltenen Lehrrede, die im »Buch vom goldenen Licht« niedergeschrieben wurde. So manches auf der Welt mag sich ja seit damals verändert haben – nicht jedoch die grundlegenden Prinzipien für die Einstimmung auf den Tag, die als intensive persönliche Praxis für ein ganzes Leben in ununterbrochener Überlieferung über all die Jahrhunderte hinweg vom Meister an den Schüler weitergegeben wurden. Hier erfahren Sie jetzt, wie auch Sie diese Praxis jeden Morgen durchführen können.

Einer sehr tiefgründigen Fassung dieser Praxis zufolge sollte man mit ihr eigentlich am Abend zuvor beginnen. Lassen Sie zunächst, nachdem Sie zu Bett gegangen sind, den gerade zu Ende gehenden Tag Revue passieren, wie am Schluss des vorigen Kapitels beschrieben. Betrachten Sie den Tag in Hinblick auf die drei besten Dinge, die Sie getan, gesagt oder gedacht haben, und danach in Hinblick auf die drei schlechtesten. Konzentrieren Sie sich insbesondere auf die guten Dinge. Und während Sie einschlafen – während Sie in die Welt des Traumes eintreten, von der die großen Meister aus Tibet sagen, sie ähnele in vielerlei Hinsicht dem Zwischenzustand zwischen dem Ende dieses Lebens und dem Wiedererwachen im nächsten Leben –, nehmen Sie gedanklich den Augenblick vorweg, in dem am kommenden Morgen Ihr Wecker läuten wird. Eilen Sie im Geist voraus zu Ihren ersten Gedanken während des Erwachens, zu den ersten Momenten, in denen Sie sich dehnen und strecken, in denen Sie gähnen und Ihre Augen öffnen. Wie Sie vielleicht schon selbst in Ihrem persönlichen Lebensalltag feststellen konnten, sind diese Minuten – und die nächste Stunde, mehr oder weniger – ausschlaggebend für einen positiven Einstieg in den Tag. Und die beste Möglichkeit für einen positiven Einstieg ist die Einstimmung auf den Tag durch eine Phase der persönlichen Stille und Besinnung.

Für die Durchführung dieser Zeit der persönlichen Stille gibt es ein paar grundlegende Techniken, die über Jahrhunderte von den großen Lehrern Tibets, aber auch schon in den Zeiten davor, entwickelt worden sind. Wenn Sie diese Techniken kennen und beherzigen, wird die Zeit der persönlichen Stille – obgleich es lediglich einige wenige Minuten pro Tag sind – möglicherweise zu einem der wichtigsten und besonders geschätzten Elemente in Ihrem Leben werden. Zunächst einmal gilt es einen geeigneten Platz in Ihrem Haus beziehungsweise in Ihrer Wohnung zu finden, an dem Sie die Zeit der Stille verbringen können.

Sie sollten einen Platz dafür aussuchen, der eigens Ihrer morgendlichen Zeit der Stille vorbehalten bleibt. Es wäre keine gute Idee, lassen Sie mich den Hinweis vorwegnehmen, diese Zeit im Bett zu verbringen – an einem Platz, an dem Sie noch bis vor ein paar Minuten geschlafen haben und der aufgrund dessen mit Empfindungen von Schläfrigkeit und Dunkelheit behaftet ist. Bereits Ihr ganzes Leben lang sind Sie darauf konditioniert, im Bett ruhig zu sein und dann einzuschlafen. Wenn Sie Ihre Zeit der Stille dort verbringen, werden Sie dadurch mit hoher Wahrscheinlichkeit schläfrig werden. Es ist wichtig, aus dem Bett und in Schwung zu kommen.

In Tibet spritzen sich die Mönche nach dem Aufstehen Wasser ins Gesicht, um sich dann als Nächstes kräftig und lautstark die Nase auszuschnaufen, damit sie während der morgendlichen Zeit der Stille ganz sanft und ruhig atmen können. In unserem Kloster klang das jeden Morgen wie der Auftakt zu einer großen Nasen-Symphonie. Dann putzen Sie sich die Zähne, damit Sie die Zeit der Stille mit einem angenehmen Geschmack im Mund verbringen – ein weiterer Punkt, durch den ein Abschweifen der Gedanken verhindert werden soll. Besorgen Sie sich anschließend etwas, womit Sie den Flüssigkeitsbedarf Ihres Körpers stillen können: Tee oder Saft zum Beispiel; oder, falls Sie daran gewöhnt sind, gerade mal ein kleines Schlückchen Kaffee. Nehmen Sie das Getränk zu sich, während Sie Ihren Platz der Stille reinigen.

Bei ihm sollte es sich um eine spezielle Ecke in Ihrem Haus oder in Ihrer Wohnung handeln, in die Sie sich stets zurückziehen, um dort Ihre morgendliche Zeit der Stille zu verbringen. Das Wichtigste, was es über diesen Platz zu sagen gibt, ist meines Erachtens, dass er ruhig sein sollte. Und jedes andere Haushaltsmitglied sollte ausdrücklich damit einverstanden sein, dass Sie dort Ihre morgendliche Zeit der Stille ungestört verbringen können.

Einige Geschäftsleute aus meinem Bekanntenkreis haben zu diesem Zweck im Untergeschoss eine kleine Ecke frei geräumt und entsprechend hergerichtet; andere, die in etwas beengteren Wohnverhältnissen leben, haben eine dieser hübschen japanischen Jalousien gekauft und teilen auf diese Weise ein Eckchen der Wohnung ab; wieder andere haben mit ihrer Familie eine Abmachung getroffen, dass sie für eine bestimmte Zeit – zum Beispiel morgens von 7.00 Uhr bis 7.30 Uhr – das Wohnzimmer für sich alleine zur Verfügung haben. Wofür Sie sich auch entscheiden, stellen Sie sicher, dass die anderen Familienmitglieder oder sonstige Mitbewohner den Platz während Ihrer Zeit der Stille respektieren, und achten Sie darauf, dass Sie nach Möglichkeit alle anderweitigen Störquellen beseitigen.

Das bedeutet, im betreffenden Zimmer den Telefonstecker herauszuziehen; sich zu vergewissern, dass nicht in der Nähe jemand anderes das Radio- oder Fernsehgerät laut laufen lässt; und für eine Minimierung der Außengeräusche zu sorgen, indem Sie zum Beispiel zu einer lauten Straße hin die Fenster schließen. Wählen Sie Zeitpunkt und Ort so ruhig, wie Ihre spezifischen Lebensumstände dies zulassen. Falls es um 7.00 Uhr im Haus oder im Umfeld bereits zu laut ist, werden Sie möglicherweise früher anfangen wollen. Auch ausreichender Nachtschlaf spielt für eine erfolgreiche Zeit der Stille eine wichtige Rolle. So viele Stunden, wie es Ihren gewöhnlichen persönlichen Bedürfnissen entspricht, sollten Sie schon schlafen.

Hat Ihr Platz der Stille eine spezielle Atmosphäre, fast wie ein sakraler Raum, so werden die Dinge sich umso besser entwickeln. Er sollte hübsch und aufgeräumt sein; und wenn wir ihn morgens betreten, kehren wir als

Erstes ein bisschen, wischen Staub oder richten ihn schön her. Falls der Platz bereits ziemlich sauber ist, machen wir es trotzdem. Denn bei den entsprechenden Handgriffen muss sich der Körper ein wenig beugen und kommt so in Bewegung. Die tibetischen Weisen erklären, bei der gemächlichen Verrichtung dieser kleinen Reinigungsarbeiten sollten Sie sich vorstellen, diese repräsentierten die Reinigung Ihres Unternehmens, Ihres Lebens und Ihres Geistes.

Wenn Sie die Reinigung regelmäßig durchführen (und das werden Sie tun müssen, denn nur aufgrund solcher Regelmäßigkeit entfalten all diese Dinge ihre Wirkung), werden Sie feststellen, dass Ihnen kaum noch etwas zu reinigen übrig bleibt an Ihrem Platz der Stille: vielleicht bloß ein paar Staubknäuel hier und da; oder einige lose Zettel. Dann gehen wir einfach zu einer feineren Ebene über und reinigen jede Kleinigkeit, die noch auf dem Fußboden – oder wo auch immer – zu finden ist. Dieser Prozess entspricht symbolisch jenem Punkt, an dem Sie Ihr Unternehmen und Ihr Leben so weit gehend in Ordnung gebracht haben, dass zur Aufrechterhaltung dieses Zustands zeitweilig nur noch wenige Handgriffe erforderlich sind. Erledigen Sie aber diese wenigen notwendigen Handgriffe! Und verlieren Sie dabei niemals aus den Augen, was sie symbolisieren.

Wenn Ihr Platz der Stille wirklich sauber und aufgeräumt ist, kann Ihr Geist leichter zur Ruhe gelangen. Im nächsten Schritt kommt es darauf an, einen bequemen Sitz zu finden, von dem aus Sie sich in Ihre ganz persönliche Stille hineinbegeben können. Wenn Sie in diese Stille eintreten, ist das so ähnlich, als begäben Sie sich in phantasievolle Gedankenspiele oder in einen Wachtraum hinein oder als lauschten Sie Ihrer Lieblingsmusik. Sie wissen schon: die Art von Situation, in der Sie sich zurücklehnen und die Augen schließen – oder aber Ihren Blick einfach ins Weite richten – und Ihren Gedanken freien Lauf lassen, während Ihr Körper entspannt und reglos verweilt. Sinn der Sache ist, dass Sie einen Platz finden, an dem Sie Ihren Körper genau auf solche Weise »parken« können, während Sie sich tief in die Stille des eigenen Geistes hineinbegeben. Es geht darum, den Körper in einer Position zu parken, die angenehm ist und auch so lange angenehm bleibt, bis Sie und Ihr Geist beschließen, aus Ihrer Zeit der Stille zurückzukehren.

Gemäß den überlieferten Lehren Tibets tut man gut daran, bei dieser Position mehrere Elemente zu berücksichtigen. Das wichtigste Element ist eine gerade Rückenhaltung: Bestimmte Abläufe innerhalb des Nervensystems werden durch eine ganz gerade und aufrechte Sitzhaltung begünstigt, was Ihnen wiederum in Ihrer Zeit der Stille zu größerer Klarheit und Geistesschärfe verhilft. Es ist gut, auf etwas Weichem zu sitzen, das sich aber zugleich durch eine gewisse Festigkeit auszeichnet, und den Bereich unter dem Steißbein ein wenig mit einem Kissen abzustützen: Das erleichtert eine gerade Rückenhaltung. Sie können sich, sofern das bequem für Sie ist, mit überkreuzten Beinen hinsetzen; wenn Sie jedoch einfach in einer normalen Position sitzen möchten, in Ihrer gewohnten Sitzhaltung mit herabhängenden Beinen und auf dem Boden aufliegenden Füßen, so ist das ebenfalls in Ordnung.

Legen Sie die Hände locker auf den Schoß, so dass die Handflächen nach oben weisen, und versuchen Sie den gesamten Körper zu entspannen. Letzteres kann man sehr gut durch eine Reihe langsamer, tiefer Atemzüge erreichen. Diese Praxis hat auf Tibetisch den seltsam klingenden Namen uk *djung-ngup,* und es gibt sie schon seit mindestens 1600 Jahren. Damals fand sie Erwähnung in einem Text mit dem Titel »Schatzkammer des höheren Wissens«. Ziel der Praxis ist es, während der Zeit der Stille den Geist dadurch nach innen zu lenken, dass man das Aufkommen anderweitiger Gedanken und Erfahrungen eindämmt. Zu diesem Zweck verbinden wir den Geist mit dem Kommen und Gehen des Atems.

Dabei gibt es allerdings eine Besonderheit zu beachten. Wir beginnen mit dem Ausatmen, und das Einatmen ist erst der zweite Schritt! Das Ganze geht folgendermaßen vonstatten: Sie richten Ihre Aufmerksamkeit auf die Innenseite der beiden Nasenlöcher und wandern im Geist bis zum Eingang der Nasenhöhle empor. Stellen Sie sich vor, Sie seien ein Wachposten, der mit dem Auftrag, genau zu beobachten, ob jemand kommt oder geht, vor diese beiden kleinen Hohlräume postiert wurde. Versuchen Sie, während Sie einatmen und dann wieder ausatmen, ein Gewahrsein für die Luft zu entwickeln, die an der Innenseite der Nase vorbeistreicht. Die eintretende Luft fühlt sich kühler, trockener an, die austretende Luft feuchter und wärmer. Denken Sie daran, auf dem zugewiesenen Posten zu bleiben: Die Gedanken dürfen von dieser Stelle an der Naseninnenseite nicht abschweifen, sondern müssen ständig in Fühlungnahme mit der eintretenden und wieder ausströmenden Luft bleiben. Wenn jemand in Ihrer Umgebung die Türe zuschlägt oder laut spricht, sind Sie vielleicht für eine Sekunde abgelenkt. Doch Sie achten strikt darauf, Ihre Aufmerksamkeit so rasch wie möglich wieder der Atmung zuzuwenden.

Einer alten Gepflogenheit entsprechend wiederholt man dies für die Dauer von zehn Atemzügen – unter dem Vorbehalt, dass Sie wieder von vorne zu zählen beginnen, sobald Sie stark abgelenkt beziehungsweise beim Zählen durcheinander geraten sind. Der ausströmende Atem wird als die erste Hälfte und der eintretende Atem als die zweite Hälfte einer Zahl gerechnet. Von dieser Form, einen Atemzug zu zählen (in Gegensatz zu unserer ansonsten üblichen Zählweise, die – zum Beispiel beim Schwimmen – gewöhnlich das Atemholen, das Einbehalten des Atems und das Ausatmen als einen einzigen Atemzug auffasst), heißt es, sie könne den Geist besonders wirkungsvoll nach innen lenken, die Gedanken nach innen richten. Falls Sie sich häufig dabei ertappen, dass Sie beim Zählen aus dem Tritt geraten, bevor Sie bei zehn angekommen sind, zeugt das von Konzentrationsschwierigkeiten. Diese werden sich in allen Belangen auf Ihre unternehmerische Leistungsfähigkeit auswirken. Deshalb sollten Sie umso mehr darauf bedacht sein, sich Ihrer Zeit der Stille mit größerer Regelmäßigkeit zu widmen, jeden Morgen.

Die Augen dürfen geschlossen werden oder können geöffnet bleiben. Solange Sie sich nicht ablenken lassen, spielt das keine so entscheidende Rolle. Wenn Sie die Augen schließen, werden Sie möglicherweise eine Neigung zu Schläfrigkeit feststellen. Diese erklärt sich wiederum aus der bereits angesprochenen Schlafkonditionierung, die schon Ihr Leben lang stattfindet. Wenn die Augen geöffnet bleiben, werden Sie sich möglicherweise dabei ertappen, wie Sie Dinge überall im Zimmer anschauen und gedanklich den Faden verlieren. In den überlieferten tibetischen Schriften heißt es dazu, dass Sie bei geöffneten Augen versuchen sollten, das Augenmerk auf nichts Bestimmtes zu richten: Fassen Sie lediglich den vor Ihnen befindlichen Raum in den Blick – so als weilten Sie in einem großen Tagtraum, einfach ohne sich etwas Bestimmtes anzuschauen. Allerdings ist es vorteilhaft, wenn Sie den Blick leicht gesenkt halten können und Ihre Augenlider ebenfalls ein ganz klein wenig gesenkt sind.

Die korrekte Sitzposition haben Sie jetzt also schon eingenommen. Und womit sollen Sie nun die Zeit der Stille zubringen? Und wie lange soll sie dauern? Lassen Sie uns auf die zweite Frage zuerst eingehen. Es ist gut, wenn Sie jeden Tag zwischen 15 und 30 Minuten in Stille verbringen können. Aber eben »jeden Tag«, darauf kommt es an. Diese Dinge können ihre Wirkung nur entfalten, wenn Sie sie durchgängig jeden einzelnen Tag praktizieren, ohne Unterbrechung. Die beste Gewähr, dass Sie auch wirklich Tag für Tag dazu kommen, haben Sie, wenn Sie sich Ihrer Zeit der Stille täglich *zur gleichen Zeit* widmen.

Früher bin ich als Pendler im Berufsverkehr jeden Morgen zur gleichen Zeit aus dem Zentrum von New Jersey nach New York gefahren. Die zweite Hälfte der Busfahrt verläuft über eine schnurgerade Straße, die erst im letzten Moment über eine eng gewundene Kurve in den Lincoln-Tunnel einmündet und schließlich nach Manhattan hinüberführt. Auf der Fahrt nach New York bin ich regelmäßig eingedöst. Und jeden Morgen bin ich exakt zum gleichen Zeitpunkt unmittelbar vor dem Tunnel wieder aufgewacht, habe mir meine Krawatte umgebunden und meinen Mantel übergezogen.

Entsprechend machte ich auf dem Heimweg mein Nickerchen während des ersten Teils der Fahrt, um mich von dem sehr hektischen Arbeitstag zu erholen und das Schlafdefizit der Nacht zuvor ein wenig wettzumachen. Dieses Nickerchen begann fast immer zur gleichen Zeit; nehmen wir einmal an, um 18.15 Uhr. Genauso verhielt es sich mit dem Mittagessen: Während so vieler Jahre haben wir stets um 13.00 Uhr unsere Mittagspause eingelegt, dass ich um 1 Uhr mittags nach der Eastern Standard Time* richtig Appetit bekam – gleichgültig, an welchem Punkt der Erde ich mich gerade befand oder womit ich gerade beschäftigt war. Dasselbe Prinzip gilt auch für Ihre tägliche Zeit der Stille.

---

* Die unter anderem für den Ostteil der USA gültige Einheitszeit beziehungsweise Zeitzone. (A. d. Ü.)

Richten Sie es so ein, dass Sie ihr einen festen Zeitpunkt im Tagesablauf vorbehalten, zum Beispiel täglich um 7.00 Uhr morgens. Anfangs werden Sie sich vielleicht noch ein bisschen schwer damit tun, den Bogen herauszubekommen. Bislang waren Sie es ja nicht gewöhnt, eine Zeit der Stille einzulegen, und Sie sind auch noch nicht besonders gut darin. Wenn Sie es nun jedoch einfach jeden Tag genau zur gleichen Zeit tun, wird nach und nach ein Reflex daraus – wie das Essen oder Schlafen. Schließlich gelingt es Ihnen immer besser, in Stille zu verweilen, bis dies nach gewisser Zeit für Ihren Tagesablauf eine höchst willkommene Bereicherung darstellt.

Wie sollen wir also diese Angelegenheit, dieses Verweilen in Stille, anpacken? Schaut man sich ein Foto an, auf dem Seine Heiligkeit der Dalai Lama bei der Morgenmeditation gezeigt wird, so könnte man vielleicht den Eindruck gewinnen, da spiele sich einfach *nichts* ab. Diese Einschätzung geht allerdings denkbar weit an der Wirklichkeit vorbei. Von Anfang bis Ende Ihrer Zeit der Stille absolvieren Sie eine ganz spezielle Abfolge von Geistesübungen, ganz ähnlich wie ein Sportler, der sich an einen genau vorgegebenen Trainingsablauf hält. Und wenn Sie erst einmal richtig viel Übung darin gewonnen haben, ist Ihr Geist – und dementsprechend Ihre Fähigkeit zur Bewältigung Ihrer geschäftlichen Aufgaben – mindestens ebenso geschmeidig, schnell und stark wie die Muskulatur eines Profisportlers.

Sehen Sie zu, dass Sie gleich beim Hinsetzen eine bequeme Position einnehmen. Falls Sie sich nicht gleich von Anfang an bequem hinsetzen, können Sie jede Wette eingehen, dass Sie später hin- und herrutschen werden. Nehmen Sie die eventuell notwendigen Veränderungen an Ihrer Sitzposition vor, vergewissern Sie sich, dass Ihr Rücken gerade ist, sitzen Sie dann ein oder zwei Minuten einfach da, und gewöhnen Sie sich an die Stille. Versuchen Sie, so ruhig zu sein, wie dies überhaupt nur möglich ist. Versuchen Sie, mit keiner Wimper zu zucken. Lassen Sie den Geist allmählich bei Ihrem Atem verweilen, und starten Sie Ihren Versuch, zehn langsame, tiefe Atemzüge mitzuzählen – ohne dabei den Atem anzuhalten oder irgendetwas sonst zu forcieren. Versuchen Sie bewusst, sämtliche Sinnesaktivitäten einzustellen: Richten Sie auf nichts Ihren Blick, horchen Sie auf nichts, versuchen Sie nicht, den Geruch des für Sie bereit stehenden Frühstücks wahrzunehmen, und dergleichen mehr. Gelingt es Ihnen, bis zum zehnten ruhigen Atemzug mitzuzählen, dann sind Sie so weit, dass Sie den Geist auf das Thema richten können, das Sie sich für heute vorgenommen haben. Wenn Sie während der gesamten Zeit auf Ihren Atem zu achten versuchen, bringt Sie das nicht weiter, da Sie dadurch lediglich für eine Weile zur Ruhe kommen – zu einer Ruhe allerdings, die der Konfrontation mit dem ersten großen Problem Ihres Arbeitsalltags nicht standhalten wird.

Die Zeit der Stille sollte daher großenteils dazu dienen, sich auf eine ausgesprochen vorausschauende und besonnene Art mit einem Problem zu befassen, das Sie daran hindert, im Geschäfts- oder Privatleben erfolgreich zu sein. Nehmen wir einmal an, Sie stellen fest, dass Sie sich ständig mit dem im ersten Teil des Buches skizzierten Geschäftsproblem Nummer 18 herumzuschlagen haben: Niemand in der Firma, weder jemand aus dem Management noch einfache Mitarbeiter, bietet Ihnen Unterstützung an, wenn Sie in der Klemme stecken und diese Unterstützung oder Hilfe dringend benötigen. Begeben Sie sich zunächst in die Stille Ihres Geistes, indem Sie Ihre Atemzüge zu zählen beginnen, verweilen Sie dort ein wenig, und genießen Sie einfach die Stille. Wenden Sie sich danach mit Ihrem zur Ruhe gekommenen Geist bewusst dem Problem zu.

Rufen Sie sich zunächst einen bestimmten Fall in der vergangenen Woche – oder wann es auch immer war – in Erinnerung (das wird Ihnen nicht schwer fallen), als Ihr Problem erneut auftrat. Vermeiden Sie an dieser Stelle jede Verallgemeinerung: Denken Sie vielmehr an eine bestimmte Situation, in der Ihnen jemand seine Hilfe versagt hat, als Sie diese benötigten. Gehen Sie in sich, und führen Sie sich möglichst anschaulich den genauen Tag, den Ort und den Zeitpunkt vor Augen – stellen Sie sich vor, in welchem Raum Sie sich aufgehalten haben, wer außer Ihnen dort saß und wer sich sonst noch in der Nähe befand. Rufen Sie sich in Erinnerung, wie Sie um die Unterstützung gebeten haben, die Ihnen dann nicht zuteil wurde, und machen Sie sich ein genaues Bild davon, wie Ihnen die Unterstützung versagt wurde. Erinnern Sie sich an die Gesichter, als die betreffenden Worte gesprochen wurden, erinnern

Sie sich auch an Ihre Empfindungen. Übrigens braucht man an diesem Punkt ein wenig Selbstbeherrschung, um nicht von neuem aufgebracht zu sein und wütend zu werden. Seien Sie also auf der Hut.

Verschaffen Sie sich als Nächstes einen Überblick darüber, welches Potenzial in dieser Situation vorhanden war. Vergessen Sie nicht: Dazu gehört, dass Sie sich – im Geist – genau anschauen, wie verschiedene Menschen das Geschehen wahrgenommen haben, als es seinen Lauf nahm. Für die Person, die Ihnen ihre Unterstützung verweigert hat, stellte offenbar der Umstand, dass Sie ein Problem hatten, kein Problem dar. Tatsächlich hat er oder sie darin wahrscheinlich gar kein sonderliches Problem gesehen. Sie hingegen schon; Sie haben es als ein großes Problem erlebt.

Das bedeutet, dass in der Tat das Problem als solches, von sich aus, kein Problem war – denn andernfalls hätte jeder der Anwesenden es ebenso wie Sie in genau der gleichen Weise als Problem betrachtet. Tatsache ist, dass das »Problem« neutral war: leer wie ein unbeschriebenes Blatt. Einige Leute haben darin ein Problem gesehen, andere hingegen nicht. Das heißt, dass seine *Problemhaftigkeit* auf etwas anderes zurückging – und wie wir bereits festgestellt haben, bleibt uns wohl nicht viel anderes übrig, als zu sagen, dass das Problem von Ihrem eigenen Geist herrührte.

Haben Sie also lediglich ein Problem aus etwas gemacht, das gar kein Problem war? Keineswegs. Die bloße Tatsache, dass Ihr Geist das Problem zu einem Problem gemacht hat, bedeutet nicht, dass es kein Problem war. Gerade darin besteht ja das Problem. Und ebenso wenig bedeutet sie, dass das Problem keines wäre, falls Sie beschließen würden, es nicht zu einem Problem zu machen. Zwar mag es stimmen, dass es bloß um eine Wahrnehmung geht, wenn Sie die benötigte Hilfe nicht erhalten. Aber diese Wahrnehmung und ihre Auswirkungen sind ganz real: Den Auftrag, den Sie erledigen sollen, werden Sie nicht erledigen können; und das Management wird dies nicht einfach so auf die leichte Schulter nehmen. Sie können sich den ganzen Tag lang wünschen, das Problem solle kein Problem sein, und Sie könnten zu beschließen versuchen, in dem Problem kein Problem zu sehen. Doch es ist ein Problem, und Sie werden das zu spüren bekommen.

Gehen Sie anschließend in der Stille des Raumes und Ihres Geistes an die Quelle des Problems, bei der es sich, wie Sie jetzt wissen, um eine Prägung handelt, die in Ihren Geist eingebrannt wurde, als Sie irgendwann in der Vergangenheit jemand anderem genau dieses gleiche Problem bereitet haben. Nachdem die Prägung in Ihrem Gehirn abgelegt worden war, schwamm sie im unbewussten Teil des Geistes umher, wurde dabei dick und fett wie ein gefräßiger Fisch, und als der geeignete Moment gekommen war, stieg sie in den bewussten Bereich des Geistes empor. In jenem berüchtigten Moment, als andere Ihnen ihre Hilfe verweigerten, färbte sie Ihre Wahrnehmungen, ja brachte diese sogar hervor. Nicht der Manager-Kollege oder der andere Angestellte war der Bösewicht; Sie selbst waren es, und Sie müssen auch die Dinge wieder in Ordnung bringen.

Versetzen Sie nun Ihren Geist mit Bedacht in den kommenden Tag, und versuchen Sie eine ähnliche Situation, die sich ergeben könnte, gedanklich vorwegzunehmen. Versuchen Sie sich vorzustellen, wo Sie beim nächsten Mal, wenn man Ihnen die zur Durchführung Ihrer Aufgabe benötigte Hilfe versagen wird, sitzen, mit wem Sie zusammen sein und welche Worte möglicherweise gesprochen werden. Führen Sie anschließend im Geist ein kleines Rollenspiel durch. Vergegenwärtigen Sie sich, wie *Sie* in einer entsprechenden Situation reagiert haben. Der und der Manager hat Ihnen nicht aus der Patsche geholfen, und daraufhin haben Sie einen Plan geschmiedet, damit im Gegenzug auch er und seine Leute in den kommenden Wochen von Ihrer Abteilung keinerlei Unterstützung erhalten.

Jetzt wissen Sie jedoch, dass die »normale« Reaktion das genaue Gegenteil der richtigen Reaktion ist. Im selben Moment, in dem Sie als Vergeltung für die Ihnen verweigerte Unterstützung jemand anderem Ihre Hilfe versagen, brennen Sie eine neue Prägung in Ihren Geist ein, die bewirken wird, dass in der Zukunft *Ihnen* die benötigte Hilfe verweigert werden wird. Das Letzte, was Sie tun wollen, ist daher, von Ihrer Seite aus die Zusammenarbeit einstellen, weil jemand anderes seinerseits keine Kooperationsbereitschaft gezeigt hat.

Ganz im Gegenteil: Sie wollen eine Prägung anlegen, aufgrund derer Ihnen beim nächsten Mal, wenn Sie auf eine gute Zusammenarbeit angewiesen sind, diese auch zuteil werden wird. Und dies kann nur durch – einseitige – Kooperation mit der betreffenden Person möglich gemacht werden: indem Sie ihr helfen und sie unterstützen, selbst wenn sie Ihnen ihre Hilfe versagt. Stellen Sie sich vor, was passieren würde, falls die ganze Welt einsähe, dass solch ein Verhalten für alle Beteiligten das Beste ist!

Diese Art von geistigem Rollenspiel während Ihrer Zeit der Stille ist nicht einfach nur Ausdruck einer edelmütigen Gesinnung. Vielmehr handelt es sich hierbei um eine mit Vorbedacht im Interesse Ihres persönlichen und geschäftlichen Erfolgs durchgeführte Übung. Irgendwann während der nächsten ein oder zwei Tage, wird die Situation, die Sie sich ausgemalt haben, tatsächlich eintreten. Und wenn es so weit ist, werden Sie darauf vorbereitet sein.

Das Verhaltensmuster, das Sie aufgebaut haben, indem Sie über die Logik der Situation nachgedacht und sich im Voraus einen Plan zurecht gelegt haben, wie Sie diesmal auf die Situation reagieren werden, tritt schon fast von alleine in Kraft. Im ersten Augenblick reagieren Sie vermutlich noch in der bisher gewohnten Manier. Aufgrund der stetigen Übung während Ihrer Zeit der Stille halten Sie dann jedoch inne, und Sie denken daran, dass Sie das Problem auf die neu entwickelte Art und Weise angehen wollten. Der Kreislauf der Gewalt ist an der alles entscheidenden Stelle unterbrochen: Denn Sie weigern sich, die Fehlschläge Ihres Lebens immer weiter fortzuschreiben – Sie sind nicht mehr bereit, weiterhin jene Prägungen anzulegen, die bewirken werden, dass Sie diese Fehlschläge von neuem erleben müssen.

Daraus können Sie ersehen, wie überaus wertvoll die so genutzte Zeit der Stille für den Arbeitstag sein kann, der bald danach für Sie beginnen wird. Und Sie begreifen jetzt, auf welch wirklich brillante Idee man da im alten Tibet gekommen ist, sich im Umgang mit Problemen zu üben, bevor diese überhaupt in Erscheinung treten. Die schöpferische, aufbauende Atmosphäre der Zeit der Stille, die Sie am dafür hergerichteten Platz erfahren, legt in Ihrem Geist eine tief verwurzelte Prägung dafür an, auf die richtige Art und Weise zu reagieren. Daher sind die wenigen Minuten, die Sie morgens in Stille verbringen, in Hinblick auf die vor Ihnen liegenden Stunden eine Investition von unschätzbarem Wert.

In Tibet ist es üblich, die Zeit der Stille auf eine ganz spezielle Art und Weise zu beenden: Nehmen Sie sich zum Schluss ein paar Augenblicke Zeit, um eine Vorstellung von sich selbst zu entwickeln, die genau wiedergibt, wie Sie eines Tages zu sein hoffen. Stellen Sie sich zum Beispiel vor, Ihre eingehende Beschäftigung mit diesem Buch und mit den Prinzipien des Potenzials und der Prägungen habe für Sie bereits Früchte getragen. Ihre Einnahmen fließen stetig; und das Allerbeste daran ist, dass Sie genau wissen, was hinter diesen Dingen steckt und was Sie tun müssen, damit Ihnen das Geld weiterhin zufließt. Außerdem sind Ihnen alle notwendigen Schritte bekannt, die Sie unternehmen müssen, um sicherzustellen, dass Sie sich an diesem Geld auch von ganzem Herzen erfreuen können. Darüber hinaus führen Sie sorgfältig Ihr Sechsmal-Buch und widmen sich am Morgen Ihrer Zeit der Stille, um sich mit neu zutage getretenen Problemen unverzüglich zu befassen und dafür zu sorgen, dass keine neuen entstehen.

Aber lassen Sie es dabei nicht bewenden. Stellen Sie sich die Frage, ob das wirklich schon alles ist, was Sie sein wollen. Ich glaube nicht, dass es tatsächlich einen lebendigen Menschen gibt, der nicht gerne mehr wäre als das. Warum zeichnen Sie nicht ein Bild von sich, in dem Sie nicht nur reich und erfolgreich sind, sondern auch ein großer Menschenfreund: Sie scheffeln nicht nur Berge von Geld, sondern geben auch ein Gutteil davon großzügig fort, und die Welt schaut zu Ihnen auf – zu einer Person, die nicht nur weiß, wie man zu Geld kommt, sondern auch, wie man den richtigen Gebrauch davon macht, wie man es anderen Menschen in sinnvoller Weise zugute kommen lassen und so aus dem Geld größtmögliche Erfüllung gewinnen kann.

Und warum eigentlich entwerfen Sie nicht ein Bild von sich selbst, in dem Sie in etwa so gesund sind wie ein Zwanzigjähriger. Denn genau das wird Ihre gesundheitliche Verfassung sein, wenn Sie darauf achten, die entsprechenden Prägungen anzulegen, indem Sie sich um das Leben und die Gesundheit anderer kümmern. Ich persönlich würde abschließend noch eine Handvoll weiterer bemerkenswerter Eigenschaften ins Spiel bringen: Loyalität, Feinfühligkeit, Fürsorglichkeit, hundertprozentige menschliche Integrität, eine freundliche Grundhaltung allen Menschen gegenüber; Sie könnten eine Leitfigur für sämtliche Kinder und für andere Geschäftsleute im Land sein, ein guter Ehemann beziehungsweise eine gute Ehefrau, ein guter Vater beziehungsweise eine gute Mutter; Sie wissen schon – all diese Pfadfinder-Ideale. Denn tief im Innern wäre jeder von uns gerne so.

Die tibetischen Weisen erklären, darin solle der letzte Teil Ihrer Zeit der Stille am Morgen bestehen: ein Bild von sich selbst als dem erfolgreichsten, weisesten und mitfühlendsten Menschen zu entwerfen, den Sie sich überhaupt vorstellen können. Nehmen Sie sich ein paar Minuten in der allmählich schon von Geräuschen durchsetzten Stille, unmittelbar bevor Sie von Ihrer Sitzgelegenheit aufstehen, und geben Sie sich wirklich alle Mühe, sich so vor Augen zu haben, wie Sie sein könnten. Wenn Sie ein wenig bei dieser Vorstellung verweilen, wird dadurch eine sehr starke Prägung in Ihrem Geist angelegt. Sie werden es erleben. Nun können Sie rasch aufstehen und sich auf den Weg zur Arbeit machen. Denn wahrscheinlich sind Sie schon ein bisschen spät dran!

Klarheit und Gesundheit Jahr für Jahr

Wenn Sie Ihr Sechsmal-Buch und Ihre morgendliche Zeit der Stille auf längere Sicht beibehalten, werden Sie bald feststellen, wie Ihre Arbeitstage sich allmählich verändern. Weil Sie sich weigern, einen Kreislauf der Negativität einfach immer weiter fortzuführen, kommt langsam aber sicher, Stück für Stück, Eckchen für Eckchen, Ihre Welt in Ordnung. Ein Problem nach dem anderen entfällt: Aus der einen Person, die Ihnen auf die Nerven gegangen war, wird ein Freund; die zweite wird versetzt; die nächste wechselt in ein anderes Unternehmen; und Sie erleben schließlich, dass Sie in zunehmendem Maß von Menschen umgeben sind, die Sie als sehr angenehm empfinden, dass Sie eine inspirierende und zugleich sehr erfolgreiche Arbeit machen können.

Die morgendliche Zeit der Stille liefert Ihnen nicht nur alles notwendige Rüstzeug, um mühelos ein ganzes Leben lang mit Problemen am Arbeitsplatz zurecht zu kommen, sondern sie macht sich auch durch einen dauerhaften Gewinn an innerer Ruhe und Zufriedenheit bemerkbar.

In diesem und dem nächsten Kapitel möchte ich der Frage weiter nachgehen, wie Sie es einrichten können, dass Sie an Ihrem Erfolg möglichst viel Freude haben – vor allem, wie Sie sicherstellen können, dass Ihr Körper ebenso gesund ist wie Ihr Geist, wenn Sie in all diesen Dingen richtig gut geworden sind. Denn es zählt zu den traurigen Realitäten des beruflichen Daseins, dass viele Menschen, die es in der Geschäftswelt tatsächlich »zu etwas gebracht« haben, diesem Ziel ihre Gesundheit und ihre Familie geopfert haben. Wir werden hier ein wenig darüber sprechen, wie Sie beides unter einen Hut bringen können: Wie Sie der erfolgreichste und zugleich der gesündeste Manager in Ihrem Unternehmen sein können. Jung und vital erhalten können Sie Ihren Körper paradoxerweise am besten, indem Sie auf Ihren Geist gut Acht geben – indem Sie ihn vor dem bewahren, was die Meister aus Tibet als die »Geistestrübungen« bezeichnen.

In der überlieferten buddhistischen Philosophie definiert man »Geistestrübung« als »eine die Geistesruhe der Person, die sie empfindet, beeinträchtigende Emotion«. Sie können auch einfach von einem »negativen Gedanken« sprechen. Zwar gibt es tausenderlei unterschiedliche Geistestrübungen, letztlich läuft jedoch alles auf sechs Trübungen hinaus, die besonders fatal sind: eine falsch verstandene Vorliebe für Dinge; eine falsch verstandene Abneigung gegen Dinge; Stolz; Unverständnis für die tatsächliche Beschaffenheit der Dinge; auf geistiger Trägheit beruhende Zweifel an wesentlichen Wahrheiten; und falsche Weltanschauungen.

Die »falsch verstandene« Vorliebe für – beziehungsweise Abneigung gegen – Dinge, von der hier die Rede ist, muss man in einem speziellen Sinn begreifen. Auch wenn in manchen Darstellungen des buddhistischen Denkens, denen gravierende Missverständnisse zugrunde liegen, das Gegenteil behauptet wird – es gibt überhaupt nichts dagegen einzuwenden, Dinge zu mögen beziehungsweise sie nicht zu mögen. Sie sollten, um ein paar Beispiele zu nennen, Ihre Familie, Ihre spirituellen Lehrer und positive Eigenschaften mögen. Der Buddha möchte uns froh und glücklich sehen, und es gefällt ihm gar nicht, dass wir uns einen Großteil der Zeit so unglücklich machen. Wenn Sie aber etwas so mögen, dass Sie deshalb aus der Fassung geraten, oder so, dass Sie jemand anderem Unrecht zufügen würden, um es zu bekommen, dann liegt eine Geistestrübung vor. Wir bezeichnen so etwas auch als eine »törichte« Vorliebe: Denn jemand anderem Unrecht zuzufügen, um selbst einer Sache habhaft zu werden, ist der beste Weg, diese Sache *nicht* zu bekommen.

In erster Linie werden Sie allerdings in diesem Kapitel erfahren, dass die Geistestrübungen während eines Arbeitstages im Büro Stunde um Stunde Ihrer Gesundheit schaden. Geheime Schriften, die viele Jahrhunderte lang im Himalaya verwahrt wurden, beschreiben mit großer Genauigkeit, welche Auswirkungen diese negativen Gedanken auf Ihren Körper haben. Doch an dieser Stelle genügt wohl der Hinweis, dass der Alterungsprozess als solcher in einer engen Beziehung zu diesen schädlichen Gedanken steht. Das heißt, jedes Mal, wenn Sie an Ihrem Arbeitsplatz aufgebracht, jedes Mal, wenn Sie wütend oder genervt, jedes Mal, wenn Sie auf einen anderen Vizepräsidenten eifersüchtig sind oder dergleichen, wird in Ihrem Körper etwas blockiert: Ein oder zwei Haare ergrauen; eine Falte wird tiefer, die Belastung für Ihr Herz nimmt ein ganz klein wenig zu. All das summiert sich schließlich, lässt Sie altern und immer mehr von der Vitalität einbüßen, über die Sie einst als junger Mensch verfügt haben. Letztlich ist all das den Schriften zufolge sogar für Ihren Tod verantwortlich.

Dieses Kapitel soll Ihnen daher vor allem ein paar Fingerzeige geben, wie Sie im Laufe eines Tages mit diesen Gedanken umgehen können. Und so kehren wir zunächst einmal wieder zum »Sutra vom Diamantschneider« zurück. In der Passage, mit der wir uns gleich befassen werden, kommt der Buddha auf eine unliebsame Begegnung zu sprechen, die er in einer lange zurückliegenden Existenz gehabt hat. Ich schildere Ihnen kurz die dazugehörige Geschichte:

Der Buddha – als ein Mönch, den man unter dem Namen »Lehrer der Geduld« kannte – war eines Tages in die Wälder gegangen und verweilte dort, rücklings vor einem Baum, in Meditation. Nun traf es sich, dass der König von Kalingka mit seinem Gefolge in diesem Wald auf die Jagd ging. Und an dem betreffenden Tag war die Königin ebenfalls mit ihrem Gefolge unterwegs, um Blumen zu pflücken und einen kleinen Ausflug in die Wälder zu unternehmen, während ihr Gemahl mit seinen Jägern dem Wild nachsetzte.

So gelangt die Königin auf eine Lichtung und findet dort den meditierenden Mönch vor. Sie ist eine zutiefst religiöse Frau und wartet schon länger auf eine Gelegenheit, von einem qualifizierten Meister einige spirituelle Fragen beantwortet zu bekommen, die ihr am Herzen liegen. Daher veranlasst sie den Mönch, die Meditation zu unterbrechen, und der tut sein Bestes, auf jede ihrer Fragen einzugehen.

In der Zwischenzeit treibt der König mit seinen Jägern einen Hirsch in die Enge – und der weicht auf besagte Lichtung aus. Als der König ihm von seinem Pferd aus hinterher schaut, sieht er, wie die Königin in ein ernstes Gespräch mit dem Mönch vertieft ist. In der Annahme, dass da etwas Ungebührliches im Gange sei, befiehlt er seinen Leuten, den heiligen Mann so an Pflöcken festzubinden, dass er mit ausgestreckten Armen und Beinen am Boden liegt. Daraufhin fängt er an, dem Mönch nach und nach die Finger abzuschneiden, Glied für Glied; dann seine Zehen und andere Körperteile.

Lesen Sie nun, wie der Buddha das Geschehen im »Sutra vom Diamantschneider« wiedergibt. Die Formulierung scheint das eine oder andere Rätsel aufzugeben, doch lassen Sie sich davon nicht aus der Ruhe bringen – wir gehen die Textpassage später gründlich durch, und am Ende des Kapitels haben Sie alles verstanden.

Warum ist das so? Weil es, Subhuti, eine Zeit gab, da der König von Kalingka mir die Glieder abschnitt. In jenem Augenblick erschien mir weder eine Vorstellung von einem Selbst noch von einem Lebewesen, noch von einem Leben oder einer Person – es gab keinerlei Vorstellung in Hinblick auf ein Ich. Jedoch verhielt es sich nicht etwa so, dass überhaupt keine Vorstellungen da gewesen wären.

Zunächst einmal Tschönyi Lamas Einschätzung dessen, was der Buddha sagt. Denken Sie daran, dass der Wortlaut aus dem »Sutra vom Diamantschneider« durch Fettdruck hervorgehoben wird.

Aus welchem Grund **ist das so?** Weil es weit in der Vergangenheit eine **Zeit gab, Subhuti, da der König von Kalingka** den üblen Verdacht hatte, ich sei eine Beziehung zu seiner Gemahlin eingegangen, und **mir** daher **die Glieder abschnitt.**
In jenem Augenblick habe ich Geduld praktiziert und meinen Geist bei der Einsicht verweilen lassen, dass keinem der drei Elemente, die den Akt der Geduld ausmachen, eine unabhängige Eigenexistenz zukommt. Als ich meinen Geist auf dem »Ich« ruhen ließ, welches in einem nominellen Sinn existiert, **erschien mir keine Vorstellung,** die einen Glauben an ein wahrhaft existierendes »Ich« beinhaltete: Und so hatte ich keinerlei Vorstellung von etwas, angefangen bei einem wahrhaft existierenden »**Selbst**« bis hin zu einer wahrhaft existierenden »**Person**«.
In jenem Moment **hatte ich keinerlei Vorstellung** von solch einem Konzept, dem zufolge etwas wahrhaft existiere. Zugleich aber verhielt es sich **ebenso wenig** so, dass überhaupt **keine** anderen, nominellen **Vorstellungen da gewesen wären.**

Der Buddha sagt hier Folgendes: Ich hatte den Gedanken, dass es notwendig sein werde, meine Geduld zu wahren. Ich hatte den Gedanken, dass ich den Schmerz bereitwillig ertragen und mich durch das mir zugefügte Leid nicht aus der Fassung bringen lassen werde. Und ich hatte die Art von Vorstellung, in der das Wissen um meine Wahrnehmung, dass kein existierendes Objekt über eine wahre Eigenexistenz verfügt, neuerliche Bestätigung fand.

Anschließend hebt der Buddha selbst zu einer Erklärung an:

Warum ist das so? Angenommen, Subhuti, in jenem Moment wäre mir eine Vorstellung von einem Selbst in den Sinn gekommen. Dann wäre mir der Gedanke, jemandem etwas zuleide zu tun, ebenfalls in den Sinn gekommen.

Die Vorstellung von einem empfindenden Wesen, die Vorstellung von einem Lebewesen und die Vorstellung von einer Person wären mir in den Sinn gekommen. Und aufgrund dessen wäre mir der Gedanke, jemandem etwas zuleide zu tun, ebenfalls in den Sinn gekommen.

Tschönyi Lama erklärt:

Hier wird der Grund genannt, **warum das so ist. Angenommen, in jenem Moment wäre mir eine Vorstellung von einem Selbst,** die mich denken ließe, »ich« existierte in einer letztendlichen Weise, **in den Sinn gekommen.** Oder angenommen, eine der anderen erwähnten Vorstellungen wäre mir in den Sinn gekommen. **Dann wäre mir der Gedanke, jemandem etwas zuleide zu tun, ebenfalls in den Sinn gekommen. Tatsächlich war dies jedoch nicht der Fall.**

Es scheint, dass diese Zeilen im Wesentlichen mehr oder weniger Folgendes besagen:

Als Strafe für etwas, das ich gar nicht getan hatte, schnitt mir der König meine Finger, meine Zehen und andere Körperteile ab. Hätte ich ihn oder mich als Person angesehen, wäre ich vielleicht wütend geworden, und mir wäre vielleicht der Gedanke gekommen, dass ich versuchen könnte, ihm etwas zuleide zu tun. Solche Gedanken hatte ich jedoch nicht, und so konnte ich mich davor bewahren, wütend zu werden.

Ziemlich schwer verdaulicher Stoff. Aber in welchem Zusammenhang steht all dies damit, dass Sie im Büro Ihren physischen Gesundheitszustand ruinieren, wenn Sie sich negativen Emotionen hingeben? Doch lassen Sie uns zunächst einmal auf zwei oder drei der verschiedenen Möglichkeiten zu sprechen kommen, wie man diese Zeilen missverstehen könnte (und sie sind über die Jahrhunderte vielfach missverstanden worden), um dann im Anschluss daran auf die Erläuterung ihrer tatsächlichen Bedeutung einzugehen.

Es kursiert ein Missverständnis, dessen Ausgangspunkt buddhistische Bücher wie dieses Sutra gewesen sind – Bücher, in denen davon die Rede ist, dass kein »Selbst«, keine »Person« existiert. Manche Leute meinen, das solle heißen, es gebe da irgendeine Art von Raum, in den hinein man sich verkriechen könne, wenn man ein Problem hat; einen Raum, der einfach leer sei beziehungsweise in dem man alles als unwirklich ansehe, und dann verschwinde das Problem, oder man hafte nicht länger persönlich an dem Problem.

Solche Leute würden beispielsweise sagen, wenn Sie ein Problem mit jemandem hätten, der wütend auf Sie ist, könnten Sie einfach so tun, als sei die betreffende Person gar nicht vorhanden, oder Sie könnten sich einfach weigern, an sie zu denken, und schon hätten Sie kein Problem mehr. Und sie glauben, dies sei gemeint, wenn von einem »Nicht-Selbst« die Rede ist, das der Buddha hier in dieser Passage außerdem als »kein empfindendes Wesen, kein Lebewesen und keine Person« bezeichnet.

Derartige Vorstellungen haben jedoch rein gar nichts mit dem zu tun, was der Buddha hier anspricht, und bei Ihren negativen Emotionen am Arbeitsplatz helfen sie Ihnen auch nicht weiter. Zum Beispiel hilft es nicht, wenn Sie sich vorzustellen versuchen, eine negative Emotion stelle sich einfach gar nicht erst ein oder Sie machten irgendwie gar nicht wirklich diese Erfahrung beziehungsweise Sie könnten sich auf irgendeine Weise von ihr freimachen. Wenn Sie beim Zahnarzt im Behandlungsstuhl sitzen, weil im Bereich des Wurzelkanals gebohrt werden muss, und der Zahnarzt auf einen Nerv stößt – oder wenn Sie an Pflöcken festgebunden mit ausgestreckten Armen und Beinen am Boden liegen und ihnen jemand Stück für Stück Ihre Finger, Ihre Zehen und die restlichen Gliedmaßen abschneidet –, ist es nicht sehr hilfreich, sich vorzustellen, dieser Jemand sei nicht da und Sie seien nicht hier. Probieren Sie's aus, und Sie werden es selbst erleben. So etwas hat der Buddha nicht gemeint.

Die Stelle, wo der Buddha erklärt, er habe »nicht eine einzige Vorstellung« gehabt, lässt sich ebenfalls leicht missverstehen. Manche Menschen haben beim Lesen vergleichbarer Zeilen geglaubt, die von Buddhisten angestrebte Lösung für eine schwierige Situation bestehe darin, sich hinzusetzen und an überhaupt nichts mehr zu denken: Sie bestehe in dem Versuch, den Geist leer zu machen von jeglichem Gedanken; oder vielleicht darin, dass man zwar auch weiterhin noch erlebt, wie die Gedanken sich fortsetzen, jedoch irgendwie nicht auf sie eingeht beziehungsweise nicht zu ihnen in Kontakt tritt. Doch auch das hatte der Buddha ganz und gar nicht im Sinn; Sie können es ebenfalls ausprobieren, wenn nächstes Mal bei Ihnen an einem Zahn gebohrt werden muss. Es hilft Ihnen nicht weiter. Auf diese Weise kann man dem Schmerz nicht Einhalt gebieten. Was hat der Buddha dann aber tatsächlich gemeint?

Wenden wir uns einer realen Situation im Diamantengeschäft zu. Während meiner Tätigkeit als Vizepräsident bei Andin bin ich recht häufig nach Asien gereist, um einige Zeit in jenem tibetischen Kloster zu verbringen, in dem ich meinen Studien nachging. Mit den Inhabern von Andin hatte ich vereinbart, dass ich telefonisch mit ihnen in Kontakt bleiben werde und auf Abruf bereit stünde, um gegebenenfalls Diamantenkäufe beispielsweise aus Bombay (vom Kloster nicht so sehr weit entfernt) oder aus Belgien zu organisieren.

»In Kontakt zu bleiben« war zu jener Zeit kein leichtes Unterfangen: Am Anfang, nachdem rund hundert überlebende Mönche (unserem Kloster gehörten ursprünglich mehr als 8000 Mönche an, von denen die meisten getötet oder aber gezwungen worden waren, die Robe abzulegen) während der Besetzung Tibets über den Himalaya entkommen waren, bestand das Kloster in Südindien aus ein paar Zelten inmitten eines dichten Waldes. Zu der Zeit, als ich dort hinkam, um meine Studien aufzunehmen, gab es ein paar hundert Mönche, eine schlichte Versammlungshalle und einfache Hütten für die Mönche. Das nächstgelegene Telefon, von dem aus man in die USA anrufen konnte, gab es in Madakeri, rund drei Autostunden vom Kloster entfernt. Ein kurzer Anruf, um »in Kontakt zu bleiben«, nahm folglich fast einen ganzen Tag in Anspruch, falls man überhaupt mit dem Anruf durchkam.

Ich stehe also in dem kleinen Lehmgebäude am Gipfel eines Berges in den Wäldern Südindiens, und über ein altertümliches Telefon gebeugt versuche ich zu hören, was Ofer am anderen Ende der Leitung in seinem gemütlichen Glasbüro mit Blick auf die Lichter des World Trade Center und den Hudson River ins Telefon schreit:

»Wir brauchen Steine! Habe einen Riesenauftrag. Muss innerhalb von zehn Tagen 10 000 Carat hier in New York haben. Sprechen Sie mit Bombay! Sprechen Sie mit Antwerpen! Legen Sie los!«

Nun sind aber 10 000 Carat von diesen speziellen Steinen gleichbedeutend mit vielleicht einer Million kleiner Diamanten, und für jeden Stein, den Sie tatsächlich am Markt kaufen, müssen Sie sich wahrscheinlich zwei oder drei Stück ansehen. Hier ist also davon die Rede, innerhalb von zehn Tagen ein paar Millionen Diamanten zu sichten.

Angenommen, Sie brauchen zehn Sekunden, um einen Diamanten hochzuheben und ihn unter dem Vergrößerungsglas zu betrachten. Das bedeutet sechs Steine in der Minute und 360 Steine in der Stunde – pro Person. Nehmen wir einmal an, Sie können das rund fünf Stunden am Tag durchhalten, ohne dass Ihnen dabei die Augen vollständig durchschmoren, dann taxieren Sie also allerhöchstens 2000 Steine am Tag. Demnach bräuchte man, um die Bestellung annähernd in dem vorgegebenen Rahmen ausführen zu können, für diese Tage mindestens tausend Leute. Ich fragte daher nach:

»10 000 Carat, Ofer, ist das richtig? Sie wissen, was Sie da sagen – 10 000?«

»Ja ja, umgehend; nehmen Sie's gleich heute Abend in Angriff! Scheuchen Sie ruhig jedermann aus dem Bett, rund um den Globus, das macht nichts! Viel Glück!« Klick.

Ich schreibe mir eine Notiz in den Terminkalender, die Menge und die Art der benötigten Steine betreffend, und verbringe die nächsten paar Stunden mit dem Versuch, sämtliche internationalen Einkäufer in aller Welt zu kontaktieren. Als ich schließlich das Fernmeldeamt in Madakeri verlasse, ist es beinahe schon dunkel. Ich gehe ein wenig raus zu einem kleinen Garten, von dem aus man freien Ausblick über ein wunderschönes großes Tal hat, genieße die Abendluft, den Duft der wild wachsenden indischen Blumen und sehe zu, wie die Sterne am Himmel zu funkeln beginnen. Ich fühle mich wohl, bin erfüllt von dem beruhigenden Gefühl, meine einmal gegebene Zusage, solche Dinge abzuwickeln, eingehalten zu haben, mag dies auch mit enormen Mühen verbunden sein. Anschließend zwänge ich mich in das klapprige alte Klosterauto und fahre wieder zurück, um eine weitere Woche mit einigen der bedeutendsten Lamas der Welt zu verbringen.

Etwa zur selben Zeit, als sich eine Flut von Diamanten aus aller Welt in die New Yorker Firmenzentrale ergießt, treffe ich ebenfalls dort ein, schmutzig und sonnengebräunt. Ofer zitiert mich nach oben zu sich ins Büro, und ich schlendere mit dem Selbstbewusstsein eines leitenden Angestellten, der es ungeachtet aller Widrigkeiten geschafft hat, die Warenlieferung zu organisieren, in sein Büro. In der Erwartung, gleich seine Glückwünsche entgegennehmen zu können, sitze ich da.

»Was in aller Welt geht hier vor?«, hebt er an.

»Wie meinen Sie das?«

»Was ist mit all diesen Diamanten. Wissen Sie eigentlich, in welche Liquiditätsschwierigkeiten Sie uns bringen? Was ist los mit Ihnen, sind Sie verrückt geworden?«

Sie kennen das Gefühl, dieses flaue Gefühl in der Magengrube. Hier geht es nicht einfach nur um ein Missverständnis oder eine geschäftliche Fehlentscheidung – dies ist eine umfassende Feststellung über den Zustand der Welt, unserer Welt. Warum laufen die Dinge bloß derart schief? Vermutlich dämmert Ihnen inzwischen schon, warum. Doch lassen Sie uns fortfahren.

Kapitel 10

»Warten Sie eine Minute, Ofer. Sie haben mich aufgefordert, diese Steine zu kaufen – Sie haben mir gesagt, dass Sie 10 000 Carat so schnell wie möglich brauchen.«

»10 000 Carat! Das meinen Sie doch wohl nicht im Ernst! 1000 habe ich gesagt. Was erzählen Sie da? Warum in aller Welt würde ich wohl 10 000 Carat bestellen?!«

»Aber Sie *haben* mir gesagt, dass ich 10 000 kaufen soll. Ich erinnere mich, ich habe Sie zwei oder drei Mal gefragt. Ich habe mir da sogar direkt an Ort und Stelle, als ich Sie am Telefon hatte, einen Vermerk in meinem Terminkalender gemacht. Schauen Sie, gleich hier – 10 000!«

»Was weiß ich, wann Sie das geschrieben haben? Das könnte heute Morgen gewesen sein! Nie im Leben hab' ich 10 000 gesagt. Wer würde denn 10 000 sagen?«

Wenn Sie sich beim Studium der negativen Emotionen in der Kunst üben, jene Gedanken zu vermeiden, die Sie vorzeitig altern lassen, so ist das hier der alles entscheidende Moment. In der Geschäftswelt muss man grundsätzlich schnell denken können und über blitzartige Reflexe verfügen, doch nichts kommt dieser Situation hier gleich. Ihnen bleiben schätzungsweise rund drei Sekunden, Ihre Gegenmaßnahmen zu ergreifen, bevor Sie von starken Empfindungen des Unwillens, der Verletztheit und der Wut gepackt werden.

Sie werden in Windeseile die Initiative ergreifen und Vorkehrungen treffen müssen, wirkungsvolle Vorkehrungen, innerhalb dieser drei Sekunden, oder es wird zu spät sein. Und bei diesen Vorkehrungen werden das »Nicht-Selbst« und die »Nicht-Vorstellungen«, von denen der Buddha gesprochen hat, eine wichtige Rolle spielen. Jetzt müssen wir aber herausfinden, was er wirklich gemeint hat, als er von diesen Dingen sprach. Wir wollen sie zu der gerade beschriebenen Situation aus dem realen Leben in Beziehung setzen. Dazu verwenden wir die »drei Elemente«, die der Buddha in Zusammenhang mit dem Mönch erwähnt, dem der König von Kalingka die Finger abgehackt hat.

Die »drei Elemente« betreffen die drei Teile der in diesem Moment gegebenen Situation: den schreienden Chef (Ofer); den Vizepräsidenten, der angeschrien wird (ich – zu meinem Leidwesen); und die Tatsache, dass der ganze Vorgang überhaupt stattfindet. Jeder Teil hat seine eigene Leerheit – das, was wir als »Potenzial« bezeichnet haben. In Wahrheit beinhaltet diese Situation eine ganze Palette von Leerheitsaspekten. Jede einzelne Leerheit trägt zu diesem Durcheinander bei, und jede wird auch zur Lösung beitragen. Das macht die Leerheit (das »Potenzial«) der Dinge so wunderbar.

Worin besteht das Potenzial beim Chef? Er wirkt zwar im Moment ziemlich unausstehlich, aber denken Sie daran, wenn seine Partnerin in der Firma – also Aya, seine Frau – jetzt ins Zimmer käme, würde sie sagen, sie finde ihn einfach großartig in diesem Augenblick, wo er die Firma vor einem verantwortungslosen Schwachkopf rettet, der wie wild geworden Diamanten kauft, die wir weder brauchen noch bezahlen können. Ein Monster *oder* ein genialer Mensch ist er also nicht von sich aus, sondern was er ist, hängt einfach vom Betrachter ab. Wie bereits bei zahlreichen Gelegenheiten erwähnt, ist er von sich aus einfach neutral oder leer, und ob er mir im Moment gut oder schlecht vorkommt, hängt einzig und allein davon ab, welche Prägungen aus der Vergangenheit ich in meinem Geist habe.

Denken Sie auch an jenen anderen Aspekt, den wir an diesem Punkt stets erwähnen: Obgleich es zutrifft, dass seine jetzige Erscheinungsweise durch meinen eigenen Geist konditioniert und sogar hervorgebracht worden ist, bedeutet dies jedoch nicht, dass ich ihn in diesem Moment in einen netten und angenehmen Kerl verwandeln kann, indem ich mir das einfach wünsche. Und das ist deshalb so, weil ich (im Unterschied zu seiner Frau) Prägungen im Geist habe, die mich zwingen, ihn in diesem Augenblick als einen aufgebrachten Chef zu erleben. Das Beste, was ich momentan tun kann, ist demnach, ganz genau Acht zu geben, dass ich jetzt keine *neuen* Prägungen anlege.

Über neue Prägungen welcher Art sprechen wir hier? Nun, wie wäre es mit einer Prägung, die Sie erleben lässt, dass ein Chef Sie anschreit, weil Sie genau das getan haben, was er Ihnen gesagt hat? Und wie kommt ein Mensch bloß zu solch einer Prägung? Tatsächlich gibt es nur eine einzige Möglichkeit, an solch eine Prägung zu gelangen – indem man jemanden wie Ihren Chef anschreit; jemanden, der etwas ansprechen möchte, das er für einen schweren und kostspieligen Fehler hält. Was wäre also das

Dümmste, was Sie in dem Moment, da Sie angeschrien werden, tun könnten? Richtig, Sie haben es erfasst: zurückschreien.

Wenn Sie während jener drei Sekunden, bevor Frustration und Wut Sie mit sich fortreißen, in Ihrem Geist diesen Prozess – oder wenigstens einen Gutteil dieses Prozesses – ablaufen lassen, geschehen mehrere Dinge. Zunächst einmal vermeiden Sie eine Geistesprägung, die Ihnen später viel Ärger bereiten würde. Stellen Sie sich zur Verdeutlichung bitte folgende Situation vor: Sie greifen nach einem Kaffeebecher am Rande Ihres Schreibtischs und erwischen stattdessen irrtümlich einen Becher mit Salzsäure (was in einer Schmuckwerkstatt leicht passieren kann, sofern man entsprechend unaufmerksam ist). Sie unterhalten sich so angeregt mit jemandem, dass Sie diesen Umstand gar nicht bemerken; Sie führen den Becher zum Mund; Sie neigen ihn langsam; dann steigt Ihnen aber doch in letzter Sekunde ein leichter Hauch des Säuregeruchs in die Nase, und mit einem Säufzer der Erleichterung setzen Sie den Becher ganz fix ab.

Schaffen Sie es, Ihrer Frustration und Ihrem Ärger im letzten Augenblick Einhalt zu gebieten, gelingt es Ihnen, in dem Drei-Sekunden-Zeitfenster, in dessen Rahmen Sie die Wut noch abwenden können – und mit dieser zugleich die Zeitbombe in Gestalt jener Prägung, die sie in Ihren Geist einbrennen würde –, erfolgreich auf Ihren Geist einzuwirken, so ruft das eine nicht minder große Erleichterung hervor.

Führen Sie sich bitte vor Augen, dass ein einziger Moment der Wut, ein einziger Moment, in dem Sie eine derart negative Prägung in Ihren Geist einbrennen, dazu führen kann, dass Sie in der Zukunft über Tage, über Wochen oder über noch längere Zeiträume hinweg in der Sie umgebenden Welt die Resultate dieser Prägung erfahren müssen. Können Sie dieses uralte Weisheitswissen dazu nutzen, auch nur einen einzigen Augenblick der Wut abzuwenden, dann hat sich all Ihr Bemühen, die in diesem Buch dargelegten Vorstellungen nachzuvollziehen, schon mehr als bezahlt gemacht. Damit haben Sie sich jede Menge Kummer und Leid erspart; Sie haben eine andere Richtung eingeschlagen und werden daher nie jenes Unglück erleben, auf das Sie zugesteuert wären, falls Sie sich nicht genau in diesem Augenblick eines anderen besonnen hätten.

Was hat es nun also mit dem »Nicht-Selbst« und den »Nicht-Vorstellungen« auf sich? Nachdem wir jetzt über einen tatsächlichen Vorfall gesprochen haben, lässt sich beides leicht klären. »Nicht-Selbst« bedeutet hier, dass Ihr Chef über keine Eigennatur verfügt – über keine Natur, die ganz auf ihn alleine zurückzuführen ist; über keine Natur, die er von sich aus hat; über keine Natur, mit der er geboren wurde –, welche darin besteht, eine schreiende, unerquickliche Person zu sein, selbst in diesem Moment. Hätte er eine derartige Natur, dann würde auch seine Frau ihn jetzt unerquicklich finden. Dies tut sie jedoch nicht.

»Nicht-Selbst« bedeutet daher, dass alles, was Sie in ihm sehen, von Ihnen herrührt und nicht von ihm. »Nicht-Selbst« bedeutet hingegen nicht, dass er in irgendeiner Weise nicht existiert oder dass es irgendwie nützlich wäre, so zu tun, als sei er nicht ganz da.

Und »Nicht-Vorstellungen« besagt in diesem Zusammenhang, dass Sie aufhören sollten, sich falsche Vorstellungen von ihm zu machen: Hören Sie auf, sich ihn als jemanden vorzustellen, der von sich aus schlecht ist, und fangen Sie an, ihn gleichsam als eine leere Leinwand, als eine leere Projektionsfläche, zu betrachten. Für seine Frau ist auf dieser Leinwand ein beliebter Erfolgsfilm, ein Kassenknüller, zu sehen, für Sie dagegen, zum jetzigen Zeitpunkt jedenfalls, ein Horrorfilm. Und als Filmprojektor fungiert, wie sich inzwischen von selbst verstehen dürfte, Ihr eigener Geist, angetrieben durch eine elektrische Energiequelle namens »Prägungen aufgrund von Handlungen, die Sie in der Vergangenheit anderen gegenüber ausgeführt haben«.

Noch einmal: Gar nichts zu denken, nichts als etwas Gutes oder etwas Schlechtes zu beurteilen, an keiner Empfindung oder Emotion anzuhaften wäre alles andere als hilfreich. Vergessen Sie nicht, dass das gesamte Geschehen, einschließlich der Art und Weise, wie Sie für sich selbst und für andere in Erscheinung treten und wie Ihr Chef Ihnen und anderen erscheint (dies sind die drei Elemente) offensichtlich ganz real ist. Wirkliche Menschen werden sich verletzt fühlen, wirkliche Unternehmen werden zu Schaden kommen, wirkliche Vizepräsidenten werden ihren nächsten Urlaubsbonus vermasseln – aber nicht aus den Gründen, die Sie bisher als die dafür entscheidenden Gründe angesehen haben. Alles geht auf Ihre früheren Handlungen zurück.

Kapitel 10

Was kann man also jetzt tun? Zum einen sollten Sie sich restlos darüber im Klaren sein, dass Sie im Falle einer negativen Reaktion nach Ablauf der drei Sekunden einige neue negative Prägungen vom gleichen Kaliber anlegen – dass Sie negative Samen säen, deren bittere Früchte Sie dann zu einem späteren Zeitpunkt wieder schlucken müssen. Aber mit diesem Thema haben wir uns ja schon befasst. Lassen Sie uns daher jetzt über die unmittelbaren Konsequenzen von Negativität sprechen. Denn machen wir uns doch nichts vor: Vor Wut außer sich zu geraten hilft nun schon mal gar nicht weiter.

In einem buddhistischen Buch aus dem alten Indien ist ein bekannter Vierzeiler zu lesen, der da lautet:

Wozu sich über etwas aufregen,
wenn eine Situation sich retten lässt?
Und ist eine Situation nicht zu retten,
was nutzt es dann, sich aufzuregen?

Worin besteht nun der unmittelbare Nutzen, wenn man sich der Wut nicht geschlagen gibt? Die größte Herausforderung haben Sie bereits gemeistert: Sie weigern sich, negativ zu reagieren, und bewahren sich somit davor, dass Ihnen in der Zukunft erneut das Gleiche blüht. Versuchen Sie selbst dem leisesten Anflug von Wut nicht nachzugeben. Ja gehen Sie noch einen Schritt weiter, und geben Sie sich alle erdenkliche Mühe, Ihrem Geist eine positive Haltung abzuringen. Statt sich darüber zu streiten, wessen Fehler dazu geführt hat, dass all die Diamanten gekauft wurden, statt sich darüber zu zanken, wer die verkorkste Liquiditätssituation verschuldet hat, wenden Sie sich im Geist sofort der Suche nach einer Lösung für die momentane Situation zu. Das ist bei der ganzen Übung wahrscheinlich der wichtigste Gesichtspunkt: *Da Sie der Wut gegenüber die Oberhand behalten haben, noch bevor diese Ihnen voll ins Bewusstsein gedrungen war, stellen Sie fest, dass Sie sich sofort mit all Ihrer Energie der Problemlösung zuwenden können.* Ihr Geist ist klar, Ihr Gesichtsausdruck entspannt. Ihr Herz schlägt normal, Sie atmen gleichmäßig und ruhig.

Das ist genau die Verfassung, in der Sie sein möchten, wenn Sie sich mit einem ernstlichen Problem auseinander setzen müssen, und auch für Ihren Körper und für Ihre Gesundheit ist das auf lange Sicht absolut das Beste. Jedes Mal, wenn Sie sich wieder einigen Momenten der Wut oder einer anderen negativen Emotion verweigern, fügen Sie Ihrem Leben und Ihrer beruflichen Karriere ein paar weitere Stunden Gesundheit und Glück hinzu. Denn am Ende summiert sich alles. Und was Ihre aktuellen Geschäfte anbelangt, so ist es einfach wesentlich intelligenter, Ihre Probleme in einem vollkommen klaren und ruhigen Geisteszustand in Angriff zu nehmen.

Noch eine abschließende Anmerkung. Sie haben wahrscheinlich längst bemerkt, dass der in diesem Buch präsentierte Ansatz viel Ähnlichkeit mit Gartenarbeit aufweist. Wir gehen von der Voraussetzung aus, dass Probleme durch »Samen« beziehungsweise Prägungen hervorgerufen werden, die Sie in der Vergangenheit in Ihren Geist »eingepflanzt« beziehungsweise in ihm angelegt haben. Sobald diese Prägungen eine gewisse Stärke erreicht haben, sobald sie im Begriff stehen oder bereits damit begonnen haben, zu einer Pflanze heranzuwachsen, kann man im Grunde nicht mehr viel tun, weil es einfach zu spät dazu ist. Umgekehrt wäre es naiv, zu glauben, man könne am Morgen einen Samen einpflanzen und dürfe am Abend bereits ein ausgewachsenes Resultat erwarten.

Sie sollten sich, das ist der entscheidende Punkt, von vorneherein darin üben, die unmittelbaren Resultate Ihrer Handlungen unter Vorbehalt zu betrachten. Möglicherweise sind Sie ja dazu in der Lage, Ihren Geist unverzüglich zur Ruhe kommen zu lassen und ein Problem mit kühler Rationalität zu behandeln. Aber das bedeutet natürlich keineswegs, dass sich jeder andere, der sich mit Ihnen im selben Raum befindet, ebenfalls beruhigt. Genauso wenig bedeutet es, dass Ihre mit kühlem Kopf ersonnene Lösung zwangsläufig auch ans gewünschte Ziel führt. Denn vergessen Sie nicht, dass dies von Samen abhängt, die vor langer Zeit gepflanzt worden sind.

Auf jeden Fall aber bedeutet es, dass Sie durch diese Arbeit den Garten Ihrer Zukunft kultivieren – es bedeutet, dass in Ihrer künftigen Welt solche heiklen Situationen immer seltener vorkommen werden.

Kapitel 11

Die Klausur – auf lange Sicht hin arbeiten

Geben Sie auf Ihren Geist Acht und vermeiden Sie negative Emotionen, so kultivieren Sie eine rundum bessere Zukunft. Und Sie tragen dadurch nicht nur zu Ihrem unmittelbaren physischen Wohlbefinden maßgeblich bei, sondern zugleich, während Sie sich Jahr für Jahr Ihrer Unternehmenskarriere widmen, zu Ihrer langfristigen Gesundheit. Das haben wir im vorigen Kapitel gesehen. Gar nicht davon zu reden, dass Ihnen einfach jeder Arbeitstag viel mehr Freude bereiten wird, wenn Sie negative Geisteszustände aller Art in Schach halten und zu guter Letzt vollkommen überwinden können.

In diesem Kapitel möchte ich einen weiteren Kunstgriff beschreiben, von dem die großen Weisen Tibets Gebrauch machen, um ihre physische Gesundheit und ein hohes Maß an geistiger Kreativität über eine sehr lange Zeitspanne aufrechtzuerhalten. Es ist beileibe nichts Ungewöhnliches, tibetischen Mönchen jenseits ihres 60. oder 70. Lebensjahres zu begegnen, die eine ständig wachsende Wissbegierde und intellektuelle Neugier an den Tag legen, stundenlang physischen Belastungen standhalten können und Treppenstufen mit einem Elan herunterhüpfen, wie ihn Menschen aus dem Westen so ungefähr ab dem 40. Lebensjahr eingebüßt haben. Der Kunstgriff heißt tsam.

Tsam bedeutet auf Tibetisch »Grenze« oder »Scheidelinie«. Mit diesem Wort wird unter anderem die Kunst beschrieben, dann und wann von der Arbeit abschalten zu können: in der Lage zu sein, sich woanders hin zurückzuziehen, gleichsam einen Kreis um sich zu ziehen, in dessen Innerem Sie still dasitzen und sich ein wenig besinnen können – in eine Art Klausur zu gehen.

Während meiner gesamten über fünfzehnjährigen Tätigkeit für Andin International habe ich mich an die Regel des Kreises gehalten und regelmäßig eine Klausur durchgeführt. In Absprache mit den Inhabern habe ich mir strikt jeden Mittwoch dafür frei genommen. So konnte ich etwas Abstand zum Büroalltag gewinnen, um nachzudenken und mir Inspiration zu holen. Auf meinen eigenen Wunsch hin war dieser freie Tag anfangs mit entsprechenden Gehaltseinbußen verbunden.

Später, als der Nutzen der Klausur deutlich sichtbar wurde, hielt mein Gehalt mit dem Gehalt derer Schritt, die nicht einen Tag in der Woche der Arbeit fern blieben. Für den Mittwoch haben wir uns entschieden, weil die Erledigung der unweigerlich mit meiner Arbeit verbundenen administrativen Aufgaben durch diese Wahl am wenigsten beeinträchtigt wurde. Denn so standen mir stets zwei Tage hintereinander zur Verfügung, um mich auch in solchen Fällen, in denen die Durchführung von Verhandlungen oder die Klärung eines personellen Problems sich über mehr als einen Tag hinzog, gebührend mit diesen Dingen befassen zu können.

Als unterstützende praktische Maßnahme habe ich dafür gesorgt, dass mein stellvertretender Abteilungsleiter eine sehr starke Position innehatte. Dies verschaffte mir die Freiheit, in Klausur zu gehen; und die Kraft, zu der ich dort gelangte, konnte ich wiederum in die Firma einbringen. Zugleich beruhte darauf die große Leistungsfähigkeit und Flexibilität unserer Abteilung in administrativen Belangen. Sie kamen uns vor allem während der Produktionsspitzen zugute.

Unsere Leute waren daran gewöhnt, Anweisungen in wichtigen Fragen entweder von mir oder von meinem Stellvertreter zu erhalten. Dadurch war es weniger anstrengend, die Abteilung zu führen, insbesondere in Phasen, in denen wir die Zahl der Mitarbeiter plötzlich um 20 oder 30 Prozent aufstocken mussten – übrigens ein verbreitetes Phänomen in der Diamanten- und Schmuckbranche, da ungefähr 60 Prozent aller Verkäufe in Zusammenhang mit dem Weihnachtsgeschäft abgewickelt werden. Im Herbst haben wir bis zu 8000 oder 10 000 Ringe pro Woche angefertigt, und nach Neujahr mussten wir die Produktion dann auf 1000 oder 2000 zurückschrauben. Das heißt, Sie müssen Ihre Belegschaft von Monat zu Monat radikal vergrößern oder verkleinern können und müssen auf der administrativen Ebene in der Lage sein, mit einer Abteilung zurechtzukommen, die womöglich doppelt so groß ist wie diejenige, die Sie noch vor sechs Monaten hatten.

Es ist wichtig, den Tag, den man in Klausur verbringt, nicht bloß als einen Ruhetag anzusehen, als ein Privileg für hart arbeitende Führungskräfte; obgleich er mir den Umgang mit der physischen Belastung, jeden Morgen zwei Stunden nach Manhattan hinein und jeden Abend wieder

Kapitel 11

zwei Stunden zurück fahren zu müssen, erleichtert hat. Vielmehr waren meine Klausurtage, um größtmöglichen Nutzen zu bringen, straff organisiert und hatten einen entsprechenden Ablauf.

Der Klausur liegt der Gedanke zugrunde, die gewohnte Routine außer Kraft zu setzen, damit man etwas Zeit zum Nachdenken hat – nicht so sehr darüber, *wie* es mit der Arbeit am Arbeitsplatz steht, sondern eher, um über das *Warum* nachzudenken –, damit man Zeit zum Planen gewinnt, Zeit zum Reflektieren und, vielleicht das Allerwichtigste, *Zeit, um neue Kraft zu schöpfen,* neue Inspirationsquellen zu erschließen.

Während meiner Jahre bei Andin habe ich Hunderte Einstellungsgespräche geführt und Hunderte Leute eingestellt, in den meisten Fällen durchaus erfolgreich. Natürlich habe ich auf die üblichen Qualitäten geachtet: Integrität, Loyalität, Teamgeist, Rücksichtnahme auf andere, Intelligenz und Ehrlichkeit. Über fachliche *Fertigkeiten* habe ich mir ehrlich gesagt in den meisten Fällen keine großen Gedanken gemacht. Der menschliche Geist ist nach meiner Erfahrung so leistungsfähig, dass man eigentlich jedem Menschen die Ausführung von beinahe jeder Tätigkeit auf der Welt ziemlich schnell beibringen kann. Schlechte persönliche Gewohnheiten jedoch, solche Eigenschaften wie Unaufrichtigkeit oder mangelnde Rücksichtnahme auf andere, abzulegen braucht Jahre, und diese Dinge wirken sich bei der Arbeit viel verheerender aus als mangelnde fachliche Fähigkeiten.

Einen Trick aus meinen Einstellungsgesprächen möchte ich Ihnen aber gerne schildern – den Freizeittest: Ich habe herausgefunden, dass die wichtigste Frage, die man den Leuten stellen kann, diejenige nach ihren Freizeitaktivitäten ist. Die Arbeit bei Andin ist sehr anstrengend, und vielfach wird den Mitarbeitern ein extremes Stundenpensum abverlangt, vor allem während der Hochsaison vor Weihnachten. Je mehr Stunden Sie aber an einem Ort verbringen, umso weniger Stunden verbringen Sie naturgemäß woanders. Und der Möglichkeit, im Umgang mit den immer gleichen Menschen, mit denen Sie Monat um Monat im gleichen Raum sitzen, neue Dinge zu lernen, sind einfach Grenzen gesetzt.

Wenn Sie niemals woanders hingehen – wenn Sie niemals etwas Neues sehen, wenn Sie nie mit neuen Menschen sprechen –, geht das mit Sicherheit auf Kosten Ihrer Kreativität. Und man kann ohne Übertreibung sagen, dass ein paar Minuten wahrer, neue Systeme entwickelnder Kreativität für ein Unternehmen weitaus gewinnbringender sein können als die wochen- oder monatelangen Überstunden von Managern, denen es nicht gelingt, über die Beschränkungen des altem Systems hinauszugelangen. Daher lohnt es sich, ein wenig Zeit aufzuwenden, um herauszufinden, welche Art von kreativen Impulsen ein potenzieller Angestellter oder eine potenzielle Angestellte normalerweise während ihrer Freizeit außerhalb der Arbeit erhält.

Ich persönlich habe dabei festgestellt, dass fast alle, die auf die Frage nach Ihrer Freizeit antworten: »Meistens gucke ich einfach ein bisschen Fernsehen«, sich als ausgesprochen uninspirierte Angestellte erweisen. Diejenigen, die viele Bücher lesen (mit Ausnahme von Liebesromanen), erweisen sich häufig als sehr aufmerksame und kreative Angestellte. Wer Prosatexte verfasst und erst recht wer Gedichte schreibt, verfügt über große Phantasie und kann ziemlich leicht zu originellen Problemlösungen gelangen.

Junge Eltern muss man übrigens von dieser Befragung ausnehmen, weil Sie mit gutem Recht zur Antwort geben werden, dass Sie all ihre freie Zeit damit verbringen, sich um ihr Kind zu kümmern – nebenbei bemerkt sind kleine Kinder eine der größten Quellen für schöpferische Inspiration. Und schließlich scheinen diejenigen, die sich während ihrer Freizeit in einem ernst zu nehmenden Umfang dem Dienst an anderen Menschen widmen – sich als Helfer in ihrer Kirchgemeinde betätigen, im Sportverein eine Kinder- oder Jugendmannschaft trainieren oder an den Wochenenden eine ehrenamtliche Betreuungsaufgabe im örtlichen Krankenhaus übernehmen – sich unter allen Angestellten durch die größte Charakterfestigkeit und Kreativität auszuzeichnen.

Jedenfalls, und darauf will ich eigentlich hinaus, ist es von viel größerer Bedeutung, als man gemeinhin glaubt, dass leitende Angestellte ein »zweites Leben« der einen oder anderen Art haben, ein Steckenpferd, das sie stark in Anspruch nimmt – sei es das Schreiben, die Fotografie, der Sport oder eine ehrenamtliche Tätigkeit –, um sich neue Quellen der Kreativität zu erschließen. Ich kann mich beispielsweise daran erinnern, wie ich nach der Rückkehr von einer etwas längeren Klausur (die ich an

Kapitel 11

anderer Stelle in diesem Kapitel noch beschreiben werde) vor einer Diamanten-Lagerschachtel (so etwas Ähnliches wie ein Schuhkarton, allerdings befinden sich in dieser Schachtel glitzernde Steinchen im Wert von einigen Millionen Dollars) saß und die Diamantenpapiere betrachtete, als hätte ich so etwas noch nie zuvor gesehen.

Bei Letzteren handelt es sich um kleine, gefaltete Papierstücke, wie die Menschen sie seit Jahrhunderten zur Aufbewahrung von Diamanten verwenden. Dabei gibt es einen Trick, sie auf die richtige Art und Weise zu falten, um zu verhindern – Sie ahnen es –, dass die Steine herausfallen. Doch im Grunde hat sich glaube ich das Aussehen der Papiere im Laufe der Jahrhunderte kaum verändert; ebenso wenig die Art und Weise, wie man außen Vermerke über den Inhalt anbringt. Im oberen Bereich findet man eine generelle Beschreibung des Inhalts, zum Beispiel »runde Viertelcaräter«. Ungefähr in der Mitte kommt dann vielleicht ein Hinweis auf die Qualität wie »weiße Naats, J-farben«; unten rechts in der Ecke die Gewichtsangabe bis auf das Hundertstel Carat, beispielsweise »10,27 Carat«. Und irgendwo unter dem nach innen geklappten Teil des Papiers steht, natürlich in verschlüsselter Form und winziger Schrift, der Preis: ZLD4 zum Beispiel könnte so viel bedeuten wie »Preisforderung $ 2.000; Verkaufspreis $ 1.800; und keinesfalls unter $ 1.600 verkaufen«.

Nun gab es bei den Schmuckunternehmen früherer Tage eine Regel, der zufolge jeder, der aus der betreffenden Partie einen Stein entnommen hat, einen entsprechenden Vermerk auf die Innenklappe schrieb, »CM hat drei Steine zur Anfertigung von Mustern eines Ringes entnommen« oder dergleichen. Wenn schließlich keine Steine mehr in dem Papier waren, hat möglicherweise jemand eine überschlägige Addition aller Steine vorgenommen, um zu sehen, ob das Resultat plausibel erscheint; doch meistens hat niemand sonderlich darauf geachtet, es sei denn, dass ganz offensichtlich Diamanten fehlten. Und so blicke ich aus der neuen Perspektive, die ich aus der Klausur, meiner wöchentlichen Zeit der Besinnung, mitgebracht habe, staunend auf eine ganze Schachtel mit diesen Papiertütchen, und dabei komme ich auf eine neue Idee.

Diese Idee hat ungefähr 36 Stunden lang weiter in mir gearbeitet. Ich konnte nicht viel schlafen und fügte weitere Einzelheiten hinzu. Der

Grundgedanke war, dass man das Papier vor dem Falten zunächst einmal in der Weise mit einem speziellen Zeilensystem bedrucken sollte, dass die für den Diamantenbestand verantwortlichen Angestellten automatisch dazu gezwungen sind, eine Eintragung vorzunehmen und das Gewicht der verbleibenden Steine zu notieren, gleichgültig ob ihnen im Moment gerade der Sinn danach steht oder nicht. Sobald keine Zeilen mehr frei sind, müssten sie dann auch das Papier wechseln und bei dieser Gelegenheit zugleich das Resultat sowie das Gewicht der verbleibenden Diamanten kontrollieren. Die Zeilen habe ich mit Bedacht recht groß bemessen, damit die besonders häufig verwendeten (und folglich durch recht viele Hände gehenden) Papiere auch entsprechend häufiger kontrolliert würden.

Hinzu kam die Idee einer farblichen Kennzeichnung der Papiere, was zur Folge hatte, dass in unserer Abteilung nach ein paar Wochen Diamantenpapiere in allen Regenbogenfarben im Umlauf waren. Die Farbmarkierung hatte den Vorteil, dass man nicht jedes Papier herausholen musste, um zu sehen, welche Qualität oder Form die darin befindlichen Steine hatten. Außerdem erleichterte es den Leuten, daran zu denken, niemals Steine unterschiedlicher Färbung miteinander zu vermischen (eine Katastrophe, wenn man es mit Steinen in rund einem Dutzend leicht voneinander abweichender Farbtöne zu tun hat). Kurz darauf kam uns die Idee, vorgelochtes Papier zu verwenden, das man einfach nur glatt streichen musste, um es nach dem Gebrauch in Ordnern abheften zu können: So war fortlaufend dokumentiert, mit eigenhändiger Unterschrift, wer wann welchen Stein aus dem Bestand genommen hatte, und bei einem etwaigen Ausfall der Computer oder bei einem Datenverlust verfügten wir automatisch über eine zusätzliche Sicherheitskopie unserer im Computer abgespeicherten Bestandslisten.

Als Nächstes befassten wir uns ein wenig mit der Größe der Papiere, mit Markierungsstreifen für unterschiedliche Schliffarten und -formen und mit einer Reihe weiterer Neuerungen. So hatten wir zu guter Letzt das raffinierteste Inventarisierungs- und Verlustkontrollsystem in der gesamten Edelsteinbranche. Und dies hier ist wiederum einer der wenigen Punkte im Geschäft mit den Diamanten, wo Sie definitiv mehr Gewinn herausholen können als Ihre Konkurrenz; denn der Handel mit dem Rohmaterial wird weitgehend monopolistisch durch das internationale Diamanten-Syndikat abgewickelt (»Geschäfte« im engeren Sinn kann man hier nicht machen), und für die hohe Kunst des Diamantschleifens zahlt man überall auf dem Planeten mehr oder weniger unveränderliche Festpreise.

Es war eine ausgesprochen befriedigende Erfahrung, später in kleinen Büros oder Geschäftsstellen von Edelsteinfirmen auf der ganzen Welt zu sitzen und zu sehen, dass sie das von uns eingeführte System nachgeahmt (und vielfach noch weiter verbessert) hatten. Falls durch diese Methode der Bestandssicherung im Laufe der Jahre bei Andin auch nur ein einziges Prozent der Diamantkosten eingespart wurde, dann reden wir hier von einem zusätzlichen Gewinn in der Größenordnung von einigen Millionen Dollar.

All dies ging auf einen Tag in Klausur zurück, auf einen Tag abseits der Arbeit zu dem Zweck, einen neuen Blick für die Arbeit zu gewinnen. Andererseits hat es mich immer wieder überrascht zu sehen, wie man in manch anderem Unternehmen jede freie Minute aus den Managern herauszuquetschen versuchte und sich dann wunderte, wenn sie derart ausgelaugt und erschöpft waren, dass sie nie irgendwelche neuen Ideen hatten, wo sie doch nie mit anderen Dingen (als dem immer gleichen Büro) in Berührung kamen, die sie überhaupt zu solchen Ideen hätten inspirieren können.

Nachdem ich Ihnen die *Idee* der Klausur jetzt sicherlich schmackhaft gemacht habe, wollen wir uns nun anschauen, wie man diese in die Tat umsetzt. Für die Planung eines Klausurtages gibt es einige Grundregeln: Die Klausur sollte eine regelmäßige Einrichtung sein, jede Woche – oder jede zweite Woche – am selben Tag stattfinden, und diese Zeit sollte *unantastbar* sein. Das heißt, wenn Sie den Mittwoch zu Ihrem Klausurtag machen, sollten Sie niemals wankelmütig werden und an diesem Mittwoch normal zur Arbeit gehen. Das hat einen ganz einfachen Grund. Die meisten tüchtigen Leute in der Unternehmenswelt sind arbeitssüchtig. Unabhängig davon, ob sie es müssen oder nicht, arbeiten sie, und das zu leistende Arbeitspensum wird immer etwas umfangreicher sein als das, was sie überhaupt bewältigen könnten. So ist dafür gesorgt, dass der Tag interessant bleibt, der Adrenalinzufluss aufrechterhalten wird. Und wie jede Führungskraft bestätigen kann, wirkt Adrenalin absolut suchtbildend.

Viele Leute blieben jahrelang bei Andin, selbst als sie woanders locker ein höheres Einkommen hätten bekommen können – einfach weil die Firma immer weiter wuchs und es stets verlockende neue Gipfel zu ersteigen gab, das ganze Jahr über, Tag für Tag. Vielleicht denken Sie, die Idee der Klausur klingt großartig, und womöglich probieren Sie das Ganze sogar zwei oder drei Wochen lang aus, eventuell sogar zwei oder drei Mal hintereinander an einem Mittwoch. Aber am Ende des Monats, da können Sie sicher sein, werden Sie eine Ausrede finden, um aufgrund eines »wirklich schwer wiegenden« Notfalls wieder zurück ins Büro zu müssen – und von dem Moment an gehen all die Vorsätze den Bach hinunter.

Wie so viele andere der in diesem Buch beschriebenen tiefgründigen Praktiken und Vorstellungen kann auch die Idee der Klausur nicht zum Tragen kommen, solange Sie diese nicht stetig und beharrlich umsetzen. Am Anfang kommt es entscheidend auf Ihren festen Glauben an die Vorstellung an, dass Sie – wenn Sie mitten in Ihrer Arbeitswoche für einen Tag zu arbeiten aufhören – mit großartigen Ideen ins Büro zurückkommen werden, die sich gemessen an der Zeit, die Sie sich dafür genommen haben, hundertfach bezahlt machen werden.

Damit Ihr Geist dieser großartigen, doch nur ganz leise vernehmbaren Ideen überhaupt gewahr werden kann, während Sie sich in Klausur befinden, ist es unverzichtbar, dass Sie *schweigen*. Die erste Hälfte des Klausurtages, das könnte die Zeitspanne bis 14.00 Uhr sein, müssen Sie ganz für sich verbringen, allein, in Stille. Keine Telefonate, kein Fernsehen und nichts von der sonstigen Geräusch- und Ablenkungskulisse, die Sie davon abhält, die in Ihrem Geist vorhandenen großartigen Ideen zu vernehmen: kein Radio, keine Musik, keine Zeitungen, Illustrierten, Romane, keine Kinder, Partner, Handwerker oder Haustiere. Begeben Sie sich zu Ihrem Platz der Stille, über den wir im vorigen Kapitel gesprochen haben, um dort zu sitzen, für sich alleine, schweigend.

Für die meisten allzeit geschäftigen Führungskräfte ist es ziemlich irritierend, ihre Zeit auf diese Weise zu verbringen. Die erste natürliche Reaktion besteht in der übermächtigen Empfindung, dass Sie Ihre Zeit verschwenden: Die Leute im Büro rackern sich ab, rennen von einer Ecke in die andere, führen zwei Telefonate gleichzeitig, kümmern sich überall in der Firma, wo es »brennt«, wie die Feuerwehr darum, die Probleme zu lösen, während Sie dasitzen und nichts tun. Zu allem Überfluss muss außerdem morgen früh dieses große Angebot unterbreitet werden, obendrein geht es dabei um einen Ihrer wichtigsten Kunden; es besteht kaum eine Chance, dass Sie noch dazu kommen werden, und die letzte nennenswerte freie Zeitspanne, die Ihnen eigentlich zur Verfügung stehen könnte, um sich damit zu befassen, vergeuden Sie hier.

Oder aber Ihre Frau, Freunde und die Kinder beabsichtigen, Sie mit ihren Dingen in Beschlag zu nehmen. Denn sie wissen, dass Sie den ganzen Tag zu Hause sind: »Wenn du Mittwochmorgen rumsitzt, verstehe ich nicht, warum du nicht kurz zur Bank gehen und anschließend rechtzeitig für die Paketzustellung wieder zu Hause sein könntest – hier geht es schließlich nur um eine halbe Stunde.« Sagen Sie ihnen allen, dass sie verduften sollen. Die Klausur muss ein Bereich vollkommener Stille und Sammlung sein. Das funktioniert nicht, wenn Sie dabei gestört werden, selbst wenn es sich lediglich um eine Unterbrechung von ein paar Minuten handelt.

Sie haben sich einige der raren, kostbaren, unersetzlichen Momente Ihres Lebens, die Ihnen dafür zur Verfügung stehen, freigehalten, um in die Stille Ihres Geistes einzutreten und umfassendere Antworten auf die Herausforderungen Ihres Berufs und Ihres Lebens zu finden. Begehen Sie niemals den Fehler, zu glauben, das alles sei die Zeit nicht wert. Denn Sie setzen nicht nur die tiefer liegende Kreativität Ihres Geistes frei, sondern zugleich beugen Sie aktiv einer ganzen Reihe gesundheitlicher Probleme vor, die Ihnen andernfalls – wenn Sie nicht die nötige Voraussicht aufgebracht hätten, die alten Muster zu durchbrechen – früher oder später zu schaffen machen würden.

Man braucht wirklich keine große Leuchte zu sein, um zu erkennen, was aus Ihnen wird, wenn Sie nach dem eingefahrenen alten Muster weiterleben. Werfen Sie einen Blick auf die Nachrufe in der *FAZ*, und sehen Sie selbst, wie viele clevere und talentierte Geschäftsleute sich zu Tode gearbeitet haben. Glauben Sie etwa, Sie könnten nicht als nächster an der Reihe sein?

Nachdem Sie ungefähr eine oder anderthalb Stunden in richtiger Stille schweigend an Ihrem speziellen Platz gesessen haben, sollten Sie ein paar leichte Bewegungsübungen durchführen. In den überlieferten tibetischen Schriften heißt es, dass Körper und Geist auf einer sehr subtilen und tiefgründigen Ebene miteinander verbunden sind: Je schwerer Ihr Körper wird und je weniger aufrecht Ihre Körperhaltung ist, umso schlechter können die subtilen Gedankenenergien fließen. Um Bewegung zu haben, widmen sich Geschäftsleute gewöhnlich solchen Dingen wie dem Golfspiel, Joggen, leichtem Krafttraining und dergleichen mehr. Gut! Suchen Sie sich aus, was Ihnen am besten liegt, und praktizieren Sie es. Wenn Sie etwas gerne tun, steigt natürlich die Wahrscheinlichkeit, dass Sie auch weiterhin am Ball bleiben werden.

Rufen Sie sich hier bitte in Erinnerung, dass wir *nicht* über Bewegung um der Bewegung oder um irgendwelcher Eitelkeiten willen reden. Wenn Ihr Körper gesund ist, ist Ihr Geist klarer; ist Ihr Geist klarer, laufen Ihre Geschäfte besser; und (das werden wir später noch sehen) ein *wirklich* klarer Geist kann die Einschränkungen, in denen unsere kaufmännische Motivation gewöhnlich befangen ist, überwinden: Das heißt, Sie lernen, über den Bereich des sinnentleerten Geldverdienens hinauszugehen und sich dem wirklich *sinnvollen* Geldverdienen zuzuwenden.

Bloß eine Anmerkung: Vielleicht hegen Sie ja den Wunsch, eine der etwas exotischeren Bewegungsformen auszuprobieren – solche Dinge, die stärkere Auswirkungen auf Ihren Geist haben, als wenn Sie beispielsweise lediglich auf einer Bahn im Kreis laufen. In den vergangenen Jahren bin ich einer Reihe von Geschäftsleuten begegnet, die sich über die »Schamschwelle« hinweggesetzt und an Kursen in Yoga, Tai-chi oder sogar Modern Dance teilgenommen haben. Ich spreche hier nicht von den verwässerten Freizeitspaß-Versionen dieser Disziplinen, bei denen Sie ein paar Wochen herumdilettieren, ohne es in irgendeiner Hinsicht wirklich weit zu bringen. Nehmen Sie sich die Zeit und wenden Sie etwas Geld auf, um einen wirklichen Meister beziehungsweise eine wirkliche Meisterin in einer dieser Künste dafür zu gewinnen, Sie als persönlichen Schüler anzunehmen, so dass Sie ein wenig Einzelunterricht erhalten. Schaffen Sie eine enge Verbindung zu einem wirklich kundigen Menschen, und halten Sie diese über Monate und Jahre aufrecht. Lernen Sie, die gleiche Disziplin, die Sie bei der Durchführung Ihrer Geschäfte an den Tag legen, auch für das reibungslose Funktionieren Ihres Körpers aufzuwenden. Noch einmal: Im Wesentlichen geht es dabei nicht um die äußere Erscheinung, sondern um höhere Zielsetzungen.

Krempeln Sie an den Tagen, die Sie in Klausur verbringen, auch Ihren Speiseplan um. Versuchen Sie's beispielsweise mal damit, bis etwa 13.00 oder 14.00 Uhr nur Flüssigkeit zu sich zu nehmen. Auf Ihre morgendliche Zeit der Stille wird sich das sehr vorteilhaft auswirken, auf Ihre Bewegungsübungen ebenfalls, allerdings werden Sie vor Beginn der Übungen wahrscheinlich etwas Saft trinken wollen. Setzen Sie sich vor Ihrer ersten Mahlzeit für eine Weile still hin, und lesen Sie in einem kontemplativen Buch etwas über den höheren Sinn Ihres Lebens: Zum Beispiel könnten Sie ein paar Zeilen von jemandem wie Mahatma Gandhi, Albert Schweitzer, dem Papst, dem Dalai Lama, aus der Bibel oder aus einer Schrift von ähnlichem Rang lesen; jedenfalls etwas, worin es um den *Sinn und Zweck* unserer Existenz geht, nicht bloß um unsere Existenz*grundlage,* unseren Lebensunterhalt.

Während Ihrer Zeit der Stille von solch einem Geist umgeben zu sein, über die sehr eingeschränkte, an eine gemeinsame Interessenlage gebundene Sicht der Dinge innerhalb Ihres unmittelbaren Arbeitsbereichs im Büro hinauszugelangen und geistig Kontakt zu den größten Denkern der Weltgeschichte zu knüpfen, gehört mit zur Idee der Klausur. Dank der inneren Ruhe, in die Sie sich versetzt haben, wird für Sie vernehmbar, was Ihr Geist Ihnen zuflüstert; und indem Sie durch stetige Lektüre eine Verbindung zu den großen Geistern und Herzen unserer Welt herstellen, werden diese Eingebungen umso mehr von Sinn erfüllt.

Scheuen Sie sich nicht, im Anschluss an ein leichtes Mittagessen ein kleines Nickerchen einzulegen, falls Sie das Gefühl haben, ein wenig Schlaf zu brauchen. Neben solchen Dingen wie der Ernährung und stiller geistiger Sammlung zählen die großen Schriften des indischen Altertums ein ausreichendes, Ihren persönlichen Bedürfnissen entsprechendes Maß an Schlaf zu den vier Arten von Kräften, die das physische Wohlergehen unterstützen und aufrechterhalten; wenn Sie diesem Bedürfnis während Ihres Klausurtages nachkommen, wird nicht nur Ihr Geist gestärkt, sondern auch Ihr Körper belebt und ein gewisser Ausgleich für den durch Arbeitsstress bedingten Verschleiß geschaffen.

Später am Nachmittag sollten Sie sich mit praktischen Dingen beschäftigen; Sie könnten sich einem Fotokurs widmen, sich in Computeranwendungen oder in die Gartenarbeit vertiefen. Allerdings sollten Sie keinesfalls Arbeiten erledigen, die für Ihre reguläre Berufsausübung von praktischem Nutzen sind. Mit anderen Worten, Sie dürfen diese Zeit nicht damit verbringen, den Umgang mit einer Datenbank zu erlernen, die Sie am nächsten Tag auf der Arbeit verwenden wollen; hingegen könnten Sie in dieser Zeit ohne weiteres Komponenten für Ihren heimischen PC installieren. Auch hier ist es wieder besonders günstig, wenn Sie dieser praktischen Betätigung außerhalb des Hauses nachgehen können, Seite an Seite mit jemandem, der oder die tatsächlich etwas davon versteht.

Die größte Inspiration kommt von lebendigen Menschen, die es auf ihrem Gebiet zu wirklicher Meisterschaft gebracht haben, möge es dabei nun um Blumen, um Musik oder um handwerkliche Fähigkeiten gehen. Der Kontakt mit Kreativität und Könnerschaft ist für Sie das Entscheidende – in erster Linie kommt Ihnen dabei zugute, dass Sie lernen, so zu denken und solch eine Hingabe zu haben wie ein Meister, es kommt weniger darauf an, in den Dingen, die er oder sie Ihnen vermittelt, gut zu sein.

Gehen Sie am Abend aus dem Haus, und unternehmen Sie bewusst den Versuch, jemandem zu *helfen*, wobei auch immer. Es könnte eine Mannschaft aus dem Bereich des Kinder- oder Jugendsports sein, es könnte ein älterer Nachbar sein, es könnte Ihre Ehefrau, Ihr Ehemann oder Ihre Familie sein. Mit der Tatsache, dass Sie der beruflich erfolgreiche Geldverdiener in der Familie sind, kann eine gewisse Art von Egoismus einhergehen. Dieser Egoismus sagt Ihnen: Wenn Sie jeden Tag Ihrem Job in der Firma nachgehen, um für den Lebensunterhalt der Familie zu sorgen, dann sind Sie von der Mithilfe bei den doch eher etwas banalen Alltagspflichten entbunden – vom Alltagskram in Ihrer Familie, von Tätigkeiten in Haus und Garten, aber vor allem von Verpflichtungen gegenüber Mitgliedern der Sie umgebenden Gesellschaft.

Leute, die bei Ihrem Job in der Firma stündlich Hunderte von Dollars verdienen, neigen zu der Auffassung, es sei irgendwie Zeitvergeudung und eine Verschwendung ihrer Fähigkeiten, am Abend alte Menschen zum

Kapitel 11

Lebensmittelladen zu begleiten – eine Tätigkeit, die genauso gut jede unqualifizierte Arbeitskraft übernehmen könnte. Wenn sie sich schon in den Dienst an ihren Mitmenschen stellen, dann liegt es ihnen eher, dies im Vorstand einer großen karitativen Einrichtung vor Ort zu tun.

Das geht allerdings an der Sache vorbei. Der freie Tag, an dem wir uns in Klausur begeben, soll uns aus dem Trott eines ausschließlich unternehmerisch ausgerichteten Denkens herausholen, und dabei kann der Weg in viele verschiedene Richtungen führen. Wir versuchen bewusst, unseren Geist von all den technischen Details freizumachen, die unsere berufliche Tätigkeit betreffen, und ihn einfach mit neuen Quellen der Kreativität in Kontakt zu bringen: mit der Stille, mit großen Denkern und Gedanken der Vergangenheit, um dann – wahrscheinlich das Wichtigste – unseren Geist aus der ichbezogenen Einstellung herauszuholen, mit der wir einen so großen Teil des Tages in der Firma verbringen. Mit anderen Worten, wir beleben unsere Seele und unseren Verstand nicht nur dadurch, dass wir einen Tag abseits der sich wiederholenden Muster eines kaufmännischen Denkens verbringen, sondern dadurch, dass wir zugleich einen Tag abseits dieser Einengung auf uns selbst verbringen.

Nichts eignet sich dafür so gut wie der ganz alltägliche Dienst an Mitmenschen, die uns brauchen. In der gesamten dokumentierten Menschheitsgeschichte war dies für all die wirklich großen Wesen, die ihren Fuß auf diesen Planeten gesetzt haben, der wichtigste Quell, aus dem sie innere Kraft und Kreativität geschöpft haben. Diese Tatsache sollten Sie begreifen und zu würdigen wissen, um dann den bewussten Versuch zu unternehmen, sich selbst zum Vorschein zu bringen, indem Sie kostenlos, persönlich und ohne auf die Mehrung des eigenen Ansehens zu achten, schlicht und einfach Hilfe in ihrer guten alten Form denjenigen Mitmenschen zuteil werden lassen, die sie benötigen, weil sie betagt, arm, einsam oder was auch immer sind. Nichts anderes wird Ihnen der Weisheit des Ostens zufolge mehr Kraft verleihen für Ihre unternehmerische Tätigkeit am folgenden Tag.

Gehen Sie am Ende eines Klausurtages, kurz bevor Sie sich ins Bett legen wollen, wenn es um das Haus herum und in der Familie ruhiger wird, für eine weitere Zeit der Stille an Ihren speziellen Platz. Dies ist der geeignete Moment, um den Tag und Ihre Gedanken Revue passieren zu lassen und die letzte Eintragung für heute in Ihr Sechsmal-Buch vorzunehmen. Bemühen Sie sich, nicht viel an die Arbeit und die Dinge, mit denen Sie morgen früh konfrontiert sein werden, zu denken. An diesem Punkt besteht der Trick darin, die Stille und die kreativen Einflüsse von außen die ganze Nacht hindurch, auch während der Stunden, in denen Sie schlafen, auf Ihren Geist einwirken zu lassen, ohne an die Einzelheiten des nächsten Tages zu denken. Die Inspiration, die Sie heute wachgerufen haben, wird Ihnen morgen zufließen, sobald Sie auf diese Inspiration angewiesen sind; doch erst in der Ruhe Ihres nächtlichen Schlafs kann die Saat dieser Inspiration zu ihrer ganzen Fülle heranreifen.

Eine letzte Anmerkung zu Ihren Klausurtagen: Es mag den Anschein haben, als sei die freie Zeit, die Stunden der Stille und Reflexion, der Faktor, aus dem für Sie am nächsten oder übernächsten Tag neue Kreativität erwächst. Doch auf der Grundlage all der Weisheit aus dem »Sutra vom Diamantschneider«, mit der wir bereits vertraut geworden sind, wissen wir beide, dass die Inspiration, die sich am folgenden Tag »wie zufällig einfach so ergibt«, ganz spezifische Ursachen hat: die Prägungen, die Sie durch die Klarheit der Stille, durch die enge Verbundenheit zu Wesen von wahrhaft großem Geist und durch den bereitwilligen Dienst an Ihren Mitmenschen in Ihrem Geist angelegt haben.

Im Grunde genommen verhält es sich hierbei um keinen Deut anders als bei den übrigen Dingen, über die wir bereits gesprochen haben: Tatsächlich kann nie etwas Produktives geschehen, wenn nicht eine Prägung, die auf eine positive Handlung in der Vergangenheit zurückgeht, Sie dieses Geschehen erleben lässt. Wir sind stets damit beschäftigt, den Boden für die Zukunft zu bereiten.

Neben der wöchentlichen Klausur gibt es noch eine andere Art von Klausur, die während meiner gesamten Laufbahn als Vizepräsident bei Andin wahrlich eine meiner größten Geheimwaffen war: die Waldklausur; und diese ist etwas, das Sie unbedingt ausprobieren sollten. Es gibt keine wirkungsvollere Möglichkeit, weit in die Zukunft Ihrer unternehmerischen Karriere vorzudringen, keine wirkungsvollere Möglichkeit, jene großen Sprünge in Ihrem Geschäft zu bewerkstelligen, die besonders schnell vonstatten gehen müssen, damit Sie Ihre letztendlichen Ziele erreichen.

Für die Waldklausur müssen Sie zunächst einmal aushandeln, dass Sie mindestens für zwei Wochen von Ihrer Arbeit freikommen. Und wir reden hier nicht über eine reguläre Urlaubszeit; dies muss *zusätzlich* zu Ihrem Urlaub geschehen. Wie können wir also an diese Zeit gelangen?

Um die benötigte Zeit zu bekommen, müssen Sie vor allem überzeugt sein von dem, was Sie in dieser Zeit machen wollen. Ein Beispiel: Wir essen dreimal täglich, nicht weil wir das unbedingt so brauchen, sondern weil wir wirklich dreimal täglich essen wollen. Für Mönche in der buddhistischen Tradition gibt es ein Gelübde, bei dem sie sich verpflichten, den größeren Teil des Tages ohne Essen auszukommen. Aber weder kränkeln sie deshalb, noch magern sie ab; vielmehr macht diese Gepflogenheit die Mehrheit der Mönche in einem buddhistischen Kloster stark, leichtfüßig und geistig sehr wach. Wir finden die Zeit, dreimal täglich zu essen, wir finden die Nahrung und den Platz, dreimal zu essen, einfach weil wir daran glauben. Wenn Sie an die Waldklausur *glauben*, werden Sie eine Möglichkeit finden, die freie Zeit zu ihrer Durchführung zu bekommen: Wieder einmal erweist sich daran die Macht des menschlichen Geistes.

Lassen Sie mich zunächst schildern, was man bei der Waldklausur macht; über Strategien, durch die man die erforderliche Zeit frei bekommt, können wir uns anschließend unterhalten. Wichtig ist, von vornherein sicherzustellen, dass für Ihre reguläre Arbeit ein klares zeitliches Limit feststeht – dass Sie an einem bestimmten Tag zu einer bestimmten Zeit Ihre Arbeit *unterbrechen* werden. Wenn Sie eine Führungskraft sind, wird dies beim ersten Mal außerordentlich schwierig für Sie sein.

Ihre heutige Position haben Sie erreicht, weil Sie wissen, wie man arbeitet, und weil Sie gerne arbeiten. Und die Projekte, die Sie auf die Beine gestellt haben, kommen alle mit einer Geschwindigkeit voran, die Ihnen einiges abverlangt. All diese Projekte in die Hände anderer Leute zu übergeben, setzt bei Ihnen enorme Einsichtsfähigkeit voraus. Aber vergessen Sie Ihre Arbeit, lassen Sie die Arbeit hinter sich zurück, physisch und geistig, sobald der Freitagnachmittag für Ihre Waldklausur da ist. Tappen Sie niemals in die Falle von »bloß ein weiterer Tag« oder auch nur »bloß eine weitere Stunde«, um bei einem Projekt noch jene *sehr wichtige* abschließende Maßnahme durchführen zu können.

Sie müssen bei der Arbeit bis zur letzten Minute einen klaren Kopf behalten, sich ganz genau darüber im Klaren sein, *weshalb* Sie die Waldklausur durchführen. Und Sie führen sie deshalb durch, weil Sie nach erfolgreicher Beendigung der Klausur mit einer Fülle neuer Ideen, neuer Kreativität und neuer Energie an Ihren Arbeitsplatz zurückkehren werden – mehr als genug von allem, um auch die kleinen Abstriche bei ein paar Projekten, die Sie liegen und stehen gelassen haben, als Sie in Klausur gegangen sind, ohne weiteres wettmachen zu können.

Um die Waldklausur durchführen zu können, müssen Sie einen vollkommen abgelegenen und ruhigen Platz finden. So etwas wie eine schlichte Hütte draußen in den Wäldern oder nach Saisonschluss einen Platz an der Küste; jedenfalls am besten außerhalb einer Stadt, an einem Flecken, wo Sie lange unterwegs sein können, ohne eine Menschenseele zu treffen, wo niemand wegen was auch immer an Ihre Türe klopfen wird, wo es keine Straßenverkehrsgeräusche und dergleichen gibt. Sobald Sie an diesem Platz angekommen sind, beseitigen Sie die gesamte alltägliche Reiz- und Ablenkungskulisse: Packen Sie Bücher, Zeitschriften und Zeitungen in Kisten; verstauen Sie den Fernseher und eventuell vorhandene Radios derart in einem Schrank, dass es wirkliche Arbeit bedeuten würde, sie in einem schwachen Moment wieder hervorzuholen; lassen Sie sich keine Post zustellen, und empfangen Sie keine Besucher.

Das ist übrigens ganz entscheidend dafür, dass die Waldklausur tatsächlich so wirkungsvoll ist: Sie benötigen die ultimative Stille, jene Art von Stille, die sich in Ihrem Geist einstellt, wenn Sie wirklich alleine sind. Planen Sie die Dinge so, dass Sie niemanden treffen und mit niemandem sprechen müssen. Vergewissern Sie sich, dass Ihre Familie und Ihre Freunde sich über diesen Punkt wirklich im Klaren sind. Nehmen Sie das Telefon vom Netz; oder noch besser: Finden Sie einen Platz, an dem ohnehin noch nie ein Telefon vorhanden war. Kaufen Sie genügend Lebensmittel für die gesamten zwei Wochen ein, und unternehmen Sie keine Ausflüge in die Stadt. Am allerbesten kann man die Waldklausur an Plätzen durchführen, an denen keinerlei Anzeichen von menschlichem Leben zu sehen sind – keine Autos, keine Kinder, nicht einmal irgendwelche Camper. Denken Sie daran, Sie machen hier keinen Urlaub – Sie unternehmen einen ernsthaften Versuch, mit einigen der höheren Dinge in Kontakt zu treten, die Sie in sich haben, und am weitesten kommen Sie dabei voran, wenn Sie die Reise einsam und alleine zurücklegen.

Nun sind Sie also ganz für sich alleine. Und was sollen Sie tun? Richten Sie einen geeigneten Platz der Stille in der Weise her, wie wir das für die wöchentliche Klausur getan haben: einen besonderen Platz im Haus oder im Zimmer, der ausschließlich für Ihre Zeit der Stille und für nichts anderes bestimmt ist. Sie sollten dort besser nicht essen, und er sollte sich nicht zu nahe an Ihrem Schlafplatz befinden. Die Energie an dieser Stelle muss einzig und allein einem Zweck dienen: Ihrer Zeit der Stille. Übrigens braucht nicht unbedingt ein spezielles Meditationssitzkissen auf dem Boden zu liegen oder dergleichen; ein bequemer Stuhl mit einer Rückenlehne, die Sie zwingt, gerade zu sitzen, ist völlig in Ordnung.

Ein ganz einfacher Tagesplan könnte so aussehen, dass Sie ungefähr stündlich zwischen verschiedenen Aktivitäten wechseln: zunächst eine Stunde völliger Stille, in der Sie einfach über die größeren Fragen Ihres Lebens und Ihrer Arbeit nachsinnen; dann eine Stunde, in der Sie sich dem Studium der bereits erwähnten großen Geister und Herzen widmen (vielleicht einschließlich einer eingehenden Beschäftigung mit den hier dargestellten Prinzipien, insbesondere mit jenem Teil, der sich auf die Probleme aus dem Berufsalltag und ihre wirklichen Lösungen bezieht); als Nächstes eine Stunde, in der Sie beschauliche Spaziergänge an der frischen Luft unternehmen oder sich anderweitig bewegen; und schließlich eine Stunde, in der Sie eine leichte Mahlzeit zu sich nehmen und anschließend eine kleine Ruhepause einlegen. Sehr gesundes und leichtes Essen ist wichtig – viel Grüngemüse und proteinreiche Nahrungsmittel; gleichzeitig die Vermeidung von Zucker und Kohlenhydraten, da beides die kreative Energie, die Sie in der Waldklausur gewinnen, tendenziell erstickt. Falls Ihnen die Ruhe ein bisschen zu viel wird und Sie etwas ängstlich oder wankelmütig macht, sollten Sie sich vergewissern, dass Sie genügend Bewegung haben, und fettreichere oder ölige Nahrung zu sich nehmen, Spaghetti mit Käse zum Beispiel, Buttermais oder Lasagne.

Nachdem Sie sich einen Tag lang an diesen Ablauf gehalten haben, werden Sie sich dabei ertappen, wie Ihnen bei der Waldklausur wieder dieselben Zweifel zu schaffen machen, die Sie auch schon bei der wöchentlichen Klausur geplagt haben – Ihnen als viel beschäftigter Führungskraft fällt es schwer, das Gefühl zu überwinden, dass Sie Ihre Zeit verschwenden, *weil Sie keiner Tätigkeit nachgehen*. In diesen Momenten ist es unbedingt notwendig, sich in Erinnerung zu rufen, was Sie hier eigentlich wollen: Durch die Stille und das vollkommene Vermeiden jeglicher Arbeit geht die gesamte kreative Energie unweigerlich nach innen. Vermutlich nie zuvor während Ihres gesamten Erwachsenendaseins haben Sie etwas Vergleichbares unternommen; Sie haben Ihrem Geist niemals durch bewussten Entzug jedes äußeren Reizes solch eine innere Sammlung abverlangt. Wie Sie feststellen werden, geschieht jetzt Folgendes: Ihr Geist setzt sich außerordentlich kreativ und wirkungsvoll mit den größeren Problemen Ihrer Arbeit und Ihrer Familie auseinander; in der Stille werden außerhalb Ihres bewussten Geistes Antworten formuliert, und diese werden Ihnen später, vielleicht in fünf Tagen oder in einer Woche, als blitzartige Einsichten zuteil werden. Entspannen Sie sich, und vertrauen Sie diesem Prozess; er hat während der letzten paar Tausend Jahre seine Wirkung entfaltet, und er wird auch bei Ihnen wirksam sein. Aber auf einen Versuch müssen Sie es schon ankommen lassen.

Vergessen Sie nicht, ein kleines Notizbuch in Ihr Gepäck zu stecken, das Ihnen als Tagebuch dient, und beschäftigen Sie sich ausgiebig damit. Zu ihm können Sie sprechen. Notieren Sie all die kleinen Ideen, die Sie zu Beginn der Waldklausur haben – und Sie können sich darauf gefasst machen, dass Ihnen spätestens nach den ersten zehn oder zwölf Tagen eine Fülle von Inspirationen und Einsichten zufliegen wird. Lernen Sie sich auch darauf einzustellen, dass Sie nach ungefähr einer Woche in Klausur für ein paar Tage in leicht bedrückter Stimmung sein könnten. Das ist ein ganz normales Phänomen und ein Bestandteil des ganzen Prozesses. Die gute Seite Ihres Geistes wird während der Waldklausur besonders zum Vorschein kommen und intensiviert werden – und ebenso die negative Seite Ihres Geistes. Sie werden feststellen, dass intensive Empfindungen Sie beschäftigen, und diese können sich abwechselnd auf die Güte Ihrer Familie oder auf die Verspätung Ihres Hauptlieferanten beziehen. Lernen Sie, sich auf die erste einzulassen und sich von der zweiten nicht aus dem Gleichgewicht bringen zu lassen.

Die letzten drei oder vier Tage der Waldklausur eignen sich besonders gut zu einem umfassenden Rückblick auf Ihre Arbeit und Ihr Leben. Verbringen Sie täglich eine gewisse Zeit mit der Ausarbeitung all der großartigen Ideen, die Ihnen für Ihre Projekte in den Sinn gekommen sind, und beginnen Sie danach mit dem Entwurf Ihres neuen Tagesplanes einschließlich einer kurzen Liste der Dinge, die es zu erledigen gilt. Unter dem Einfluss der Stille wird Ihr Geist klarer und wirkungsvoller als je zuvor arbeiten – und bestimmte Änderungen in Ihrer Lebensführung, Ihrer Arbeit, Ihrer häuslichen Situation werden Ihnen praktisch ganz von alleine einfallen. Sie sollten sich unbedingt darüber im Klaren sein, dass dies vielleicht eine der wenigen Phasen im Laufe Ihres Erwachsenendaseins ist, in denen Ihr Geist wirklich mit voller Klarheit und Präzision arbeitet; Sie müssen dieses Faktum anerkennen, Vertrauen in diese Tatsache setzen und sich in »Ihrem Leben nach der Klausur« auf die Entscheidungen und Vorsätze stützen, zu denen Sie während der Klausur gekommen sind.

Später, wenn Sie wieder in den Schnellzug Ihres Familien- und Arbeitsalltags eingestiegen sind, wird Ihnen manch eine in der Klausur getroffene Lebens- und Berufsentscheidung unrealistisch, ja sogar naiv vorkommen. Glauben Sie das bloß nicht! Das ist lediglich die Art und Weise, wie einem in die lärmende Betriebsamkeit der Alltagswelt zurückgekehrten Geist die Vision erscheint, die aus der Stille geboren wurde. Bei der Rückkehr aus der Waldklausur, das ist das Entscheidende, sollte man die Bereitschaft mitbringen, eine neue Welt zu erschaffen; aber ohne ein wenig Risikobereitschaft und Mut kann man keine neuen Welten aufbauen.

Nur noch eine abschließende Anmerkung zu all den guten Ideen, die Sie in der Waldklausur haben werden. Denken Sie daran: Ebenso wie all die Dinge in Ihrer äußeren Umgebung gehen auch diese Ideen auf Prägungen zurück, die Sie in der Vergangenheit angelegt haben, indem Sie zu anderen gut gewesen sind. In der ausgesprochen förderlichen Atmosphäre von Stille und Innenschau tauchen diese Prägungen dann schneller im Bewusstsein auf; die friedvollen Gedanken, die Sie auch sonst im Allgemeinen haben, wenn Sie sich alleine draußen in der Natur aufhalten, tragen ein Übriges dazu bei.

Es schadet ganz und gar nicht, wenn Sie sich in den ein oder zwei Wochen vor Beginn der Waldklausur überdurchschnittlich große Mühe geben, mit Ihren Mitarbeitern und Familienangehörigen besonders rücksichtsvoll und liebenswürdig umzugehen und eventuell noch ungeklärte persönliche Streitigkeiten beizulegen. Dann haben Sie die richtigen Prägungen im Kopf, wenn Sie in Klausur gehen; und diese werden dort mit Sicherheit heranreifen.

Kommen wir nun zu den in Aussicht gestellten Vorschlägen, wie Sie an die freie Zeit gelangen können. Offen gesagt gibt es im Allgemeinen nur eine Möglichkeit, zwei Wochen zusätzlich beurlaubt zu werden: Sie müssen dafür bezahlen – das heißt, Sie müssen anbieten, sich entsprechend viel Geld (oder etwas mehr) von Ihrem Gehalt abziehen zu lassen. Bei einem Privatunternehmen geht das meist viel leichter als im Öffentlichen Dienst; doch unverändert gilt der Grundsatz, dass Sie eine Möglichkeit dazu finden werden, wenn Sie zu einem persönlichen Opfer bereit sind und Ihre Entschlossenheit, eine Waldklausur zu machen, groß genug ist. Behalten Sie die Tatsache im Sinn, dass es dabei nicht nur um Ihre Karriere geht, sondern auch um Ihre Gesundheit, Ihren inneren Frieden, Ihr Glück und Ihre Kreativität – ein ausgezeichneter Gegenwert für einen Gehaltsverzicht. Und Ihr Chef wird erkennen und zu würdigen wissen, wie ernst es Ihnen damit ist, wenn Sie im Tausch gegen die freie Zeit einen kräftigen Gehaltsabzug zu akzeptieren bereit sind.

Jedes Mal, wenn ich mir eigens Zeit für eine Waldklausur nehmen wollte, habe ich das Angebot unterbreitet, mein Gehalt könne entsprechend gekürzt werden, ein Angebot, das liebenswürdigerweise angenommen wurde. So signalisieren Sie jedenfalls dem Management sehr deutlich, wie überzeugt Sie von dem sind, was Sie durch die Klausur zu erreichen versuchen. Sie müssen auch das Einverständnis Ihrer Familie zu Ihrer zweiwöchigen Abwesenheit einholen, und eine ganz entscheidende Überlegung ist in jedem Fall, ob Sie ausreichende Vorkehrungen für all die Dinge treffen können, die regulär in Ihre Verantwortung fallen, damit Ihre Abwesenheit keine ungebührlichen Belastungen für Ihre Mitarbeiter, Ihre Frau oder Ihren Mann und Ihre Kinder zur Folge hat. Es ist wichtig, dass jeder Ihre Zielsetzungen versteht und Ihre Klausurerfahrung von ganzem Herzen mit trägt. So herrscht eine bessere Energie, was wiederum den Erfolg begünstigt.

Das heißt jedoch nicht, dass Sie mit der Klausur nicht weitermachen sollen, falls Sie anfangs auf ein wenig Widerstand stoßen. Hier geht es nicht um einen Luxus oder eine Freizeitbeschäftigung. Wir sprechen über jene Arbeit an Ihnen selbst, die maßgeblich dazu beitragen wird, dass Ihr gesamtes Leben und Ihr beruflicher Werdegang erfolgreich verlaufen und all Ihren Mitmenschen zugute kommen werden, selbst wenn manche von ihnen das zuerst nicht so sehen. Seien Sie also stark und entschlossen. Dadurch können Sie allen weiterhelfen.

Es gibt noch einige weitere Details in Bezug auf die Waldklausur, die aber sinnvollerweise Gegenstand der lebendigen Erfahrung sein sollten – wie im Sport, wo Sie auch von einem lebendigen, leibhaftigen Trainer am meisten lernen können. Falls es Ihnen ernst ist und Sie die wöchentliche Klausur oder die Waldklausur gleichsam als Raketentreibsatz nutzen wollen, um in Ihrem Leben und im Beruf dementsprechend weit zu kommen, sollten Sie die Zusatzinformation am Ende des Buches lesen und mit den Mitarbeitern des DCI in Kontakt treten, die Sie durch ein oder zwei Klausuren geleiten können.

Die Leerheit der Probleme

Eine Erörterung der Frage, wie Sie, während Sie viel Geld verdienen, körperlich und geistig gesund bleiben können, bliebe unvollständig, wenn nicht jene überlieferte buddhistische Technik mit einbezogen würde, die man als die »Umwandlung von Problemen in Chancen« bezeichnet. Diese Umwandlung kann auf zweierlei Ebenen erfolgen: der unmittelbaren und der letztendlichen. Erinnern Sie sich noch an die Geschichte in Kapitel 10, den Kauf der 10 000 Carat Diamanten, durch den die Firma beinahe in den Ruin getrieben worden wäre? Da ging es um den erfolgreichen Umgang mit sehr heftiger Kritik, die Ihnen von Ihrem Chef entgegenschlägt; um den Versuch, der eigenen Wut und Frustration Einhalt zu gebieten, noch bevor diese Emotionen, während der ersten paar Sekunden, in denen Sie angeschrien werden, überhaupt Zeit haben, sich in Ihrem Geist so richtig in Stellung zu bringen.

Das unmittelbare Resultat war in diesem Fall, dass Sie das Büro des Chefs in klarer geistiger Verfassung verließen, gerüstet und bereit, sich mit dem vorliegenden Problem zu befassen und es zu lösen. Und die auf lange Sicht bedeutsame Konsequenz dieses Verhaltens war, dass Sie aufgehört haben, neue Prägungen in Ihrem Geist anzulegen, die erneut die Erfahrung eines wütenden Chefs herbeiführen würden: Das ist für Sie der Beginn eines immer reibungsloser verlaufenden beruflichen Daseins.

Nehmen wir also an, wir verlassen das Büro des Chefs mit kühlem Kopf – was fangen Sie dann aber mit den Gedanken an die georderten 10 000 Carat Diamanten an? In einem unmittelbaren Sinn können Sie Ihren Geist hier schützen – und auf längere Sicht den Körper vor neuem stressbedingten Verschleiß bewahren –, indem Sie Ihre Gedanken unverzüglich auf das jedem Problem verborgen innewohnende Potenzial, auf seine Leerheit, richten. Leerheit bedeutet hier, dass das Problem lediglich ein Problem ist, solange Ihre Prägungen Sie dieses als ein Problem wahrnehmen lassen. Und allein schon aufgrund der Tatsache Ihres *Wissens* um diese Leerheit können Sie jedes Problem in eine Chance verwandeln.

An diesem Punkt kommt es wesentlich darauf an, sich darüber im Klaren zu sein, dass man die 10 000 Carat aus sehr guten und berechtigten Gründen entweder als Problem oder als Ausgangspunkt für eine neue Chance ansehen kann. Die Problemsicht macht Sie von vornherein nervös; dadurch geraten Sie geistig in die Defensive, und Ihre Kreativität bleibt auf der Strecke. Beschließen Sie, da sei Ihnen doch vorige Woche eine phantastische Idee in den Sinn gekommen, für deren Umsetzung Sie die 10 000 Carat benötigt hätten! Bloß können Sie sich jetzt nicht mehr erinnern, worin Ihre Idee bestand. Finden Sie das also einfach heraus.

Für uns bei Andin war es in solchen Fällen eine ganz normale Strategie, nachträglich das Produktdesign auf versehentlich zu viel eingekauftes Rohmaterial abzustimmen. In derartigen Situationen nicht in Panik zu geraten bedeutet, dass Sie keinen kostbaren Spielraum für geistige Kreativität verschenken (wodurch Ihnen die Idee zur Problemlösung erst später einfallen würde); zugleich vermeiden Sie negative Prägungen, die Ihnen in den folgenden Tagen oder Wochen zu Bewusstsein kommen und dann in der Tat Ihre Wahrnehmungsfähigkeit für die sich bietende Chance blockieren würden.

Daher ist es so wichtig, einen kühlen Kopf zu bewahren und sich auf Ihre Erinnerung zu konzentrieren: »Was war es doch gleich, was ich mit diesen 10 000 Carat anstellen wollte?« Nehmen wir einmal an, bei sämtlichen Steinen handele es sich um jene ungeliebte spülwasserbraune Mischung oder um einen Mischmasch aus allen erdenklichen Schliffarten und -formen. Diese Dinge wird man am Markt besonders schwer los, kleine Steinchen, die früher zur Bestückung der Bohrkronen von Ölbohrtürmen verwendet wurden – jedenfalls bis die pfiffigen indischen Diamantenhändler eine Möglichkeit fanden, sie preiswert zu schleifen. Und so wandern sie heutzutage in das berühmte »1-Carat-Herz«.

Für Diamantenhändler und Schmuckfirmen, die große Mengen von Mischmasch-Steinen am Hals haben, ist diese Kreation ein Geschenk des Himmels; und wir bei Andin haben diesem Konzept zu seiner höchsten Ausdrucksform verholfen. Das Ganze läuft folgendermaßen: Als Erstes werfen Sie sämtliche Steine (und wir reden hier über *Millionen* von Diamantsplittern) in die Diamantensiebe, schlagen den lieben langen Tag mit kleinen Metallstäben gegen die winzigen Eisenzylinder und treiben die Diamanten durch eine Reihe kleiner Löcher, mit deren Hilfe – letzten

Endes – all die mikroskopisch kleinen Brillanten von gleicher Größe jeweils auf ein und denselben kleinen Haufen geleitet werden. Dann leisten Sie einige Feinarbeit mit superempfindlichen Diamantwaagen, um das Durchschnittsgewicht des einzelnen Steins in jedem Haufen zu ermitteln (denken Sie daran, hier geht es um ein Gewicht von zirka einem Millionstel Pfund pro Stein).

Auf diese Weise werden fünf verschiedene Häufchen mit Steinen, die lediglich mikroskopische Größenunterschiede aufweisen, zurechtsortiert. Dann nehmen Sie noch unfertige Goldanhänger hinzu, die ringsum mit 50 winzigen Einsenkungen versehen sind; daraus wird am Ende ein ungefähr in Herzform angeordnetes Sortiment von Diamantsplittern, eingefasst in Gelbgold, das den spülwasserbraunen Farbton der Steine etwas weniger ins Auge fallen lässt. Und Sie sitzen mit einem Rechner da, um zu ermitteln, welche Kombination von 50 Steinen aus den fünf Häufchen perfekt ein Gesamtgewicht von 99,5 Prozent eines Carats ergibt – oder was auch immer gerade das gesetzlich vorgegebene Minimalgewicht für ein Carat ist. Als Resultat entsteht dann im Laufe des Tages eine exquisite, funkelnde Diamantenkreation, die Sie aufgrund der hohen Präzision bei der Kontrolle der Bestandteile – dem Gold und den Diamanten – zu einem sehr guten Preis anbieten können.

Und das Fazit: Wenn das Stück in den Läden groß ankommt, haben Sie soeben aus dem 10 000-Carat-Fehler eine 10 000-Carat-Erfolgsgeschichte gemacht. Sicherlich ist Ihnen klar, wie die ganze Geschichte daraufhin weitergeht: Der Chef fordert Sie auf, sich auf die Socken zu machen und weitere 10 000 Carat von dem gleichen Zeug zu beschaffen, und womöglich wird Ihnen das kein zweites Mal gelingen.

Doch der Zweck der Übung liegt auf der Hand: Jedes existierende Objekt auf der Welt ist leer. Mit anderen Worten ist kein Objekt auf der Welt von sich aus gut oder schlecht. Des einen Freud, des anderen Leid. Gut oder schlecht *wird* ein Objekt aufgrund Ihrer Wahrnehmung, und die Beschaffenheit Ihrer Wahrnehmungen unterliegt exakt der Vorgabe durch die guten oder schlechten Prägungen, die Sie in der Vergangenheit in Ihrem Geist hinterlassen haben. Probleme sind nicht von sich aus Probleme, vielmehr lässt etwas in Ihrem Geist Sie das Problem als Problem ansehen. *Jedes Problem* kann in eine Chance umgewandelt werden, da kein Problem in und aus sich selbst ein Problem ist.

Probieren Sie diese Übung aus. Beim nächsten Mal, wenn ein geschäftliches Problem auftaucht, beim nächsten Mal, wenn Ihnen ein Konkurrent ein Problem bereitet, tun Sie so, als bestünde das Konkurrenzunternehmen komplett aus guten Feen, die in die Zukunft blicken können, die *Ihr* Unternehmen lieben und versuchen, Ihnen zum großen Erfolg zu verhelfen. Diese Feen erkennen, dass sie Ihnen einen Schubs in eine andere als die von Ihnen eingeschlagene Richtung geben müssen. Um Sie in diese Richtung zu bugsieren, müssen die Feen Sie davon abhalten, weiter in die alte Richtung zu marschieren. Öffnen Sie sich, statt sich Sorgen zu machen oder sich darüber aufzuregen, dass Ihre Erwartungen nicht in Erfüllung gehen, voll und ganz der neuen Richtung – versuchen Sie herauszufinden, welchen neuen Weg Sie einschlagen wollen, statt sehnsuchtsvoll auf den altvertrauten Pfad zurückzublicken.

Ist diese Betrachtungsweise der Situation realistisch? Vielleicht ist sie es, vielleicht auch nicht. Das spielt aber keine große Rolle. In beiden Fällen ist das Ergebnis schließlich und endlich dasselbe. Wenn Sie in Aufregung und Besorgnis verfallen, gelangen dadurch negative Prägungen in Ihren Geist; und weil die Aufgeregtheit in Ihrem Geist so viel Raum in Anspruch nimmt, bleibt weniger Raum für kreative Lösungen. Dies kann die Dinge nur verschlimmern. Konzentrieren Sie sich hingegen darauf, die Chancen zu entdecken, die Ihr Problem in sich birgt, so belebt das Ihren Geist, und es werden lediglich positive Prägungen angelegt – Prägungen, die bewirken, dass Sie in Zukunft Erfolg haben werden. Ganz sicher macht es also Sinn, vorwärts zu gehen und die Dinge aus dieser Warte zu betrachten.

Am Anfang dieses Kapitels haben wir die beiden Ebenen angesprochen, auf denen man Probleme in Chancen verwandeln kann: die unmittelbare und die letztendliche. Die letztendliche Chance, die Sie *jedem* Problem abgewinnen können, ist vor allem die Einsicht in das verborgene Potenzial aller Dinge – ihre Leerheit. Auf welche Weise gelangen wir zu dieser Einsicht?

Die Leerheit der Probleme

Probleme sind an sich die größte Chance, die wir überhaupt haben können. Falls die Dinge die ganze Zeit zu unserer Zufriedenheit laufen, so ist das der von alters her überlieferten Weisheit Tibets zufolge das Schlimmste, was uns passieren kann. Einfach deshalb, weil wir uns, solange alles gut läuft, niemals fragen, warum überhaupt die Dinge, die uns widerfahren, geschehen. Wenn den Menschen etwas Gutes widerfahren ist, erlebt man nie, dass sie sich die Haare raufen und ausrufen: »Warum ist das ausgerechnet mir passiert?« Wir brauchen Probleme, um uns Gedanken darüber zu machen, auf was die Dinge tatsächlich zurückzuführen sind.

Nichts ist betrüblicher, nichts ein größeres Problem – das sich unweigerlich bald manifestieren wird – als ein selbstzufrieden gewordenes Unternehmen oder eine selbstzufrieden gewordene Führungskraft, die zu lange und zu stetig Erfolg hatten. Die Dinge sind ständig in Wandel begriffen, und Selbstzufriedenheit ist nicht der Ort, von dem aus Menschen sich auf den Weg begeben, in einem tiefschürfenden und schwierigen Prozess herauszufinden, warum die Dinge wirklich geschehen. Die Aussage, das faktische Vorhandensein von Problemen als solches sei unsere größte Chance, ist also nicht einfach nur Ausdruck einer edlen Gesinnung. Kummer und Leid geben uns den Anstoß herauszufinden, was wirklich den Lauf der uns umgebenden Welt lenkt, und wenn uns diese Erfahrung zur Entdeckung des verborgenen Potenzials und der Prägungen hinführt, hätte uns niemals etwas Besseres widerfahren können.

Das dritte Ziel:
Im Rückblick sagen können, dass es der Mühe wert gewesen ist

Shirley

Unser Weg durch das Weisheitswissen des »Sutra vom Diamantschneider« hat uns bis jetzt durch zwei große Gebiete geführt. Eins davon ist die Welt des verborgenen Potenzials und der Geistesprägungen – das Webmuster der uns umgebenden Wirklichkeit. Diese kann man sich gleichsam als eine leere Projektionsfläche vorstellen, auf die wir aufgrund unserer Wahrnehmungen Bilder von geschäftlichem oder persönlichem Erfolg oder Misserfolg projizieren. Und diese Bilder oder Projektionen sind vollkommen davon abhängig, wie wir uns in der Vergangenheit anderen gegenüber verhalten haben. Kurzum: Wir haben herausgefunden, wo das Geld tatsächlich herkommt; zudem wurde uns eine wahrhaft narrensichere Methode zur Verfügung gestellt, mit deren Hilfe wir es vermehren können.

Geld als solches ist völlig bedeutungslos, falls wir uns nicht an dem Nutzen erfreuen können, den es bringt; und darum haben wir auch gelernt, wie wir im Büro und außerhalb des Büros Körper und Geist gesund erhalten und geistige Klarheit wahren können – wie wir Jahr für Jahr mit jugendlicher Energie und Kreativität unsere Karriere fortführen können. Dessen ungeachtet müssen wir hier zum Schluss aber auch über das Unausweichliche sprechen. Das heißt: So gut es Ihnen auch gelingen mag, viel Geld zu verdienen und obendrein die nötige Reinheit des Herzens zu wahren, um an dem Geld wirkliche Freude haben zu können, stehen Sie dennoch eines Tages unweigerlich am Endpunkt Ihres beruflichen Schaffens – und auch am Endpunkt Ihres Lebens.

Aus dem Blickwinkel der buddhistischen Tradition ist ein Geschäftsmann oder eine Geschäftsfrau eigentlich nicht deshalb erfolgreich, weil er oder sie eine Menge Geld verdient hat; und ebenso wenig, weil der oder die Betreffende eine Menge Geld verdient hat und sich außerdem von ganzem Herzen daran zu erfreuen weiß. Nicht weniger wichtig als der Anfang und die Mitte ist das Ende: Wenn Sie an das Ende gelangen, das unausweichliche Ende, müssen Sie im Rückblick auf Ihr Berufsleben aufrichtig sagen können, dass es der Mühen wert gewesen ist – dass all diese Stunden und Jahre intensiver Anstrengung eine wirkliche Bedeutung hatten.

Kapitel 13

Zuverlässig entscheiden, ob Ihr Berufsleben für die Welt von wirklicher Bedeutung und von wirklichem Nutzen war, können Sie überhaupt erst, wenn Sie Ihr Leben und Ihren beruflichen Werdegang aus dem Blickwinkel des unausweichlichen Endes betrachten. Sie dürfen nicht einfach hingehen und beschließen, Ihr Leben als sinnvoll zu betrachten, solange es Ihnen nicht gelingt, sich selbst in der letzten Stunde Ihres Lebens zu sehen – solange es Ihnen nicht gelingt, in jene Stiefel zu steigen, mit deren Hilfe Sie den Schritt in die Zukunft vollziehen und sich in der Rückschau auf das üben können, was Sie aus Ihrem Leben gemacht haben. Und deshalb handelt dieses Kapitel von Shirley.

Um zu Shirley zu kommen, müssen wir zunächst zum »Sutra vom Diamantschneider« zurückkehren. Die wahrscheinlich bekanntesten Zeilen aus diesem altehrwürdigen Buch stehen ganz am Ende. Sie werden auch die »Verszeilen über die Vergänglichkeit« genannt und in der buddhistischen Welt als so bedeutsam angesehen, dass es zu den Pflichten eines tibetischen Mönchs gehört, sie zu jedem Vollmond und zu jedem Neumond zu rezitieren. Sie haben folgenden Wortlaut:

Erkenne: Alles durch
Ursachen Entstandene
gleicht einem Stern,
einer Augentrübung,
einer Lampe, einer Illusion,
dem Tau, einer Luftblase,
einem Traum, einem Blitz
oder einer Wolke.

Tschönyi Lamas Erläuterungen dieser Zeilen können Sie nachfolgend lesen, wobei die Worte des Originaltextes wieder durch Fettdruck hervorgehoben sind. Wie Sie feststellen werden, betrachtet er diese Verszeilen nicht nur als eine Unterweisung über die Vergänglichkeit, sondern er sieht auch einen engen Zusammenhang zu dem verborgenen Potenzial, das den Dingen innewohnt, ihrer Leerheit.

Dann folgt eine abschließende Zusammenfassung, die deutlich macht, dass **alles durch Ursachen Entstandene** leer von jeglicher Eigennatur und vergänglich ist. All dies enthalten die Zeilen über den »**Stern**, eine **Augentrübung**, eine **Lampe**« und so weiter. Wir könnten die fünf Bestandteile einer Person als Beispiel nehmen – den physischen Leib und so weiter – oder ein entsprechendes anderes Objekt. All dies kann in den folgenden Metaphern beschrieben werden.

Sterne kommen bei Nacht zum Vorschein. Tagsüber sind sie hingegen nicht mehr zu sehen. Mit den Bestandteilen einer Person und anderen Dingen, die aufgrund von Ursachen entstehen, verhält es sich ebenso. Wenn der Geist eines Menschen von der Finsternis der Unwissenheit erfüllt ist, dann scheinen für diesen Menschen die Sterne oder diese Bestandteile in einem letztendlichen Sinn zu existieren. Insofern sollten wir diese Dinge **als sternengleich** ansehen. Angenommen, eure **Augen** litten unter einer **Trübung**, in ihnen befände sich etwas, das ihre Funktion beeinträchtigt – Staubkörnchen oder dergleichen. Wenn ihr dann einen Gegenstand zu erblicken versucht, bekommt ihr diesen nicht seiner tatsächlichen Beschaffenheit entsprechend zu sehen, sondern ihr seht ihn auf eine andere Weise. Ebenso verhält es sich mit dem geistigen Auge, wenn der Blick durch das Problem der Unwissenheit getrübt ist. Die aufgrund von Ursachen entstandenen Dinge erscheinen diesem Geist dann nicht als das, was sie tatsächlich sind, sondern als etwas anderes. Die von einem dünnen Docht aus Pflanzenfaser aufrechterhaltene Flamme einer Butter**lampe** leuchtet und verlischt dann schnell. Aufgrund von Ursachen entstandene Dinge, die jeweils durch ihre verschiedenen Ursachen und Bedingungen aufrechterhalten werden, durchlaufen ebenfalls einen kontinuierlichen Prozess des Entstehens und raschen Vergehens.

Eine Illusion ist etwas, das nach etwas anderem als dem tatsächlich Vorhandenen aussieht. Aufgrund von Ursachen entstandene Dinge scheinen für einen in Täuschung befangenen Geisteszustand ebenfalls in und aus sich selbst zu existieren.

Kapitel 13

Tau verschwindet schnell. Mit Dingen, die Ursachen haben, verhält es sich genauso – sie vergehen prompt, ohne auch nur bis in den zweiten Moment ihres Daseins hinein anzudauern.
Luftblasen steigen zufällig auf, weil etwas Wasser aufgewirbelt wird oder dergleichen, und dann zerplatzen sie und verschwinden ebenso unvermittelt wieder. Das ist der gleiche Ablauf wie bei verursachten Dingen: Wenn die verschiedenen Bedingungen ausnahmslos zusammenkommen, tauchen sie plötzlich auf, und später vergehen sie genauso plötzlich wieder.
Träume sind ein Beispiel für eine vom Schlaf hervorgerufene Fehlwahrnehmung. Durch Ursachen herbeigeführte Dinge werden ebenfalls falsch wahrgenommen – für den durch Unwissenheit [in Bezug auf das verborgene Potenzial] beeinträchtigten Geist scheinen sie wirklich zu existieren.
Ein **Blitz** leuchtet kurz auf und verlischt rasch wieder. Auch verursachte Dinge entstehen und vergehen schnell, und sie hängen dabei von den Bedingungen ab, die zusammenkommen, um sie entstehen zu lassen.
Wolken sammeln sich am Himmel an und verschwinden wieder. Mit den durch Ursachen hervorgebrachten Dingen verhält es sich ebenso. Abhängig vom Einfluss der Prägungen, die entweder für verschiedene Mitglieder einer Gruppe gleich sind oder nicht, entstehen und vergehen sie.
Jede der obigen Metaphern soll ferner zum Ausdruck bringen, dass keinem aufgrund von Ursachen entstandenen Objekt ein Dasein aus sich selbst zukommt.
Die hier gegebene Erläuterung gilt für die Gruppe der aufgrund von Ursachen entstandenen Dinge insgesamt. Meister Nagarjuna bezieht sich in einem eingeschränkteren Sinn auf dieses Sutra:

Dein physischer Körper ist wie eine Luftblase,
die Form annimmt,
und Gefühle gleichen dem Schaum auf einer Welle;
Unterscheidung ist lediglich ein Trugbild,

und die übrigen Faktoren sind wie leeres Rohr;
Gewahrsein ähnelt einer Illusion –
so hat der Verwandte der Sonne gesprochen.

Meister Kamalashila bezieht die letzten drei Metaphern auf die drei Zeiten [Vergangenheit, Gegenwart und Zukunft]; diese Auslegung weicht von der hier gegebenen Erläuterung ein wenig ab, beide stehen jedoch keineswegs in Widerspruch zueinander.
Um es in wenigen Worten zusammenzufassen: »Wir sollten erkennen«, so erklärt uns der Erhabene, der Buddha, »dass jegliches aufgrund von Ursachen entstandene Ding leer von jeder Eigennatur, vielmehr ganz und gar so beschaffen ist wie die neun eben aufgeführten Beispiele.« Ferner sollten wir diesen Zeilen den Hinweis darauf entnehmen, dass weder den Menschen noch den Dingen eine unabhängige Eigenexistenz innewohnt.

Die gerade in Tschönyi Lamas Erläuterungen aufgeführte Strophe bezieht sich vor allem auf die Vergänglichkeit der Person – auf die Tatsache, dass wir als Individuen unweigerlich das Ende unserer beruflichen Laufbahn und das Ende unseres Lebens erreichen werden. Auf einer viel profunderen Ebene (auf die wir hier an dieser Stelle allerdings nicht weiter eingehen wollen) lässt sich dies auch von den Prägungen und den verborgenen Potenzialen her erklären. Mit anderen Worten, in unserem Geist sind Prägungen vorhanden, die unsere Wahrnehmungen der uns umgebenden Welt und sogar unsere Wahrnehmungen des eigenen Körpers und Geistes hervorrufen. Mit diesen Prägungen verhält es sich wie mit jeder anderen Form von Energie – wie mit allem anderen, das zu irgendeinem Zeitpunkt durch die Umstände oder Bedingungen in Bewegung gesetzt wird.
Im Klartext: Die Tatsache, dass die Dinge in Bewegung gesetzt werden, die Tatsache, dass gewisse Dinge wie zum Beispiel Prägungen die Erscheinung anderer Dinge steuern – etwa die Erscheinung der uns umgebenden Welt, aber auch die des eigenen Körpers und des eigenen Geistes –, bedeutet notwendigerweise, dass diese Dinge an irgendeinem Punkt aufhören müssen, schlicht und einfach weil sie einst angefangen haben. Damit

Kapitel 13

etwas ein Ende erreicht, ist dem Buddhismus zufolge allein erforderlich, dass es einen Anfang hat. In dem Moment, da Sie den Baseball mit einem Schlagholz treffen, haben Sie auch schon sichergestellt, dass der Ball, irgendwo, irgendwie, ausrollen und liegen bleiben wird. Ihre Berufslaufbahn wird an ein Ende gelangen, weil Sie Ihre erste Stelle angetreten haben. Ihr Leben wird enden, weil Sie geboren wurden. Eines weiteren Grundes bedarf es nicht. Der Versuch sicherzustellen, dass Ihr Privatleben und Ihr Geschäftsleben am Ende eine Bedeutung haben, setzt die unbedingte innere Gewissheit voraus, dass sie eines Tages enden werden.

An dem Tag, als ich zu Andin kam, um meine erste Stelle anzutreten, lief ich Shirley über den Weg – wozu nicht viel gehörte, denn zu jener Zeit war sie die einzige andere Angestellte. Ich hatte gerade unter Anleitung meines Lamas intensiv und mit einsgerichtetem Geist acht Jahre in einem kleinen Kloster mit Studien und mit Meditation verbracht. Allmorgendlich wurde mir, wenn ich fast zwei Stunden mit dem Bus nach Manhattan unterwegs war, von dem New Yorker Lärm und Gestank buchstäblich übel. Zu sehen, wie Shirley den Tag bewältigte, wog dann jedoch alles wieder auf.

Sie war eine energische, stolze Jamaikanerin mit wallendem schwarzen Haar und einem Lachen so groß wie der Mond. Ich war in Arizona aufgewachsen, niemals jemandem aus Jamaika begegnet und ganz entzückt, wenn ich diesen leibhaftigen Sonnenschein über die Flure hin- und hergehen sah und ein hübsches Lied in einem zauberhaften britisch beeinflussten Tonfall singen hörte. Shirley und ihr Ehemann Ted waren für mich schon bald wie die eigene Familie. Wir fieberten mit Ofer und Aya, den Inhabern, als es mit Andin rasant bergauf ging und sich der Umsatz beinahe jährlich verdoppelte oder verdreifachte, bis er sein gegenwärtiges Volumen von mehr als 100 Millionen Dollar pro Jahr erreichte. Im Laufe der Zeit übernahm Shirley genau wie ich die Leitung einer großen Abteilung im Unternehmen: sie die Vertriebs- und ich die Diamantenabteilung.

Shirleys unerschütterlich gute Laune und ihre liebevolle Art, die auf jeden ausstrahlte, der mit ihr zu tun hatte, waren sagenhaft. Selbst wenn wir bis ein oder zwei Uhr nachts arbeiteten, war sie am Ende des Tages noch genauso fröhlich wie am Anfang. Immer hatte sie ein Lied auf den

Lippen, auch unter dem Druck, den die Leitung einer Abteilung mit sich brachte, in der nahezu einhundert Angestellte tätig waren und täglich rund 10 000 Stücke hochwertigen Schmucks verpackten und verschickten, oft mit im Grunde unmöglich zu bewältigenden Terminvorgaben. Sie kam als Erste, ging als Letzte und setzte sich unwahrscheinlich für ihre Leute ein; diesem und anderen persönlichen Zügen verdankte Sie die unbedingte Loyalität ihrer Mitarbeiter und Mitarbeiterinnen sowie ihre enorme Beliebtheit. Die innere Kraft, die ihre Augen ausstrahlten und ihr mit voller Überzeugung gelebter christlicher Glaube machte sie für uns alle zu einem unerschütterlichen Fels in der Brandung.

Ich erinnere mich daran, wie das erste Problem auftrat. Mit Shirley stimme etwas nicht, sie sei im Krankenhaus und man fragte uns, ob wir sie dort besuchen wollten. Das war eine jener zutiefst erschütternden Erfahrungen, die man durchlebt, wenn jemand, den man für unbezwinglich gehalten hatte, sich als überaus anfällig erweist. Etwas Ähnliches empfand ich seinerzeit, als im Brustgewebe meiner Mutter ein großer Knoten diagnostiziert wurde, oder damals, als mein Vater bei der Jagd in Ohnmacht fiel, von einem Berg herabzustürzen drohte und ich, als halbwüchsiger Junge, zu verhindern versuchte, dass sein mächtiger Körper einen Felsvorsprung hinabrollte. Shirley war, so stellte sich heraus, an einer schweren Diabetes erkrankt. Doch alles käme wieder weitgehend in Ordnung, sofern sie die Dinge ein bisschen langsamer angehen, gut und regelmäßig essen sowie zu den entsprechenden Tageszeiten ein paar Pillen schlucken würde.

Sie sollten sich darüber im Klaren sein, dass unser Unternehmen dem Markt gewaltig eingeheizt hatte. Wir schienen unbezwingbar, machten eine ganze Welt, die nicht zu wissen schien, wie man irgendetwas richtig anpackt, zu unserem Betätigungsfeld. Shirley und ich kamen an einen Punkt, an dem wir fortwährend Hunderttausende, ja bisweilen sogar Millionen Dollars hin- und herbewegten. Unsere Gehälter stiegen beinahe ebenso dramatisch, wie unsere Arbeit und unsere Belegschaft zunahmen – wir wurden zu kleinen Göttern in kleinen Büro-Königreichen, die beim Mittagessen über die Zukunft einer Person oder eines ganzen Raumes voller Menschen sprachen, als handele es sich um Puppen oder

Spielzeugsoldaten, die uns gehörten und die wir aus einer Laune heraus hierhin oder dorthin bewegen könnten. Andin war eine alles verzehrende Leidenschaft und Geliebte. Das Unternehmen verlangte uns Unmögliches ab, trieb uns zu Leistungen, die weit über unsere Fähigkeiten hinauszugehen schienen, und entlohnte uns mit Gehältern, von denen wir im Traum nicht angenommen hätten, dass wir sie je im Leben verdienen würden. Und Shirley fing an, abends immer länger und länger in der Firma zu bleiben, wie in einer Art Trancezustand, in dem wir alle uns bis zu einem gewissen Grad befanden.

Nichts war so wichtig wie die Arbeit. Shirley ließ erst hier und da eine Mahlzeit ausfallen, und schließlich immer häufiger. Mal dachte sie daran, ihre Medikamente zu nehmen, mal auch wieder nicht; doch die gigantische Auslieferung an J. C. Penney brachte sie auf den Weg, ohne sich auch nur eine einzige freie Minute zu gönnen. Das Stundenpensum und die Überbeanspruchung ihres Körpers begannen ihren unvermeidlichen Tribut zu fordern. Shirley war allerdings nicht bereit, kürzer zu treten. Ich glaube, eine der wichtigsten Einsichten über das Arbeitsleben, die ich jemals gewonnen habe, wurde mir etwa zu jener Zeit zuteil: Wirklich gute Angestellte schinden sich unter Umständen so lange, bis sie Schaden nehmen; und zu wissen, wann man darauf dringen muss, dass sie einen Gang herunterschalten, selbst wenn die laufenden Geschäfte darunter leiden, erfordert auf Seiten des Managements große Klugheit und Selbstbeherrschung.

Es kam eine Zeit, in der Shirleys Gesundheitszustand es nicht mehr zuließ, dass sie eine Abteilung mit so vielen Leuten leiten konnte. Aus lauter freundschaftlicher Zuneigung schufen die Inhaber daraufhin eine Position – eine eigene Kundendienstabteilung –, in der sie mit gemächlicherem Tempo weiter arbeiten konnte. Dann hörte sie bei uns auf und zog nach New Hampshire, um sich eine Ruhepause zu gönnen und mit einer kostspieligen Dialyse-Behandlung zu beginnen.

Andin blieb weiterhin auf Expansionskurs; daher war es schwierig, den Kontakt mit Shirley aufrechtzuerhalten; mein Arbeitstag ging im 1000-Stundenkilometer-Tempo voran, manchmal mit drei oder vier Telefonaten gleichzeitig, und Edelsteine durchliefen in Windeseile unsere

Abteilung, nicht in kleinen Versandtaschen, sondern mülltüten- und eimerweise – nicht zu Hunderten, sondern gleich zu Tausenden und Zehntausenden. Shirleys Zeit jedoch neigte sich dem Ende entgegen.

Beim letzten Mal, als ich sie sprach, rief ich gerade in dem Moment bei ihr an, als sie aus dem Krankenhaus zurückgekehrt war – nach der Amputation beider Beine. Wie immer war sie unglaublich guter Dinge und fürsorglich, redete mehr von mir als von sich. Doch dann sprach sie zum ersten Mal die Frage aus, was wohl aus ihr werden würde. Wenig später war sie tot.

Angesichts der Nachricht von ihrem Tod – in der Gewissheit, dass die Frau, der wir viele Jahre so nahe gestanden hatten und mit der wir meist von früh bis spät alle erdenklichen Freuden und Leiden geteilt hatten, nicht mehr da war und nie wieder würde bei uns sein können – blickten wir zum ersten Mal auf unser Leben in der Firma zurück, mit den Augen eines Menschen, der unwiderruflich an einem Wendepunkt angelangt ist. Unweigerlich begannen wir uns zum ersten Mal zu fragen, ob all diese Dinge tatsächlich der Mühe wert seien. Die Arbeit bei Andin hat Spaß gemacht; mehr als dass, sie hat uns vollkommen in Anspruch genommen. Doch im Angesicht des Todes, mit dem wir durch Shirleys unwiderrufliche Nimmerwiederkehr konfrontiert waren, verblasste die Illusion von Großartigkeit und Bedeutsamkeit augenblicklich.

Nie mehr würde es die gleiche fröhliche Jagd nach Geld sein. Unversehens war Ernst geworden aus dem Spaß. Die Dinge hatten jetzt etwas Endgültiges. Wir verbrachten hier unser wirkliches Leben, das uns am Ende durch die Finger geronnen sein würde. Ungeachtet der immer einflussreicheren Marktposition unserer Firma und ungeachtet des Geldes und der Macht, die wir im Verlauf der unaufhörlichen Unternehmensexpansion in unserer jeweiligen Position angesammelt hatten, konnte niemand länger die Tatsache ignorieren, dass bereits ein paar Tage nach Eintritt in den Ruhestand dies alles kaum mehr als ein Traum sein würde, an den man sich nur noch mit Mühe erinnern kann. Unweigerlich standen wir vor der Frage, warum wir überhaupt an diesem Platz waren.

So sollten wir der buddhistischen Auffassung gemäß jeden Morgen mit der Frage ins Büro gehen: »Falls ich heute Abend sterben würde,

würde ich meinen letzten Tag dann auf diese Weise zubringen?« Hierbei handelt es sich keineswegs um eine Methode, sich in Abgründe von Depression zu stürzen, oder um eine gewisse Art morbiden Denkens. Vielmehr ist das etwas sehr Praktisches; es macht Sie frei und sorgt dafür, dass Sie bemerkenswerte Arbeit leisten, eine Arbeit, auf die Sie wirklich stolz sein können, wenn Sie schließlich das unausweichliche Ende Ihrer beruflichen Laufbahn erreichen und zurückblicken. Im Folgenden erfahren Sie, wie man dabei vorgeht.

In tibetischen Klöstern wird eine als »Todesmeditation« bezeichnete Praxis durchgeführt. Wenn Sie diesen Ausdruck hören, haben Sie vermutlich die Vorstellung vor Augen, dass Sie im Krankenhaus liegen, ein paar Schläuche in der Nase haben, Verwandte weinend an Ihrer Seite sitzen und Monitore zur Kontrolle Ihrer Herzfunktionen einen piependen Signalton von sich geben. Doch darum geht es hier ganz und gar nicht. Einfach ausgedrückt bleiben Sie lediglich morgens nach dem Aufwachen zunächst im Bett liegen, ohne die Augen zu öffnen. Dann sagen Sie sich: »Ich werde heute Abend sterben. Wie könnte ich die mir verbleibende Zeit am besten nutzen?«

Ein paar Dinge werden Ihnen sogleich durch den Kopf gehen. Es wäre so, als hätten Sie überraschend einen Tag frei, und da Sie ja heute Abend sterben werden, probieren Sie vielleicht mal etwas aus, das Sie eigentlich schon immer machen wollten, das aber ein wenig verrückt ist, ja womöglich sogar ein bisschen gefährlich – aber was spielt das schon für eine Rolle, wenn Sie ohnehin heute Abend sterben? Ich nehme also an, dass Sie vielleicht den Drang verspüren, sich an diesem Tag als Fallschirmspringer beziehungsweise Fallschirmspringerin zu versuchen oder vielleicht in einer Karaoke-Bar zu singen oder sich die teuersten Eintrittskarten für eine Broadway-Aufführung zu gönnen (vorausgesetzt, es gibt eine Nachmittagsvorstellung).

Die Praxis der Todesmeditation muss über einen längeren Zeitraum hinweg regelmäßig durchgeführt werden – erst dann erzielt sie einen wirklich nachhaltigen Effekt. Wie Sie bemerken werden, stellt sich allerdings ein Resultat ziemlich zügig ein: Sie werden Ihr Leben rationalisieren, vereinfachen, Abstriche machen bei den hinderlichen, Ihre Aktivitäten verlangsamenden Dingen, die Sie besitzen oder zu tun gewohnt sind. Das ist der Anfang einer neuen Art von Freiheit, körperlich und geistig. Wie viele Paar Schuhe nennen Sie Ihr Eigen? Und wo stecken die alten Urlaubsbilder, denen Sie keinen Blick mehr gönnen? Wenn Sie diese Fragen hören, beginnen Sie sich all die verschiedenen Schuhe vorzustellen, die Sie besitzen. Ihr Geist geht zum Schuhschrank und schaut zumindest nach jenen Schuhen, die Sie am häufigsten tragen. Und anschließend begibt sich Ihr Geist zu einem Schrank oder einer Anrichte irgendwo in Ihrer Wohnung, sieht einige Stapel Umschläge mit Fotos, wirft einen Blick in einen oder zwei der Umschläge und verschafft sich in etwa einen Überblick darüber, welche Motive die Fotos zeigen.

All dies belegt: Auf irgendeiner Ebene führen Sie eine geistige Inventarliste all der Dinge, die Sie besitzen. Das bedeutet aber zugleich, dass ein Teil Ihres geistigen Raumes von diesen Details in Beschlag genommen wird; denken Sie daran, dass der Geist wie die Festplatte eines Computers ist – Raum beziehungsweise Speicherkapazität also nur in begrenztem Umfang zur Verfügung steht. Sie wissen, welche Reaktionen Computer zeigen, wenn ihre Festplatte fast voll ist: Programme machen schlapp, alles läuft langsamer, Systeme stürzen ab. Und Sie wissen, wie viel Spaß es macht, an einem neuen Computer zu arbeiten, der viel Platz auf der Festplatte hat – in null Komma nichts ist alles erledigt. Durch die Todesmeditation sollen wir von dem einen zu dem anderen Zustand gelangen. Auf eine schnelle, aber unangenehme Art und Weise können Sie dies erreichen, indem Sie damit anfangen, jene Dinge bei sich zu Hause, die Sie nicht benötigen oder nicht benutzen, wegzugeben. Das können bis zu rund 75 Prozent der vorhandenen Sachen sein. Eine gute Faustregel ist: »Hatte ich dieses Ding innerhalb der letzten rund sechs Monaten tatsächlich in Gebrauch?« Wenn nicht, tun Sie es weg.

Wenn Sie diese Meditation länger praktizieren, werden Sie sich daran begeben, mit Ihrem Tagesablauf das Gleiche anzustellen wie mit Ihren Sachen. Falls Sie wirklich heute Abend sterben müssten, würden Sie sich dann hinsetzen und die komplette Sonntagszeitung durchlesen oder die meisten Zeitschriften, die Sie abonniert haben? Würden Sie tatsächlich auf der verzweifelten Suche nach einer auch nur halbwegs interessanten

Sendung wahllos von einem Fernsehkanal zum anderen schalten? Würden Sie immer noch ausgehen und eine oder zwei Stunden beim Mittag- oder Abendessen mit Gerede über die anderen Manager verbringen? Auf dieser Grundlage sollten Sie den Entschluss fassen: *Wenn nicht an dem Tag, an dem ich sterbe, dann auch jetzt nicht.* Denn offen gestanden könnte ja durchaus der heutige Tag ihr letzter sein.

Irgendwann im Laufe dieses Prozesses werden Sie auch Ihren beruflichen Werdegang unter die Lupe nehmen. Ist das tatsächlich die Tätigkeit, der Sie nachgehen möchten, wenn Sie heute Abend sterben müssen? Gibt es etwas anderes, das Sie lieber tun würden, aber sich nie auszuprobieren trauten, weil Sie nicht recht wussten, ob Sie damit genügend Geld verdienen könnten, oder weil Sie Angst hatten, etwas vollkommen Neues zu versuchen, oder weil Sie ein bisschen zu bequem sind, sich beruflich komplett zu verändern? Das Leben ist wahrhaftig sehr kurz, und Sie können nur eine ganz begrenzte Anzahl von Jahren arbeiten – jene Jahre, in denen Sie über die meiste Energie, die robusteste Gesundheit und den größten Scharfsinn verfügen. Vielleicht würde es sich lohnen, ein bisschen weniger Geld zu verdienen, um ein Leben zu führen, in dem Sie Tag für Tag Dinge tun könnten, die Ihnen wirklich wichtig sind.

Auf der letzten Stufe der Todesmeditation fühlen Sie sich aufgrund dieser Denkweise intuitiv zu jenen Dingen im menschlichen Dasein hingezogen, die tatsächlich von größter Schönheit und Bedeutung sind. Durch den inneren Gedankenprozess und durch Meditation haben Sie Ihr Denken an einen Punkt gebracht, der höchst wahrscheinlich dem sehr nahe kommt, was Sie am Ende Ihrer beruflichen Laufbahn und am Ende Ihres Lebens denken werden. Im Laufe der Jahre haben Sie vermutlich schon einen ziemlichen Haufen Geld verdient. Die Befriedigung Ihrer persönlichen Grundbedürfnisse haben Sie sicherstellen können, ziemlich gut sogar, und Sie haben alles Nötige getan, damit auch für die Bedürfnisse Ihrer Familienangehörigen gesorgt ist. In beruflicher Hinsicht befinden Sie sich an einem Punkt, an dem zwar Ihre physische Energie und zu einem gewissen Grad auch Ihre Geisteskräfte wahrscheinlich schon ein wenig nachgelassen haben in Vergleich zu Ihren allerbesten Zeiten. Dafür verfügen Sie jedoch über einen Erfahrungsschatz, der Sie in die Lage versetzt, fast jede schwierige Aufgabe gut zu meistern.

An diesem Punkt der geistigen Entwicklung fühlen erfolgreiche Geschäftsleute in reiferen Jahren sich mehr und mehr zu philanthropischen Aktivitäten hingezogen. Nicht etwa, weil sie nichts anderes zu tun hätten; vielmehr haben diese Menschen sich im Laufe ihres gesamten Lebens eine Art von Weisheit zu Eigen gemacht, deren Augenmerk der einzigen höchst bedeutungsvollen Sache gilt, die sie mit ihrem angesammelten Geld, ihrer Macht und ihrer Erfahrung bewerkstelligen können. Solche Menschen sind an jenem Punkt angelangt, über den wir eben gesprochen haben. Sie blicken auf den eigenen Werdegang im Leben und im Beruf von dem Punkt aus zurück, an dem dieser Werdegang endet, und sind in den Prozess der Auseinandersetzung mit jener unausweichlichen Frage eingetreten: »War es der Mühe wert?«

Hier geht es darum, im Geist vorwegzunehmen, wo Sie in ein paar Jahren stehen werden, um jetzt Entscheidungen treffen zu können, die es Ihnen erlauben werden, mit uneingeschränkter Freude und Zufriedenheit zurückzublicken. Wenn Sie wissen, dass Sie dazu in der Lage sein werden, mit solcher Freude und Zufriedenheit zurückzublicken, macht dies nicht nur das Ziel, sondern auch den gesamten Weg dorthin, Ihre gesamte Karriere, viel vergnüglicher. Probieren Sie die Todesmeditation also jetzt aus; ich vermute, dass Sie letztlich zu jener Geisteshaltung gelangen werden, die wir im folgenden Kapitel beschreiben: Wir bezeichnen sie als das »Gleichsetzen und Austauschen von uns selbst und anderen«.

Diesen Prozess, in dem Sie in Ihrem Leben die Zukunft geistig vorwegnehmen, um auf Ihr Leben zurückblicken und mit Zufriedenheit erkennen zu können, dass Sie möglichst bedeutsame und sinnvolle Dinge unternommen haben, müssen Sie nicht nur in Hinblick auf Ihren beruflichen Werdegang durchlaufen, sondern auch in Hinblick auf das gesamte Unternehmen. Firmen unterscheiden sich darin nicht von Menschen: Sie werden geboren, sie leben ihr Leben, und schließlich geraten sie auf den absteigenden Ast und sterben. Das liegt in der Natur der Dinge. Sie müssen unter demselben Gesichtspunkt zu einer Beurteilung Ihres Unternehmens gelangen, unter dem Sie auch Ihr Leben beurteilen – also

Kapitel 13

den Moment, in dem es stirbt, geistig vorwegnehmen und von dort aus zurückblicken.
Und in der Tat, Unternehmen und ganze Branchen sterben. Ist sich ein Geschäftsmann oder eine Geschäftsfrau selbst zu einem Zeitpunkt, da sich unglaublicher Erfolg einstellt, über dieses Faktum wirklich im Klaren, so befindet sich der oder die Betreffende in einer wesentlich stärkeren Position – die ganze Zeit über. Der Buddha hat sich das Ende seines Unternehmens, des Buddhismus, klar und deutlich vor Augen geführt und bei vielen Gelegenheiten über dieses Ende gesprochen, um sich und seinen Schülern diese Klarheit zu bewahren. Das »Sutra vom Diamantschneider« enthält eine längere Passage aus einem dieser Gespräche. Der Wortwechsel beginnt mit einer Frage, die Subhuti, diese in eine gewöhnliche Mönchsrobe gekleidete Weisheitsgottheit, an den Buddha richtet:

O Siegreicher, was wird in Zukunft geschehen, in den Tagen der letzten Fünfhundert, wenn der heiligen Lehre des Buddha der endgültige Untergang bevorsteht? Wie könnte jemand in solchen Zeiten je die Bedeutung der Erläuterungen korrekt verstehen, die in altüberlieferten Schriften wie dieser gegeben werden?

Und der Siegreiche antwortete,

Subhuti, niemals solltest du die soeben gestellte Frage stellen: »Was wird in Zukunft geschehen, in den Tagen der letzten Fünfhundert, wenn der heiligen Lehre des Buddha der endgültige Untergang bevorsteht? Wie könnte jemand, der in jener Zeit lebt, jemals die genaue Bedeutung der Erläuterungen verstehen, die in altüberlieferten Schriften wie dieser gegeben werden?«

Tschönyi Lama kommentiert:

Hier geht es darum, ob es auch in Zukunft, überhaupt noch **jemanden** geben wird, der **altüberlieferten Schriften wie dieser** vertrauen beziehungsweise großes Interesse an ihnen haben wird – an Schriften, welche die Natur des Wirklichkeitskörpers und des physischen Körpers eines Buddha **erläutern.** Um diesen Punkt anzusprechen, stellt Subhuti die Frage, deren Anfang lautet: »**O Siegreicher, was wird in Zukunft geschehen, in den Tagen der letzten Fünfhundert, wenn der heiligen Lehre des Buddha der endgültige Untergang bevorsteht?**«

Der Siegreiche antwortet mit den Worten: »**Subhuti, niemals solltest du die soeben gestellte Frage stellen.**« Das soll besagen, dass Subhuti jener zweifelnden Haltung, die in der Frage zum Ausdruck kommt, ob wohl auch in Zukunft noch jemand von dieser Art da sein wird, niemals Raum geben sollte; und wenn Subhuti diesen Zweifel nie hätte, würde er auch niemals diese Frage stellen.

Und wieder sprach der Buddha:

Subhuti, in Zukunft, in den Tagen der letzten Fünfhundert, wenn der heiligen Lehre des Buddha der endgültige Untergang bevorsteht, werden mutige Heilige kommen, außerordentliche Wesen, die über eine ethische Gesinnung, über die edle Eigenschaft und über Weisheit verfügen.

Und diese mutigen Heiligen, außerordentliche Wesen, Subhuti, haben nicht etwa nur einem einzigen Buddha ihre Ehrerbietung erwiesen und bei einem einzigen Buddha riesige Ansammlungen von Verdienst geschaffen. Vielmehr haben, Subhuti, diese Wesen vielen Hunderttausenden Buddhas Ehrerbietung erwiesen und bei vielen Hunderttausenden Buddhas riesige Ansammlungen von Verdienst geschaffen. Von solcher Art sind die mutigen Heiligen, die außerordentlichen Wesen, die da kommen werden.

Der Kommentar von Tschönyi Lama:

Subhuti, heißt es im Text, **in Zukunft,** auch **wenn der heiligen Lehre des Buddha der endgültige Untergang bevorsteht, werden**

mutige Heilige kommen, außerordentliche Wesen. Sie werden **über** die außergewöhnliche Form der Schulung in **ethischer Gesinnung verfügen; sie werden über jene edle Eigenschaft verfügen,** die in der außergewöhnlichen Form der Schulung in geistiger Sammlung besteht; **und sie werden über** die außergewöhnliche Form der Schulung in **Weisheit verfügen.**
Und diese mutigen Heiligen, außerordentliche Wesen, haben nicht etwa nur einem einzigen Buddha ihre Ehrerbietung erwiesen und bei einem einzigen Buddha riesige Ansammlungen von Verdienst geschaffen. Vielmehr haben, Subhuti, **diese Wesen vielen Hunderttausenden Buddhas Ehrerbietung erwiesen und bei vielen Hunderttausenden Buddhas riesige Ansammlungen von Verdienst geschaffen.** Diese Tatsache, sagt der Siegreiche, kann ich jetzt in diesem Moment erkennen.

Meister Kamalashila erklärt den Ausdruck »Tage der letzten Fünfhundert« wie folgt:

»Fünfhundert« bezieht sich hier auf eine Gruppe von Fünfhunderten, es bezieht sich auf den allgemein bekannten Ausspruch, der besagt, dass »die Lehren des Siegreichen fünf Mal fünfhundert erhalten bleiben werden«.

So gesehen verweist »fünf Mal fünfhundert« auf die Zeitspanne, in der die Lehren auf der Welt verfügbar sein werden: 2500 Jahre. Zu der Frage, wie lange genau die Lehren auf dieser Welt erhalten bleiben werden, finden wir in den verschiedenen Büchern der Überlieferung und in den Kommentartexten eine Reihe unterschiedlicher Erklärungen. Diese besagen, dass die Lehren des Vortrefflichen [des Buddha] 1000 Jahre oder 2000 Jahre oder 2500 Jahre oder 5000 Jahre erhalten bleiben werden. Berücksichtigen wir allerdings die jeweilige Intention dieser Aussagen, so stehen sie nicht in Widerspruch zueinander.

Und zwar stehen sie deshalb nicht in Widerspruch zueinander, weil einige dieser Werke auf die Zeitspanne Bezug nehmen, in der die

Menschen weiterhin Ziele verwirklichen, weiterhin praktizieren. Andere beziehen sich auf die Zeitspanne, in deren Verlauf es noch schriftliche Aufzeichnungen dieser Lehren in unserer Welt geben wird. Wieder andere schließlich scheinen sich auf die Lehren im Land der Verwirklichten [Indien] zu beziehen. Es gibt zahlreiche Beispiele für die im Text erwähnte Art von mutigen Heiligen. Im Land der Verwirklichten hat es die »sechs Juwelen der Welt von Dzambu« gegeben und noch andere wie sie. In Tibet hat es hoch entwickelte Wesen wie zum Beispiel Sakya Pandita gegeben; oder Butön Rinpoche; oder die drei Erhabenen – den Vater, Je Tsongkapa, und seine beiden spirituellen Söhne.

Für uns im Westen ist es verwunderlich, einen Dialog zu lesen, in dem der Begründer einer der Weltreligionen zum Gründungszeitpunkt dieser Religionsgemeinschaft voraussagt, dass seine Religion mehr als 2000 Jahre später aus der Welt verschwinden wird. Für all unsere Institutionen – in der Wirtschaft, in der Politik, in der Familie und auf der individuellen Ebene – ist stets die Tendenz kennzeichnend, aus tiefster Überzeugung zu glauben, dass alles, was zu einem bestimmten Zeitpunkt gut dasteht oder sich gut entwickelt, dies auch weiterhin tun wird.

Der Buddhismus hingegen erklärt, dass sämtliche Dinge von unseren Prägungen gesteuert werden, und zwar über die Wahrnehmungen, zu denen uns diese Prägungen veranlassen. Und Prägungen sind wie Bäume: Ein Samen wird eingepflanzt, ein Sprössling sprießt hervor, der Baum wächst heran, erreicht den Höhepunkt seiner Entwicklung und wird unweigerlich absterben, wenn die Energie des Samens erschöpft ist. Da die uns umgebende Welt wie auch wir selbst Wahrnehmungen sind, die unter dem Einfluss der geistigen Samen gesteuert werden, und da diese geistigen Samen sich ganz genauso verhalten wie physische Samen, müssen also auch wir als Individuen, desgleichen unsere Welt unausweichlich zu Ende gehen.

Selbst wenn wir auf dem Höhepunkt unserer Karriere fest im Sattel sitzen, selbst wenn unser Unternehmen am Markt triumphale Erfolge feiert, sollte uns dies nach wie vor bewusst sein. Um mit einer möglichst klaren Perspektive durchs Leben zu gehen und auch aus solch einer Perspektive unser Unternehmen zu leiten, müssen wir im Geist weit in die Zukunft reisen: bis zu jenem Tag, an dem wir in den Ruhestand gehen, bis zum Tag unseres Todes und bis zum Todestag unseres Unternehmens, um all unsere Aktivitäten im Rückblick zu betrachten. War dies alles der Mühe wert? War es bedeutungsvoll? War es die beste Möglichkeit, unser kurzes, kostbares Menschenleben zu verbringen?

Im nächsten Kapitel werden wir uns Methoden ansehen, durch die wir sicherstellen können, dass wir am Ende zu dem Schluss kommen werden: Ja, es war der Mühe wert. Und seien Sie unbesorgt, Sie können das eine wie auch das andere haben – das Ziel ist 1) viel Geld zu verdienen; 2) körperlich und geistig bei bester Gesundheit zu bleiben, damit Sie von dem Geld auch wirklich etwas haben; und 3) das Geld so zu verwenden, dass Sie im Rückblick stolz darauf sein können. Die beste Art und Weise, das Geld zu verwenden, ist erfreulicherweise zugleich die beste Art und Weise, ein großes Unternehmen zu führen sowie Ihr Leben und Ihre sozialen Beziehungen zu gestalten.

Das ultimative Management-Werkzeug

Ich glaube, dass ausnahmslos jeder Mensch aus dem Bauch heraus ganz klar zu unterscheiden weiß zwischen dem, was bedeutungsvoll, und dem, was nicht von Bedeutung ist. Mag sein, dass wir gelegentlich durch Besitzgüter oder Beziehungen, die ganz und gar eigennützig sind, auf Abwege geraten. Es liegt jedoch in deren ureigenster Natur, dass wir sie schnell leid sind – kein denkender Mensch kommt umhin, ihre Bedeutungslosigkeit zu erkennen. In den Schriften der buddhistischen Überlieferung heißt es, dass jeder Mensch im Innersten den Drang verspürt, herauszufinden, was wirklich von Bedeutung ist, und dass wir erst glücklich sein können, wenn wir dies herausgefunden haben. Das »Sutra vom Diamantschneider« bringt klipp und klar zum Ausdruck, was letztlich von Bedeutung ist.

Beginnen wir mit dem Wurzeltext:

Subhuti, wer sich voll und ganz auf den Weg eines mutigen Heiligen begeben hat, der danach strebt, Erleuchtung zu verwirklichen, sollte folgendermaßen denken:

Ich werde sämtliche Lebewesen, wie viele es auch sein mögen, die zu einer der Kategorien von Lebewesen gehören, in den Bereich jenseits allen Leids bringen: die aus einem Ei Geborenen, die aus einem Mutterschoß Geborenen, die aufgrund von Wärme und Feuchtigkeit Geborenen, die auf übernatürliche Art und Weise Geborenen, diejenigen mit einer physischen Gestalt, diejenigen ohne physische Gestalt, diejenigen mit Vorstellungen, diejenigen ohne Vorstellungen und diejenigen, die weder Vorstellungen noch keine Vorstellungen haben. Wie viele Daseinsbereiche es auch immer geben mag und wie groß die Zahl derer auch sein mag, die als »Lebewesen« bezeichnet werden – sie alle werde ich ins Nirvana, den Bereich jenseits allen Leids bringen, wo von den Bestandteilen der Ich-Identifikation nichts übrig bleibt.

Doch auch wenn es mir gelingt, diese unermesslich große Zahl von Lebewesen in den Bereich vollkommen jenseits allen Leids zu bringen, wird es kein einziges Lebewesen geben, welches in den Bereich vollkommen jenseits allen Leids gebracht worden ist. —

Welche Geisteshaltung in dieser Passage zum Ausdruck kommt, ist klar; zahlreiche Ausdrücke, die hier Verwendung finden, sind es hingegen nicht. Lassen Sie uns zunächst Tschönyi Lamas Erläuterungen zu Rate ziehen und anschließend sehen, welche Bedeutung dies alles für die Leitung eines Unternehmens hat.

Im Wurzeltext heißt es: »**Subhuti, wer sich voll und ganz auf den Weg eines mutigen Heiligen begeben hat, der danach strebt, Erleuchtung zu verwirklichen, sollte folgendermaßen denken:**

Wie viele Daseinsbereiche es auch immer geben mag und wie groß die Zahl der Lebewesen sein mag, es handelt sich um unermesslich viele, man kann sie nicht zählen. Würde man diejenigen, die **zu einer der Kategorien von Lebewesen gehören,** anhand der Art ihrer Geburt klassifizieren, so gäbe es vier Klassen: **die aus einem Ei Geborenen, die aus einem Mutterschoß Geborenen, die aufgrund von Wärme und Feuchtigkeit Geborenen, die auf übernatürliche Art und Weise Geborenen.** Ferner gibt es diejenigen empfindenden Wesen, die im Begierdebereich und im Bereich der Form leben: **diejenigen mit einer physischen Gestalt.** Außerdem gibt es noch die Wesen im Bereich der Formlosigkeit: **diejenigen ohne physische Gestalt.** Es gibt **diejenigen mit Vorstellungen**, womit die Wesen gemeint sind, die auf sämtlichen Daseinsstufen leben, außer auf denjenigen, die »das große Resultat« und »der Gipfel des Daseins« genannt werden. Dort befinden sich **diejenigen ohne Vorstellungen**, was sich auf einen Teil jener Wesen bezieht, die auf der Daseinsebene des großen Resultats weilen. Hinzu kommen die Wesen, die auf der

Ebene des Daseinsgipfels geboren wurden: **diejenigen ohne** grobstoffliche **Vorstellungen;** diese Wesen sind jedoch nicht so beschaffen, dass sie zugleich **keine** feinstofflichen **Vorstellungen** hätten. Kurzum, das Entscheidende ist, dass ich von **sämtlichen** Lebewesen spreche: **wie groß die Zahl derer auch sein mag, die als »Lebewesen« bezeichnet werden – sie alle werde ich ins Nirvana, den Bereich jenseits allen Leids bringen, wo von den Bestandteilen der Ich-Identifikation nichts übrig bleibt,** wo man nicht mehr länger in einem der beiden Extreme verweilt – und wo von den beiden Arten von Hindernissen und den Leid erfahrenden Anhäufungen der **Bestandteile der Ich-Identifikation nichts übrig bleibt.**

Fassen wir zusammen: Diese mutigen Heiligen entwickeln den Wunsch, all diese unterschiedlichen Lebewesen in den Zustand jenes Nirvana zu versetzen, in dem man nicht mehr länger in einem der beiden Extreme verweilt. Sie entwickeln den Wunsch, sie auf die Ebene des Dharma-Körpers – oder essenziellen Körpers – eines Buddha zu bringen.

Dies bezieht sich entweder auf jemanden, der zum ersten Mal diesen Wunsch entwickelt, oder aber auf jemanden, der ihn schon vorher entwickeln konnte. Der erstgenannte hat sich darin geübt, großes Mitgefühl zu empfinden, das in dem Wunsch besteht, sämtliche Lebewesen vor den drei Arten von Leid, die sie erfahren können, zu bewahren. Dies hat die betreffende Person für eine erste Erfahrung jenes Geisteszustands bereit gemacht, in dem man allen empfindenden Wesen das letztendliche Nirvana zugänglich machen will. Der letztgenannte, der den Wunsch bereits zuvor entwickelt hat, richtet seinen Geist erneut auf seine Zielsetzung aus und erhöht so die Intensität seines Wunsches.

Machen Sie sich kein Kopfzerbrechen über die Passage, die sich auf die unterschiedlichen Arten von Wesen bezieht. Den überlieferten buddhistischen Schriften zufolge gibt es, über das gesamte Universum verteilt, Daseinsbereiche und Wesen, von denen wir kaum eine Vorstellung haben.

Kapitel 14

Kommen wir zum entscheidenden Punkt: Der Buddha beschreibt eine Person, die dafür Sorge tragen will, dass jedes Lebewesen, an welchem Punkt des Universums es sich auch befinden mag, den Zustand letztendlichen Glücks, höchstes Nirvana, erreicht. Dieser spezielle Wunsch wird im Buddhismus als die eigentliche Quelle allen Glücks angesehen – doch was hat das mit dem Thema Unternehmensmanagement zu tun? Und wie steht es mit der letzten Passage, jener Passage, wo der Buddha erklärt: »Selbst wenn es mir gelänge, dafür zu sorgen, dass jedes Lebewesen den Zustand vollkommenen Glücks erreicht, würde niemand dorthin gelangen?«

Zur Erinnerung: Wir haben davon gesprochen, wie Sie Ihrem Leben Bedeutung geben können – Ihrem Berufsleben wie auch Ihrem Privatleben. Im vorigen Kapitel haben wir uns mit dem Tod befasst; beziehungsweise mit dem Ende, dem Ende Ihrer beruflichen Laufbahn, dem Ende Ihres Unternehmens und letztlich auch mit dem Ende Ihres Lebens. Der Tod ist eine Tatsache des Lebens, und wir werden unser Leben rückblickend aus dem Gesichtswinkel seines Endes beurteilen. Im Rückblick sollten Sie sagen können, dass Sie nicht nur viel Geld verdient haben und nicht nur Freude daran gehabt haben, es zu verdienen und es auszugeben, sondern dass Sie etwas zum Positiven verändert haben in der Welt – während Sie das Geld verdient haben und danach.

Und darin liegt wahrscheinlich das größte Geheimnis der alten buddhistischen Schriften: in einer einfachen Methode für den Alltag, die dazu dient, Ihrem Leben und Ihrem Beruf Bedeutung zu verleihen, so dass sie mehr beinhalten als das allmähliche Sich-Auflösen von Macht, Besitz und Lebenskraft in Alter und Tod. Obendrein ist diese Methode das bemerkenswerteste Management-Werkzeug aller Zeiten.

In der Diamantenabteilung bei Andin haben in der Regel Menschen von mehr als zehn verschiedenen Nationalitäten im selben Stockwerk zusammengearbeitet: Rubin- und Saphirexperten aus Thailand; Topasfachleute aus Sri Lanka; Smaragdsortierer aus Indien; Perlensortierer aus China; Sortierer für die Farbabstufungen von Edelsteinen aus Puerto Rico und der Dominikanischen Republik; Diamanteneinkäufer aus Israel; Edelsteinfasser aus Vietnam und Kambodscha; Qualitätskontrolleure und Einkäufer für farbige Edelsteine aus Barbados; Einkaufskoordinatoren aus Guyana;

und so weiter. Sie können sich vorstellen, wie sich das angehört hat, wenn im Sortierraum zehn verschiedene Sprachen gleichzeitig gesprochen wurden; wie es gerochen hat, wenn die Mikrowellenherde zur Mittagszeit die Gerüche von zehn verschiedenen exotischen Speisen gleichzeitig verströmten; was es bedeutet hat, der Etikette aus zehn verschiedenen Kulturkreisen gleichzeitig Rechnung tragen zu müssen: Lassen Sie nicht Ihre Füße in Richtung der Thailänder weisen; bieten Sie einem Gudscharati nicht etwas zu essen an, das in der Erde gewachsen ist; vergessen Sie bei einer kantonesischen Hochzeit nicht, ein bisschen Gold für die Braut mitzubringen.

Doch die Abteilung war wie aus einem Guss, wie *eine* Person; und ich kann aufrichtig sagen, dass es ein wahres Vergnügen war, mit jedem der Menschen dort zusammenzuarbeiten; ungeachtet des jeweils höchst unterschiedlichen Hintergrunds (das Frustrierendste war, dass *niemand* von ihnen auch nur *einen einzigen* normalen amerikanischen Scherz witzig zu finden schien und dass man keine Anspielungen auf alte Fernsehshows, alte Songs oder dergleichen mehr machen konnte, weil sie alle miteinander nicht in den Vereinigten Staaten aufgewachsen waren), ungeachtet der offensichtlichen und auch der unausgesprochenen Kluft, die in vielerlei Hinsicht zwischen uns bestand, herrschte schließlich wechselseitig eine tiefe Empfindung von Liebe und Respekt, die wiederum gewährleistete, dass die Abteilung reibungslos funktionierte. Einen großen Anteil daran hatte schlicht und einfach die Tatsache, dass es keine zwischenmenschlichen Probleme gab, die hätten auftreten können.

Das haben wir glaube ich zum großen Teil aufgrund jener Philosophie erreicht, die gleich von Anfang an, vom ersten Tag an, in der Abteilung präsent war – und die überlieferte buddhistische Praxis des »Gleichsetzens und Austauschens von uns selbst und anderen« bildet das Herzstück dieser Philosophie. Wenn Sie wirklich den Erfolg Ihres Unternehmen oder Ihrer Abteilung wollen, empfehle ich Ihnen, es mit dieser Praxis zu versuchen: Sie ist einfach, außerordentlich wirkungsvoll und verursacht keinerlei Kosten. Es handelt sich lediglich um eine Einstellung, die Sie an den Tag legen: Sie setzt bei Ihnen ein und erfasst nach und nach die gesamte Belegschaft. Dazu bedarf es keiner Vereinbarungen, keiner Ankündigungen, keiner Versammlungen.

Kapitel 14

Bei diesem Streben nach Erleuchtung, das der Buddha gerade erwähnt hat, spielt das Gleichsetzen und Austauschen von uns selbst und anderen eine ganz zentrale Rolle. Diese Methode umfasst drei wesentliche Schritte, und in Zusammenhang mit dem dritten Schritt erhalten wir auch eine Antwort auf die Frage, weshalb der Buddha gesagt hat: »Niemand gelangt dorthin, wenn man dafür sorgt, dass jeder dorthin kommt.« Diese tiefgründige Praxis ist über 2500 Jahre alt. Hier wird sie auf die klassische Art und Weise erläutert, allerdings anhand von modernen, lebensnahen Beispielen.

Den ersten Schritt bezeichne ich gern als die Dschampa-Methode. Dschampa, so heißt ein schüchterner junger tibetischer Mönch in jenem kleinen mongolischen Kloster in New Jersey, in dem ich einen Gutteil meiner Ausbildung absolviert habe. Dschampa arbeitet dort als Koch, mäht den Rasen, kümmert sich um die älteren Lamas und widmet sich selbstlos Tausenden anderer Aufgaben, ständig, ganz unauffällig. Auf jeden Besucher, der in der kleinen Küche neben dem Wohnbereich des Abts aufkreuzt, wendet er die Dschampa-Methode an. Er wendet sie bei Ihnen an, ohne dass Sie sich darüber im Klaren sind. Er öffnet Ihnen die Türe mit einem breiten Lachen, das seinen Sonnenschein auf Ihr Gesicht fallen lässt und dabei praktiziert er sie schon. Worin besteht »sie«?

Dschampa erhielt seine Ausbildung in unserem Stammkloster Sera Mey, das nun nach der Besetzung Tibets einen neuen Platz in Indien gefunden hat, und die Lehrer, von denen er diese Ausbildung erhielt, zählen mit zu den besten – zwei hohe Lamas namens Geshe Lothar und Geshe Thubten Tenzin. Sobald Sie die Küche betreten, lässt Dschampa Sie auf einem Stuhl am Küchentisch Platz nehmen und macht sich am Herd und am Kühlschrank zu schaffen, um Ihnen, während Sie schildern, warum Sie das Kloster besuchen, etwas zu trinken oder eine Kleinigkeit zu essen zurechtzumachen. Indem er dabei in der Küche hin- und hergeht, achtet er auf Ihre Augen und auf Ihre Körpersprache. Halten Ihre Augen, während Sie sie durch den Raum schweifen lassen, bei dem Wasserkessel auf dem Herd inne, oder verweilen sie kurz am Kühlschrank, wenn sich seine Hand zum Griff bewegt, um ihn zu öffnen? Mit anderen Worten: Möchten Sie etwas Warmes oder etwas Kaltes trinken? Eine Schale mit

Süßigkeiten steht auf dem Tisch, ein Stück weiter ein Teller mit Plätzchen und auf dem Herd der allzeit vorhandene Topf mit Suppe – wohin kehren Ihre Augen häufiger zurück?

Innerhalb von ein paar Minuten weiß Dschampa bestens über Sie Bescheid: Er weiß, ob Sie Tee oder Kaffee mögen, heiß oder kalt, mit Milch, mit Zucker oder ohne alles, Plätzchen oder Kekse oder Nudeln, und ein Dutzend weitere Einzelheiten über Ihre Vorlieben und Abneigungen. Beim nächsten Mal, wenn Sie wieder in der Küche bei ihm zu Gast sind, stellen Sie fest, dass Ihr bevorzugtes Getränk bereits vor Ihnen auf dem Tisch steht, ehe Sie auch nur ein Wort gesagt haben – weil er sich erinnert. Er legt großen Wert darauf, sich zu erinnern; und zwar legt er deshalb großen Wert darauf, weil er Ihnen wirklich geben will, was Sie haben möchten.

Um es kurz zu machen, bei der Dschampa-Methode muss man lernen, sehr aufmerksam darauf zu achten, was andere brauchen und was sie mögen; damit Sie ihnen einfach geben können, was sie am meisten haben möchten. Das mag ein wenig naiv klingen, doch diese schlichte Übung – sich die Zeit dazu zu nehmen, sich selbst beizubringen, was andere mögen und was sie wollen – hat tief greifende Auswirkungen auf Ihr gesamtes berufliches Dasein.

Es liegt in der Natur des Wirtschaftslebens, in der Natur der Unternehmensabläufe, dass Führungskräfte dazu neigen, sich auf diejenigen Dinge zu konzentrieren, die sie selbst betreffen – von ihnen wird erwartet, dass sie individuell ihre Leistung bringen, und dafür werden sie individuell entlohnt. Wann ist es zum letzten Mal vorgekommen, dass Sie zusammen mit einem weiteren Vizepräsidenten für eine gemeinsam erbrachte besondere Leistung einen Urlaubsbonus erhalten haben, den Sie sich teilen können? Da die individuellen Belange in dieser Weise im Mittelpunkt stehen, werden wir also dazu gebracht, uns auf uns selbst zu konzentrieren, was auf Kosten der Aufmerksamkeit geht, die wir anderen zuteil werden lassen.

Die Dschampa-Methode, der erste Teil des Gleichsetzens und Austauschens von uns selbst und anderen, holt uns aus dieser ausschließlichen Konzentration auf uns selbst heraus und lässt uns in jenen Prozess eintre-

Kapitel 14

ten, der uns für andere empfänglich macht. Das hat alle möglichen unmittelbaren positiven Auswirkungen auf den Arbeitsablauf – und auf Ihre Einkünfte. Außerdem legt es in Ihrem Geist einige der wirkungsvollsten und einträglichsten Prägungen an, die man sich vorstellen kann. In einem Unternehmenskontext lässt sich diese Methode wie folgt anwenden:

Achten Sie beim Rundgang durch Ihre Abteilung auf die Menschen, die für Sie arbeiten. Die meisten von uns legen Wert darauf, ein Experte in Bezug auf die betriebswirtschaftlichen Aspekte der Unternehmensabläufe zu sein; in Bezug auf die arbeitsrechtlichen Bestimmungen, die unseren jeweiligen Bereich betreffen; und in Bezug auf die wirtschaftliche Situation jener Lieferanten, von denen die Dienstleistungen und die Materialien kommen, die wir benötigen, um unsere eigenen Produkte fertig stellen und ausliefern zu können.

Nun geht es darum, dass Sie sich bewusst darin üben, noch in einer weiteren Angelegenheit zum Experten zu werden – zum Experten in Bezug auf die Vorlieben und Abneigungen der Menschen, mit denen Sie zu tun haben. Hier ist von *allem* die Rede, von jeder Kleinigkeit, die sie erfreut: wie sie ihren Kaffee zubereiten; welche Art von Kissen sie gerne auf ihrem Stuhl liegen haben; welche Art von Bleistift, Füller, Kugelschreiber oder Filzstift sie bevorzugen; wie viele Kinder sie haben, wie diese heißen und wie es ihnen geht; wann sie zum letzten Mal Urlaub gemacht haben, wohin sie gefahren sind und wie es ihnen dort gefallen hat.

Dann gehen Sie zurück in Ihr Büro, setzen sich an Ihren Schreibtisch und prägen sich diese Einzelheiten für jeden Menschen ein, mit dem Sie näher zu tun haben. Falls Sie dazu ein paar Notizen benötigen, machen Sie sich diese Notizen. Ich finde für diesen Zweck einen Laptop sehr nützlich; wenn Sie einen Laptop verwenden, können Sie auf dem Weg von der Arbeit nach Hause die Datei wieder öffnen und das Gelernte noch einmal durchgehen. Diese Übung führt in Ihrem Verhalten der betreffenden Person gegenüber unweigerlich zu mancher Verbesserung – und sollte es sich auch nur darum handeln, dass Sie ihr beim nächsten Mal, wenn Sie beide vor der Kaffeekanne stehen, Süßstoff reichen anstelle von Zucker. Im Innersten registrieren Menschen solche Dinge ganz genau; in gewisser Weise sind wir alle wie der Hund, den Sie bei sich zu

Hause haben – er weiß genau, wann ein Mensch, der Hunde mag, ins Zimmer kommt; und er weiß auch, wann ein Mensch, der keine Hunde mag, ins Zimmer kommt; und er verhält sich dementsprechend, noch bevor man irgendwas gesagt oder getan hat.

Die Menschen spüren instinktiv, wenn es Sie nicht sonderlich kümmert, was sie mögen oder brauchen; und auch im umgekehrten Fall nehmen sie dies instinktiv wahr. Im ersten Moment mag der Versuch, die Vorlieben und Abneigungen Ihrer Mitmenschen so ungeniert ausfindig zu machen, ein wenig gekünstelt erscheinen. Aber das ist einfach ein Bestandteil dieses Prozesses. Anfangs hat es in der Tat etwas Gekünsteltes. Später jedoch wird es Ihnen zur zweiten Natur – aber nur, weil Sie zunächst einmal alles auf diese gekünstelte Art und Weise gemacht haben.

Den meisten Ihrer Angestellten wäre es natürlich am liebsten, wenn Sie ihnen sechs Wochen Urlaub zusätzlich geben oder ihr Gehalt verdoppeln würden. Das ist klar. Von derartigen Vorlieben und Abneigungen ist hier jedoch nicht die Rede. Unser Vorschlag bezieht sich nicht auf irgendwelche größeren finanziellen oder personellen Schritte, sondern lediglich darauf, dass Sie unauffällig Acht geben und registrieren, was Ihre Mitmenschen am meisten zu mögen scheinen, um es ihnen zur Verfügung zu stellen, soweit Sie unmittelbar dazu in der Lage sind. Das Blatt wird sich unweigerlich wenden, und die Menschen in Ihrem Umfeld werden die Einstellung entwickeln, für Sie dasselbe tun zu wollen. Stellen Sie sich vor, was für ein Gefühl es ist, wenn alle Leute in einer Abteilung solch ein Verhalten an den Tag legen!

An einem gewissen Punkt im Laufe meiner Karriere bei Andin wurde mir vollkommen klar, dass mir in erster Linie aus *einem* Grund ein derart horrende hohes Gehalt gezahlt wurde: weil ich die Leute zur Zusammenarbeit bewegen konnte. Ich begriff, dass die allerwichtigste Rolle, die ich auszufüllen hatte, einfach die eines Schlichters zwischen mal diesen, mal jenen zwei oder drei Leuten war, die für mich arbeiteten; dass die wichtigste Stunde während des ganzen Tages für mich die Mittagspause war, in der ich meistens mit zwei Angestellten essen ging, die nicht besonders gut miteinander auskamen. Reibereien dieser Art gehen einem Unternehmen lautlos aber sicher an die Substanz: Angestellter A hat mit Angestelltem B einen kleinen Knatsch und vermeidet es, mit der betreffenden Person zu reden, solange dies nicht unbedingt notwendig ist. In Zusammenhang mit einer wichtigen Bestellung taucht eine kleine Frage auf, die sich in den frühen Stadien am Montag noch leicht klären lässt, sich aber bis Freitag zu einer Katastrophe ausgewachsen haben wird.

Angestellter A weiß um die fragliche Angelegenheit am Montag, sagt aber nichts zu Angestelltem B, der die Angelegenheit leicht hätte in Ordnung bringen können. Dabei handelt es sich nicht um eine Frage jener Art, die man auf der Belegschaftsversammlung am Montag thematisieren würde oder sollte; sondern es handelt sich um etwas, das Angestellter A und B untereinander ansprechen würden, sofern sie die Gewohnheit pflegten, sich dann und wann kurz gemeinsam hinzusetzen und sich eine kleine Erfrischung zu gönnen. Ein bisschen guter Wille unter Ihren Belegschaftsmitgliedern, das versuche ich damit zu sagen, ist viel mehr Geld wert, als Sie es sich je haben träumen lassen. Und die Dschampa-Methode ist der erste Schritt auf dem Weg dorthin.

Auch hier gilt: keine Ankündigungen, keine Grundsatzerklärungen – Sie fangen einfach an, sich entsprechend zu verhalten, und andere werden es Ihnen gleichtun. Ich erinnere mich, als Seine Heiligkeit der Dalai Lama in den Bundesstaat Arizona, meine alte Heimat, eingeladen worden war, um dort einige Vorträge zu halten, hatte einer meiner alten Freunde von der High School die Gelegenheit, ihm eine Frage zu stellen. Er wollte wissen, wie man kleinen Kindern am besten eine ethische Lebensführung vermitteln könne. »Kindern«, antwortete Seine Heiligkeit, »kann man mit Worten nur schwer vermitteln, was sie tun sollen. Kinder werden Sie beobachten und Sie nachahmen; sie werden das tun, was Sie tun, und deshalb stehen Sie vor der schwierigsten aller Aufgaben – sich selbst ethisch zu verhalten.«

Sie müssen anfangen, Ihre Mitarbeiter insgeheim aufmerksam zu beobachten – gewissermaßen eine sehr schöne, ganz und gar positive Art von Spionage betreiben –, um herauszufinden, was sie mögen, was Sie in ihrem Leben für wichtig halten, und sich dann anschicken, ihnen dazu zu verhelfen.

Im zweiten Schritt entwickeln Sie bei der Praxis des Gleichsetzens und Austauschens von uns selbst und anderen die Vorstellung, Sie versetzten Ihren Geist in den Körper der anderen, öffneten dann die Augen und blickten auf sich selbst, um zu sehen, was Sie (sie) gerne von Ihnen (Ihnen) hätten. Falls Sie meinen, dies klinge verwirrend, dann versuchen Sie sich einmal vorzustellen, wie schwierig es erst ist, eine überlieferte Schrift zu diesem Thema aus dem Sanskrit oder aus dem Tibetischen zu übersetzen!

Dieser Schritt, der so genannte »Körpertausch«, ist etwas tiefgründiger und schwieriger als das bloße Beobachten der Menschen in Ihrem Umfeld, um herauszufinden, was sie mögen und was sie nicht mögen. Ich kann mich daran erinnern, wie ich das mit einem jungen Mann aus Guyana versucht habe, der gerade neu in die Abteilung kam. Seine Anstellung erfolgte auf Empfehlung eines Freundes seiner Mutter, der bereits für uns arbeitete (Leute, die mit Edelsteinen arbeiten, kommen stets auf Empfehlung. Jederzeit könnten sie sich mit ein paar Hundert Steinen aus dem Staub machen. Eine echte Möglichkeit, sie daran zu hindern, gibt es nicht. Daher muss sich ihre Lebensgeschichte zurückverfolgen lassen.) Am ersten Tag setzten wir ihn vor einen riesigen Haufen Diamantsplitter. Er sollte sich daranmachen, Hunderte oder Tausende dieser Splitter für spezielle Aufträge zur Anfertigung von Ringen abzuzählen.

Als der Tag vorüber war, wusste ich schließlich ein bisschen besser über ihn Bescheid. Er war liebenswürdig zu den Leuten, mit denen er zu tun hatte, verfügte über eine rasche Auffassungsgabe, war still, bescheiden und unglaublich schnell. Auf dem Weg nach draußen stellte ich noch etwas anderes fest. Als ich in sein Gesicht schaute, erblickte ich gemischte Gefühle: Ich sah, dass es ihm bei Andin sehr gut gefiel, dass ihn aber zugleich bei dem Gedanken, während der nächsten paar Jahre seines Lebens auf einem Stuhl zu sitzen und kleine Steinchen zu zählen, eine gewisse Verzweiflung erfasste. Daraufhin machte ich von der Sache mit dem Körpertausch Gebrauch. Ich versetzte mich in seinen Körper, schaute mein Gesicht an und fragte mich, was ich (er) gerne von mir (mir) gesagt bekommen würde. Daraufhin sagte ich zu ihm: »Kommen Sie morgen früh in mein Büro, und wir werden sehen, ob wir etwas für Sie finden können, das ein bisschen anspruchsvoller ist.« Und ich spürte, wie mir

Kapitel 14

ein wenig verstohlen ein paar Tränen in die Augen traten und ein Lächeln über mein (sein) Gesicht huschte.

Von jenem Augenblick an war es ein ständiges Sich-Hineinversetzen meines Geistes in seinen Körper; wir fanden etwas für ihn (mich), wovon ich (er) immer geträumt hatte – eine Gelegenheit, das Arbeiten am Computer zu erlernen. Wir brachten ihn mit einem unserer größten Programmierungs-Tausendsassas zusammen, und nachdem er seine Entschlossenheit dazu unter Beweis gestellt hatte, halfen wir ihm, eine Reihe von Abendschulkursen zu absolvieren. Herkömmlicherweise ist diese Art von Abendschule im Diamantengeschäft strikt tabu: Während der Hochsaison vor Weihnachten arbeitet ohnehin jedermann bis zu vorgerückter Stunde, und auch außerhalb der Saison will man nicht, dass übermüdete Leute Haufen von Diamanten oder anfällige Inventarisierungssysteme durcheinander bringen. Doch jedes Mal, wenn ich ihn sah, wusste ich bei einem Blick in mein (sein) Gesicht, dass es genau das war, was ich (er) wollte, und ich kannte das damit einhergehende Gefühl der Zufriedenheit und Erfüllung, und wir fanden Möglichkeiten, die Arbeit so zu organisieren, dass ich (er) an den betreffenden Tagen fortbleiben und die Kurse besuchen konnte.

Am Ende war er der beste Programmierer, den wir hatten, und – noch entscheidender – ein Angestellter, dem klar war, wir hatten etwas getan, wovon wir wussten, dass es das Beste für ihn sein würde, obgleich dies ein wenig zu Lasten des Unternehmens ging. Und auf diese Weise hatten wir uns einen Mitarbeiter herangezogen, der sich wirklich voll einbrachte, wenn es hart auf hart ging, und der im Laufe eines Arbeitstages schaute, wo es Möglichkeiten gab, die Firma und die Leute in seinem Umfeld zu unterstützen.

Solche Menschen, die ständig darauf bedacht sind, Probleme auszubügeln, bevor Ihnen auch nur etwas davon zu Ohren gekommen ist, über die Abteilung verteilt unter seinen Angestellten zu haben, ist von unschätzbarem Wert. Und im Rückblick am Ende des Tages, am Ende Ihrer beruflichen Laufbahn kommt es nicht darauf an, wie viel Sie verkauft, welche Projekte Sie durchgeführt oder welche Gewinne und Verluste, soweit Sie sich daran überhaupt noch erinnern, Sie gemacht haben.

Worauf es ankommt, ist der Blick in das Gesicht des jungen Mannes und das Wissen, dass Sie ihm etwas Kostbares für sein gesamtes Leben gegeben haben.

Und wenn Sie diese Denkweise – dieses Sich-Hineinversetzen in den Körper Ihrer Angestellten, indem Sie sich selbst Hilfe suchend anschauen – aufrechterhalten, werden Sie feststellen, dass eine tiefe Genugtuung in Ihnen gedeiht: jene Art von Zufriedenheit, die Sie aus sehr seltenen und speziellen Augenblicken kennen. Nur werden Sie diese Empfindung umso häufiger verspüren, je mehr Sie diese Denk- oder Sichtweise aufrechterhalten. Das ist in der Tat ein Zeichen, dass Ihre Arbeit *wirkliche Bedeutung gewinnt*. Und meiner Ansicht nach ist es wichtig, erneut darauf hinzuweisen, dass diese Art des Denkens nicht nur *richtig*, sondern auch *in höchstem Maß einträglich* ist. Denn Ihre Abteilung und Ihr Unternehmen beginnen »von alleine« zu laufen, sie beginnen von Menschen geführt zu werden, die sich wirklich um sie kümmern, weil Sie sich so um sie kümmern, wie Sie sich um sich selbst kümmern würden. Geld und Glück – Sie können beides haben.

Sind Sie bereit für den letzten Schritt? Er erfordert einige Übung, und Sie sollten unbedingt die Tatsache zur Kenntnis nehmen, dass Sie, bevor Sie diesen Schritt ausprobieren, sich zunächst die ersten beiden Stufen erarbeitet haben müssen. Aber denken Sie nicht, das sei der Mühe nicht wert. Dies ist die vollkommene Entfaltung der Praxis des Gleichsetzens und Austauschens von uns selbst und anderen, und es ist – den überlieferten Schriften des Buddhismus zufolge – zugleich die vollkommene Entfaltung des menschlichen Herzens und des menschlichen Geistes. Die Umsetzung ist anspruchsvoll, und alleine schon den Willen zur Umsetzung aufzubringen fällt schwer. Doch nichts anderes auf der Welt wird Sie zu einer erfolgreicheren Führungskraft und einem erfolgreicheren Menschen machen.

Diesen dritten Schritt nennen wir den »Seiltrick«. Sie können ihn bei einem Ihrer Angestellten durchführen. Marschieren Sie einfach los, und stellen Sie sich neben jemanden an seinen oder ihren Schreibtisch. Stellen Sie sich vor, Sie hielten ein großes Lasso in der Hand und ließen es rings um Sie beide so auf den Boden fallen, dass es Sie alle beide umfängt. Und stellen Sie sich nun vor, dass Sie beide buchstäblich *eine* Person sind.

Bei den ersten beiden Schritten ging es um ein paar ziemlich radikale Sachen: Wir haben gelernt, darauf zu achten und darüber nachzudenken, was die Menschen in unserem Umfeld wirklich mögen – ja wir sind sogar so weit gekommen, dass wir mit jemandem den Körper tauschen, uns selbst anschauen und herausfinden konnten, was wir (sie) am meisten von uns (uns) wollten. Doch es bestand nach wie vor die Unterscheidung zwischen »Sie« und »ich«. Es ging darum, dass »ich« auf »Sie« achte oder dass »ich« versuche, mich in »Ihren« Körper zu versetzen. Im dritten Schritt bringen wir die Praxis des Gleichsetzens und Austauschens von uns selbst und anderen noch auf eine ungleich radikalere Ebene: Sie *sind* Ihr Angestellter oder Ihre Angestellte, und er oder sie ist Sie – Sie beide sind *eine* Person.

Bei diesem dritten Schritt ist Ihr Geist vollständig aus der für viele Führungskräfte aus der Wirtschaft kennzeichnenden egozentrischen Seinsweise ausgebrochen, jener wirklich egozentrischen Daseinsform, die durch unser in den Unternehmen gängiges Entlohnungssystem so sehr bestärkt wird. Jetzt hingegen geht es nicht darum, ob ich einen Bonus bekomme, und ebenso wenig darum, ob jene Person einen Bonus bekommt – die Frage lautet jetzt, wie können *wir* zu *unserem* Bonus kommen? An diesem Punkt haben Sie sich so weit gehend in den Geist Ihrer Mitarbeiter hineinversetzt, dass Sie tatsächlich Ihr und ihr Wohlergehen als ein und dieselbe Angelegenheit behandeln. Geradezu so, als seien Sie soeben mit jemand anderem zu einem siamesischen Zwilling geworden. Nun haben Sie zwei Münder im Gesicht, die es zu füttern gilt; zwei Paar Beine, und Sie müssen im Schuhladen zwei Paar Schuhe kaufen (womöglich ein Paar Budapester- und ein Paar Stöckelschuhe); vier Ohren, die sich anhören müssen, wie der große Boss schreit, falls einer Ihrer beiden Teile vergessen hat, diese speziellen Halbcaräter Diamanten im »princess-cut« zu bestellen.

Wenn Sie ein normaler westlicher Geschäftsmann beziehungsweise eine normale westliche Geschäftsfrau sind, dann ist Ihnen dieser Gedankengang schon ein bisschen zu viel des Guten; er beinhaltet Ungeheuerliches, und zwei Dinge kommen Ihnen sofort in den Sinn: Vor allem, dass aus dem Prozess des Gleichsetzens und Austauschens von uns selbst und anderen an diesem Punkt etwas absolut Künstliches geworden ist – ich meine, wie könnten Sie *tatsächlich* eine andere Person *sein*; genauer, wie könnte aus diesen zweien eine einzige Person werden? Es ist jedoch ganz und gar möglich, dass dies geschehen könnte; und der Schlüssel, um dies zu ermöglichen, liegt in jener Aussage des Buddha, die Sie am Anfang des Kapitels gelesen haben: »An dem Tag, an dem ich bewirkt habe, dass sämtliche Wesen den Zustand vollkommenen Glücks erreichen, wird es nicht ein einziges Wesen geben, das vollkommenes Glück erreicht hat.«

Lassen Sie uns, um dies nachvollziehen zu können, auf unsere Überlegungen zurückkommen, wie man viel Geld machen kann; lassen Sie uns auf die Gründe zurückkommen, warum Ihnen all das widerfährt, was Ihnen irgendwann widerfährt. Den Punkt, dass die Sie umgebenden Dinge gewissermaßen neutral, mit einer weißen Leinwand vergleichbar sind, haben wir inzwischen mehrfach angesprochen. Darin liegt das in den Dingen verborgene Potenzial. Ein schreiender Chef an Ihrem Arbeitsplatz erschien Ihnen als etwas Unerfreuliches, doch der neben Ihnen sitzenden Person vielleicht als etwas Erfreuliches, und darin besteht seine »Leerheit«, sein Potenzial – was besagen soll, dass er im Grunde neutral ist; und ob ich ihn als erfreulich oder als unerfreulich erfahre, ob ich die auf mich einstürmenden Geräusche und Formen als etwas Gutes oder Schlechtes interpretiere, ist nichts, was von »da draußen«, von ihm, herrührt. Vielmehr entsteht dies in Abhängigkeit von den Prägungen in meinem Geist, von Prägungen, die ich im Unbewussten angelegt habe, indem ich in der Vergangenheit anderen gegenüber positiv oder negativ gehandelt habe. Und diese Prägungen steigen nun in meinen bewussten Geist auf und färben die Art und Weise, wie ich meine Welt (von welcher der schreiende Chef lediglich ein kleiner Teil ist) erlebe – mehr noch, tatsächlich *erschaffen* sie diese Welt.

Vergessen Sie den schreienden Chef für einen Augenblick – lassen Sie uns auf den armen Menschen zurückkommen, der da angeschrien wird; lassen Sie uns zu mir zurückkommen. Wenn diese ganze Geschichte über das in den Dingen verborgene Potenzial und über die Prägungen, die ich in meinem Geist angelegt habe und die bewirken, dass ich erlebe, was ich erlebe, wahr ist, dann *sind der schreiende Chef und ich derselbe.* Das heißt, die Art und Weise, wie ich mich selbst erlebe, ist durch Ursachen der gleichen Art gesteuert wie mein Erleben des schreienden Chefs. *Mich selbst erlebe ich so,* wie ich bin, aus den gleichen Gründen, aus denen ich *ihn* so erlebe, wie er ist. Mich selbst erlebe ich so, wie ich mich erlebe, aufgrund von Prägungen in meinem Geist, die in mein Bewusstsein aufsteigen, zur Reife gelangen und darüber bestimmen, was ich erlebe. Und der entscheidende Punkt hier ist, zu verstehen, dass sie nicht nur dafür ausschlaggebend sind, wie Sie sich selbst sehen beziehungsweise erleben, sondern auch für die Tatsache, dass Sie sich selbst erleben. Das heißt, Sie definieren sich selbst so, wie Sie es tun, ziehen den Trennungsstrich oder die Grenze zwischen sich selbst und anderen Dingen und Menschen lediglich aufgrund vergangener Gewohnheiten und Geistesprägungen. Sie sind daran gewöhnt, sich als denjenigen oder diejenige vorzustellen, der oder die durch die eigene Haut begrenzt wird; und so legen Sie Prägungen an, die bewirken, dass Sie sich später in genau der Weise erleben. Dort, wo »Sie« endet, endet es nicht deshalb, weil dies die naturgegebene Stelle dafür ist, sondern weil Sie es gewohnt sind, dort zu enden.

Mit ein wenig Überlegung kann jeder erkennen, dass die Stelle, an der »ich« endet und »Sie« beginnt, eine sehr knifflige Angelegenheit ist. Wenn Mütter Kinder zur Welt bringen, wird ihr »Ich«-Empfinden plötzlich so ausgeweitet, dass es einen weiteren, winzigen Körper mit einschließt. Tun Sie diesem speziellen Kind irgendetwas zuleide, können Sie sich darauf gefasst machen, dass diese spezielle Frau mit der gleichen emotionalen Heftigkeit reagieren wird, die sie an den Tag legen würde, wenn Sie sich an ihr vergriffen hätten. Bei Menschen mit schweren Fällen von Diabetes verhält es sich umgekehrt; an ihren Füße entstehen Wunden, die von Wundbrand erfasst werden, und der Arzt erklärt ihnen, dass sie entweder einer Amputation zustimmen müssen oder daran sterben werden.

Im Moment, in dem Sie entscheiden, es sei besser, Ihr Bein zu verlieren als Ihr Leben, haben Sie letztlich Ihre »Ich«-Definition eingeschränkt und dieses »Ich« auf einen kleineren Raum begrenzt als zuvor. Das zeigt, dass Sie sehr wohl in der Lage sind, »ich« auf größere Bereiche auszudehnen beziehungsweise auf kleinere Bereiche zu reduzieren. Erklären Sie mir daher bitte nicht, es sei unmöglich, den Seiltrick durchzuführen und das Seil um eine weitere Person zu werfen, bis Sie zu *einer* Person werden. Lediglich die Prägungen aus Ihrer Vergangenheit, Ihre Gewohnheit und Entscheidung, Ihre eigene Grenze mit dem äußersten Rand Ihrer Haut oder mit der Grenze Ihres Magens gleichzusetzen, hält Sie davon ab, jemand anderen ebenfalls in sich selbst mit einzubeziehen. Stellen Sie sich vor, nur für einen Moment, was geschehen würde, wenn die ganze Welt so dächte und handelte, als sei jeder andere man selbst. Wir könnten jeden Menschen einen Zustand vollkommenen Glücks erreichen lassen, und doch würde »nicht einer« vollkommenes Glück erreichen – weil »jeder« einer von uns wäre: wir.

Das bringt uns zu Ihrem zweiten Einwand, dem zweiten Vorbehalt, der Ihnen vermutlich in Bezug auf diesen ganzen Vorschlag durch den Kopf gehen wird. Angenommen, ich führe den Seiltrick tatsächlich durch; angenommen, ich nehme die Grenze von »ich« und dehne sie über eine oder gar mehrere andere Personen aus. Wo ziehe ich dann die Linie? Wo liegt die Grenze? Das Leben ist schwer genug, so wie es ist; es scheint fast unmöglich zu sein, für all die physischen und emotionalen Bedürfnisse einer Person zu sorgen, die lediglich einen einzigen Körper und Geist hat – das heißt, für mein jetziges Ich. Wenn doch die Sorge für mich selbst, wenn der Versuch, die Auflösung meines Körpers in seine Bestandteile zu verhindern und dafür zu sorgen, dass ich nicht jeden oder jeden zweiten Tag einen seelischen Zusammenbruch erlebe, solche Mühe kostet, wie könnte ich dann jemals hoffen, mich um eine oder mehrere weitere Personen so zu kümmern, als seien sie wirklich »ich«? Wo könnte ich jemals die Mittel und Möglichkeiten dazu finden?

Paradoxerweise ist es so, dass die Mittel und Möglichkeiten unmittelbar aus diesem Schritt – sich selbst so umfassend zu verstehen, dass andere mit inbegriffen sind – resultieren werden. Mit anderen Worten, die Fähigkeit, in physischer wie in emotionaler Hinsicht der Aufgabe gerecht zu werden, sich um viele Menschen zu kümmern, erwächst aus der tatsächlichen Entscheidung, dies zu tun. Wenn die Vorstellung von dem verborgenen Potenzial und den Prägungen, die unsere Realität hervorbringen, insgesamt zutrifft, dann kann es keinen besseren Weg zur Schaffung von Reichtum geben, als ihn unterschiedslos zu teilen. Einfach ausgedrückt, wenn es für mich nur eine einzige Möglichkeit gibt, jemals einen Dollar zu bekommen – nämlich die, eine Prägung angelegt zu haben, die davon herrührt, dass ich einen Penny *hergegeben* habe –, dann wird die schiere Handlung, durch die ich dafür sorge, dass alle um mich herum Geld haben, als wären wir alle miteinander eine einzige Person, mir nahezu unbegrenzte Mittel verschaffen. Kurzum, stellen Sie sich eine Welt vor, in der jeder sich für jeden anderen Menschen so in der Verantwortung sähe, als wäre ausnahmslos jeder oder jede andere »ich«. Und es gibt keinen Grund, weshalb sie das nicht sein können.

Jeder intelligente Mensch, der diese Zeilen liest, kann jetzt spüren, kann es riechen, dass wir hier auf dem richtigen Weg sind. In der Überwindung der Neigung, nicht an andere zu denken; in einer Ausweitung Ihrer Vorstellung von sich selbst in der Weise, dass sie all Ihre Angestellten und jeden sonst, der oder die Sie umgibt, mit einbezieht; in einer Art und Weise zu arbeiten, dass Sie dies *nicht den anderen zuliebe* tun, sondern so, *als gäbe es »andere« nicht* – darin bestünde wahres Glück, das wäre wahre Zufriedenheit. In Ihrem Herzen wissen Sie, dass dies richtig wäre; in Ihrem Herzen wissen Sie, dass es richtig wäre, jetzt gleich damit zu beginnen; und Sie wissen, wenn Sie während Ihrer gesamten Berufslaufbahn und Ihres gesamten Lebens bewusst versuchen würden, zum Wohl Ihrer Mitmenschen ebenso hart zu arbeiten, wie Sie es für sich selbst tun, dann könnten Sie mit Stolz zurückblicken. Denn darin liegt der wahre Sinn eines Menschenlebens. Darin besteht der höchste Reichtum.

Die wahre Quelle des Reichtums oder die Ökonomie der Grenzenlosigkeit

Wenn Sie den Ökonomie-Begriff insgesamt überdenken, so läuft jegliches Wirtschaftssystem, vom Kapitalismus über den Sozialismus bis zum Kommunismus, letztlich darauf hinaus, wie wir unsere Ressourcen, unseren Reichtum, aufteilen: Wie viel bekomme ich, wie viel bekommst du, und nach welchen Regeln wird das, was uns zur Verfügung steht, aufgeteilt. Und denken Sie noch etwas eingehender darüber nach, so wird Ihnen klar, all unsere Wirtschaftssysteme bauen genau auf folgenden beiden Voraussetzungen auf: dass voneinander getrennt ein »Ich« und ein »Du« *existieren*; und dass wir uns ein System zur Verteilung der Dinge ausdenken müssen, weil die Dinge *begrenzt* seien. Wie wir bereits in aller Deutlichkeit gezeigt haben, können Sie diese beiden Prämissen einfach verwerfen. Um zu sehen, warum, wollen wir für einige höchst verblüffende Aussagen aus dem Munde des Buddha noch ein letztes Mal auf das »Sutra vom Diamantschneider« zurückkommen.

Warum das so ist? Subhuti, die Berge von Verdienst, die ein mutiger Heiliger, der sich in nirgends verweilender Freigebigkeit übt, anhäuft, sind wahrlich schwer zu ermessen.

Lassen Sie uns wie gewohnt Tschönyi Lamas Erläuterungen dieser Worte zu Rate ziehen. Man müsste einräumen, dass auch ein Mensch, der noch an der Vorstellung einer den Dingen von sich aus zukommenden Eigenqualität festhält, durch Freigebigkeit und ähnliche Handlungen sehr großes Verdienst ansammeln könnte.

Aber angenommen, jemand befreit sich aus diesen Verstrickungen und übt sich dann weiterhin in eben diesen Handlungen von Freigebigkeit und Ähnlichem. Das Verdienst des oder der Betreffenden ist zweifellos ungleich viel größer als zuvor. Um diesen Punkt hervorzuheben, sagt der Buddha: **Warum das so ist? Subhuti, die Berge von Verdienst, die ein mutiger Heiliger, der sich in nirgends**

Kapitel 15

verweilender Freigebigkeit übt, sind in ihrem Ausmaß wahrlich schwer zu ermessen; es wäre in der Tat außerordentlich schwer zu ermessen.

Und der Buddha fährt fort:

Subhuti, was meinst du, wäre es leicht, den gesamten Raum im Universum östlich von uns zu vermessen?

Und Subhuti antwortete: O Siegreicher, das wäre es nicht.

Weiter sprach der Siegreiche:

Und ebenso: Wäre es leicht, den gesamten Raum im Universum südlich von uns oder nördlich von uns, oberhalb von uns oder in einer der Zwischenrichtungen zu vermessen? Wäre es leicht, von dort aus, wo wir jetzt stehen, den gesamten Raum im Universum in einer der zehn Richtungen zu vermessen?

Und Subhuti antwortete: O Siegreicher, das wäre es nicht.

Daraufhin erklärte der Siegreiche schließlich:

Genauso wenig, Subhuti, wäre es ein Leichtes, die Berge von Verdienst zu ermessen, die ein mutiger Heiliger ansammelt, der sich in nirgends verweilender Freigebigkeit übt.

Manche der hier entwickelten Vorstellungen leuchten ohne weiteres ein, zumindest eine leuchtet jedoch nicht so ohne weiteres ein. Der Buddha versucht uns erstens die Vorstellung zu vermitteln, dass »Verdienst«, das Positive an einer Handlung beziehungsweise an einem Menschen, die Kraft bestimmter Geistesprägungen, unermesslich groß sein kann. Damit diese Kraft unermesslich groß *ist*, so erklärt er zweitens, müssen wir »mutigen Geschäftsleute uns in nicht verweilender Freigebigkeit üben«.

Was zum Teufel bedeutet »sich in nicht verweilender Freigebigkeit üben«, und was ist überhaupt ein »mutiger Heiliger«? Die Antwort auf diese beiden Fragen beinhaltet die gesamte Grundlage dessen, was wir als die Ökonomie der Grenzenlosigkeit bezeichnen.

Beginnen wir mit »sich in nicht verweilender Freigebigkeit üben«. Das ist tatsächlich bloß ein Resümee all der Gedanken, über die wir bereits gesprochen haben. Jeder Geschäftsmann und jede Geschäftsfrau, die ihr Geld wert sind, werden einräumen, dass die durch bestimmte Geschäftsstrategien erbrachten Resultate offenbar weitgehend ein Zufallsprodukt sind. Ein vorsichtiger finanzieller Schachzug schlägt manchmal fehl, und manchmal erweist er sich als das einzig wirksame Rezept. Ein riskanter finanzieller Schachzug führt manchmal zum Erfolg, und manchmal führt er in die Katastrophe. Dies gilt für gescheite und für weniger gescheite Geschäftsleute gleichermaßen: Manche gescheite Leute haben Erfolg, manche gescheite Leute erleben eine Pleite; auch manche weniger gescheite Leute erleben eine Pleite, andererseits aber haben manche weniger gescheite Leute Erfolg. Wenn wir wirklich ehrlich zu uns selbst sind, müssen wir zugeben, dass offenbar keines der gängigen Kriterien im Mindesten narrensicher oder vorhersehbar anwendbar ist. Für einen buddhistisch denkenden Menschen ist das vor allem ein klarer Hinweis darauf, dass *wir die wirkliche Ursache* für den Reichtum *nicht gefunden haben:* Wir wissen nicht wirklich, wodurch er hervorgebracht wird.

Wenn Sie eingehend darüber nachdenken, können Sie allerdings in der Verteilung des Reichtums in unserer Welt eine profunde Wahrheit erkennen. Reichtum kommt und geht, so wie Individuen zu Macht gelangen und dann sterben; er kommt und geht, so wie ganze Länder und Weltreiche ihren Aufstieg und Niedergang erleben; in Zeiten großen Wohlstands scheint dieser sich auf der ganzen Welt auszubreiten, um anschließend in Zeiten von konjunkturellem Niedergang oder Krieg wieder weltweit zusammenzuschrumpfen. Einzelne Erfindungen – wie zum Beispiel die des Penicillins, der Schusswaffe oder des Personal Computers – können innerhalb einiger weniger Jahre bewirken, dass der Wohlstand, der »absolute« Reichtum der Weltbevölkerung insgesamt deutlich zu- oder abnimmt. Damit will ich Folgendes sagen: Die *Summe* des vorhandenen Reichtums

Kapitel 15

ist keine starre Größe. Dies stellt das gesamte Konzept in Frage, dem zufolge es lediglich soundso viel Reichtum, soundso viele Ressourcen auf der Welt gibt und wir bloß ein gutes Verteilungssystem für diesen uns zur Verfügung stehenden begrenzten Gesamtbetrag des Reichtums finden müssen.

Vielleicht gibt es jedoch eine andere Möglichkeit. Würden wir *die wirkliche Ursache des Reichtums* ausfindig machen, dann könnten wir womöglich *die Gesamtsumme des Reichtums in der Welt vergrößern*. Das heißt: Vielleicht könnte jedermann genug, wenn nicht gar mehr als genug haben.

Wir haben glaube ich hinlänglich gezeigt, dass ein schreiender Chef etwas ist, das durch *Ihre* Wahrnehmungen hervorgebracht wird. Lassen Sie uns an dieser Stelle noch einmal auf die dahinter stehende Logik eingehen. Aus einer streng naturwissenschaftlichen Perspektive gesprochen ist ein schreiender Chef im Prinzip lediglich eine Ansammlung von Farben (hauptsächlich roten), Formen (hauptsächlich vor Ihnen herumfuchtelnden), Geräuschen (hauptsächlich lauten) sowie Vokalen und Konsonanten, die in einem ziemlich stetigen Strom auf Sie niederprasseln. Unter dem Einfluss von lange zuvor angelegten Prägungen wird Ihr Geist dazu veranlasst, diese Formen und Geräusche als einen unangenehmen, schreienden Chef zu interpretieren.

Und vergessen Sie nicht die neben Ihnen sitzende Person (die Sie vielleicht nicht so sehr mag) oder die Frau des Chefs: Sie betrachten dieselbe Anordnung von Formen und Geräuschen als etwas Erfreuliches, als etwas sehr wohl Angemessenes. Die »Unerfreulichkeit« und die »Erfreulichkeit« können demnach nichts dem Chef Zugehöriges sein; hierbei muss es sich um etwas handeln, das von woanders herkommt, denn ansonsten würden wir alle den Chef entweder als einen erfreulichen oder als einen unerfreulichen Menschen empfinden. Die einzige andere Wahl, die uns wirklich bleibt, ist: Unser eigener Geist steuert die Eigenschaften der Unerfreulichkeit oder Erfreulichkeit zu dem Bild hinzu. Und freiwillig würden wir dies nicht tun, das liegt auf der Hand. Auch wenn der schreiende Chef eine von unserem eigenen Geist in Szene gesetzte Wahrnehmung ist, scheint es trotzdem nicht in unserer Macht zu liegen, die Wahrnehmung ein- und auszuschalten. Etwas in unserem Geist zwingt uns, diese Wahrnehmung zu haben, und das ist der Einfluss der Prägungen, die aus dem unbewussten Bereich unseres Geistes ins Bewusstsein aufsteigen.

Und für das reale Vorhandensein des Chefs spielt es schließlich überhaupt keine Rolle, ob ein schreiender Chef wirklich ganz unabhängig irgendwo da draußen existiert oder ob es sich um das Resultat meiner spezifischen Wahrnehmungsmuster handelt. Das zeigt sich auf schmerzliche Weise: Meinen Urlaubsbonus wird er auf jeden Fall noch streichen, wenn er sauer auf mich ist – gleichgültig, ob sein total angesäuerter Zustand eine mit ihm zusammenhängende Eigenschaft ist oder etwas, das mein Geist hinzugesteuert hat. Wenn ich weiß, dass er meine Wahrnehmung ist, so hilft mir das in dem Sinn, dass sich etwa die momentanen Abläufe ändern, wirklich nicht weiter; denn diese Dinge sind ja bereits im Gange. Aber es hilft mir beträchtlich bei der Entscheidung, wie ich auf den schreienden Chef reagiere. Das heißt, will ich ihn tatsächlich von neuem so erleben?

Wirklich dazu zwingen, dies zu tun, würde mich einzig und allein eine Reaktion, bei der ich es ihm mit gleicher Münze heimzahlte. Denn nur eines kann die Wahrnehmung eines schreienden Chefs hervorbringen: eine Prägung für die Erfahrung eines schreienden Chefs; und das Einzige, das solch eine Prägung in Ihrem Geist anlegen kann, ist – Sie haben es erraten –, Ihrerseits den Chef anzuschreien. Aber was hat das alles mit Fragen der Ökonomie zu tun?

Sofern all diese theoretischen Überlegungen zutreffen (und das tun sie), dann könnte ich der Theorie zufolge dafür sorgen, dass es in Zukunft mit allen schreienden Chefs ein Ende hat, indem ich einfach verstehe, was hier vorgeht, und nicht zurückschreie. Denn zu einem künftigen Zeitpunkt wird er in den Raum kommen, und wir – ich ebenso wie die neben mir sitzende Person (Sie erinnern sich, der Mensch, der mich nicht besonders mochte und der es gerne miterlebt hat, wie der Chef mich anschrie) – werden ihn beide als angenehm empfinden. Wenn Sie scharf nachdenken, begreifen Sie, worauf es hier ankommt: Der *Reichtum* innerhalb dieser vier Wände, die Summe des Glücks oder Wohlbefindens in dem Raum, *hat sich gerade verdoppelt,* und zwar ohne dass es jemanden irgendetwas gekostet hätte. Es ist nicht etwa so, dass ich auf Kosten des Arbeitskollegen meine Freude habe. Jetzt ist einfach doppelt so viel Freude vorhanden wie zuvor. Und beim Geld laufen die Dinge genauso.

Kapitel 15

Wenn Sie einem anderen Menschen etwas geben, wenn Sie einem einzigen Lebewesen mit Ihren Händen, Ihrer Zeit oder Ihrem Geld unter die Arme greifen, so wird dadurch in Ihrem Geist eine bestimmte Prägung angelegt. Die Handlung wird *immer* durch das Bewusstsein, das von dieser Handlung Kenntnis hat, aufgezeichnet; und das Bewusstsein ist die ganze Zeit über eingeschaltet und zeichnet unablässig alles auf. Die entsprechende Prägung verweilt im Unbewussten und gewinnt an Stärke, ihre Kraft nimmt in gleicher Weise zu, wie im Falle des natürlichen Wachstums die Kraft einer Pflanze oder eines Baumes zunimmt. An einem gewissen Punkt setzt die entsprechend stärker gewordene Prägung sich an die Spitze der in Ihrem Bewusstseinsspeicher aufgereihten Prägungen, findet Eingang in den bewussten Teil des Geistes und färbt den Eindruck – ja ruft ihn sogar hervor –, den Sie von der Sie umgebenden Welt, und von Ihnen selbst, gewinnen.

Geschäftliche Transaktionen und geschäftliche Entscheidungen gleichen einer leeren Leinwand: ob Sie erleben, dass diese Dinge wie am Schnürchen laufen oder nicht, ob sie Ihnen Erfolg bringen oder nicht, darüber entscheiden nicht irgendwelche äußeren Faktoren wie das allgemeine wirtschaftliche Klima, Ihre persönliche Intelligenz oder das Ausmaß der Risiken, die einzugehen Sie bereit sind – ausschlaggebend sind einzig und allein die Wahrnehmungen der Transaktionen beziehungsweise Entscheidungen, zu denen Ihre Geistesprägungen Sie zwingen. Es gibt viele sehr klare Belege dafür, dass nicht die äußeren Faktoren für den Erfolg Ihrer Transaktionen und Entscheidungen maßgebend sind: zum Beispiel die Tatsache, dass dieselben Strategien nicht immer greifen – oder (wenn Sie gründlich darüber nachdenken) das schiere Faktum, dass manche neuen Produkte sich als Verkaufsschlager erweisen oder dass manche alten Produkte sich nicht länger am Markt behaupten können. Warum kommen die Menschen plötzlich zu dem Schluss, dass eine Szene aus einem Warhol-Comic wertvoll ist oder dass eine Picasso-Zeichnung, die jedes Kind hätte anfertigen können, unbezahlbar ist? Warum werden manche schwachsinnigen Songs oder Fernsehshows zu einem Riesenerfolg, während andere – entweder besser durchdacht oder noch schwachsinnigere – jämmerlich scheitern? Irgendetwas geht hier vor. Erfolg hängt letztlich von anderen Dingen ab, als wir gemeinhin annehmen.

Wenn nun all diese Theorien richtig sind, dann liegt der Grund für den Umstand, dass eine bestimmte (geistreiche oder schwachsinnige) Unternehmung zum Erfolg wird und reichlich Geld einbringt, lediglich in den positiven Prägungen im Geist ihres Urhebers: Erfolgreiche Menschen erleben nur deshalb, dass sie viel Geld verdienen, weil sie zu irgendeinem Zeitpunkt in der Vergangenheit eine Prägung in ihrem Geist angelegt haben, die genau das bewirkt. Und diese spezielle Prägung kann nur angelegt werden, indem Sie sich selbst dabei zuschauen, wie Sie anderen geben, so viel Sie können. Wir haben gesehen, dass dieses Geben, diese Freigebigkeit, in einem begrenzten Rahmen beginnt und beginnen sollte: mit kleinen Liebenswürdigkeiten, die Sie Menschen in Ihrer Abteilung oder in Ihrer Familie erweisen, nachdem Sie sie aufmerksam beobachtet haben, um zu sehen, was sie wollen und brauchen.

Dann wird diese Freigebigkeit allmählich umfassender, sagen wir mal, sie erstreckt sich auf sämtliche Abteilungen in Ihrem Unternehmen, und das Gegebene gewinnt einen substanzielleren Charakter – finanziell, aber zugleich auch unter dem Aspekt der zur Verfügung gestellten eigenen Zeit, der emotionalen und fachlichen Unterstützung sowie der *Ideen*, mit denen Sie anderen Menschen auf die Sprünge helfen. An diesem Punkt steht weiterhin hinter Ihrer Freigebigkeit leitmotivisch die tiefer gründende Praxis des Sich-Hineinversetzens in andere Menschen, um erfassen zu können, was diese sich von Ihnen erhoffen.

Auf dem Gipfel angelangt, erreicht Ihre Großzügigkeit einen Punkt, an dem Sie von ganzem Herzen alle finanziellen, emotionalen und fachlichen Mittel und Fähigkeiten investieren, die Ihnen persönlich und Ihrem Unternehmen zur Verfügung stehen. Sie investieren diese in das wohl durchdachte Vorhaben, Ihrer gesamten Familie, Firma, Kommune, ja sogar der ganzen Welt Glück zu bringen – weil Sie bewusst den Schritt vollzogen haben, die »Ich«-Grenzen so weit zu ziehen, dass »sie« alle mit einbezogen sind. Und im Grunde kümmern Sie sich jetzt lediglich um ein (viel) größeres »Ich«.

Denken Sie bitte daran, dass dieser letzte Schritt nicht erfolgreich vollzogen werden kann – und Sie sich tatsächlich auch des in diesem Buch beschriebenen größten finanziellen und persönlichen Erfolges nicht sicher sein können –, solange Sie sich nicht die nötige Zeit nehmen, um das Prinzip des verborgenen Potenzials und der Prägungen, die es sich zunutze machen, zu verstehen. Erst dann werden Sie wirklich erfassen können, wie sich durch Freigebigkeit grenzenloser Reichtum hervorbringen lässt, und erst dann werden Sie wahrhaftig erkennen, dass es höchst angemessen ist, wenn »ich« zu etwas wird, das weit über die Schranken Ihres gegenwärtig sehr begrenzten Ich hinausreicht.

Angenommen, jemand habe all diese Dinge bereits verstanden und sie genutzt, um finanziell erfolgreich zu sein. Nehmen wir weiter an, die betreffende Person gehe hin, und bringe dies wiederum jemand anderem bei, der die Information nutzt, um selbst finanziell erfolgreich zu sein. Die beiden sind dann wie die beiden Männer, die dasitzen und dem wunderbaren Chef zusehen, der zuvor der schreiende Chef war. Jetzt gibt es da zwei reiche Menschen, wo es vorher nur einen gab. Und weil der Reichtum das Ergebnis einer Prägung ist, weil eine geschäftliche Transaktion oder Entscheidung – an sich nur neutral oder leer, ein Potenzial – plötzlich zum Erfolg geraten ist, dürfen wir sagen, *dass der neu entstandene Reichtum nicht auf Kosten des zuvor bereits vorhandenen Reichtums geht.* Jetzt ist mit anderen Worten *absolut gesehen* doppelt soviel Reichtum vorhanden wie vorher. Nehmen wir nun weiterhin an, die zweite Person bringt all diese Dinge einem Drittem bei, und … . Nun, Sie verstehen, worauf ich hinaus will.

Die Tatsache, dass jetzt manche Menschen reich sind, andere hingegen nicht, ist bei eingehender Betrachtung ein Beleg dafür, dass – die Einsicht in das Zustandekommen der Situation als solcher vorausgesetzt – jeder Mensch reich sein könnte. Anders ausgedrückt: Der Reichtum auf der Welt kann deshalb grenzenlos sein, weil er jetzt begrenzt ist. Den Gedanken von der Verteilung begrenzter Mittel können Sie einfach über den Haufen werfen, und dasselbe können Sie übrigens mit der Vorstellung von Armut tun. Reichtum ist eine Wahrnehmung (und *deshalb* eine Wirklichkeit), zu der notwendigerweise jeder veranlasst wird, der in der Vergangenheit großzügig war. Daher ist er für alle Menschen erreichbar.

Der Geist – ein allerdings verstümmelter Geist aufgrund all der Annahmen und, offen gesagt, Märchen aus der gesamten Geschichte unserer

Zivilisation, die von wohlmeinenden Eltern immerfort weitergegeben wurden – streubt sich gegen die Möglichkeit, dass *jeder lebende Mensch über mehr als genug Reichtum verfügen könnte.* Nie zuvor, seit es Geschichtsschreibung gibt, sei dies der Fall gewesen, sagt uns dieser Geisteszustand, und deshalb könne es auch jetzt nicht geschehen. Dieses Argument haben wir schon früher gehört. Damals war es nicht richtig, und es ist auch heute nicht richtig: Pass auf, Kolumbus, du wirst über den Rand in den Abgrund stürzen, weil die Erde flach ist.

Eisen könnte demnach eigentlich nicht über den Himmel fliegen oder auf dem Wasser schwimmen. Ebenso wenig könnte praktisch jeder Mensch auf der Erde denselben Zugang zum Informationsbestand der Welt haben, übertragen durch Drähte, die aus Glas hergestellt sind, beziehungsweise von einem Ort aus gesendet, den selbst der am höchsten fliegende Vogel nicht erreichen kann. Woher sind all diese Dinge gekommen? Haben sie etwa nicht die absolute Summe des Reichtums auf der Welt verändert? Woher kommt der neue Reichtum wirklich? Jetzt wissen Sie's.

Noch ein paar Anmerkungen dazu, wie die Ökonomie der Grenzenlosigkeit funktioniert. Danach können Sie das Buch aus der Hand legen und hinausgehen, um es auf einen Versuch ankommen zu lassen. Der Prozess der Schaffung neuen Reichtums geht unendlich viel besser vonstatten, wenn Sie verstehen, wie er funktioniert. Das heißt, Sie sollten dieses Buch immer wieder lesen, bis Sie eine klare Vorstellung über das verborgene Potenzial und die Prägungen, über das Zusammenspiel von beidem gewonnen haben. Vor dem Hintergrund dieses Wissens zu geben, Freigebigkeit zu praktizieren – das meint der Buddha, wenn er von »nicht verweilender Freigebigkeit« spricht: geben, ohne in der Unwissenheit darüber zu verweilen, wie diese Dinge tatsächlich funktionieren.

In den überlieferten Weisheitsbüchern heißt es, um sich hierbei wirklich ins Zeug legen und zu jenen Anstrengungen bereit zu sein, die notwendig sind, damit Sie all dies zustande bringen, muss bei Ihnen von Anfang an ein starkes Vertrauen vorhanden sein, dass es funktioniert. Solch ein starkes Vertrauen, so wird weiterhin gesagt, können Sie nur erlangen, wenn Sie zu Ihrer eigenen Zufriedenheit geklärt haben, dass es logisch betrachtet wirklich funktionieren müsste. Und noch eine weitere Kleinigkeit wird notwendig sein.

Erinnern Sie sich noch an die Sache mit dem »mutigen Heiligen«? Vielleicht wird es Sie nicht überraschen, dass ein »mutiger Heiliger« ganz einfach jemand ist, der die im vorigen Kapitel skizzierte dreistufige Praxis des Gleichsetzens und Austauschens von uns selbst und anderen durchgeführt hat. Plausibel, finden Sie nicht? Anderen wirklich genug geben, um die Geistesprägungen anzulegen, die später dazu führen werden, dass man zu großem Reichtum gelangt, kann nur jemand, der eigentlich keinen großen Unterschied zwischen sich selbst und anderen sieht. Die beste Chance, wirklich großzügig zu anderen zu sein, hat ein Mensch, der das größte Geheimnis des Lebens erfasst hat – den größten Quell allen Glücks: ein Mensch, der begriffen hat, dass es zutiefst langweilig, uninspirierend und mit dem gesamten Sinn und Zweck unseres menschlichen Daseins unvereinbar ist, lediglich für ein einziges »Ich«, einen einzigen Mund und einen einzigen Magen zu arbeiten.

Es macht riesigen Spaß, ist eine unerschöpfliche, niemals endende Freude, sich selbst so zu erweitern, dass andere Körper mit einbezogen sind, und sich dann um sie zu kümmern. Und sofern diese ganze Geschichte über das verborgene Potenzial und die Prägungen wirklich stimmt, wäre es die beste Möglichkeit, sich um andere zu kümmern, wenn man sie dazu anregen könnte, selbst reich zu werden, sich des Reichtums zu erfreuen und ihn mit Sinn zu erfüllen. Denken Sie einmal gründlich nach: Reichtum in dieser Weise mit anderen zu teilen – durch die uneingeschränkte Verbreitung des Wissens über die Schaffung von Reichtum – ist die profundeste Methode, wie Sie die Samen für völlig ungeahnten Reichtum in den eigenen Geist einpflanzen können.

Hier liegt der Übergang zum Thema ganzer Formen von Reichtum jenseits all unserer Vorstellungen – so etwas wie in einen Garten hineinzuspazieren, eine einzelne Blume zu finden und beladen mit Schätzen, die wir uns beim Betreten des Gartens nicht einmal vorstellen könnten, wieder herauszukommen. Doch das ist ein Thema für später.

Zusatzinformation

Im vorliegenden Buch erläutert der buddhistische Mönch und Manager Geshe Michael Roach erstmals die Methoden und Techniken, mit denen er die beachtlichen Geschäftserfolge der Diamantenfirma Andin International erzielt hat. Das Wissen um die grundlegenden Prinzipien wirtschaftlichen und privaten Erfolgs, wie sie von Geshe Michael Roach beschrieben wurden, hat viele Menschen inspiriert. Über eine Millionen Menschen weltweit haben den „Diamond Cutter" inzwischen gelesen.

Die Erfahrung zeigt: Veränderungsprozesse kosten Kraft und gehen meist nicht leicht von der Hand. Zumal, wenn es darum geht, grundlegende Einstellungs- und Glaubensmuster zu ändern. Sie brauchen jemanden, der Ihr Verständnis dieser Dinge überprüft; Sie benötigen jemanden, der Ihnen bei der Einschätzung Ihrer Fortschritte behilflich ist; Sie bedürfen konstanter Motivation und subtiler, von lebendiger Hand vorgenommener Kurskorrekturen. Dies ist ähnlich, wie durch ein Lenkrad gewährleistet wird, dass ein Auto geradeaus fahren kann – mithilfe der ausgleichenden Eingriffe einer Hand am Steuer, die ständig geringfügige Korrekturbewegungen nach links und rechts vornimmt. Wir wissen es aus Schule oder Universität, Ausbildung und Lehre, Sport oder dem Klavierunterricht: Neue Erkenntnisse und Techniken können Sie am besten unter der Anleitung eines Lehrers bzw. eines Coaches in die Praxis umsetzen und auf diese Art und Weise das Wissen mit Leben erfüllen.

Mit dem Diamond Cutter Institute, DCI, gibt Geshe Michael Roach die Diamond-Cutter-Erfolgsprinzipien nun weltweit weiter. Unterstützt von einem Team erfahrener Lehrer, die am DCI ausgebildet wurden, übermittelt Geshe Michael Roach sein Wissen und seine Erfahrungen als Manager und Mönch in Vorträgen und Seminaren rund um die Welt.

Das Diamond Cutter Institute arbeitet mit einer zentralen Idee: Sie basiert auf der Erkenntnis, dass alles, was uns im Leben geschieht, seinen Ursprung in der Art und Weise hat, wie wir andere Menschen behandeln. In den Seminaren des DCI wird erläutert, wie unsere Handlungen anderen gegenüber als Samen in unserem Geist gespeichert werden. Diese

Samen reifen heran und bestimmen, wie wir Menschen, Dinge und Situationen in der Gegenwart wahrnehmen. Wenn wir durch sorgfältiges Training lernen, wie wir die richtigen Samen pflanzen und nähren, werden wir unsere Ziele in der Zukunft systematisch realisieren können und auch Ziele, die uns heute noch als unmöglich realisierbare Träume erscheinen, umsetzen können.

Die DCI-Experten kommen selbst aus der Wirtschaft, haben die Diamond-Cutter-Prinzipien selbst erprobt und die Erfolge am eigenen Leib bzw. in der eigenen Firma erlebt. Sie arbeiten praxisorientiert und auf die Belange der Teilnehmer ausgerichtet. In den gemeinsamen Gesprächen und Diskussionen wird thematisiert, welche Herangehensweisen und Strategien für beruflichen und privaten Erfolg funktionieren und welche nicht. Es werden Methoden herausgearbeitet, die für Sie persönlich maßgeschneidert sind. In den Seminaren untersuchen wir die Ressourcen für Wohlstand und Wohlbefinden und dazu gehören auch Achtsamkeit und Konzentrationsfähigkeit sowie Körperübungen, um Wandel auf mehreren Ebenen von innen nach außen in die Wege zu leiten.

In den Seminaren des DCI können Sie eine konzentrierte Dosis der Diamond-Cutter-Geschäftsphilosophie mit auf den Weg nehmen. Bei Interesse schicken Sie uns gern eine E-Mail oder nehmen Sie über die nachstehende E-Mail-Adresse Kontakt mit uns auf. Wir freuen uns!
info-germany@diamondcutterinstitute.com